夏志清
夏济安书信集

王洞 主编
季进 编

卷二

1950
~
1955

浙江人民出版社

图书在版编目（CIP）数据

夏志清夏济安书信集.卷二 / 王洞主编；季进编
. -- 杭州：浙江人民出版社，2017.9
ISBN 978-7-213-08341-9

I. ①夏… II. ①王… ②季… III. ①夏志清（
1921-2013）－书信集 ②夏济安（1916-1965）－书信集
IV. ①K825.6

中国版本图书馆CIP数据核字〔2017〕第 193145 号

夏志清夏济安书信集.卷二

王　洞　　主编

季　进　　编

出版发行：浙江人民出版社（杭州市体育场路 347 号　邮编　310006）

责任编辑：潘海林

责任校对：戴文英　姚建国

选题策划：木　子

特约编辑：木　子　张　渔

封面设计：宁成春

电脑制版：石　文

印　　刷：北京盛通印刷股份有限公司

开　　本：880mm×1230mm　1/32　　　　　印　　张：19.25

字　　数：390 千字　　　　　　　　　　　插　　页：12

版　　次：2017 年 9 月第 1 版　　　　　　印　　次：2017 年 9 月第 1 次印刷

书　　号：ISBN 978-7-213-08341-9

定　　价：130.00 元

如发现印装质量问题，影响阅读，请与市场部联系调换。

图书策划：■ 活字文化

夏志清在耶鲁大学宿舍（1951 年）

夏济安在台大宿舍（1952 年）

夏志清沪江大学的同学吴新民新婚（1952 年）

李田意，汤小姐 [Corrine]，
夏志清在耶鲁大学（1951 年）

夏济安在日月潭（1951年）

夏济安初抵台北（1950年）

夏志清穿着博士服在新港约克街（1952年）

夏济安抽烟斗（1952 年）

夏志清在新港（1953 年）

夏志清与卡罗尔（Carol）
结婚（1954 年）

夏志清的上司饶戴维
（David Rowe）（1960 年）

夏志清抱着婴儿树仁（1955 年）

夏济安在印第安纳大学（1955 年）

夏济安在印第安纳大学（1955 年）

夏志清和张和钧在纽约山王饭店（2004 年）

夏志清与刘金川在纽约西餐馆（2004年）

"中研院"夏志清纪念会：胡晓真，王汎森，王洞（2015年）

目 录

1951年

1953年

*1955*年

卷二中的人与事

王　洞

　　2015 年 4 月 27 日，王德威教授与胡晓真所长在台湾"中央研究院"举办了一个夏志清纪念研讨会，德威希望在会前出版志清与济安的通信以资纪念。在季进教授的协助下，由联经出版社胡金伦总经理大力推动，《夏志清夏济安书信集·卷一》如期面世。自 1947 年至 1965 年，兄弟二人书信往还，有 600 多封。18 年间，志清定居美国，生活安定；济安却因政局不安，离京返沪，经港赴台，辗转来到美国，迁徙频繁。这 600 多封信，即以济安的变迁，分 5 卷出版。卷一发表了 121 封信（始自志清乘船离沪从火奴鲁鲁 1949 年 11 月 21 日寄出的第一封信至济安赴台前 1950 年 10 月 23 日由香港发出的编号第 121 号信件）。卷二始自第 122 号信件（1950 年 10 月 31 日）——志清由耶鲁寄至台北的第一封信，至第 280 号信件（1955 年 6 月 9 日）——济安结束印第安纳大学的课程，至伊利诺伊州访友，由芝加哥寄出的信。

　　抗战胜利后不久内战爆发，国民党节节失利退守台湾，一时无法安插迁台的官员与百姓，新近迁台的人大部分无职业，没收入，靠积蓄度日，生活很清苦。济安由崔书琴先生引荐，幸得台湾大学（以下简称"台大"）教职，但外文系没有熟人，很感孤单，教学之余致力于英文写作。济安的英文造诣果然得到系主任英千里、校长钱思亮的赏识。1955年2月，台大派济安来美"取经"，由美国国务院资助在印第安纳大学进修一学期，学习写作。济安写了两篇小说：《传宗接代》（"The Birth of a Son"）与《耶稣会教士的故事》（"The Jesuit's Tale"）。后者得到《宗派》杂志编者兼名批评家拉夫（Philip Rahv）的赞赏，登在该刊1955年秋季号，肯定了济安英文创作的成就。

在印第安纳进修期间是济安一生最快乐的时光。美国国务院的津贴较一般奖学金优厚，济安无需为生活担忧，安心学习，成绩斐然。他爽朗的个性、诙谐的谈吐，很受同学们的欢迎，常被邀参加会议发表谈话，接受校刊的访问。虽然获悉他追求多年的女友别嫁，很受"震撼"（shocking），但他失恋的悲伤因爱慕女同学Ruth而冲淡。济安被Ruth的美丽吸引，一直没有机会接近，在学期行将结束时，才鼓足勇气端着饭盘与这位美女在饭厅里同桌吃饭，所以学期完了，他便去芝加哥转往附近的Elkhart看望Ruth。

济安去台北以前，在昆明、北京、上海、香港等地，虽然两手空空，但生活非常舒适，因为有他父亲及父亲朋友的接济。到了台北，接济中断，必须"自力更生"。台大薪水微薄，入不敷出，幸有宋奇[1]帮忙，接手了驻在香港的美国新闻处的翻译工作，按件计酬。这些译文都收入《美国散文选》（香港今日世界社，1958）。济安的高足刘绍铭教授发现香港中文大学图书馆藏有此书，认为有重刊的价值，请香港中文大学出版社重印济安的译文及作者原文，中英对照，书名《名家散文选读》，即将出版。济安在20世纪50年代，长期在《学生英语文摘》（*Student's English Digest*）选载当代名家小段英文，详加注释，嘉惠有志学习英语的学生。我读高中时即是这本杂志的读者，久闻夏济安的大名，很是仰慕。1959年，济安的得意门生朱乃长教授结集了这些文摘，由台北商务印书馆出版了《现代英文选评注》，至今销路不衰。简体版也早在1985年面世，2014年由北京外语教学与研究出版社重印发行。

看过卷一的读者，都知道济安单恋一位13岁的小美女。这段恋情随着北平解放而结束。济安到香港后，在一家公司上班，住在豪华的旅馆里，却领不到薪水，只好给富家子弟补习英文，赚取生活费，在即将离港时爱上了女生秦佩瑾。这位秦小姐，多愁善感，喜爱文学，与济安以创作互勉。这与济安勤于写作不无关系，这期间，济安发表了《苏麻子的膏药》《火柴》《火》等短篇小说。秦小姐与济安通信不断，但只愿维持师生关系。在台北，使济安动心的是一位台大英语系三年级女生，名叫董同琏。济安指导她写论文，接触频繁，

---

1. 宋奇，即宋淇，又名宋悌芬（Stephen C. Soong），笔名林以亮。

日久生情。董小姐毕业后，与济安逐渐疏远，济安1955年离台来美时，已放弃对董的追求。济安给志清的信每每提起这两位小姐，请志清代购精美的卡片，或讨明星的照片。志清在百忙中，一定满足哥哥的嘱托。

济安平日谈笑风生，但与心仪的女子单独相处时往往手足无措，尤其不知道怎样送女友礼物。六妹玉瑛告诉我，大哥济安在上海时曾带她去看童芷苓，从苏州买了一双绣花鞋，想送童芷苓，始终送不出手，竟将绣花鞋带回。据名散文家吴鲁芹的太太说，济安在台北时，常去她家打麻将，有一次带了一个贵重的皮包来，说这皮包是特意请宋奇在香港买来预备送董同琏的。到了董家，不敢送，怕小姐拒收。济安自尊心极强，对追求女人缺乏手腕与信心，不敢送书籍、食物之外的礼物，生怕女方觉察其求爱的意图。每次恋爱耗上三五年，都以失败告终，蹉跎蹉跎，以致终身未娶。

1950年志清通过了博士口试，再没有准备考试、写paper（论文）的压力，开始想交女朋友。他追求心仪的女子，与济安相似，屡屡失败，直到1953年秋在耶鲁的舞会上遇到刚从蔓荷莲学院（Mount Holyoke）毕业的新生卡洛（Carol Bulkley）。志清追求不到的梅仪慈也是曼荷莲的毕业生，所以他们有共同的话题。卡洛温柔善良，她曾对我说志清是她认识的人中最聪明的，她不顾父母反对，决定嫁给志清。志清却嫌卡洛貌不美，有所保留，但又觉得从来没有一个女人像卡洛这样爱他，舍不得放弃成家的机会。于是在1954年6

月 5 日他们结了婚，不久生下儿子树仁（Geoffrey），小家庭尚称美满。

卷二所收的信充满了不安。先是上海政策瞬息变化，兄弟二人担心父母收不到汇款，后来担心自己的前途。1950 年朝鲜战争爆发，美国为确保太平洋战线，派第七舰队到台湾地区，才解除国民党的恐惧。此前人人自危，国外有亲戚朋友的，都想离开台湾地区。济安也不例外，很想来美国，因曾生过肺病，担心通不过体检，不敢贸然申请来美。志清在获得英文系博士后，为找事犯愁，既不愿意回北京大学（以下简称"北大"），也不打算去台湾地区，只有留在美国谋职，赚取美金，才能接济上海的父母与妹妹。幸得耶鲁政治系饶戴维教授的赏识，为其编写《中国手册》（China: An Area Manual），后又得洛克菲勒基金会（Rockefeller Foundation）的资助，撰写《中国现代小说史》。然二者均非长久之计，往往为来年的工作忧虑。

兄弟二人欣赏彼此的才学，互相交换意见。济安在台大开始教初级英文，后改教文学史、小说等高级课程，常请弟弟推荐美国最重要的作家、评论家及购买最新的书籍，所以二人常讨论西洋文学。济安的国学根底好，见识广，志清转治中国文学后，常请教哥哥，1952 年后二人讨论中国文学的时候居多。从这些信里，我们看到的是一个知识渊博、充满幻想的夏济安；而夏志清则是一位虚心学习的谦恭学者，与日后"狂妄自大"的"老顽童"判若两人。

济安对这个弟弟的学养思辨，充满了信心。当他获知志清得到编写《中国手册》的工作时，写道："接来信知 job 有着落，甚为欣慰。由你来研究中国文学，这是'中国文学史'上值得一记的大事，因为中国文学至今还没有碰到一个像你这样的头脑去研究它……凭你对西洋文学的研究，而且有如此的 keen mind，将在中国文学里发现许多有趣的东西，中国文学将从此可以整理出一个头绪来了。我为中国文学的高兴更大于为你得 job 的高兴。"（见第 147 号信件）志清果然不负济安的期望，其《中国现代小说史》《中国古典小说史》为研究中国文学展开了一个新的视野。

　　兄弟二人对胡适、鲁迅、沈从文、老舍、茅盾、巴金、郭沫若都有微词。他们是边读边评，尚未看到这些作家的全部作品，难免有失偏颇。我认为兄弟二人信里的褒贬，只能看作是他们互相切磋、学术思想发展的心路历程。等看完他们所有的信件，读者对《中国现代小说史》及《中国古典小说史》的形成，会有更深的理解。

　　卷二的信里，谈女人的时候很多。因为男大当婚，兄弟二人都在寻找结婚的对象。志清追求过的女生有七八位之多，都没有成功，以后也不再来往，不知她们的下落，因此不注。梅仪慈是唯一有成就的学者，研究丁玲有成。当年志清给她写过两封情书，没有得到回音。志清 1991 年退休时，王德威为志清举办了一个研讨会，梅仪慈特来参加，志清非常开心。志清得知济安的女友董同琏与他人结婚，为了安抚济安，首次向哥哥吐露自己在上海曾经心仪的女子：沪江的张庆珍、上海的叶如珍和圣约翰的刘金川。他曾经写过一封情文并茂的长信给刘小姐，被退回。他把这封情书一直带在身边。张爱玲过世后，他写了一篇《初见张爱玲，喜逢刘金川——兼忆我的沪江岁月》（《联合报副刊》，1999 年 3 月 21、22 日）。陈子善教授找到了刘金川在纽约的地址，志清与刘女士取得联系后，志清和我请刘金川和她先生吃饭。以后我们两家每年在餐馆见面两次，轮流做东，直到 2006 年刘金川因乳腺癌过世。

当年在上海，刘金川早已与表兄相恋，故将志清的情书退回。1948 年刘带着初生的婴儿去了台湾地区。1949 年初丈夫乘"太平轮"由沪赴台与妻子相聚，不幸沉船丧生，刘女士只得带着儿子返沪，教英文谋生。她第二任丈夫陈森，本是她的学生，婚后生了儿女各一。中美建交后，他们的儿女都来美留学，在纽约定居。他们来美照顾孙儿、外孙。陈先生是福建肉松的少东家，"文革"时吃了不少苦，不愿再回上海。同志清的妹妹一样，上海只带给他们痛苦的回忆，上海的繁荣，丝毫激不起他们的乡思。倒是我们这些在台湾地区长大的幸运儿，以中国的崛起自豪，常常去上海，享受上海特有的奢侈。

编著说明

季　进

　　从 1947 年底至 1965 年初，夏志清先生与长兄夏济安先生之间鱼雁往返，说家常、谈感情、论文学、品电影、议时政，推心置腹，无话不谈，内容相当丰富。精心保存下来的 600 多封书信，成为透视那一代知识分子学思历程的极为珍贵的文献。夏先生晚年的一大愿望就是整理发表他与长兄的通信，可惜生前只整理发表过两封书信。夏先生逝世后，夏师母王洞女士承担起了夏氏兄弟书信整理出版的重任。600 多封书信的整理，绝对是一项艰巨的工程。虽然夏师母精神矍铄，但毕竟年事已高，不宜从事如此繁重的工作，因此王德威教授命我协助夏师母共襄盛举。我当然深感荣幸，义不容辞。

　　经过与夏师母、王德威反复讨论，不断调整，我们确定了书信编辑整理的基本体例：

　　一是书信的排序基本按照时间先后排列，但考虑到书信内容的连贯性，为方便阅读，有时会把回信提前。少量未署日期的书信，则根据邮戳和书信内容加以判断。

　　二是这些书信原本只是家书，并未想到要发表，难免有别字或欠通的地方，凡是这些地方都用六角括号注出正确的字。但个别字出现得特别频繁，就直接改正了，比如"化费""化时间"等，就直接改为"花费""花时间"等，不再另行说明。凡是遗漏的字，则用方括号补齐，比如：图［书］馆。信中提及的书名和电影名，中文的统一加上书名号，英文的统一改为斜体。

三是书信中有一些书写习惯，如果完全照录，可能不符合现在的文字规范，如"的""地""得"等语助词常常混用，类似的情况就直接改正。书信中喜欢用大量的分号或括号，如果影响文句的表达或不符合现代汉语规范，则根据文意，略作调整，删去括号或修改标点符号。但是也有一些书写习惯尽量保留了，比如夏志清常用"只"代替"个""门"或"出"，这些都保留了原貌。

四是在书信的空白处补充的内容，如果不能准确插入正文相应位置，就加上〔又及〕置于书信的末尾，但是信末原有的附加内容，则保留原样，不加〔又及〕的字样。

五是书信中数量众多的人名、电影名、篇名、书名等都尽可能利用各种数据，百科全书、人名辞典、网络工具等加以简要的注释。有些众所周知的名人，如莎士比亚、胡适等未再出注。为避免重复，凡是卷一中已出注的，卷二中不再作注。

六是书信中夹杂了大量的英文单词，考虑到书信集的读者主要还是研究者和有一定文化水平的读者，所以基本保持原貌。从卷二开始，除极个别英文名词加以注释外，不再以圆括号注出中文意思，以增强阅读的流畅性。

书信整理的流程是，由夏师母扫描原件，考订书信日期，排出目录顺序；由学生进行初步的录入；然后我对照原稿一字一句地进行复核修改，解决各种疑难问题，整理出初稿。夏师母再对初稿进行全面的审阅，并解决我也无法解决的问题。在此基础上，再进行相关的注释工作，完成后再提交夏师母审阅补充，从而最终完成整理工作。书信整理的工作量十分巨大，超乎想象。夏济安先生的字比较好认，但夏志清先生的中英文字体都比较特别，又写得很小，有的字迹已经模糊或者字迹夹在折叠处，往往很难辨识。有时为了辨识某个字、某个人名、某个英文单词，或者为了注出某个人名、某个篇名，往往需要耗时耗力，查阅大量的数据，披沙拣金，才能有豁然开朗的发现。遗憾的是，注释内容面广量大，十分庞杂，还是有少数地方未能准确出注，只能留待他日。由于时间仓促，水平有限，现有的整理与注释，错误一定在所难免，诚恳期待能得到方家的指正，以便更好地完成其余各卷的整理。

参与卷二初稿录入的研究生有姚婧、王宇林、王爱萍、许钇宸、周立栋、张立冰、曹敬雅、胡闽苏，特别是姚婧和王宇林付出了很大的心血，在此一并致谢！

2015 年 7 月

1950年

122. 夏志清致夏济安

1950 年 10 月 31 日

济安哥：

　　一月来接到你三四封信，因为加紧准备口试，写信的工夫也没有。三天前接到你离港发出的信，现想已安抵台北，一路想无风浪。你同秦小姐的进展很理想，读后很高兴，虽然暂时她不愿订婚，我想她对你钟情已深，迟早总有结婚一日。我在九月底十月初伤风了一次，带咳嗽，到美国后还是第一次。因为那时忙着读书，很感讨厌，现在已早全〔痊〕愈了。我的口试已于上星期五（十月廿七日）正式考过，考得相当 brilliant，应答如流，口齿亦清爽，大约我讲英文是比前数年进步了。在我 board 上有五位教授，Menner、Pottle、Prouty、Martz、Hilles，四位我都上过课的。Hilles 是英文系的 chairman，善老人，所以空气很和睦，所问到的作家有 Chaucer、Spenser、Shakespeare、Marlowe、Swift、Dryden、

Pope、Tennyson[1]、Browning[2]、Arnold、Swinburne[3]、Rossetti[4]、W. Morris[5]、Whitman[6]、Dickinson[7]、Hawthorne 等十数个，时间仅一小时（下午四时至五时），所以没有特别复杂的问题。考过后 Menner 说"A very good examination. Did you enjoy it？"这次考试我的确很 enjoy，现在考过，心里很轻松，到 Yale 后每次考试都很顺利，以后写论文，时间由自己支配，不再有上

---

1. Tennyson（Alfred Tennyson，丁尼生，1809—1892），英国诗人，1850年获"桂冠诗人"称号，代表作有《尤利西斯》(*Ulysses*)、《伊诺克·阿登》(*Enoch Arden*)、《悼念》(*In Memoriam A. H. H.*)等，其中由131首诗组成的组诗《悼念》被视为英国文学史上最优秀的哀歌之一。
2. Browning（Robert Browning，勃朗宁，1812—1889），英国诗人、戏剧家，是维多利亚时代与丁尼生齐名的两大诗人之一，代表作有《戏剧抒情诗》(*Dramatic Lyrics*)、《指环与书》(*The Ring and the Book*)、《巴拉塞尔士》(*Paracelsus*)等。
3. Swinburne（Algernon Charles Swinburne，斯温伯恩，1837—1909），英国诗人、批评家，代表作有《阿塔兰忒在卡吕冬》(*Atalanta in Calydon*)、《日出前的歌》(*Songs before Sunrise*)、《诗与谣》(*Poems and Ballads*)等。
4. Rossetti（Christina Rossetti，克里斯蒂娜·罗塞蒂，1830—1894），英国诗人，代表作有《精灵市场》(*Goblin Market*)、《诗篇》(*Verses*)等。
5. W. Morris（William Morris，威廉·莫里斯，1834—1896），英国作家、艺术家，曾积极参加社会活动，代表作有《地上乐园》(*The Earthly Paradise*)、《乌有乡消息》(*News From Nowhere*)、《美好未来的追求者》(*The Pilgrims of Hope*)等。
6. Whitman（Walt Whitman，沃尔特·惠特曼，1819—1892），美国诗人、散文家，代表作《草叶集》(*Leaves of Grass*)为其带来世界性声誉。
7. Dickinson（Emily Dickinson，艾米莉·狄更生，1830—1886），美国诗人，一生都在孤独中埋头写诗，留下诗稿1700多首，但生前几乎不为人知，死后才逐渐获得盛名，被誉为美国现代诗的先驱。1955年出版的狄更生全集共有诗歌和书信各3卷。

课写 paper 的压力了。我的论文，大约跟 Pottle 写 Crabbe[8]，或 Brooks 写 Marvell[9]，Marvell 较有趣，可是研究他的人很多，着手较难，现在还没有决定。

我把家中困苦情形向 Dean Simpson 说（了），他答应今年除免学费外，再加我五百元，领到后可汇寄家中。我自己手头也可稍宽些。虽然我原来的 fellowship 有一千四百，但我已有李氏奖金，Yale 肯给我九百五十元（连学费），也算待我不薄了，不日当寄信去家中。不知台湾同上海可通信否？到台湾后，觉得台湾景物如何？初去时，当有奇怪不惯的感觉，我想一下子哪能感觉习惯了。不知这学期能赶上开课否？我以前住的罗斯福街，走过时也可看到。秦小姐那里想不断通信，她的名字 Celia 是不是你替她起的？非常不俗而悦耳。

今年 New Haven 的中国女子远多出未结婚的中国男生。附近女子大学有五位，nursery school 有三位，graduate school 也来了两位，一位是 St. John's 大学教授的女儿刘天眷[10]，在这里读化学，很用功老实，戴眼镜，不打扮，是 1943—1947 届上海女子蛙式游泳冠军。另一位读东方语言，年龄较大。

---

8. Crabbe（George Crabbe，乔治·克雷布，1754—1832），英国诗人，代表作有《村庄》(The Borough)、《乔治·克雷布诗集》(George Crabbe Poems)等。

9. Marvell（Andrew Marvell，安德鲁·马韦尔，1621—1678），英国玄学派诗人，以讽刺诗和散文写作知名，代表作有《致他的娇羞的女友》(To His Coy Mistress)、《花园》(The Garden)等。

10. 刘天眷，系圣约翰大学土木系教授刘寰伟（1891—1982）的女儿，1949届化学系毕业。

nursery school 新来那位华盛顿中国女生 Janet Tam 谭秀娟[11]，生得确是〔实〕美貌，同国内来美女子风度不同，以后有机会或想 date 她一两次。今夏读了四足月的书，英国文学的 gaps 的确已减少。看了一打小说，Spenser 弄得很熟，时间花得很上算。住宿已有定当否？念念，即颂

秋安

弟 志清 上

十月三十一日

寄来秦小姐照片，的确很文静清秀，很 sensitive。

---

11. 谭秀娟，不详。

123. 夏济安致夏志清

1950 年 10 月 23 日

志清弟：

　　离港前发出一简信，想已收到，久未接到来信，甚念。我于 10/23 搭"盛京"来台，10/25 已安抵，请勿念。台大已上课，教来教去大一英文，很轻松。我来得晚，宿舍都已住满，暂时住在刘守宜兄（《三毛》发行人，香港所认识的朋友）家，定明天搬过去。只好先委屈一下，同别人合住一屋（同屋是数学系讲师范宁生[1]），过两三 [个] 星期有空房子再说。我到台湾来，心情很不愉快，第一找不到像红楼 463 号那样 [的] 一间房间。第二薪水很低（底薪是 340 元，相当不错），很受贫穷的威胁。我每月除了米、煤、油等少量配给外，只有 260 元台币收入，合美金廿六元。这里物价一般都比香港高，生活不会十分舒服。第三，同家里隔得很远，呼应不灵，朋友虽然有好几位在这里，但是心理上觉得这一次总是要"自

---

1. 范宁生，夏济安台大同事，1952年去美，在圣路易华盛顿大学攻读数学。1955
　　年病逝于圣路易市。

立"了（在香港还是做人家的 parasite），什么事都得要重〔从〕头做起。所以我近日不大想念秦小姐，她就是到了台湾来，我也没法招待她。我只觉得生活压力太重，"自立"不易。名利心太盛，总要想法出头才可保持自己的安全也。这两天并不穷，一下子可以拿三四个月薪水，住在朋友家里，什么钱都不花，自行车已买，车钱可以省不少。所怕者是这样做人太没有意思了。台大转信的 service 很差，信还是寄临沂街较安，临沂街在东门，旧名"东门町"，不知你记得不记得？台湾的街名改得同以前大约差得很远，名胜地区还没有去玩过，本星期六将去"北投"。台北人比香港 [人] 朴素得不知到哪里去了，假如手边有两个钱，在香港住住倒真舒服。不到台北不知香港之繁华：街道之拥挤，店铺里美丽商品的充塞与便宜，男人和女人之漂亮。在台北人都变成灰色了，同北平差不多。你对台北女人印象很好，我的印象：街上女人就不多，漂亮的简直没有。一般居住的环境很幽静，日本式的木屋倒很可爱的，可是我自己没有一幢房子，这点好处也享受不到。明天要搬进去住的宿舍，吵闹烦乱大约将胜过思豪酒店，可是哪里有思豪那种火腿蛋奶油面包的早餐，还有那些茶房和冷热水龙头的大浴缸？我到台湾来后，第一个决心是戒香烟（确是戒掉了），在上船那天，把秦小姐送我的 Ronson 打火机丢了，心中很懊丧，到了台湾，一看反正吃不起烟，把它戒了算了。我在香港最后两月，每天要抽一包美国烟，那时一元港币一包，我不当一回事，这里每包要台币

450！再谈

祝好

济安

十月二十三日

124. 夏济安致夏志清

1950 年 11 月 9 日

志清弟：

多日未接来信，为念。抵台后，曾上〔去〕一信，想已收到。上信所表现的心境很坏，这封信恐怕不能改好一点。并不是说我天天闷闷不乐，不过当闷闷不乐的时候，无处诉苦，只好想到写信来找你了。我还没开始受到贫穷的威胁，这几天总算还有钱，但这点钱很快地用完之后，要设法使收支相抵，倒很成问题。我每月的实际收入是 260 元台币（值 26 美金），加上约值二三十元的米和其他实物配给，总计不到 300 元。平均每天只好用十元钱，我每天早餐要吃两元，中餐晚餐小馆子吃亦得四元一客（还不能点菜），每天随随便便可以把一月薪水吃完，其他什么钱都不好用。宿舍里包饭可以便宜不少，但我怕营养不够不敢包（菜的确不够吃），到必要时亦只好包了。其他生财之道如有，亦想一钻，如教〔当〕家庭教师、写文章之类。总之，前途茫茫，经济情形很难乐观。我一向出门经济有人接济，[在] 内地时的〔有〕唐炳麟，在北平时有家里寄，在香港时有汪荣源，一直不大理会到赚钱的困难，这次在台湾，非要自己赚钱自己花不可了。从此自力更生，非准备吃苦不可。台大比北大还要散漫，系里面的人都不常见面，各人管各人的事。据我同房间数学系范宁生说，台大没有人读书，据我看来那些同事大约都不读书。大家不读书，又是穷，又是闲，日子不知怎么过的。这两天我是同人家合用一房，下星期起可以独占一房，八张榻榻米，大约可以舒服一些，就是太穷而已。已经好几天没有洗澡，早晨鸡蛋（台币八角一只）亦不敢吃，回首香港繁华富庶，不啻天壤之隔〔别〕。你不回国则已，回国能留在香港顶好，但近来国际形势紧张，香港不知能维持几天耳。秦小姐那里维持通信的关系，她信里居然说过这样一句话："我认识你可以说是上帝的 grace"，但我对她很生气。她不肯 commit herself，又不肯同我断绝，我只好拖下去，只怕关系要慢慢地变成〔得〕虚伪。她倒不会虚伪，她需要像我这样一个通信朋友。我需要的是开诚布公地谈恋爱，大家以爱人的立场说话，可以痛快自由。现在我每封信去都要 hint 一两句我是如何地想念她，可是又不能说得太多：一则我并不十分想念，二则我还要顾到她硬要保持的我们之间的师生关系。我还要找话去逗她 [的] 兴趣，骗她高兴（我一定要设法证明台湾比香港好）一很吃力的工作。譬如我现在的经济生活，顶多只敢 point 一二句，不敢畅谈。假如她答应嫁给我了，那么我便不必顾到我的 dignity，什么话都可以讲了。这样谈恋爱，乏味得很。希望你多多通信，专颂

11

秋安

兄 济安 顿首

十一月九日

〔又及〕台湾阴雨天多，不如香港。

125. 夏志清致夏济安

1950 年 11 月 15 日

济安哥：

　　台湾寄出邮简已收到，知道你收入不大〔多〕而生活艰苦，很关切。你又要恢复到 [在] 北平和内地时的苦生活，实在很不应该。进台湾后又不易离开，只有自己多努力，多同秦小姐通信，keep up 你的 spirit。我考过口试后一星期稍休息了一下，找机会多同女孩子来往，现在生活又恢复正常，就是没有以前那样紧张，大约八时起床，十二时左右入睡，很是康健。New Haven 今秋中国女子特多，而未结婚的 bachelors 反少，我目下情形看来，相当 eligible。可以多 date，但没有爱情目标，花时间、金钱也没有价值。日前星期日，Grad.School 两位中国女同学请 grad. 男同学吃晚饭，新来 New Haven 的 Kathrine Chang 也于星期六请到同 [学] 家吃了晚饭。我最感兴趣的还是去夏追求不成的 Rose Liu，最近她问我向 Yale 图书馆借了三本书，这星期六大约请她看 Martinee 舞台剧 musical *Bless*

You All[1]。她人很聪明，[在]中国时就在美童学校念书，所以英文非常好，并通法文、拉丁（都远胜我），现在在天主教学校读英文系，才大二，所以追求比较不易。我在美国无亲无友，security没有保障，如真能结识一个女友，她们在美都有亲戚或父母，我对future也可比较有confidence。我读英文，要找教书job，实在非常不易，因为我讲英语还不够好（柳无忌要找教书job，也找不到），明年如做完论文，找事相当吃力，government工作或可较容易。我的论文大约跟Pottle做Crabbe，这题目不太ambitious，可是研究他的人不多，还可以有话讲。他晚年的tales都有很obvious的moral concern，有时胜过浪漫诗人。Leavis把他推崇[得]很高。预计一年可以做完，如找不到job，可以在Yale再拖一年，把论文慢慢做出。Pottle新edit Boswell's *London Journal*[2]，因为描写性生活很frank，轰动一时，列入best-selling list。我本想跟Brooks做Marvell，可是metaphysical poetry给大批评家发挥得已差不多，很难有新见解，而且要看的当时的哲学书也较多。不如十八、十九世纪的诗，容易attack，有发挥。

　　这星期学校多给了二百五十元，可以稍购一些体面的衣

---

1. *Bless You All*，美国百老汇音乐剧，由吉恩·巴瑞（Gene Barry，1919—2009）等主演，其服装设计师迈尔斯·怀特（Miles E. White，1914—2000）曾因此剧获得1950年度美国舞台剧和音乐剧界的最高奖项托尼奖（Tony Award）。

2. *London Journal*，全名为《伦敦日记，1762—1763》（*London Journal, 1762—1763*），Frederick A. Pottle编，1950年由耶鲁大学出版社出版，后来不断重印再版。

服。上星期已寄给张世和一百元，叫他转寄家中，大该不会有遗失。最近买了一套 sharkskin worsted 较厚的西装，一件 gabardine 有 wool lining 秋冬可穿的大衣 $56 一件，共花了一百十数元。暑假时买了一套 tan gabardine 西装，春夏可穿。这二套西服和一件大衣都可供出客之用。中国带来了的衣服，样式都不对，去年买的两套廉价衣服，也只可平日穿穿。美国西装同国内制的不同地方，美国欢喜 natural shoulders，中国 padding 太多，中国上身都太短，美国的较长，差不多[能]把屁股包住，这是最明显的区别。普通学界都是单胸三 buttons，在中国上身差不多都是两 buttons 的。Bertrand Russell[3] 最近得 Nobel Prize，上星期来 Yale 演讲，我也去听了一次，红脸白发，样子很不错。Eliot 现在芝加哥大学讲学，不久当也会来 Yale 演讲一次。（胡世桢已转到 Princeton，买了新汽车。）

已搬进宿舍否？东门町一带好像有很多樟脑树，香味很好，可是我已记不清楚。你教书[的]地方是否在台大原址，

---

3. Bertrand Russell（伯特兰·罗素，1872—1970），英国哲学家、数学家、逻辑学家、历史学家，也是 20 世纪西方最著名的和平主义社会活动家之一。代表作有《幸福之路》(The Conquest of Happiness)、《中国问题》(The Problem of China)、《数学原理》(The Principles of Mathematics)、《物的分析》(The Analysis of Matter)、《西方哲学史》(A History of Western Philosophy)等。1949 年被选为英国科学院荣誉院士，1950 年获得最高荣誉，由英王乔治六世颁发"功绩勋章"。1950 年，罗素在美国讲学期间获得诺贝尔文学奖，表彰他"多样且重要的作品，持续不断地追求人道主义理想和思想自由"，对人类道德文化做出了贡献。

一直走半小时，可去到我以前的儿玉町。北投已去过，风景想不差。台湾人衣服简陋，金牙太多，初看一定不惯，以后印象或可改好。今天 visa 延期，immigration officer 问对中国共产党的意见，问得很凶，我的答复大约他很满意。附近的 Vassar College[4] 是有名的女[子]学校，十二月二、三日请 Yale 外国学生廿五名去玩，招待吃饭跳舞，我已〔也〕参加。目下的生活好像是暑假的延长，虽工作而不紧张，苦头算已吃穿〔尽〕。你近况如何？可常同家中通信否？我香烟抽得也凶，差不多每天一包，而且抽的长烟 Pall Mall，每天外加三杯咖啡，可是 nerves 很好，暂时也不会戒。希望多来信，即祝

　　近安

弟 志清 上

十一月十五日

---

4. Vassar College（瓦萨学院），美国著名的文理学院，始建于 1861 年，位于纽约州的波基普西（Poughkeepsie）。原来是女子学校，1969 年才开始招收男生。

126. 夏济安致夏志清

1950 年 11 月 25 日

志清弟：

接奉十一月十五日来信，很是快慰。我上两封信所表现的心境很不好，今天似乎稍微好一点。这两天创作欲很盛，心有所专，小不舒服的事倒不大觉得了。来台后写成一篇三千字的讽刺文章《苏麻子的膏药》，自以为很成功，可以和钱锺书 at his best 相比，抄录寄奉太麻烦，以后在哪里发表了，可剪一份寄给你。我所以还没送出去发表，[是]因为据我这一个月来的观察，台湾创作水平非常之低，似乎还远不如周班侯时代的上海，我的文章恐怕没有一个适当的杂志配发表。台湾没有一部像样的文艺刊物，中学生程度捧捧丁尼生、白〔勃〕朗宁的也没见过。时事的文章是不少，技巧都不见高明。我在中山堂——日本签投降书的地方——看过一次话剧，叫做《正义在人间》，不到十分钟就想走出来了。这里似乎还没有柳雨生、陶亢德[1]这〔那〕样的人才。我因此自

---

1. 陶亢德（1908—1983），字哲庵，笔名徒然、哲庵等，浙江绍兴人。现（接下页）

觉使命十分重大，我恐怕是台湾唯一的像样的写作人才。但是我害羞，不敢出风头，写作懒、慢而严格，不能多产，因此难以 assume leadership。假如袁可嘉在这里，文坛健将非他莫属了。但是我向无作品问世，文坛向来没有沾到过我的光，现在起要开始写作了。我自以为天才是多方面的，什么都能写，努力方向约如下述：

① short stories——《苏麻子的膏药》算是一篇。但严格地说来，不好算是短篇小说，因是 satire。短篇小说很难写，题材难找。暂时也许不去动它。

② novels——我在昆明写过一段的"smoke & dust"，预备在台湾完成之，用中文。里面人物偏重 intellectuals，不顾 popular appeal，只预备几万字长，不想多卖钱，目的要〔是〕提高一般写作水平，拿个榜样给大家看看。其他 novel 材料还有，像《思豪酒店 45 号》写得好，可以成为世界第一流作品。目前先写一部短一点的，人物都是教育界的（从我现在的生活里也可以时时获得灵感），容易着手。

③ poetry——很想写，但太吃力。或者写了不发表，将来出集子。

④ play——我也有材料，将来再写。

⑤ essays——想多写，顶容易成篇，而且顶容易出"有学

（接上页）代编辑家、作家，先后编过《生活》周刊《论语》《人间世》《大风》周刊、《东西》月刊等刊物。1935 年与林语堂创办《宇宙风》半月刊。代表作有《徒然小说集》《欧美风雨》等。

问"之名。像朱光潜那种谈论文艺的篇章，我想照我现在的这点修养，也可以够得上了。自己的学问不一定好，只要会谈就是了。你假如有多余的文艺批评的杂志，不妨随时赐寄，以便我随时同新的材料发生接触，做起文章来更压得住人。

我本来不喜欢开会，现在却去加入了一个"中国文艺协会"[2]，这个会应该算是最高的文艺作家组织了。里面阵容很惨，最高负责人是以前在《大公报》编过副刊的陈纪滢[3]（不是给鲁迅骂过的陈源[4]，字西滢——此人在英国）；成名作家有一个，叫做谢冰莹[5]，此女士以前写过一部《从军日记》，为林语堂所捧，别的作品恐怕很少。会的刊物只有两张报纸的副刊（周刊），水平远不如袁可嘉、金堤所编的那种副刊。我想去鼓动他们办一种按月出版的杂志。

外文系的同事，似乎都是赵隆勷、徐世诏一流的好人。

---

2. "中国文艺协会"，是 1950 年由张道藩、陈纪滢、王平陵和尹雪曼等人发起，在台北成立的文艺团体。

3. 陈纪滢（1908—1997），河北安国人，作家、编辑，先后编过《大公报》副刊、《小公园》和《战线》、《华北日报》副刊、《文学周刊》等。1949 年赴台，积极从事文艺运动，1950 年"中国文艺协会"成立时，被任命为三位常务理事之一。他著作甚丰，代表作有《新中国幼苗的成长》《春芽》《荻村传》《赤地》《30 年代作家记》等。

4. 陈源（1896—1970），字通伯，笔名西滢，江苏无锡人，文学评论家、翻译家。曾与徐志摩、王世杰等共同创办《现代评论》杂志。

5. 谢冰莹（1906—2000），原名谢鸣岗，字凤宝，湖南新化人，作家。1948 年秋赴台，任台湾省立师范学院教授。"中国文艺协会"第一任理事。晚年定居美国旧金山。代表作有《女兵自传》等。

似乎没有人读书的，更没有像钱学熙那种 bungling、bristling、blustering character 鼓励人读书的。我在教大一英文之外，很可以干自己要做的事。现在因为宿舍没有住定（台大办事 efficiency 太差），还不能好好用功。住定以后，除努力中文著作之外，英文方面小小的研究工作也预备做，以维持在系里的地位。近日在读 *Pickwick Papers*[6]，很满意，Dickens 对于人生、对于文字，都有一种 gusto。他的讽刺 [文章]，幽默而很少刻薄。我认为 Dickens 还有不少值得我们学的地方。

我的创作，一定有一个大缺陷，即对爱情的认识不够。我将极力减少写爱情，写恐怕也难写得好，至少爱情的美的高尚的方面，我全无认识。我性格本来不是 lyrical 的（我能写"诗"，而"词"则一句都写不出来），生平又没有快乐的恋爱经验。我读小说，如遇爱情场面，心里总十分痛苦（这是我自己的灵魂的脆弱处，平常不去注意它，读小说时就碰到了），往往不能终卷！所以我不大喜欢看小说，像 *Pickwick* 里没有爱情，我便能读得很得意。我自己写小说时，抱定一个原则，只许说老实话——这样不论经验多么少，写下来都是可珍贵的。我暂时只会写 agonies，不会写 ecstasies。好在我的 mind 十分 lucid，self-conscious 极强，只要文字技巧能配合，可能产出 masterpiece。我相信好的小说就是要求 absolute

---

6. *Pickwick Papers*，即《匹克威克外传》，全书通过匹克威克及其三位朋友外出旅行途中的一系列遭遇，描写了当时英国城乡的社会生活和风土人情。该书是狄更斯1836年出版的成名作，也是他最具代表性的作品之一。

lucidity。

上面一段话不像一个 in love 的人所说的话，我恐怕的确已不复 in love。秦小姐是我一天中想念到顶多的人，我的忽然对创作发生兴趣，这股劲也许是恋爱中产生出来的，再则她的鼓励也有作用——她自己希望成 [为] 一个作家，也希望我成 [为] 一个作家，我已经答应她在明年十月之前（即一年之内）要完成一部几万字的著作。但是我们这样维持通信的关系，我认为是不正常的。她的来信对于我总是一个 thrill，但因为她 intellectually 至少目前还不是我的 equal，她的来信本身，作为文学而论，我并不十分 enjoy。我能找出许多话来讲，要叫她找出许多话来讲，恐怕是一种 strain。我是一个作风干脆之人，现在写信的态度很 ambiguous，而且旁敲侧击地谈爱情，我怕常常有倾向会失掉这种 patience。我给她信的 frequency，和每信的长度，都超过给你的，但说话远没有给你的痛快。她不许我谈恋爱，至少在她得到高中文凭之前（她现在的大问题是想进香港 Diocesan Girl's School），我已经答应她，所以暂时只好敷衍下去。也许上帝需要来磨炼一下我的 patience。

我回想我过去生活所以如此"规矩"，一方面是本身精力不够，一方面经济不充裕（从没有真正充裕过）也是大原因。到台湾来是过穷日子了，一个人的生活都成问题，休想 date。在香港时，我虽 pocket money 稍丰，但十分 sensual enjoyment 还谈不上。到台湾来想想香港真是个好地方，我那时还没有钱，假如有了钱，住在香港，我相信比住在美国还要舒服。台湾有钱的人恐怕也很舒服。但是台大的人差不多个个都面有菜色，我现在不抽香烟，不买另〔零〕用物品（在香港已办了不少），预算每月赚的钱怕还不够吃饭，别人有家庭负担的真是不得了。我希望你毕业后顶好在美国寻一个 job。香港你去找 job 恐也很难，因为人浮于事，老派 Ph.D. 无事可做者也甚多，再则拿 salary 日子总过得不痛快。你假如身边有五千或一万美金，可以去香港住住，然后再找职业。香港美女甚多（不离开香港不觉得），据说 keep a mistress 的代价也不很贵。你能在美国长住，也是好事。有兴趣追求，常常 date，更令我佩服不止。我同台大的同事一般，说出来很可怜，强迫的清心寡欲。我一生到现在才渐渐明白钱的重要。但赚钱的能力和决心都还没有。

　　台大是在老地方上课，以前学生仅数百人，现在已达三千余人，大房子边上添了些小型平房作为教室。台湾不全是日本文化，还有些中国闽南文化，后者我觉得不甚可爱，同中国其他小地方一样。再谈，祝

　　好

济安

十一月廿五日

　　〔又及〕家里情形比一月前为好，通信还方便。你的钱对家里一定有很大的帮忙。

Celia 的名字是她自己在上海读中学时，读 Lamb[7]: *Tales from Shakespeare* 中 "As You Like It" 时所起的。我不知道她为什么有心自比 Celia，或者也是受了这个字的音调的影响？

---

7. Lamb（Charles Lamb，查尔斯·兰姆，1775—1834），英国作家、散文家，代表作有《伊利亚随笔》（*Essays of Elia*）、《莎士比亚故事集》（*Tales from Shakespeare*）等。

127. 夏志清致夏济安

1950 年 11 月 20 日

济安哥：

　　今天收到你第三封台北来信，我三星期出〔前〕发出一信报告口试及格经过，不知已收到否？上星期发出一信想已看到。你境况不好，很代忧虑，经济不够时我可随时寄些美金来。上次寄张世和一百元，已收到他回音，把钱妥寄家中了。我目前准备论文，还没有上劲，研究 Crabbe，得把十八世纪末叶的诗和小说都读过。我最近心上的大事是追求刘祖淑 Rose Liu。暑假中几次 date 都不成，最近她回心转意，谈话很投机，显然她对我态度改变，可有成功希望。她人极聪明，法文、拉丁都有好几年根底，现在选一门法国文学，paper 就是用法文写的。[在] 中国时小学、中学都 [是] 在西桥学校同外国人一起念的，所以英文谈吐非常地〔的〕好，远胜一般留学生。她的中文较差，自称中文报纸不能全部看懂。可是她的 sensibility 都是中国式的，讲流利的北平话、上海话，声音很 delicate 而好听。我同她讲话时都是北平话、上海话、英语三种一起讲。她的脸庞较圆，没有华南女子那种的 contour，可是她眼睛很好 [看]，眼角向上，很聪明，带一些风流。上星期六我先买了票请她看戏，但她已有先约同女同学去看足球，最后她生病都没有去成（我找了一位外国女同学去看那 musical，*Bless You All*，讽刺和歌声都极满意）。星期天我去找了她，谈了一点钟文学、T. S. Eliot、电影。普通男女 date 没有什么话可讲。要靠吃饭看戏的媒介，我同她的确都谈得来，她也是电影专家，普通女子很少有她那样 exact knowledge。她也欢喜京戏，最近她读了些 Eliot，很感兴趣，我明天去见她，预备送她一本 Eliot 的 *Selected Essays*。她说我什么时候去看她，她都欢迎，用不到〔着〕事前打电话，显出关系已很好。这次我想好好追求成功，不惜花些工本，最近买西装，就是这个道理。我同她比，就是家里太穷，假如她能 tolerate 这一点，爱情可以滋长。她 uncle 一家在纽约，另一位弟弟在纽约读高中。她告诉我早年时有 T. B.，她这样 confidential，已是很不容易了。秦小姐不肯 commit-herself，靠写信征服芳心，就比较吃力，希望你能使她承认她爱你。我的追求还是才开始，希望我迟早都能变〔恋〕爱成功，我能同刘结婚，我是非常满足了，她的家境教育这样好，在国内很少会碰到的。星期三下午、星期四（Thanksgiving）我要到外国同学家做一天 guest，我没有兴趣，可是人家盛情难却。我觉得这次追求比写论文更重要，能够同刘好，以后在美国生活也比较不成问题。我的追求，不免带有 self-interest 成分，可是我的确很欢喜她，也不用责备自己。家中可以常通信否？希望你能有外快收入，维持自己，我现在多同中外女人来往，用钱较松，想到家中，觉得不应该，可是也是没有办法的事。希望父亲亿中事早日了结。自己多珍重，即颂

　　秋安

弟 志清 上
十一月二十日

128. 夏济安致夏志清

1950 年 12 月 6 日

志清弟：

　　十一月二十日来信已收到。你现在口试及格，安心做论文，有余力追求女朋友，确是很幸福的。Rose Liu 照你所讲，真是一个很难得的女子，一个女孩子能对 Eliot 发生兴趣，对电影有专门智〔知〕识，我生平还没有看见过（还没听说过）；她的法文、拉丁将大有助于你的学问研究。我听见了很兴奋，希望你好自为之，务必求其成功，此事的确比写论文还要重要。但现在我觉得，追求而求必成，每遭失败，顶好的态度还是落落大方，先培养 mutual attraction，等到彼此谁 [也] 少不了谁的时候，爱情也就差不多成功了。譬如看电影，我同你两个人，一起看的时候也有，两人分头去看的时候也有，这事绝不影响我们的感情，我想男女朋友一对也能这样各人去玩各人的，而仍旧能维持很亲切的关系，这大约算爱情已经成熟了。你人格里有很多可爱的地方，而且有极高贵极真挚的地方，为世人所没有的，可惜至今还没有碰到一个女孩子能了解你的。这一回你假如能少紧张，把〔拿〕你平常对付男朋友的态度来对付刘小姐，让她先认识你，不要让她误认[为]你是个新学究，或是什么 eccentric 或 prodigy，照她平日的兴趣所在，她一定会对你 fall in love 的。美国大约人人[都]有漂亮的出客衣服，你添购西装，应该列在"衣食住行"的人生大事里面去的。

　　我的经济情况，目前还过得去，不用你帮忙，谢谢你。我常到刘守宜（即临沂街）家去吃饭，可以省不少钱（同时替他的亲戚们——都是男的——补习英文），别的用途很省。同事都很苦，吃得很坏，情形比北大更惨，读书兴趣因此也更低。我恐怕又是全校营养顶好的一个人。台大地方散漫，不像北大比较集中在沙滩，甚至在红楼一处，可以和同事来往。我现在同系里的人毫无交际，系主任只看见过一两次，有些什么教授，我也不清楚。宿舍里（我已经搬进自己的房间了）住的是职员居多，我也没有什么交际。台湾的榻榻米房子我很喜欢，真够得上称一声"窗明几净，座无纤尘"，可惜我现在的宿舍是[抗战]胜利以后新建的，水门汀地板的光秃秃的平房，味道差得很多。我认为日本房子比中式、西式房子都舒服，我们上海兆丰别墅的房子我总觉得不大舒服，我认为上海没有一家人家的房子有台湾很普通的房子那样舒服的。但在台湾长住，我也不赞成，这到底像 exile。我同秦小姐的关系，发展到什么程度，我答不出来。像我这样脑筋特别清楚的人都不能答，秦小姐自己恐怕更说不出来了。她的"芳心"也许已经被我"征服"，都说不定。有两件小事，不妨一提：

（一）我说想家，她提议要在香港替我转递家信。我既然已托了张世和，没有再托她。（二）最近不声不响地寄了一盒饼干来——她能在这种小地方替我着想，而且特地到邮局包裹组去挤，我认为这已经超出普通朋友的关系了。现在这样通信下去，我暂时还很满意。真的要谈到婚姻问题，我现在这点 income 绝不够用。除非把我们薪水大调整，或是我另有收入较好的 job，否则我也无此勇气谈到婚姻问题。好在她现在只想求学，这个关系暂时这样维持下去也好。家里情形已经好得多，你的一百元给家里的帮助是太大了。再谈，即祝

快乐

兄 济安 顿首

十二月六日

129. 夏志清致夏济安

1950 年 12 月 4 日

济安哥：

今天收到你三页长信，你精神很好，我很高兴。能够多创作，是条好出路，也可早日成名。我们都害羞，对写作的水平也看得太高，平日不肯多发表。其实要写作成名，至少要有一点的 impudence。一般名作家的作品，我们读来，总有一点幼稚可笑的感觉，但这并不减低他们的身价。你的《苏麻子的膏药》想一定很好，但政治性的作品，还是少写为妙，免得把自己 commit 得太厉害；多写些文艺作品和学术文章，一样可增高你的地位。我不大买新书，有三期 *Kenyon Review* 可以寄上，此外有一本研究近代小说技巧的 *Forms of Modern Fiction*[1]，也可日内寄出。*Pickwick Papers* 在国内我已读过，认为是 Dickens 最 delightful 的小说。George Eliot 的 *Middlemarch*

---

1. 应该是指 William Van O'Connor 编的 *Forms of Modern Fiction: Essays Collected in Honor of Joseph Warren Beach*（University of Minnesota Press, 1948），作者均为当时的批评名家，如 T. S. Eliot、Lionel Trilling、Mark Schorer、Allen Tate、R. P. Warren 等。

描写人与人的关系，确是一部小说巨著，你也不妨一读。我弄 Crabbe，因为研究范围太狭，不大能感大兴趣，每天读他和他同时的作品，多少有点 perfunctory 的感觉。弄十八世纪吃力不讨好，因为 heroic couplet[2] 的诗都很平稳，没有多少需要分析的必要；如真正不感兴趣，我还想改研究莎翁同时的戏剧家，任选一个，都会有较多收获。十七世纪的诗，我也不想弄，因为我对 language 的了解和 sensitivity 还不够，要了解那时代的宗教哲学背景，更得读很多的拉丁原著，非我力能胜任。上信讲了不少关于刘小姐的事情，Thanksgiving 我送了她 Eliot 的 *Poems* 和 *Selected Essays*。前星期六同她的两位女同学，和两位 Yale 中国同学开汽车到 Boston，当日回来。那天美国有风雨，一路汽车上到〔倒〕别有风味。Rose 坐在我的旁边，从上午十一时至晚上十一时，谈得不少话，可是她脸部太圆，南方味不够，事后反而不大想她。上星期六、日，我到了 Vassar College 去，没有找她，预备明天（星期二）再打电话约她。

Vassar College 是东部有名的女子大学，这次他们请 Yale 的外国学生去玩，我也参加了。乘 bus 约三时许才到，到那里（Poughkeepsie, NY）已下午四时许，她们三十个女生招待三十个东方、欧洲学生。吃晚饭后，我认识一位从德国来才两月的十九岁小姑娘，Brigitte Jaenisch，生得极美貌，

---

2. 英雄双韵体，为五步抑扬格诗行对句成韵，形成 aa、bb、cc …… 的格律。

complexion 白净，眼白纯青色，非常地明朗，讲德、法、英三国语言，修养美丽都胜一般美国女子。起初我不相信战后的德国会有这样好看的女子，她同我一同〔起〕听她们 Glee Club 的 concert，事后一同跳舞（我不擅跳舞是我最大的缺点，步伐太少，总不能引起对方的兴趣）。十二时送她回宿舍；过后我再到跳舞的 hall，认识了去年在 Yale 读音乐系 Ruth Stomne 的妹妹 Esther Stomne。她在 concert 有一 solo number，生得同她姐姐一样漂亮，才 freshman，因为她有 date 所以没有同她跳舞。晚上住旅馆（一切费用，都是 Vassar 供给的），翌晨找德国姑娘一路手挽手参观了校宿，这种经验，我来美国后还是第一次，所以觉得非常快乐。午饭后我们即乘 bus 返 New Haven。我想请德国小姐来 New Haven 玩，可以〔是〕请一次费用太大，也不敢多请。她 scholarship 只有一年，明秋即要返德国，以后见面机会更少。美国可爱的姑娘真多，能够多 date，确是种艳福，可惜经济不够。譬如说 X'mas 将到，能够对认识的女子都送些礼物，她们一定很高兴，可是事实上办不到也。明年我决定留在美，现在托教授们设法。真正找不到 job，我想 State Department 一定需要我这种中英文都好的人才的，能在美国政府做事，也可有很好的收入。

　　秦小姐那里不能老老实实讲爱情，的确也很闷人，但你这样不断地通长信，对方一定是感动的，这次 courtship 花时间虽长，成功可能性是极有把握的。最近看了一张 MGM 的

King Solomon's Mine[3]，是生平看到最好的非洲电影，人物都 [很] 真切，看来〔时〕不断地紧张，尤其一幕野兽 stampede，action 的 swift 银幕上以前未看到的。我最近生活，除女人占据时间较多外，还是同以前一样。最近高丽〔朝鲜〕战争转坏，英法都有求美国妥协的可能，不知台湾方面 reaction 怎么样？家里已好久未要〔有〕信了，即颂

　　近安

弟 志清 上

十二月四日

　　〔又及〕相片收到，貌很清瘦，屋内装饰很有台湾风味，希望平日吃饭，仍维持过去水平。

---

3. *King Solomon's Mine*(《所罗门王宝藏》，1950)，冒险电影。据亨利·瑞德·哈格德(Henry Rider Haggard)1885 年同名小说改编。坎普顿·班尼特(Compton Bennett)、安德鲁·马顿(Andrew Marton)联合导演，黛博拉·蔻儿(Deborah Kerr)、斯图尔特·格兰杰(Stewart Granger)主演，米高梅公司(Metro-Goldwyn-Mayer)发行。

130. 夏济安致夏志清

1950 年 12 月 18 日

志清弟：

四日来信收到。你现在多与异性往来，生活想必很有兴趣。我同秦小姐的关系，很难 define，但这两天我们的关系似乎又更进一层，至少我觉得我们两人间确已有爱情存在。我先 quote 一段她上一次的来信："过去的随它过去吧！时间的浪花会把过去的遗痕冲擦〔刷〕得干干净净，也许在酒阑人散、灯灭烛残的当儿，会偶然翻开时间之册，把旧梦重温，但是不要紧，这不是人生最美的点缀吗？这样的一个回忆总算不是平凡的！过去的已过去了，又何必耿耿于心〔怀〕，忘记它吧！"她的 rhetoric 很有问题，但很看得出她在写的时候很有感情的激动。她本来可以只承认我们的师生关系好了，但她这种话不是表示我们之间已经有超过师生的关系（"最美的点缀""旧梦重温"）存在吗？她劝我忘记，或许她要劝自己忘记而失败了吧（这一段我没有复她）。最近一封信有一段更为有趣："恭喜你，你弟弟又可以大学毕业，得到 Ph.D.，同时又将结婚了。明年他学成归国，又带回来一位太太，真是双喜临门了。"关于你的事，我记得清清楚楚，我是这样描写给她听的："我的弟弟也在追求一位小姐，名叫 Rose Liu，是个大二学生。"因为我不敢说我在追求她，所以旁敲侧击地说你"也在追求"，用心很苦，她怎么会缠到结婚上去的？我并无半点 hint 你的情形如何乐观，我只说你现在好有工夫花在女朋友身上了，而且希望你成功，如此而已。这封信里她又告诉我，她家里的人可能看她的信，她信里所附送我的两张照片叫我回信中不要提起。我写给她的信很勤很厚，一定引起她家里非常的注意，她为表示清白起见，可能拿我的信给大家看，表示我们除了学问之外，不谈别的。我在临沂街 63 巷五号已经被大家大开玩笑，因为秦小姐的信也是在那边转的，他们都知道我有个秦小姐了，但是我年纪已大，又是男人，被人开开玩笑也无所谓，她年纪轻，是个中国旧式女孩子，□□□[1] 不起人家开玩笑。你想象林黛玉那样爱贾宝玉，听见人家提起他们俩的关系，她总是很生气的。我本来很不高兴，她为什么不许我信里谈恋爱，现在我原谅她了，我作为一个 gentleman，应该 spare her blushes。这点误会消失后，我们的关系又进了一步。X'mas 我送了两本书给她，*Razor's Edge* 与 *Tom Sawyer*[2]，都是便宜的 pocket book，我

---

1. 此处系原信折角处，有若干字无法辨识，疑为"肯定经"三字。
2. *Razor's Edge*（《刀锋》）是毛姆 1944 年出版的小说名著；*Tom Sawyer*（即 *The Adventures of Tom Sawyer*，《汤姆·索亚历险记》）是马克·吐温（Mark Twain）1876 年出版的小说名著。

随便挑的。买来后发现 *Tom Sawyer* 这本书是 Mark Twain 献给他妻子的："To my wife, this book is affectionately dedicated." 我怕她误会我在小地方要占她便宜，引起她的不快乐，我特为把 dedication page 同上一页用糨糊粘牢了。她送给我的 X'mas card 是 plastic 的，很大，十分素净漂亮，为我生平所未曾见过者。明年正月初八（阴历）是她廿岁生日，我希望你有便送两样东西给我：（一）Birthday card 一张——句子不可肉麻，不可有 sweetheart 等字样，但要表示隆重而高贵，色彩要多用浅蓝色——她所喜欢的颜色。（二）Valentine card 一张——生平从未用过，这次想一试，但也切不可肉麻。顶好字要少一点，因为 card 本身就是一种表示，不必再要什么字了。两张东西如航空寄费太贵，不妨用平信寄，因时间还来得及。再谈，祝

近安

济安 顿首

十二月十八日

〔又及〕家里收到你的钱以后，生活可以维持几个月，请放心。玉富妹结婚，你想已知道了。

131. 夏志清致夏济安

1950 年 12 月 25 日

济安哥：

十二月六日来函已收到，对追 Rose Liu 事极有鼓励，读后很高兴。前星期我 date 了她几次，追求方面可算少〔稍〕有进展。十二月十五日（星期五）忽患盲肠炎，动手术后廿三日（星期六）才出院，Rose 已去华盛顿亲戚家，此事只要〔有〕暂告休息矣。星期五晚饭后忽然腹痛不停，我看完一本小说（Fanny Burney's *Evelina*[1]）后，十时即上床，可是腹痛仍不止，乃穿衣服到 Yale Infirmary，诊视结果，知是轻性盲肠炎，当晚住在 infirmary，星期六晨送至 New Haven Hospital 动手术，割去盲肠，下午知觉清醒，已不感什么痛苦。第一天因局部麻醉后，小便很吃力，此外不感什么不舒服。头三四天每天早晚注射配〔盘〕尼西林，故收功极快，星期四已把

1. Fanny Burney(范妮·伯尼，1752—1840)，英国小说家、日记体作家，代表作有《伊夫林娜》(*Evelina*)、《塞西莉亚》(*Cecilia*，1782)、《卡米拉》(*Camilla*，1796)、《早年日志：1768—1778》(*The Early Diary of Frances Burney，1768—1778*，1889)等。

伤口缝线除去，星期六（廿三日）上午即出院，共住院七天，共花了一百八十余元，相当贵，我已将 bill 寄给李氏代付，想不成问题。在医院中生活很 dull，第二天以后我即不需 nurse 们照顾，每天除三餐稍有快感外，此外只是看报 [纸] 杂志消磨时间，看了两本福尔摩斯小说 *A Study in Scarlet* 和 *The Sign of the Four*，印象是 Conan Doyle[2] 早期是个 romantic，plot 都是 revenge 之类，并没有大兴趣，别的侦探小说也看不进，我对侦探小说好像不感兴趣，不知何故。其他的 light reading 也很 dull，看了两册 Maugham 的短篇小说集，Maugham 每篇小说故事完整，倒还不错（*Creatures of Circumstance* 中一篇 "Winter Cruise" 极幽〔优〕雅），可是多看也无聊。医院七天，只使我觉得生活没工作的无聊而已。廿三日出院后看 Bing Crosby 的 *Mr. Music*[3]，好久不看电影，兴趣很浓，比看闲书好得多。我身体已差不多全部恢复，望勿念；廿七八日纽约 Modern Language Association 开年会，教授出席的极多，如身体可能，仍想去 attend；胡世桢要我新年去玩一次，如能去纽约，或可到 Princeton 一去，他已买了新车了。

---

2. Conan Doyle（柯南·道尔，1859—1930），英国侦探小说家，笔下人物以福尔摩斯最为著名，代表作有《血字的研究》(*A Study in Scarlet*)、《四签名》(*The Sign of the Four*)、《巴斯克维尔的猎犬》(*The Hound of the Baskervilles*)等。

3. *Mr. Music*(《琴台春满》，1950)，理查德·海丁(Richard Haydn)导演，平·克劳斯贝(Bing Crosby)、南希·奥尔森(Nancy Olson)主演，派拉蒙影业(Paramount Pictures)发行。

十二月九日（星期六）我找了一个外国同学，同 Rose Liu 及她的 roommate double date 了一次，吃晚饭，看 Orson Welles[4] 的 *Macbeth*，Welles 相貌不扬，总不讨人欢喜。date 成绩很满意，隔三天 Yale Grad. School 有 X'mas party，我请了 Rose 到 Graduate School 吃晚饭，晚饭后唱 carols 跳舞，Rose 的美丽引起外国同学的注意。她跳舞时总不够 affectionate，不如外国女孩子容易亲近。星期三我伴 Rose 和她［的］roommate 去听 Kirkpatrik[5] 的 harpsichord recital，全部节目是 Bach，Rose 绘画音乐修养都很好；星期五我即病倒，Rose 只给我一 note，没有来院访候，星期一她即去华盛顿。沈家大小姐，我出院时已去 Long Island 外婆家过年，也没有见到。我在医院，礼物都来不及送，人情不周到。小姐们都离开 New Haven，所以今年 X'mas 过得仍将很 dull。你新年假期过得怎么样？有没有新文章发表？秦小姐那里想不断送〔通〕信，希望她早日承认她的爱情。Rose 为人太聪明，热情不够，非常 coy，要追求得费长时间，现在对成功，是靠〔毫〕无把握。听说傅斯年已去世了，不知何人是新任台大校长。我开

---

4. Orson Welles（奥逊·威尔斯，1915—1985），美国演员、导演、编辑、制片人，在戏剧、广播剧、电影三个领域都卓有建树，代表作有《恺撒》（*Caesar*）、《公民凯恩》（*Citizen Kane*）、《世界大战》（*The War of the Worlds*）等，曾获得威尼斯电影节奖、奥斯卡金像奖、全球奖等各种奖项。1975 年，美国电影学会授予其终身成就奖。*Macbeth*（《麦克白》，1948）是其改编并主演的电影。

5. Kirkpatrick（Ralph Kirkpatrick，拉尔夫·柯克帕特里克，1911—1984），美国音乐家、音乐学者，曾整理多梅尼科·斯卡拉蒂（Domenico Scarlatti）音乐编年。

刀经过极良好，将来伤口都可看不出。你在台湾生活想必也很寂寞，家中想常去信，即祝

新年快乐

弟 志清 顿首

十二月廿五日

1951年

132. 夏济安致夏志清

1951 年正月 7 日

志清弟：

廿五日来信收到。你忽然会生盲肠炎，是想象不到的事。美国医药发达，能够在美国动手术，还算是福气，听你描写，只住院七天，好像很轻松的样子。不管盲肠炎是不是轻性，要开刀总有些怕人势势的。我近来精神似乎特别好，不知什么道理。我因为善于养生，工作并不十分紧张。傅斯年之死，是十分可惜的事，他是一个 character，台湾之在高位者，大多为好好先生，唯他有魄力有热血，敢作敢为，敢说敢骂，许多人怕他，我也有点怕他。他在台大是一个独裁者，像一切独裁者一样，死后继承人是很难找的，现在台大虽然一切进行如常，但人人都有一种"无人管"的轻松之感。我继《苏麻子》之后，又在写一篇比较 serious 的相当残酷的短篇小说，写了三千字还没涉及故事（与香港思豪有关）本身，写完总要有一万字吧。这篇小说我相信可以很顺利地完成，现在对于写作很有自信，认为写 novel 也不难。我在香港时常读武侠小说，到台湾来，对于郑证因和白羽两人之书，大为佩服，我现在读武侠小说是记笔记的，当它们是正经书那么读的。他们的白话文是纯粹北平话，但绝无老舍[1]那样的故意卖弄，很干净，文言应用得也很适当，情感控制得也好。他们对于 situation 和 dialogue 的处理，大可模仿研究，所以我记笔记了。郑证因的《鹰爪王》（最好的是《续鹰爪王》）是部规模十分宏大的小说，他懂得一天发生好些好些事情的戏剧性的写法，有几个人物描写极成功（"悲剧英雄"一类人物），富于 pathos。白羽的《十二金钱镖》我好像以前写信也赞美过，这两天看它的续集《狮林三鸟》《毒砂掌》大为满意。这是一部故事连贯（根据 subplot 发展下去的，plot 关于劫镖寻镖事还没有结束）很好的 picaresque novel，有一两个武功平常的人在外面瞎冒险，很表现出人情味。我的白话文与写长篇小说的 pattern，都要从武侠小说里去学习。我们的东西一定太 intellectual，武侠小说适足济其病。

我的恋爱还没有什么新发展，她从来没有干脆拒绝过我。不过她倒几次劝我，我们以后是否能一定再见面（时局关系）尚未可知，叫我不要太认真了。她愈是这么说，我愈发地要表示我的坚贞不贰起来了。香港局势的确靠不住，大通 Chase 银行分行已经停业，这对于香港人的心理影响一定很大的。近来在读些 Pope，有几句话好像是在教训我的：

---

1. 老舍（1899—1966），原名舒庆春，字舍予，笔名老舍。满洲正红旗人，生于北京。小说家、戏剧家，代表作有《骆驼祥子》《四世同堂》《茶馆》等。

（"Sober Advice from Horace"）But Her who will, and then will not comply, Whose Word is *If, Perhaps, of By-and-by, Z_...ds! Let some Eunuch or Platonic take—So B_...t* cries, Philosopher and Rake! Who asks no more（right reasonable Peer）than not to wait too long, nor pay too dear. Pope 和女人的关系倒是一个很有趣的题目。我因为生平以前从来没有同任何女孩子有过 intimacy，这次同秦小姐分离了（我们天天见面，混得很熟），很想念她，且开始觉得女朋友的需要。但从我的道德立场，我一定要对她忠实。这次同秦小姐的往来，产生一种良好的效果，我觉得我是 mature 了（可算晚熟矣！）。我对于 Pope 的兴趣是 Palinurus（Cyril Connolly）的 *Unquiet Grave*[2] 所引起的——这是一部非常 bitter 的书。康氏极推崇 classicism，我自己也觉得渐渐有了个立场，"自信"增加不少。再谈 祝

好

济安 顿首

正月七日

P.S. 秦小姐所顶崇拜的明星是 Gregory Peck，我想给她一

---

2. Cyril Connolly（西里尔·康诺利，1903—1974），英国批评家、作家，文学杂志《地平线》的创办人和主编。曾常年为《新政治家》《观察家》《星期日泰晤士报》等撰稿，是英国最有影响力的书评家和批评家之一。《不平静的坟墓》（*The Unquiet Grave: A Word Cycle by Palinurus*）是其写于二次大战大破坏期间，反思时代与战争的一本书，其他代表作还有《不食言的敌人》（*Enemies of Promise*）等。

个 surprise，请你写封信给 Peck，问他讨照片好吗？她的地址：

Miss Celia Zung

1st Floor , 66 Fa Hui Street

Kowloon , HongKong

照片可请 Peck 直接寄港，如能于阴历年前送到，上面有几句应时话更好。

133. 夏志清致夏济安

1951 年 1 月 11 日

济安哥：

好久没有接到信，甚念，近况想好。我[在]医院里住了一星期，出来后行动如常，身体很康健，医院费一百八十余元已由李氏付清，唯另有医生手术一百五十元，bill 寄来后，亦将叫李氏付，大约没有问题，美国生病真生不起，保险实在是必需的。同秦小姐关系进展愈来[愈]亲密，很高兴，托买的 Birthday 卡和 Valentine card，上星期淘了一下午，实在很少有满意的，愈贵重的，字句愈肉麻，较疏远的，则字〔纸〕张印刷都差，找不到一张朴素高贵而字句简约的。买了一张（在天主教店铺里）Birthday card，恐怕太缺乏颜色，今天又买了一张 Valentine card，颜色还好，字句还不伤大雅；这次因时间已近，航空寄出。两卡都无浅蓝色，所以很抱歉（学校附近店铺 taste 可以〔能〕较好，Valentine cards 尚未陈列），最近如发现有好的，当再寄上。

我出院后，十二月廿七、廿八日到纽约去住了两天，参加了 Modern Language Association 的年会，在 Hotel Statler，到的人真不少，听了 Brooks 讲 Milton，Pottle 讲 Shelley，并看到 Douglas Bush[1]、Harry Levin 诸教授。廿九日上午到胡世桢夫妇那里，住了三夜，天天吃中国饭，早晨吃粥。他们生活很安闲，买了一部 Plymouth，每天讲讲武侠小说、政治、电影之类，颇有兴趣。胡世桢夫妇都是侦探、武侠小说迷，胡正在第二遍看《蜀山剑侠》，看到 25 集。Princeton 地方很小，没有什么好玩，晚上看了两次电影，打了一次马〔麻〕将，我大页〔赢〕。我回来后还没有去看过 Rose，她忙着准备大考，我也怕继续不断地 date，因花钱太多，很难硬撑下去。接到父亲、玉瑛妹来信，又寄了一百元到张世和那里叫他代汇。我下半年李氏不继续，除非 job 能有定当，实在不敢多寄，因需要为今暑期生活费用打算也。在纽约时，同李氏的负责人 Arthur Young 交际了一下，吃了晚饭，二月中他夫妇要来 New Haven 看戏，也算是联络。你最近收入够用否？新年假期作何消遣？即颂

　　年安

弟 志清 顿首
一月十一日

---

1. Douglas Bush（道格拉斯·布什，1896—1983），文学批评家、文学史家，长期执教于哈佛大学，代表作有《十七世纪早期英国文学》（*English Literature in the Earlier Seventeenth Century*）等。

134. 夏济安致夏志清

1951 年 1 月 18 日

志清弟：

来信并卡两张均已收到，谢谢。你挑选已经很费了些苦心，谢谢，假如发见〔现〕有更好的，而时间来得及的话，不妨再寄一两张（她的生日是 V day 的上一天，Valentine 这个字她不认得，可能会当它是生日卡）。

我们现在的关系，我最近只求无过，不求有功。她假如忽然表示要到台湾来了，我要大起恐慌的，招待固然招待不起，一个小姐的居住问题，也很难解决的，所以我只希望她同她家里一块儿搬来。再假定：我忽然在台北有一个好的差使，有美金收入，并有很好的房子，我那时也会不快活的，因为那时我虽然招待得起了，她未必肯来。现在我虽然穷（自给尚够），她亦不来，我倒觉得很太平。她假如不来，照大局观之，我可能同她有好几年的隔离，香港出毛病，他们一家要回上海的。

她是一个十分朴素的姑娘，但她的家里似乎相当有钱，这种有钱对我似乎是不利的。因为他们的钱并不多得可以使他们的女儿和女婿永远免于穷困，但是足够的多可以养成一种 snobbishness。她表示从来没有这种倾向，至少她极力想表示她的 disdain for things material，她顶怕"俗气"。从我在香港的派头看来，没有人知道我的家会这样穷，大家只知道我的父亲是某银行经理，这里所讲不过是我据常理推测而已。他们在香港的房子，虽是一个 flat，却是自己的产业，他们在上海的房子现在有两个佣人看守着，她的母亲每天打牌常有一百元港币输赢。这样［的］家庭你是不是以为对于一个人有他们一阶级所特有的看法？我如果想征服这样一个家庭和他们的亲戚朋友，凭我现在这点地位还不够。但假如他们回上海去的话，他们的产业恐怕要受很大的损失。

你又寄了 100 元回去，很好，家里虽然短时间不缺钱，但香港那边可能出毛病，趁通的时候汇些去亦好。多一点钱父亲亦可想法做些小生意，虽然上海现在生意很难做。

我最近生活很安定，但我对于自己的前途正在考虑中。秦小姐大约希望我在文坛成名，中国现在虽然没有文坛可言，但凭我的天才与文字工〔功〕力，文坛上要建立我的地位，想还不难。但我一时还不敢使我在小说上成名，我一旦做定了小说家，有许多事情我便不能做了。我还有一种中国传统士大夫的看法，认为小说裨〔稗〕官，乃下里巴人之言；我的理想似乎还是想"学而优则仕"。这个决定，在未来一年之内，我想我应该造好了。一个人本来不可能做很多事情，等到我真有一部 novel 定稿，我亦只好做小说家了。

日内即将放寒假。寒假很短，我也没有什么大计划，小说还想继续写，此外想做一篇 Pope 的 paper，给台大的外文系。台大外文系似乎无人用功读书，我也不很用功，但对于文学的兴趣，似乎还在一般人之上。Eliot 竟然亦成为我所最佩服的人，我对于中国文坛的野心，倒不想写几部小说，而想创导一种反五四运动，提倡古典主义，反抗五四以来的浪漫主义。中国文坛现在很需要一种新的理论指导。我很想写一部中文的《浪漫主义与古典主义》，可惜学问不够，一方面当然应该介绍 20 世纪的古典主义运动，一方面我对于中国文坛亦应该有积极性的建议：中国有自己的"传统"，确立中国的传统需要对于旧文化有深刻的研究（包括 poetry、书法、京戏、武侠等），这是一件可做一生的工作。我现在很希望有一本杂志给我办，我可以先零零碎碎地讲起来。至少五四以来的新文艺作品，我现在已经很有资格来批判了。希望听听你的意见。再谈 祝

冬安

济安 顿首

元月十八日

135. 夏志清致夏济安

1951 年 2 月 2 日

济安哥：

一月十八日来信已收到。你努力创作，热心对中国文坛有所贡献，使生活安定而有意义，甚好。我相信你可成为中国文坛上的新 voice，无论创作或批评，秦小姐鼓励你早日文坛成名，很对，将来说话有力量后，不难"学而优则仕"。中国从五四运动到今日的情形，确需要有一个严正立场的批判：鲁迅、郭沫若[1]之类，都可以写几篇文章评判一下，指出他们共产[主义]的倾向。被主义或社会思想所支配的文学都是 sentimental 的文学，真正地把人生严明观察的文学，是"古典"文学，这种文学往往是残酷的。你能引起中国学界对 Pope 的兴趣，已是好事，中国旧诗中有 Pope 观点的恐怕也一定有几人，这样就可以慢慢 effect 一种 reevaluation 了。最近对 Pope 诗 technique 的研究，很有一两篇好文章，恐怕

---

1. 郭沫若(1892—1978)，原名开贞，字鼎堂，号尚武。四川乐山人。诗人、剧作家、小说家、史学家，在文学、历史、考古等领域均有建树。早年参加创造社，代表作有《女神》《棠棣之花》《中国古代社会研究》等。

你都看不到：Yale 教授 Maynard Mack[2] 批评很有功力，在 Pope 新 scholars 中可算一个特出人才，他有一篇讲 Pope 的 "Wit" & Poetry，我可以抄一些给你。两星期前台大教务长钱思亮[3] 从巴黎来开教育会议来美，到 Yale 来参观了一天，我同 Yale 同学请他吃了一次午饭。他觉得台大外文系不够坚强，吃饭时因为人很多，我没有讲起你。他回来后你可以去见见他。

给秦小姐 Peck 的照片，我已去信直接讨，附了五十分邮票，寄出与否，我不知道。今天又买了一 [张]Valentine card，还比较朴素新鲜，恐怕要及时寄到香港，已来不及，不过留着总有用的。我正月来比较多读些书，没有多找女友，Crabbe 的论文已有头绪，虽不太 ambitious，也可写成一篇像样的论文。本来想换题目，可是每个题目，要看的 dull reading 总很多，也不必换了，二月开始想写一两 chapter。我找事，美国政府较有把握，可是还没有 definite 消息。寒假 Rose Liu 又到纽约去一星期，不容易找到她，我想春季时正式进攻一下，不知结果如何。昨天接到钱学熙来信，报告北平情形很好，他同他太太一同进革命大学受训七月，十二月才毕业，现在

2. Maynard Mack（梅纳德·迈克，1909—2001），耶鲁大学文学系教授，欧洲 10 世纪文学及莎士比亚研究专家，代表作有《我们时代的李尔王》(*King Lear in Our Time*) 等。

3. 钱思亮（1908—1983），字惠畴，浙江杭县人，出生于河南新野。化学家、教育家，曾任台湾大学校长、台湾"中央研究院"院长等。

他已升为正教授，而王珉源、陈占元[4]等仍是副教授，袁家骅也没有了势力，所以他觉得共产党[治]下的事，一切是真公平。他现在是大一英文会主委和文学教研组主任，可算重要而"红"。北大英文系裁去了六人，袁可嘉也在内，他此前攻击共产[党]文人，解放后私生活也"不检点"，无法留用，现在在"毛选委员会"内当翻译。钱的儿子已是党员，女儿也是青年团员，他本人也在声〔申〕请入党。他说不懂共产主义的人是"不折不扣的瞎子"。他的语录体也〔因〕白话化而生硬了。他叫我研究小说，可 replace 北大的蒯叔平[5]。

秦小姐同你爱情已很深，我想将来结婚一定有希望。你的人格学问文才已足够 impress 她，她无法把你忘掉，不管她家里人怎么样。最近我电影也不常看，两星期前看了 Hedy Lamarr 的旧片《欲焰》，银幕上的确有裸体镜头，好莱坞电影中不能见到。家中常有信来否？你近况想好，甚念，即颂

冬安

弟 志清 上

二月二日

---

4. 陈占元(1908—2000)，广东南海县人，学者、翻译家，曾赴法留学，回国后积极从事研究、翻译、出版、编辑工作，是香港《大公报》创始人之一。1946年后一直任教于北京大学。译有《高利贷者》《贝多芬传》《狄德罗论绘画》等，代表作有《陈占元晚年文集》。

5. 蒯叔平，北京大学西洋文学系女教授，曾任教于暨南大学等。

136. 夏济安致夏志清

1951 年 2 月 13 日

志清弟：

　　来信并 card 均已收到。这张 card 我于 2/11 付邮，照台港普通航空信件惯例，两天内必可寄达。秦小姐廿岁生日，我送她一本《综合英汉大辞典》，相当重而实用的礼物，花了我一百多台币（约十几元美金），好在年底我收到一笔补习酬劳（在临沂街刘家），这笔钱还出得起。秦小姐同我的关系，假如一切顺利发展，可以有圆满的结果，但是现在时局如此，万一大战爆发，以后能不能再见面还是问题。她不善交际，跳舞游泳都不懂，兴趣都在文学及其他"形而上"的问题，这样一个女孩子，现在这个世界上恐怕很难找到了。她自以为亦在追求"理想"，为人很老实，多愁善感——她要找一个像我这样合式〔适〕的男朋友（或以后成为丈夫），也是不容易的。我们两个人结婚一定可以很幸福，但聪明的女子往往福气不大，不知道她的福气怎么样。普通女孩子，懂了一点文学，很可能有"顾启源式"的俗气，她能独免，真难能可贵。她在香港时，写了几篇文章给我改（我来台湾后，亦寄了几篇来），她那时鼓励我亦写，我说"我没有题目呀，写什么呢？你出个题目给我吧！"她随便接一句，"就描写泰来阿哥吧！"泰来是她的 cousin——摄影家秦泰来[1]。我很可以写一两千字的一篇 sketch 给她算是缴〔交〕卷，但是我一向提倡写"悲剧"写"灵魂"的，短短一篇 sketch 不能算数。现在我已经着手在写一篇中篇小说《摄影家》，已完成一万五千字以上，全文总要在五万字以上吧。我在香港的时候，有朋友曾经发起要招请模特儿（因为我们好几个人都喜欢照相），结果没有实现。我的小说写的是真的去招请模特儿了，这样一个题材可以牵涉许多问题，大够我的想象力发展，而且对于普通人亦很有兴趣，出版了亦好销。我想在最短期内完成之，中文的完成了，想再用英文 rewrite。我的第一本书[是]因为秦小姐的一句话而引起的，亦佳话也。但是我的小说目的是要显示一个 horrible world（比钱锺书深刻）。她的 innocent mind 或不能接受，但我要忠于艺术，这些只好不管。现在我主要的工作，是在写这篇小说，Pope 的研究暂缓。我研究 Pope 本来亦不容易有大的发现，只是敷衍学校而已，现在有更能表现我天才的机会，还是在这方面去努力。

钱学熙瞎追求了半世，现在"信仰"有了，世俗地位亦有了，他应该可以心安理得了。他尝自信 45、46 岁之间交运，

---

1. 秦泰来（1905—？），20世纪30年代闻名上海的摄影家，擅长仕女照的拍摄，也是最早表现女性人体美的摄影师之一。1949年去香港。

想不到交这样一个运。金堤在我前年回家后不久，即同梁再冰以未婚夫妇名义脱离学校，参加实地工作，现在恐怕早已同居。朱玉若比我回去得稍为早一点，金堤把她就这样地丢掉了。我很替家里担心，父亲的亿中官司还未了，他在青红帮里有地位，为人又梗〔耿〕直（他不肯认错，以好人自居，这是很危险的），不善趋奉，不善保护自己，恐怕应付不了这局势。我已去信叫玉瑛不要上学，现在已经学不到什么东西，上了学行动反而受支配，麻烦甚多。照玉瑛的脾气个性，这样一个局势她亦应付不了的。我希望你暂时不要回来，能在美国成家结婚顶好，至少亦要找到一个职业，能进国务院甚佳。台大外语系的阵容我不甚清楚，因为我同他们很少往来。Rose Liu 那里进行 [得] 如何？追求是一件十分麻烦的事，你亦不必操之过急。再谈 专颂

春安

济安 顿首
二月十三日

137. 夏志清致夏济安

1951 年 3 月 5 日

济安哥：

　　二月十三日来信收到后还没有给你回信；今天接到父亲信，母亲患失眠，经济情形不能好展〔转〕，颇为忧虑。只希望今夏后能找到 job，可接济家用。Valentine 后想你同秦小姐感情更增加，她情感正在 susceptible 的 period，受你人格信札创作的灌溉，她对你的爱情一定已滋长得很好。你现在努力创作，我很是佩服，希望你把《摄影家》早日写完，出版成名。我目前创作的 urge 一点没有，将来还是多写批评文字较近个性，中外文学作家时代可供给不断的材料。Rose Liu 那里还维持关系，已好久未 date，休息一下也好，等论文写完后再做长期打算。Rose 为人较利〔厉〕害，而我为人太善，恐不能维持极好的关系。前星期 Vassar 的德国姑娘来 New Haven，招待了两天，吃饭、算〔看〕戏、车费耗了二十元，过后人疲乏不堪，精力方面实不能同青春小姑娘比也。星期六晚上，看 Cocteau 的劣剧 *Knights of the Round Table*[1]，送她回寓所，kiss

---

1. Cocteau（Jean Cocteau，让·科克托，1889—1963），法国作家、剧（接下页）

了她good night，虽是来美后第一次接吻，觉得并无什么快感。星期天上午同她爬附近小邱〔丘〕East Rock，因天气较暖，登高望远，较有兴趣。上星期六请了美国女同学吃中国饭，晚上跳舞，美国小姐一般人都nice，所以时间过得还愉快。两星期内论文打了一百页，成绩尚称满意，再打六七十页，想即可结束。唯所打的百页，结构字句都得大大修改。六月拿Ph.D.，论文缴出deadline是四月中，要届时装订完备，恐已来不及，可是我论文已能差不多写完，迟半年拿degree也不在乎。最近电影已不常看，有闲同女孩子玩玩较有意思。华纳的 *Storm Warning*[2]，Ginger Rogers主演，讲三K党，非常紧张，是值得一看的好戏。春天已到，不知常去北投草山诸地否？台北咖啡馆酒馆不知常涉足否？不知是否仍保持我在那时的旧风光。我job大约有办法，也不太愁它，你收入想也够用。家中想常通信，希望能多安慰父母。我最近生活除写论文外一无进展，追求事业都得到暑期后有解决，即 颂

　　春安

弟 志清 顿首

三月五日

（接上页）作家、导演，代表作有《可怕的孩子们》（Les Enfants Terribles）等。《圆桌骑士》（Knights of the Round Table，法语 Les Chevaliers de la Table Ronde）是科克托1937年的喜剧，由其好友让·马莱（Jean Marais）主演。

2. *Storm Warning*（《美国青红帮》，1951），惊悚剧。斯图尔特·海斯勒（Stuart Heisler）导演，金格尔·罗杰丝（Ginger Rogers）、罗纳德·里根（Ronald Reagan）、多丽丝·戴（Doris Day）、史蒂夫·柯臣（Steve Cochran）主演，华纳兄弟影业（Warner Bros.Pictures）发行。

138. 夏济安致夏志清

1951 年 3 月 22 日

志清弟：

三月五日来信收到。家里的信很少，我最近不常写信回去，据说每封信都可能招致警察的盘问。信当然还是要写，但是说话顾忌多，也不敢多写了。家里的情形难望好转，不单是经济问题而已。父亲的亿中讼案不了，总是一个累赘。上海数百万人口，不可能每人每家都去注意（乡村则家家查得清清楚楚），可是我们家在法院有案，难免受到特别注意。而做过银行的，也难免被认为与资本家有关系也。

秦小姐处关系似略有进步。有人说 lovers 易犯 torturing each other，我这两星期的信里逼她承认我们间的"爱"，似乎她不致〔至〕于坚拒。她对我的爱，其实也很明显，我不应再去逼她。不知怎么的，我信里大为 passionate，她如被感动，或许可以更坦白地表示两句。她为人较直爽忠厚，不大懂得耍花样。她似乎有点怕：她承认了爱情之后，我下一步要逼她结婚。我们今年会不会结婚，这问题我很少去想它，我想先变成她的 confirmed lover 再说。希望下一封信有较好的消息。

　　你的 Ph.D. 论文想能如期缴出。我的英文慢慢地大约可以在台北出名。外文系有位教授，名曹文彦[1]者，办一本英文刊物，叫 *Free China Review*（月刊）[2]，定四月一日出创刊号，不知怎么会拉我写稿，他并且还说，外文系同事别人一个不拉，只拉我一个人。谁如此郑重地把我推荐给他，我至今想不出来（联大、北大的人都不知道我的英文，只有光华的朋友才知道）。我花了两个星期的苦功，写成三千字论说一篇："The Fate of Chinese Intellectuals"，现已缴去，他看后大为佩服，认为台大的确无人能有此成绩，这两天他正在外面替我宣传。他的杂志只要出下去，我必可成为他的台柱。我这篇文章是很 impressive 的，我原有的 wit 与 grace 之外，更有了些 intellectual vigour，辞藻华丽，语调铿锵，普通中国人研究英文的都可能被我吓得目瞪口呆。因为我散文的优点，是顶容易被中国人讲究文章者所推崇，普通人认为唯有名家可以写得出，他们是无法企及的，而我偏也能之，岂不是怪事？（你的散文就不讲究"漂亮"的。）为了写英文，《摄

---

1. 曹文彦(1908—1990)，"国立中央大学"法学学士，美国加州大学法学博士。历任中华民国驻澳领事、"教育部"大学教科书编译委员会主任委员、台湾东吴大学法学院院长等职，1955—1957年任台湾东吴大学校长。

2. *Free China Review*(《自由中国评论》)创刊于1951年4月的一份英文月刊，曹文彦为创刊主编。2000年4月第50卷第4期起改刊名 *Taipei Review*(《台北评论》)，自2003年3月第53卷第3期起再改刊名为 *Taiwan Review*(《台湾评论》)。

影家》暂时停顿了，这学期恐还不能完，希望暑假里把《摄影家》完成之。我的那篇英文，出版后当寄上，内容是大骂以前的那辈"民主左派教授"。我现在有很多话要讲，可是在台湾发展，还不大方便。我反对假科学、sentimental 文学等等。我要提倡 classicism, conservatism, scepticism。这种主义当然并没有什么危险性，但是那种杂志都是拿当局的钱的，当局希望他们说冠冕堂皇的话，我假如偏要说"老实话"，很可能使办杂志之人为难。我想说的话，不便说，以后写文章的取材便难了。我倒真的快要变成 Eliot 的信徒了，想当年钱学熙推崇 Eliot，真是奇怪。那时我对于 Eliot 不大有认识，听他瞎讲，他的那一套，其实同 Eliot 大为不合，偏偏还有一个外行朱光潜当他是 Eliot 专家，也是怪事。你以前（去年）说过要寄四本 Kenyon Review 回来，至今未曾收到，不知道寄出没有？如未寄出，希望寄出。因为我现在可能每月要写一篇东西，很想看看外国高级杂志，作为借镜。钱思亮已做台大校长，他记得你的名字与请他吃饭之事。新任教务长是刘崇铉（清华历史系的 gentleman 老教授，杨耆荪〈现在 Indiana 州立大学〉的舅舅），两人关系同我都很好。刘崇铉也是 *Free China Review* 的编辑委员，他佩服了我，我在台大的地位必可日益稳固。台北的草山与北投，我都只去过一次。近来不大出去玩，比以前用功。很可惜的 [是] 草山的樱花杜鹃都已过时，我没有赶上去看一次。台北无舞厅，唯有官家之"联欢社"之类，地恶劣而价昂。台北的妓院现称"特

种酒家"，领牌照的，我没有去过。台北的声色情形，我知道的还较香港为少。你的爱情问题不得解决，我也很悬念。再谈 祝

春安

济安 顿首
三月廿二日

139. 夏志清致夏济安

1951 年 3 月 26 日

济安哥：

　　一月多未接来信，甚念。不知近来身体经济情况怎么样？秦小姐那里想不断通信；我两星期前给你一信想已收到，近来生活没有什么变化。论文赶不上四月十五[日]的 deadline，可是七八月间一定可以写完，也不太急，较困难的还是找事问题，终希望早日有面目才好。上星期接到父亲的信，家中情形不很好，母亲子宫出血，父亲也没有做生意的办法，我今天又要寄一百元回去，可是我经济有限，只有早日有 job，赚美金，才是正当解决办法，目下的情形只有自己多节省，还可稍补助一点家用。你近日薪水够用否？不知除家庭教师外，有没有别的 income？月来创作方面想有进展，望告知。我最近不大 date，因为花钱太多，Rose Liu 也好久未见，她最近春假又到纽约去了。上星期六同一位美国小姐看了 musical comedy: *A Tree Grows in Brooklyn*[1]。在北京时，

---

1. *A Tree Grows in Brooklyn*（《布鲁克林有棵树》），据贝蒂·史密斯（Betty（接下页）

我们看电影半途退出，舞台剧比电影轻松滑稽得多。美国的 musical comedy 每 season 多有好戏，实表现创造力很强也。昨天 Easter，放了一个礼拜，春假将到，也没有什么计划。十天前我寄出了四期 *Kenyon Review*，一本 *Forms of Modern Fiction*，Empson 的诗集，一本解释 *Four Quartets*[2] 的小书，Eliot 的一篇新文章，想不日到达。在台湾夏季衣服够穿否？我有一套离沪时做的白麻布西装，来美后没有穿过（美国夏季也不穿白衣服），也可邮寄给你，在台湾较有用。程绥楚最近有封信来，还是想出来和讨苏州美女。同 I. A. Richards 通了一次信，他去年去过中国一次，觉得印象还好，日下也无 job 可 offer。父亲亿中清理事不日可解决，也是喜事。附上在胡世桢那里拍的照片一帧，余再谈，即 颂

　　春安

弟 志清 顿首

三月廿六日

（接上页）Smith）同名小说改编，阿瑟·史华兹(Arthur Schwartz)配乐，多萝西·菲尔兹(Dorothy Fields)作词，1951年在百老汇首演。

2. *Four Quartets*(《四个四重奏》)是 T. S.艾略特晚期诗歌的代表作，包括《燃毁的诺顿》(*Burnt Norton*，1935)、《东库克》(*East Coker*，1940)、《干赛尔维其斯》(*The Dry Salvages*，1941)、《小吉丁》(*Little Gidding*，1942)四个部分，代表了诗人成熟的哲学观与世界观。

140. 夏济安致夏志清

1951 年 3 月 27 日

志清弟：

接到家里来信，说母亲子宫病又发，有癌症嫌疑，此事已有信告诉你。现已证明并非癌症，并无危险，即可痊愈，恐你着急，叫我再写封信说明。假如我的信比家里的先到，你可以放心了。父亲的亿中讼案亦有圆满解决希望。家里的情形目前确好了一些，但总难使我们放心。母亲太骄傲，又不习惯控制感情，现在境况恶劣，身体不容易好。父亲的血压倒还正常，他老人家似乎修养比以前好一点了。我反对玉瑛进学校，怕她受不良思想的感染，再则与 mob 混杂，危险甚多。不料父亲说不如叫她进官办学校，我写信去大反对。我说顶好不进学校，不然宁可进原校，不可换学校。你汇回家的钱，大致可用到五月中。我最近一篇文章的稿费，不知有多少，假如数目不小的话，我想汇一百元港币回去，假如数目小，只好以后再说了。

我最近运气还好，所以相信家里还可以维持得下去，不至于出乱子。*Free China Review* 定四月二日出版，我的英文很受他们尊敬，渐渐将以英文出名，而且在这杂志里假如多写些文章，多赚了两个稿费，亦可以寄回去给父亲母亲用。秦小姐事，想你没有告诉家里，我认为不必告诉，盖此事成败尚未可知，还不能算是"喜讯"，徒然增加母亲的悬念，引起她的失眠。我上一封信说，或者有些好消息。她最近一封信里请求我："不要逼得太紧"，并无拒绝之意。还说了这几句话："春天带给我们活与力，在这复活节时，当一切都恢复朝气，欣欣向荣的时候，我们的信念一定也高扬了。你一定会成功的，你应该这末〔么〕想。"这几句话似乎很encouraging，但仍很elusive："我们"可能泛指一般人；"成功"可能单指我的"文章"，因为前面讲的是我最近的英文作品。我这一次追求，火气大减，抱"铁杵磨针"的决心，同她慢慢地来。追求进一寸进一分对我都是好的，我早就可以叫她sweetheart或darling了，我偏不叫，我最近每封信都挤她，叫她承认我们的爱，我要等她承认了，才改变我的称呼（她还叫我"夏先生"）。我因为心平气和，信里的话，大致还得体，ardent但不"恶形"。我也很注意修辞，利用文字的魔力，造一两句特别impressive的句子，这种句子我相信她是不容易忘掉的。这种steady的追求，只会进步，不致〔至〕于引起恶化的。只要时局太平，我的收入增加，我们结合的可能性还是很大。我给她的信里，常常叹息"单恋"之苦，事实上我亦知道我的case不好算是"单恋"，但我希望她来正式contradict一下。我对于这一次的追求，自信还有些把握，所以也不大着急。

　　台湾天气慢慢地好起来了。但我只想多读读书写写文章，出去玩没有什么兴趣。山本花园的樱花没有去看，据说只开了一两天，就被大雨冲掉了，以后也不知道有什么花了。我因为对于追求有了把握，confidence 大为增加，mental and look 也有点近乎一个 married man 了。男女问题解决了之后，的确可以增加对事业的兴趣与热心，像我还不好算是已解决的人。你的婚姻久久不能解决，亦是一桩上帝不公平的事。再谈 祝

　　春安

济安 顿首

三月廿七日

141. 夏志清致夏济安

1951 年 4 月 13 日

济安哥：

三月二十二日、二十七日两信前后已收到，知道你在 *Free China Review* 有文章发表，非常高兴，请早日寄来，给这里的教授们看看。父亲的来信亦已收到，知道母亲子宫病并不严重，甚慰。我两三星期前汇去了一百元，大约可使家中维持到六七月中，父亲亿中事松手后，也可以有些新发展。我在美找事尚没有结果，可是对于一桩事情却很有把握，State Department 最近又拨款六百万救济在美中国学生、教授、研究生，我可以同教授商量一个 project 做 post-graduate 研究。此事由学校出面，给 State Department 批准，不成问题，一个 project 大约可维持两年，困难的就是收入不会多，不能多汇钱家中。今年救济中国学生的新条文很好：

I. Categories of Persons Eligible

1，2，3，Research scholar & teachers

4，Chinese citizens now in Free China

按第四条你也可以来美攻读一二年，不知你有无兴趣来美？你在台湾的 career 很好而有前途，可是最近 MacArthur[1] 撤职后，台湾的前途又不能同以前一样地确定，美国可能听英国、印度的话，把台湾"缴还"Red China，所以我觉得最好趁此机会来美。你交际功夫好，在 Yale 读一两年不愁在美找不到 job。以前我同 Director of Graduate Studies Robert J. Menner 讲过，他很欢迎你来（Menner 上星期二 heart attack 突然逝世，享年五十九，他一向有 T. B.，是个好学者，待人极好）。今天我去见 Dean Simpson，他也没有 objection，你有了 admission，我向〔为〕你代办 State Department 经费、路费的手续，今年九月前即可来美。你的"护照"想仍旧有效，有了 State Department 的经费，领 visa 想也不成问题。所以目前你只要写封 application 的信给

Hartley Simpson

Associate Dean

Yale Graduate School

Hall of Graduate Studies

New Haven, Conn.

---

1. MacArthur（Douglas MacArthur，道格拉斯·麦克阿瑟，1880—1964），美国陆军五星上将，第二次世界大战期间任美国远东军司令，因菲律宾战役（Philippines Campaign）中的表现被授予荣誉勋章（Medal of Honor）。

说明最近 ECA-State Department grant 给中国学生可 cover Free China, Chinese citizens，说明你来 Yale 的计划，以前大学教学的经验，你法、德、拉丁的程度，最近发表的一篇文章，亦可附寄。你以前大学的 record，课程太杂乱，恐不能生好印象，寄或不寄可随便，若不寄即说已遗失了。信上也可 mention Prof. Robert J. Menner 以前口头曾答应你来 Yale 研究，想更可方便。从台湾来美路费我还没有弄清楚，不知 State Department 是否供给，当去纽约的 China Institute-America 询问。你 apply 来美，也可比死守台湾多一出路。寄出的几本书想已收到，上星期寄出了一套白麻布西装，不日想亦可到。你最近事业爱情都有发展，是个好现象，秦小姐承认她的爱想也是迟早的事。我的论文大约六七月可写完，因为材料不够（Crabbe 可讨论的数据不多），所以也难早日写完。同 Rose 的关系，还保持原状，最近见过两次，要好好地追求，还得花时日。昨天到纽约去了一次，见了 China Institute 的孟治[2]，人很和气，从他那里找事较方便。胡适也去见了一次，他劝我返台教书，此外并不给予多大帮忙。最近 Truman[3] oust

2. China Institute（"华美协进社"），是 1926 年由约翰·杜威（John Dewey）、孟禄（Paul Monroe）、胡适、郭秉文等人共同在纽约创建的一家非营利性民间文化机构，致力于推动中国文化的宣传与传播。1930 年，孟治出任第二任社长，一直到 1967 年退休。在其任上，"华美协进社"得到很大的发展，已成为传播中国文化的重要平台。

3. Truman（Harry S. Truman，哈里·杜鲁门，1884—1972），美国第33任总统（1945—1953）。

MacArthur 想一定影响台湾民气，如此下去，今年时局不会有大变迁。State Department 的事，还在继续进行，可是我非美国的 citizen，是最大的 obstacle。你收入有限，也不必寄钱家中。*Free China Review* 想已寄出，不日可拜读。不知最近有什么新文章的材料？天气转暖，也没有什么 [可] 玩，十天的春假也在 New Haven 平稳过去。前两星期打了几下 bridge，看了几本 Goren[4] 的书，较前稍有进步，bridge 很有兴趣，可是是一 temptation，最近已不打。家中想常有信来，即颂

　　春安

弟 志清上

四月十三日

---

4. Goren（Charles Goren，查尔斯·戈伦，1901—1991），被誉为"美国现代桥牌之父"，代表作有《计点—叫牌》（*Point—Count Bidding*）等。

142. 夏济安致夏志清

1951 年 4 月 14 日

志清弟：

来信并与胡世桢合摄照片，收到多日。家里的情形，很使我们悬念。我最近收入一笔稿费预备化〔换〕成 100 元港币汇交张世和转寄家中，但是台湾银行对外汇款非常麻烦，先要申请核准，等核准了再〔才〕好寄出，所以我暂时还没有办法寄钱回去（已在申请中）。

Free China Review 第一期已出版，我没有寄给你，寄航空太贵，平寄太慢，反正这杂志一定会到美国（目的是对外宣传），你不妨留心一下，向图书馆打听打听什么时候可到，或者叫他们定〔订〕一份：*Free China Review*，15B Nanyang Street，Taipei，Taiwan，CHINA。每年美金五元，我相信你们学校有中文系，这样一本杂志不会不定〔订〕的。这杂志在台湾销路不广，但我的文章 "The Fate of Chinese Intellectuals" 在台大已经很出名，读过的人都很佩服。第二期我预备写一篇讲五四运动的，"Nineteen Nineteen & After"。我先出了英文的名气，然后发表自己的主张，亦未尝不可。我写文章非

常吃力，这两天为了这篇"五四"，又在吃苦中。文章顶难是真说自己的话，一不留神就把别人的话改头换面放进去了。我对于什么事情都很马虎，仅对于 style 的确肯放全副精神上去的，可是我的精力并不顶充沛，一天只能写很少的字。

秦小姐处并无进展。这学期我班上的女学生渐渐地同我熟起来了，也有拿作文来交我改的。那些女孩子都还不差（让我有空再描写给你听），但我无意追求且我素不喜 date，故毫无 affair 可言。我理想的太太还是 Celia。我近日的兴趣是"文章"与"出名"，故追求秦小姐亦并不热烈。

谢谢你寄来的书，不日想可收到。麻布西装，台湾很有用，希望弄皱弄脏了寄来，因为这里的海关很凶，假如他们认为是新的，可能叫我们付一笔重税（书不要税）。

希望你能早日找到 job，大家可以安心。经济不宽裕，不敢交女朋友，更谈不上结婚。再谈 祝

春安

兄 济安 顿首

四月十四日

143. 夏济安致夏志清

1951 年 4 月 27 日

志清弟：

　　承蒙你劝我 apply 进 Yale，当然能够来美国，比守在台湾好得多了。但是有一桩事情我没有把握，因此不敢贸然尝试，就是签 visa 时的体格检查。我现在身体好极，非但从来没有这样好过，而且往往被全系及全宿舍（在北大时亦是如此）认为（是）精神顶饱满的人。照我的 health，非但对于 public 无害，而且很能负担相当 hard 的 work。我不知道 doctors 是否同意这一点。过几天等钱稍为再宽裕一点，预备去美领事馆所指定的医院检查一下，是否可以 pass，他们如说不能，我亦不高兴再试了。我钱很够用，但正式核查恐怕需费很大。

　　但是我并不放弃来美的希望，我甚至于还有我的计划：（一）[当局] 给我一张"外交护照"，可以避免签 visa 时的麻烦；或（二）美国 State Department 慕我的文名，请我去做 guest，这样亦可避免几道关口。这两者很难，并非不可能，只要我努力在写英文上出名，但短时内恐办不到。今年我的自信大增，*Free China Review* 第一期（若尚未看到，当于第二期出版时一并寄上）上的文章很震惊一下子人，第二期我写的是"1919 & After"，论五四运动的（不敢骂，但亦没有大捧它），水平亦够得上第一期的那篇"The Fate"。这样写下去，我将被公认为台湾英文写得顶好的人，大约并不是难事。

现在已经常常有人拿东西来请我翻译（有些是拒绝的，五一劳动节，"自由中国"向全世界自由劳工广播词是我翻的，在打字机上两三小时内完成之），但我不屑干亦不擅长做 secretarial work，我想好好地写几篇文章。FCR 的 taste 还有问题，我很想写些东西寄到美国来试试。可是至今还没有动笔，希望最近能写成一篇小说。

找我的人多，收入亦为之增加，寄家中的港币 100 已批准，下星期可以去开汇票。一两百元钱对我没有什么关系，因为我不买什么东西，亦不常出去玩，钱就用在吃饭上面，钱多吃得好一点，钱少坏一点（并不顶坏，至少维持炸酱面的水平，同北平差不多），寄钱回家，对我并无影响。家里的情形总是很使人焦虑，我恐怕将来美对大陆宣战以后，你就是找到job 亦没法寄钱回去。今年我们的运气都不坏，希望家里亦太太平平。

秦小姐那里没有什么好消息，但是我给她的信的 tone 已较前稍为亲热，让她 habituated to 这种 tone，以后再把 tone 的热度提高一下。我们的关系也许在进步中，反正我最近无力结婚，慢慢来好了。胡博士劝你回台湾，在他当然是很冠冕堂皇的话。我不知他老人家自己为什么不回来。你对于

Rose 的追求，我劝你也慢慢地来。看 *Golden Treasury* 前面的那些情诗，似乎"追求"一直都不容易。美国的追求是不是古今中外顶容易的了？或者是苏联的追求顶容易？

　　到了台湾来，电影的习惯似乎已戒除。最近 *King Solomon's Mines* 在大登广告（预告），我第一次感觉到电影还是我生活的一部分（此片在香港正在映）。这张片子来得这么早，大约同美国人的重视台湾有关。最近看了一次篮球，有两个菲力〔律〕滨〔宾〕的华侨球队返台表演，我看后不甚满意。毛病是动作不 smooth，人同人碰到没有 rhythm，球拿在手里亦不 sure。总之刺激紧张不如"武生大会"的"铁公鸡"远甚。美国的篮球也许好得多，至少球是逢丢〔投〕必中的了。你寄来的书还没有收到，因为平寄常需时两月。寄书似乎还有别的麻烦，Senator Knowland[1] of Cal. 最近还提出过质问呢，你留意了没有？再谈 祝

　　近好

济安 顿首

四月廿七日

---

1. Knowland（William F. Knowland，威廉·诺兰，1908—1974），美国政治家、报纸出版人、共和党领袖。1945—1959 年为加利福尼亚州（California）议员。

144. 夏志清致夏济安

1951 年 5 月 5 日

济安哥:

四月十四日、廿七日两信都已收到,知道你在台湾英文名气很响,甚是高兴,多写几篇文章后,很快可中外闻名。我写信去 State Department 问如何接洽赴美手续,兹将回信附上,要赴美先要在"台北美大使馆"apply,我想你有英文著作,较普通人一定容易办,不妨去询问一下,恐怕有别的赴美机会。我[对]中国情形不熟,不然在美国也可写几篇文章。最近论文可以结束,写了二百页,内容以批评为主,所以用不到〔着〕多少考据学问,花时间不算太多。论文结束后,暑假中想[写]一两篇学术文章或关[于]中国[的]论文,有些名气,找事也容易。State Department 因外国人需要clearance 的关系,不易进去,最近有小大学需要中国 young scholar 教东方文化,并兼课英国文学,我已去 apply,或有成功可能。三星期前钱学熙来信叫我回去当北大副教授,在他也是好意,我已婉拒了他。他现在很红,任教育部高等教育课程改革的研究委员,他是英文科目方面六委员之一,可以说话有力，他太太也做事，所以经济很富裕。最近美国鼓励中国学生留在美国，有学生护照的都可长期住下去，情形比以前好得多。FCR 图书馆还没有，Far Eastern Institute 内可能有一份，当去查问一下，图书馆我已叫他们去订了。你的爱情已到了 intimate 的阶段，加上你的努力出名，恐不会再有什么阻碍。Rose Liu 在纽约有表兄，上次她学校有跳舞，表兄特地从纽约来，他俩关系恐已相当深（因为她常去纽约），所以我也不多追求，保持友谊而已。我现在不大 date，过不用钱的生活，也很安稳，一切要待事情有着落后再做打算。吴新民五月中即将订婚，小姐名叫 Bessci Chow[1]。MacArthur 回国后，美国情形很热闹，最近 congress investigation，天天有长篇记录。我电影也不常看。好莱坞最近大事是华纳三兄弟把他们所有股票全都出卖，每人可实收六百万美金而 retire。接收人是 realty 资本家 Lurie[2]。L. B. Mayer 自 Dore Schary[3] 上台

---

1. Bessci Chow，不详。
2. Lurie（Louis R. Lurie，刘易斯·鲁里，1888—1972），美国房地产巨贾。
3. Dore Schary（多尔·沙利，1905—1980），美国默片导演、作家、制片人，曾任米高梅总裁。

上〔后〕，实权没有，很不得志，可能脱离 M-G-M，去做华纳公司的制片主任。老苏格[4]现仍是 Para 的董事长，命运比 Mayer、Warner 兄弟为好也。再谈 即颂

　　春安

弟 志清 顿首

五月五日

---

4. 苏格（苏格·朱科儿，Adolph Zukor，1873—1976），美国电影业先驱，派拉蒙影业创始人。1936 年派拉蒙影业董事长已换为巴内·巴拉班（Barney Balaban），朱科尔为董事会主席。

145. 夏济安致夏志清

1951 年 5 月 15 日

志清弟：

寄来的两盒书，已经收到。Modern Fiction 我确想好好研究，最近还没有工夫。有一点我自己颇觉安慰的，即有些书以前读之后没有兴趣的，现在渐渐我可以欣赏了。我对于 T. S. Eliot 的爱好，还是从香港时候开始的。Joyce 我相信我一定会喜欢他，因为我的思想作风，很近他们这一路的。你的 taste 很早就确立，我则还是不断地 evolve。我同钱学熙之不同点是在他自以为天天在发现真理，我则不过觉得我的解释能力欣赏能力在提高而已。

Free China Review 你见到没有？第二期最近又出版了。寄到 Yale 这种学术界圈子里来，我觉得有点难为情，因为里面没有什么学问表现，不能同 Kenyon Review 相比，而且有些地方还显得 taste 很坏。但是有一点我很有自信，我的 prose 应该为外国人所佩服，我是始终讲究 style 的人。告诉你一个好消息：我已经是 FCR 的编辑了，编辑有好几位，但属于台大的只有三位：曹文彦（chief editor）、刘崇铉（台大的

dean）与我，其余是别的机关里的英文好的。这本杂志是国民党 [的] 重要对外宣传刊物，我的地位在"自由中国"渐渐确立，我是很有把握的。可惜在这种刊物写文章，我的文艺天才，还不能充分发挥。五月五日的信也已收到。能够到美国来当然是顶理想的事了，但目前恐怕还没有机会，我也不想勉强地去尝试。能够在文章上出名，我认为运道已经不错了——多少年来，我一直想办一个英文刊物，没有实现，最近总算也是一本刊物 editor 了。

　　FCR 也是用船装来美国的，想要到五月底六月初第一期才可以运到，你看后请批评一下。我当然希望你也替我们的杂志写文章——不要太长。但最为你自己着想，文章应该在美国发表，我们的杂志规模太小，没有多少人理会的，给你的帮助不会很大。我假若有把握文章可以在美国发表，也不肯在台湾发表的。我最近寄了港币一百元回家，以后如有多余还可以寄。编辑并无编辑费，因为也没有什么公要办，只是改改别人的稿子而已。稿费是有的。家里的情形不会很好，听说上海对于收到美国或香港信的人家，警察特别注意。台湾的上海人都不大敢写信回家（via HK），怕家里添麻烦。我的爱情，发展得还好。我初来台湾时，Celia 只肯维持师生关系，以后似乎变成友谊关系了，最近我的 tone 好像把她当作 family，她似乎也并不生气。4/26 是我来台湾半年纪念，我统计 [了] 一下，我收到她 29 封信（还有些 gifts 不算），她说她大约收到我 60 封以上的信。我写给她的信，已经有好

几万字了，她不应该不感动。但是我同她一样地躲开结婚问题不谈，在台大这种穷环境结婚，我不能想象。我的爱情发展可以说很顺利，但最近不致有什么大成功、特别的好消息。

暑假内可能有人找我编初中英文教科书，待遇很好，我还没有一定答应下来，原因：（一）我没有把握编得 [比] 林语堂的初中英文更好；（二）有这种精神时间我应该用英文来写一部 novel。对方是很有诚意的，我假如推不掉，可能会答应。你最近还是把 job 弄妥顶要紧，Rose Liu 那里这样吃力，我听了也有点怕。世界上的事情，我除了写文章以外，别的叫我用 efforts 我都有点怕。但是文章上，我所用的工夫还是不够。再谈，祝

春安

兄 济安 顿首

五月十五日

1951

146. 夏志清致夏济安

1951 年 6 月 8 日

济安哥：

兹有好消息报告，明年的 job 已妥当了。Yale 教授 David Rowe[1]（Foreign Areas Studies 系）得政府合同，研究中国问题，我已被他聘用，年薪三千九百元，九月一日起开始工作。office 在 Yale Library，很是方便，我担任中国文化文学方面，写些 monographs。此事很容易，对我个性也适合，下半年起，我非但生活无忧，而且可多寄钱给家中和你了。此薪水相当普通 assistant professor 薪水，数月忧虑，一旦解决，很是高兴。你新任 *FCR* 编辑，名誉渐大，收入渐多，我们的命运渐渐地走上坡路了。此外我最近写了两页近代中国文学史的 prospectus，Brooks、Pottle 等看了都非常 impressed，觉得可向 Rockefeller、Ford Foundation 等接洽进行，现在有了 job，或将暂缓进行。家中久无信来，非常挂念。上次寄出百元后，

---

1. David Rowe（饶戴维，1905—1985），耶鲁大学政治系教授，美国研究中国外交政策专家，编著有《中国手册》(*China: An Area Manual*)等中国研究资料多部。

也没有接到该款已收到的回信，张世和那里也不来信。不日将再寄一百元家中，九月后家中可不再有忧虑。你同秦小姐通信之勤，实表现一股生活的劲，使我很佩服，你同她的爱情想已成熟，不再有问题了。

　　我同 Rose 没有进展，上星期看了一次电影，Danny Kaye's[2] *On the Riviera*[3]，今天她又不声不响地到纽约去了。以后我不想再追她，可是 New Haven 中国女孩子少，另外也没有适当可追的人物。有了 job，今天 mood 大好，几月来一直 depressed，心中老是不高兴。这一月可把论文写完，七八月两月可稍休息一下，四年来还没有好好地有个一次真正的假期。*FCR Yale* 这里还没有看到，想不日即可寄到。编教科书事已答应否？念念。今年 Yale 二百五十周年，*Time*、*Newsweek* 都有 Yale 校长封面。你近来想很快乐，即颂

　　暑安

弟 志清 顿首

六月八日

---

2. Danny Kaye（丹尼·凯耶，1911—1987），美国演员、歌手，代表影片有《布鲁克林来的人》(*The Kid from Brooklyn*，1946)、《梦里乾坤》(*The Secret Life of Walter Mitty*，1947)等。

3. *On the Riviera*（《倒凤颠鸾》，1951），据汉斯·阿德勒（Hans Adler）、鲁道夫·洛萨（Rudolph Lothar）合著戏剧《红猫》(*The Red Cat*)改编。沃尔特·朗（Walter Lang）导演，丹尼·凯耶（Danny Kaye）、吉恩·蒂尔尼（Gene Tierney）、科里恩·卡尔弗特（Corinne Calvet）主演，20世纪福克斯（20th Century Fox，夏志清、夏济安译作福斯）发行。

147. 夏济安致夏志清

1951 年 6 月 17 日

志清弟：

　　接来信知 job 有着落，甚为欣慰。由你来研究中国文学，这是"中国文学史"上值得一记的大事，因为中国文学至今还没有碰到一个像你这样的头脑去研究它（钱锺书的《谈艺录》我也看过一点，觉得他很少"心得"，quotations 很多，而并无秩序，并无宗旨，不是第一流批评家的做法）。凭你对西洋文学的研究，而且有如此的 keen mind，将在中国文学里发现许多有趣的东西，中国文学将从此可以整理出一个头绪来了。我为中国文学的高兴更大于为你得 job 的高兴。不知道你预备从什么东西着手？我倒是很想听听你的计划。我希望你能早日在美国出名，因此我即使不做 State Dept. 的 guest，做你的 guest 也可以到美国来游历一下。

　　家里我也好久没有来信，我也不敢写信回去。在台湾的人差不多和他们在大陆的亲友断绝音信了。据说在香港的人，也不敢和内地的人通信，因为每一封信都可能给受〔收〕信人 [带来] 麻烦。你寄信给张世和的钱，张世和是否已经往上海寄，还成问题，因为最近几个月不像以前，对于汇款盘查得十分厉害。你说九月以后，家里可以不愁了，但愿事实能如此。假如在平常日子，你常常有美金寄回家，父亲可以不用办公，在家享福听书好了。但现在私人财产受到干涉太多了。上海最近被捕之人，有一种〔些〕是乡下地主被捉回去受"审判"，还有一些是有号召力能兴风作浪之人，据说以"工头"为多数。黄金荣最近还发表过悔过书，安全并无影响，父亲在社会上的地位比黄金荣差得太远，想还不至于受注意。但是将来如何，我也不敢想。不过我想你假如少写信回去，不过使家中挂念而已，多写信，不可知的危险太多，反而不好。

我的近况平常。去年买的自行车丢失了，又要买一部 second-hand 的，我最近收入还好，车子还丢得起。假如秦小姐要到台湾来了，那末〔么〕我一定会来向你求救，她不来，我的经济还过得去。爱情进展得很好，她大约可以算已经默认了。她还说过这样一句话："到台湾来不是百分之一百的不可能。"这种有保留的话，将要发展成为什么样的事实，我还不知道，大致仍旧不会来。最近我每封信都催她来，但是催得也不急，因为她一来，我的生活将要大变，我也有点怕。她真要来，我也不会退缩。我是 fatalist，这种大事反正我也做不了主，我的追求则是很坚定的。对于 *FCR* 我的兴趣渐退，因为我发觉这种文章很难写。我是一个 pessimist，悲观的话，我才写得出好文章，勉强乐观的文章很难写。我已经是编辑，写不写对于我的名气已经不大有关系了。最近在做一件无聊的工作，在翻译一些关于历法问题的文章成英文，算是交给 UNECOSOC[1] 关于历法问题的意见。原文文章很坏，我翻得也很坏（还有关于甲骨文考证之类）。暑假里预备好好地写小说，我最近完成一篇短篇（中文），叫做《火柴》，又是秦小姐出的题目。我的小说题材似乎很多，只要我去好好地写好了。你的追求如此吃力，我看也没有什么希望，反正这种事情你比较也算看穿的了。再谈 祝

　　暑安

兄 济安 顿首

六月十七日

　　〔又及〕香港 Boss 汪的朋友之子想来美读高中，不知 admission 容易请否？ Data 我叫那个青年直接写信给你，此人甚有钱，"护照"已有，只要高中的 admission 好了。

---

1. 即联合国"经济与社会理事会"，全称是 United Nations Economic and Social Council。

148. 夏志清致夏济安

1951 年 7 月 8 日

济安哥：

六月十七日来信收到已两星期，知道你近况不错，小说方面不断有创作，秦小姐那边进行顺利，甚慰。我最近两星期好像没有做什么事，情形同我离北平前一月差不多。论文初稿已写完，天天想修改它，可是已不再有什么新材料，七月无论如何把它整理好重打一遍。平日也不找女孩子，每星期打一两次 bridge，赌博是女人最大的敌人，消耗时间，忘记苦闷，是种没有意义的 temptation，所以我对最近的生活方式很不满意。上星期已从 Prof. Rowe（他是共和党的consultant）那里拿到了 contract，下年工作已不成问题。我工作的范围虽是中国的文学和文化，research 的着重点恐不会是严肃的批评；不过有一年的经验，对中国情形一定可熟悉得多，可做将来研究的准备。我中国旧文学根底太差，上月 K. C. Li[1] 叫我翻译一篇乾隆皇帝给他母亲的谥文，四六骈文，古

---

1. K. C. Li，即李国钦，李氏奖金创办人，夏志清1947年获该奖金去美。

典极多，翻译相当费了一点工夫，结果自己觉得很不满意。我把中国旧文学根底打好后，再做研究，倒的确可有些贡献。

家里常有信来，对我的通信，好像并不介意，似乎没有危险性。母亲听说我有了job，安心得多，还望汇款以后没有阻碍。前次的一百元已收到，两星期前汇出百元，还没有下文，下星期想再汇一百元，可维持家中暑期的生活。你的港币一百元还没有收到，不知何故。玉瑛妹上课学琴外，平日老在家里，不参加一切活动，这是她信上说叫你放心的。高丽〔朝鲜〕谈判和平，国内的政策或可稍温和一点也不一定。程绥楚最近来信要寄给我钱锺书的《谈艺录》和陈寅恪的新著作，是很感谢他的。FCR 还没有见到，你有材料，不妨仍二三月写一篇文章，使你中英文两方[面]同时出名。汪boss 朋友之子要来美国读高中，想没有问题，沪江的 George Carver 在有名的 prep. school（Peddie School，New Jersey，毕业生多进哈佛、Yale 的）教英语，我给他信，admission 是没有问题的，你叫他把履历寄给我。附上彩色照片一张，是去年考口试后摄的。即颂

近安

弟 志清 顿首
七月八日

七月二十二日母亲六十大庆请你吃面庆祝。

149. 夏济安致夏志清

1951 年 7 月 17 日

志清弟：

　　来信并五彩照片均收到。知道家里情形平安，甚为安慰。母亲的生日，我早已留意，一定吃面庆祝。家里我好久没写信去，怕替他们招麻烦。我的港币百元寄给张世和的，张世和给你的信上提起过没有？你寄给家中的钱现在是否还是由张世和转？

　　我在台北的生活，有点瞎忙，常常有人拿东西来叫我翻译。我曾译过一篇 Calendar Reform 的文章，得 $600 稿费，已足补自行车之损失（新购的 secondhand 自行车才 $400）。乱七八糟的翻译文章，我很恨；我又是个顾情面的人，不像你会当面拒绝人。

　　下学期我没有 promote，因为台大没有进来一年后就升级的前例，所以把我耽误了。但是系里面都很尊敬我，升不升在事实上的影响很少。下学期我已不教普通大一英文（有些副教授还是只教普通英文），改教一班外文系大一英文的读本（四小时），一班小说（三小时），外加指导毕业生论文又若干人（上学期教两班大一英文，共每周十小时）。我本想研究小说，这样让我开了一门功课，逼我研究，倒是好事。我应付学生的江湖诀还有一些，但实学缺乏，不免惶恐。教授法同系主任英千里[1]（本是北平辅仁大学的秘书长、英文系主任，天主教，留学英国和欧洲十余年，culture 不错，我同他很谈得来，他是系里我顶能谈得来的人）研究过，他主张从史的进展来讲，先讲一两个月非小说的 narratives——包括荷马、中世纪 romances、sagas 等。这一段我认为还容易应付，反正东西很多，学生都不大懂，不至于出毛病。从Richardson[2]、Fielding[3] 开始，我想好好地研究一下，台大图书馆参考书还有一些，但是主要的我要靠你帮忙。你最近经济情形如还好，希望把 Leavis、Tate（夫妇）的论小说之书（或其他你所认为好的书）买来寄下为感。七月里寄出，十月里到，还来得及。九月份以后，Prof. Rowe 那里有薪水了，希

1. 英千里(1900—1969)，名骥良，北京人。1924 年从伦敦大学毕业后回国，投身教育事业，致力于哲学、逻辑学研究。曾协助其父英敛之筹办辅仁大学，并自1927 年起，任辅仁大学教授兼秘书长。1949 年后赴台，任教于台湾大学、辅仁大学等学校，代表作有《逻辑学》等。

2. Richardson (Samuel Richardson，塞缪尔·理查德森，1689—1761)，18世纪英国作家，代表作为三部书信体小说《帕梅拉》(*Pamela or Virtue Rewarded*)、《克拉丽莎》(*Clarissa or the History of a Young Lady*)和《查尔斯·格兰迪森爵士的历史》(*The History of Sir Charles Grandison*)。

3. Fielding (Henry Fielding，亨利·菲尔丁，1707—1754)，英国小说家、戏剧家。他与理查德森被认为是英国小说的奠基人，代表作有《约瑟夫·安德鲁》(*Joseph Andrews*)、《汤姆·琼斯》(*Tom Jones*)。

望随时买些论小说之书和好的 modern fiction 寄给我。我自信 English prose style 在台大很少敌手，已有名誉建立，外加一般常识丰富（这两点都胜过卞之琳），教"小说"可以不成问题。不过我真想好好地教，一定要好好地研究，很希望常常地听你发表意见。我自信我的 taste 和 *Forms of Modern Fiction* 里所讲的很接近，我想从 modern 的观点来讲小说（treat it as an art），中国大学里恐还没有过。我自己又稍为有点写小说的经验，这门课程可以教得很成功。我想不应该比钱学熙的"批评"坏。请你（一）告诉我当初沪江是怎么教的？现在美国一般大学，for instance，Yale，是怎么教的？（二）推荐四本到十本——original in English——小说，作为学生 required reading，你一定有你的看法。

同秦小姐的关系还同以前差不多。我今年生日她送我两本书，Eliot 的 *Cocktail Party* 和 Joyce 的 *A Portrait of the Artist*——她的程度还不够欣赏，是我自己点的。她似乎很想到台大来，她说假如台大在香港招生，她会去试的，但是她家里不放心她没有把握地到台湾来。她来了要增加我许多烦恼（一个女孩子的居住，就成大问题），只有等我有办法一点，才敢正式地邀请她来。

我班上有位女学生，现在同我关系不差，但是我从来没有想起会对她 fall in love，所以事情并不严重。只有一次，就是放了暑假后的第一个星期一，她从上午十点以前，一直坐在我这里谈到下午三时（外面在下雨）才分手（大家没有吃

93

饭）。那天起我有几天很不快乐，我怕：人家真会对我发生这样大的兴趣吗？我是不预备同她谈恋爱的，假如她真有了兴趣，叫我怎么办呢？星期四她又来了，还是嘻嘻哈哈的，我的心才放宽。现在的情形是这样：她不知道我有秦小姐，我把自己讲得也很少；她都把她的男朋友常常描写〔述〕给我听，她说她对他们都没有兴趣（她在学校里相当出名，不少人追求）。我们现在的关系我觉得很自然，我一点也不想追求，我的表现带点 cynical、melancholy，常常很 brilliant（我觉得我有点像鲍育 [4]——这句话没有告诉她）；她也是一个不平凡的女孩子，很有点文学天才，作文很用心。她对于你的五彩照片的批评：她说你好像不愿意照这张相片似的。taste是喜欢《水浒》，不喜《红楼梦》，反对《魂断蓝桥》，favorite author：巴尔扎克。她的父亲是教育界有名人物。年纪很轻（不到廿岁），人长得娇小玲珑，这种 type 我以前会爱的，现在我喜欢的是黑而苗条的——秦小姐。我相信我可以同这位小姐维持一个好的友谊关系，因为我们有很多话好谈。我以前不懂为何交女朋友，同秦小姐的恋爱给了我 confidence，我现在对付异性比以前自然得多。我还没有 date 过她，也没有去找过她，我是故意不这样做的（经济情形我能 afford），因为她来我这里，我完全 at home，谈话表情十分自然，像鲍育。我相信我同她一起走出去，我不免仍旧慌慌张张，行为

---

4. 即 Charles Boyer。

反而不自然，在我自己是苦多于乐，对她将造成一个奇怪的印象：怎么鲍育会变成贾克〔利〕·古柏⁵的呢？（这段关系没有告诉秦小姐，因为秦小姐的 sense of humour 不够，可能认真而闯祸的。）

麻布西装收到了，没有捐税，还好。我最近的生活相当快乐而有意义，只是创作的成绩太少。再谈 祝

暑安

兄 济安 顿首

七月十七日

---

5. 即 Gary Cooper。

150. 夏志清致夏济安

1951 年 7 月 27 日

济安哥：

昨日收到来信，知道你下年担任小说一班，很是高兴。你在台大基础已稳定，明秋一定可升副教授。非但英文写作，即一般英文学知识，你也远胜一辈教英文的。你教小说，根据新批评观点，一定会有好的成绩。我英国小说看得还不够，不过读 Leavis *The Great Tradition* 后，把 Jane Austen、George Eliot 读得较多（因为 Crabbe 的关系，Austen 的六部小说我都已看过），认为 *Emma*, *Middlemarch* 确是英国的 great novels。Henry James 的 *The Portrait of a Lady* 细腻易读，比他晚年的巨著似更有价值。Conrad 我没有读过（我看过 *Victory*），不过你一定可以选它一本作教材的。我 suggest 的 list 如下：

1. Fielding: *Joseph Andrews or Tom Jones*（*J. A.* 较短，不沉闷，*Tom Jones* 前半 [部] 结构极好，下半部太冗长，恐不易吸引学生注意力）

2. Smollett[1]: *Humphrey Clinker*（书函体小说，较 Richardson 有趣，有极好的讽刺）

3. Jane Austen：*Emma*（*P & P, S. & Sensibility*[2] 也好）

4. Dickens：*Bleak House*（公认为 Dickens 的 masterpiece，我没有读过）

5. Thackeray[3]：*Vanity Fair*

6. George Eliot：*Middlemarch*（恐是 greatest novel in English，但太长，*Adam Bede*、*Mill on the Floss* 较短，适合做教材）

7. Hawthorne：*The Scarlett Letter* 和 Melville：*Moby Dick*（*Moby Dick* 太 technical，恐不易教。*Scarlett Letter* 代表 Puritan conscience，似不宜忽略）

8. James：*The Portrait of a Lady*

The Turn of Screw

9. Conrad：任选一本

---

1. Smollett（Tobias Smollett，托比亚斯·斯摩莱特，1721—1771），苏格兰讽刺小说家，代表作有《蓝登传》(*The Adventures of Roderick Random*)、《皮克尔历记》(*The Adventures of Peregrine Pickle*)以及书信体小说《亨弗利·克林克》(*Humphry Clinker*)等。

2. P&P 指 *Pride and Prejudice*；*S. & Sensibility* 指 *Sense and Sensibility*。

3. Thackeray（William Makepeace Thackeray，威廉·梅克比斯·萨克雷，1811—1863），英国小说家，代表作有《名利场》(*Vanity Fair*)等。

10. Hardy[4]: *Return of the Native*; or Lawrence[5]: *Sons & Lovers*

Joyce：*Portrait of Artist*

Hemingway：*Sun also Rises* or Forster：*Passage to India*

（Hardy 中国学生爱好；Lawrence 的小说很严肃，读来很 painful；Joyce 的 *Portrait* 恐不易教）

这 list 上有几个 items 是 optional，如 Smollett 不一定要教，可以 *Pamela* 或十九世纪的小说家代之，Thackeray 可换掉，十九世纪有很多小说可代替他的。有很多重要的中篇，如 Conrad：*Heart of Darkness*、*The Turn of Screw*，Joyce：*The Dead* 都值得精读，使学生对小说的技巧有深刻的领会（这几篇中篇，好像 Allen Tate[的] "The House of Fiction" 都有讨论的）。我想你好好地教一年小说，不特对自己创作有帮忙，并且使你很快成个名教授。中国一般教诗已很简陋，把小说好好分析的实在没有人，即在英美，也是如此。我有 *The Great Tradition*，今天买到旧书 Matthiessen: *Henry James*、*The Major Phase*，这两本书将同 Viking Portable 的 Conrad、

---

4. Hardy（Thomas Hardy，托马斯·哈代，1840—1928），英国小说家，代表作有《还乡》(*Return of the Native*)、《德伯家的苔丝》(*Tess of the D'Urbervilles*)、《无名的裘德》(*Jude the Obscure*)等。

5. Lawrence（D. H. Lawrence，劳伦斯，1885—1930），英国作家、诗人，代表作有《查泰莱夫人的情人》(*Lady Chatterley's Lover*)、《儿子与情人》(*Sons and Lovers*)、《虹》(*The Rainbow*)等。

Joyce、Hemingway、Faulkner 等一同寄出。Tate 的 *House of Fiction* 书铺没有，已订购，此外 order 了一本 Lord David Cecil[6] 的 Pelican 书 *Early Victorian Novelists*，隔几天一并寄出。Brooks & Warren 的 *Understanding Fiction* 也很好，可是都选短篇小说（Warren 今年来 Yale 做教授），他们的 *Understanding Poetry* 确是最好的诗的教本。

你恋爱事业似走向成功之路，到台湾确是你生活的转机。秦小姐能到台湾来最好，能早日结婚，也可使你生活充实安定。父亲上次来信也关心我的婚姻问题，New Haven 中国女孩子太少，我目下可说一个女友也没有；Rose Liu 暑期中已去纽约、华盛顿，以后我也不找她。沈家的大小姐今年大学已毕业，暑期在 Rochester 做事。她是极好的人，可是宗教热诚太浓，劝我相信上帝，也不能久处。她的妹妹 Joan 今年高中毕业，能干美貌中国女孩子中可称第一，可是年龄太轻（十六七），不好意思开口找 date。最近洪兰友[7]的女 [儿]（秋天去 Bryn Mawr[8] 念书）常来找我补习英文，她身材太矮小，讲话太多，声音太大，我对她毫无兴趣。她英文太差，在

---

6. Lord David Cecil（戴维·塞西尔，1902—1986），英国传记作家、文学批评家，因写有许多有影响的文坛人物传记而知名。

7. 洪兰友（1900—1958），江苏江都人，毕业于上海震旦大学法科研究院。长期负责中国国民党的党务，是"CC 系"的重要人物，1948 年出任"国民大会"秘书长，着有《法学通论》等。

8. Bryn Mawr（布尔茅尔学院），是美国一所著名的文理学院，始建于 1885 年，位于美国宾夕法尼亚州，也是美国七所"女校常春藤"之一。

美国大学读书实在跟不上，我教她也没有用，她每次来，只好陪陪她。她也不是追我，只是欢喜交朋友，New Haven 的生活实在对她太寂寞了。你的女学生想常来找你，大学教书免不了常得到女学生的钦佩和爱慕。柳无忌太太在南开中学教过杨耆荪，据她说杨去冬曾到她家吃过一次饭，现在杨在Indiana。

六月中我前后寄了两百元到家中，一百元是由张世和转[的]，另一百元是由吴新民转的。吴新民已给我回信，把百元分两次汇出，恐汇款太大〔多〕有麻烦。托张世和汇款总是毫无音信，不知何故，你的百元也给他耽误了，大约是每次汇款他要贴汇费的缘故。我论文写完后，要修改反而很花工夫。这月工作没什么成绩，只有把论文弄完后方可好好地读书。Yale 和 Methuen 出版的 Pope 全集共六册（Twickenham Edition）[9]，每册都是十八世纪专家编的，如 Tillotson[10]、

---

9. 该全集编辑信息如下：第一卷 *Pastoral Poetry and an Essay on Criticism* 由奥德拉（E. Audra）和威廉姆斯（Aubrey Williams）编辑；第二卷 *The Rape of the Lock and Other Poems* 由杰弗雷·铁洛生编辑，耶鲁大学出版；第三卷第一集 *An Essay on Man* 由梅纳德·迈克编辑，梅休因（Methuen）出版，第二集 *Epistles to Several Persons* 由贝特森编辑，耶鲁大学出版；第四卷 *Imitations of Horace with an Epistle to Dr. Arbuthnot and the Epilogue to the Satires* 由约翰·巴特编辑，耶鲁大学出版；第五卷 *The Dunciad* 由詹姆斯·萨瑟兰编辑，耶鲁大学出版；第六卷 *Minor Poems* 由奥尔特（Norman Ault）和约翰·巴特共同编辑，耶鲁大学出版。

10. Tillotson（Geoffrey Tillotson，杰弗雷·铁洛生，1905—1969），曾任伦敦大学伯贝克学院（Birkbeck College）教授，代表作有《十八世纪英国文学》（*Eighteenth Century English Literature*）等。

Bateson[11]、John Butt[12]、James Sutherland[13]、Maynard Mack，台大外汇宽裕的话，不妨订一部。我最近生活没有什么可快乐的地方，电影看了 MGM 的 *Show Boat*[14]，并不太好，我重看了一遍 *Sergeant York*[15]，仍是很感动人。海滨还没有去过，住在 New Haven，能够找到一个适当的女友实在不容易。你想必正在准备 course，上劲看小说了。小说写得如何？有几期 *KR* 也要一同寄上。即颂

　　暑安

弟 志清 顿首

七月廿七日

---

11. Bateson（F. W. Bateson，贝特森，1901—1978），英国文学学者、批评家，曾编辑出版《批评》杂志（*Essays in Criticism*）。

12. John Butt（约翰·巴特，1906—1965），英国学者，代表作有《十八世纪中期》（*Mid-Eighteenth Century*）等。

13. James Sutherland（詹姆斯·萨瑟兰，1900—1996），英国学者、教授，代表作有《丹尼尔·笛福评传》（*Daniel Defoe: A Critical Study*）等。

14. *Show Boat*（《画舫璇宫》，1951），美国音乐浪漫电影，据埃德娜·费伯（Edna Ferber）同名小说改编的音乐剧。由杰罗姆·科恩（Jerome Kern）作曲，奥斯卡·汉默斯坦二世（Oscar Hammerstein Ⅱ）作词，乔治·西德尼（George Sidney）导演，凯琳·葛黎森（Kathryn Grayson）、艾娃·加德纳（Ava Gardner）、霍华德·基尔（Howard Keel）主演，米高梅公司发行。

15. *Sergeant York*（《约克军曹》，1941），传记电影，霍华德·霍克斯（Howard Hawks）导演，贾利·古柏（Gary Cooper）、沃尔特·布伦南（Walter Brennan）、琼·兰斯莉（Joan Leslie）主演，华纳兄弟影业发行。

151. 夏济安致夏志清

1951 年 8 月 1 日

志清弟：

前上一信，想已收到，教小说事，恐不甚难。据我前任教小说的先生说，一学期读两只小说，每星期有 assignment，有 quiz，另外每人挑一只小说，学期终了交 report，如此学生一年也可读过六部小说。每星期上课三小时，两小时读小说，一小时 lecture，lecture 的时间占得很少，不需要很多的准备。如此教法，就是没有你帮助，我想我也能对付得了。第一本小说作为 text 的，我预备是 *Pride & Prejudice*。我因为 learning 不够，拟用鼓励学生写小说来发挥我的长处。我对于写作的把握愈来愈大，也不怕改卷子。

暑假没有做多少事，写了一篇 "The Future of the Chinese Civilization"，题目太大，不能发挥透彻，拟缩小范围，改为 "Westernization of China"。我的主张，恐怕同 *FCR* 的曹文彦主编难以相同，他比较 soft-hearted，文章如此，观点也是如此。我自觉最近文章甚挺，要挺只有说老实话，说 bare facts，抛弃一切 illusions 和大而无当的理想，但这种文章纵然好，和我们以宣传为主的刊物的性质不同。因此我只有compromise，我现在所发表的文章都还不是我自己要说的话。如关于"中国文化的前途"，我认为是没有前途的（文章做下去，一步一步地推理，非得如此结论不可），但这对于一个没有经过深切思想而爱国的人，将是多大的一个shock，我只好尽量把我的意思修改，即使文章要受影响。我相信我假如在美国来写中国问题，可写得出更好的文章。

此外没有什么别的发展，和秦小姐的关系如常。我觉得我一生最大的快乐，应该是同秦小姐结婚。我十分爱她。别的女人决引诱不了我。我所以最近在女人面前会说会笑，还是因为秦小姐把我的mood提高了。我同秦小姐结婚之后，你可以相信我可以变成〔得〕更brilliant；同样地，假如我同秦小姐好事难谐，我不容易去找别的对象，因为伤心会把我变成〔得〕很dull，而且使我怕与女人往来。

临沂街的主人陆应良先生害糖尿病，要买insulin，台湾香港都缺货，请你买两瓶10cc的insulin，（Lilly）（U-80）80 units per cc（打针用），航空寄下为感。药价不贵，大约一两元美金一瓶已够，收信人写"陆应良"，因为假如海关进口有问题，他可以凭医生证明书去领。

最近读Viking的 *Portable Faulkner*，觉得此人是个genius。我现在对于英文的看法，认为好英文就是English as it was never written before，写essay或者要遵守共同的规则，小说我认为没有something unique in it，没有写的价值。我相信我能够创造我的英文 style。

明天去监入学考试场，然后要辛苦两星期以上批入学卷子。和家里还是不通信。再谈 祝

暑安

兄 济安 顿首

八月一日

152. 夏济安致夏志清

1951 年 8 月 4 日

志清弟：

　　来信收到多日，最近生活情形无甚变动，好像没有什么事情可以告诉你的，所以回信也耽搁了。

　　暑假已过了一个月，没有什么成就。我没有采取任何行动，只是耐心地等着。我自知我追求的勇气和技术都太差，不会自己制造机会同异性接近。假如勉强想办法同异性接近，我很可能行动慌张，连平常那点 charms 都要丧失了。我又看不起任何手段计策（就这一点而论，我的性格还是 generous 的），假如把我的动机隐藏起来，转弯抹角地用手段来实现我的目的，这样我要看不起自己甚至于要恨自己的。这一个月以来，我既然不能很自然地（就是因为偶然的原因）和我想看见的女郎来往，我只有再等待下去了。

　　反正你知道我是个 fatalist，你知道我很有耐心等下去的。机会不会没有，以前我同秦小姐的认识，不也是很偶然的吗？今年我运气不很坏，宋奇那里的稿费是我以前所没有想到的意外收入。台大可能把我升为副教授——台大自傅斯年接校长之后，对于名义很严格，"副教授"的名义假如能给我，在学校里的几位老先生看来，已经是有点"破格擢升"了。这样一个名义并不能改变知道我的人对于我的意见，可是假如要结婚的话，"副教授"可能比"讲师"分配得较好的房子。"金钱""地位"都稍稍改善了，没有了的心愿，就个人而论，顶大的只有两桩，一是出洋，二是结婚。出洋我还不怎么想，需要 competition 的机会大致总没有我的份。你说我的 case 可能通融，假如自费出去，这句话也许说得出口，但是甄别性的主持机关，不会让我 pass 的。我想结果也许要靠你在 State Department 的 influence 了。结婚也是一件大事，现在看上帝的安排，似乎已经给我不少结婚的便利，问题是等"人"了。我想"人"也许会出现的。

还有一件事情，我已经对你说起过两三次，就是我在女学生之〔中〕间，非常 popular。但是我对于女性的 taste，比你在中国时，已经有点不同。一年级的学生，我现在觉得她们还是同小孩子一般，假如现在我只教大一英文，教不到高班学生，我相信我对于班上学生，会一个都不感兴趣的。我对于台大学生（或者说在台湾所认识的女性之中）感到有兴趣的，只有我上次告诉你的那一位。

你上信说起：会不会有男学生竞争？这个我想可能性很少〔小〕。台大的女生大多看不起男生（as suitors），第一，男生的学问人格等等很少有使女生佩服的；第二，女生差不多全部是小康以上的家庭，男生大多是很穷的，女生全有很好的家庭环境，但是男生半数以上是流浪吃苦之后来考大学的。据说台大的男生多半去追中学女生，台大男女生之成情侣者，很少听见。

以前在北大时，还有比较贫苦的女生，在台大差不多没有。本省籍的女孩子来考大学的，家境往往很不错；外省籍能够逃难到台湾来的，家里一定有点"底子"。我对于台湾女人总不喜欢，引起我的恶感的主要是她们的声音难听，言语乏味。外省籍的小康以上的家庭的 bourgeois 婚姻观，将仍是我的 happiness 的大障碍。那种家庭大半多方挑剔，宁可女儿嫁不出去，我现在想追的那位小姐据说（据别的女生说）有一个很贪财的 father，详情如何，现在还不知道，且看我的福分如何了。

你说中国女孩子是顶难服侍的一种人物，事实恐怕是如此。但是我的作风是不 eager to please，我是凭 wit、detachment、mysterious and consciousness of importance 来吸引女性的，所以吃苦还少。真叫我去服侍，我可能比你还要失败。我看你还是好好地追一位华侨小姐吧。再谈 祝

暑安

济安

八月四日

153. 夏济安致夏志清

1951 年 8 月 18 日

志清弟：

你的长信讨论小说的，已经收到了。我下学期教小说一定依照新的批评，但是事实上恐怕很难发挥，因为学生程度不好，教书时不免要多注意讲解与 quiz，还有点像教读本那样的教法（就是蒯叔平的教法）。但是我教读本时对于文章的批评也很严格，教小说多少有点新的观点，到底怎么教，我现在还不大清楚，我也没有什么计划，临时再说。你所开的书目，很切实，而不 conventional，但是当 text 用，有许多恐怕买不到。台湾大学有十种小说，每种有四十五本，用课本只好在这十种里挑，这十种并不都好，我决定用哪一本，现在还没有定。总之，我对于这只 course 现在一点也不畏惧，当它是"读本"。我现在只是想借开这只 course 的机会，自己对于小说多加研究。你的指导和赠书，对于我仍旧是必需的。

现在我需要你更多的帮忙。*FREE CHINA REVIEW* 的主编曹文彦下月去美，编务由我负责。我手下现在亦有一个秘书，四个 typist，一个茶房两三间 office。这件事情刚刚决定，我现在很 nervous，写信的文章亦很不通顺。假如你同我在一起，我们两个人可以办一个很好的杂志，可以不需要别的什么人帮忙。假如以前在上海，有郑之骧、张芝联，亦可以帮不少忙，以前在北平，有钱学熙、袁可嘉、金堤等亦可以帮忙。现在在台北，没有人在英文[上]能帮我的忙，因此我很慌张。假如每期缺稿子，找谁可以临时救急？文字上有疑问，找谁可以研究？有了好题目，assign 谁去写？如何可以维持一个水平？我自己写文章，还是很慢，愈慌可能愈慢。这件事情我是已经答应下来了，总之，这是个 honor。这个英文刊物，后台是张其昀 [1]——GIMO 的秘书长。我也不知道将要办成什么样子。反正我最近运气还好，听天由命。希望你每月寄两千字长的一篇文章给我。这对于你将不是一个难事。你写文章很快，现在又在研究中国文化，文章内容关于中国文化、中国文学的都可以（题目可以深奥），文字力求通俗（像 *Kenyon Review* 那样很少人读得懂的），以 laymen 为读者对象可也。留学生里面亦请代拉稿子，只要和 general culture、

---

1. 张其昀（1900—1985），又名张晓峰，浙江宁波人。地理学家、历史学家、教育家，曾任浙江大学文学院院长，1941年当选为首批教育部部聘教授。1949年后，曾任国民党"中央改造委员会"秘书长、国民党"中央宣传部"部长、"教育部"部长、"总统府"资政等职，发起创办《学术季刊》等学术期刊和"中国历史学会"等组织，创办"中国文化大学"等。代表作有《中华民国史纲》《中华五千年史》《人文地理学》等。

world affairs 有关的便可以。我接办后，亦要注重文艺稿子，但是好的小说诗歌更难找。论文写坏了，或者还有它的学术价值，小说诗歌写坏了，简直就不应该刊载。Rose 能不能写英文小说？

　　我生日那一天，去台中玩了两天，又去日月潭住了一夜。日月潭你去过没有？那地方静得可怕，高山顶上的湖是很奇怪的。我近况不差，秦小姐待我亦很好。只是不断地碰到难题目（先是小说，现在的〔是〕编务），我又没有什么人好商量，心里常常很慌张。希望你多多鼓励我。专颂

　　近安

兄 济安 顿首

八月十八日

154. 夏志清致夏济安

1951 年 8 月 28 日

济安哥:

　　八月一日、十八日信前后都已收到。陆应良托买的 insulin，收到信即航邮寄出，现在想已到达。药约四元以上，邮费一元半，这笔钱可以折台币后算你的房租，也可减少你的负担。读十八日信，知道你已正式负责 FCR 的编务，的确是个 honor，可惜没有很多会写英文的人，你的生活一定会变得很紧张。我目前也没有题目，九月份开始做事，我想九月内或可缴卷一篇，不过我对中国政治、文学都很生疏，不容易讲出有力的话来。David Rowe 是 Republican，同情台湾，我想向他拉篇稿子，大约可答应，此外 New Haven 中国人会写英文的不多，柳无忌也搬到华盛顿去了。这种杂志，要每月出一本，quality 很难维持，假如是季刊，情形就不同了。你主编 FCR，可算是相当要人，一定已受到注意。我知道你目前慌张的情形，但也不能多帮忙，希望你能找到一群会写文章的人。我这星期打算把论文结束，下星期开始办公，这暑假为了论文，没有好好地做什么事，也没有看什么重要的书。我们 project 是写一部 for general reader 关于中国的书，我先负责关于近代文学的 chapter，要读的东西很多，想一定很有趣，把四十年来的白话文学好好批评一下，对 FCR 想很合式〔适〕。

父亲不断来信，家中很挂念你，你生日的那天，家中都吃面。玉瑛八月中患了一次感冒，祖母七月中患了一次急性肺炎，打针后即愈，家中希望你由香港（或由我）转信去，报告近况。你寄给张世和的钱，家中还没有收到，可向张世和询问一下。国内亲戚结婚的人可真不少，陈见山在北平已订婚了，天麟[1] 也将结婚。

程绥楚寄给我的《谈艺录》已收到了，翻了一翻，钱锺书的文言好像没有他白话文那样干净有力。Empson 的 *Structure of Complex Words* 已出版了，$5，是部五百页的巨著。他把单字研究，花了不少苦功，对文艺批评的贡献恐怕反而不大，我很要看美国批评界对这本书的反应怎么样。*House of Fiction* 订购后还没有收到，不知何故。你小说一定可教得很好，*Pride & Prejudice* 是部好书，课堂上随时有可会〔回〕味研究的地方，鼓励学生写小说，对他们有益，也可发挥你的长处。

日月潭我没有去过，来美国后也更没有旅行。秦小姐待你很好，想迟早可同她结婚。我目前对象也没有，也谈不上追求。Rose 去 [了] Washington，下学期恐怕不一定会回来。

---

1. 天麟，是夏志清的大伯祖之孙，夏济安堂弟。

New Haven 中国人今年消息倒不少。春季一位教中文的 Alice（丈夫在疯人院）同男同事发生暧昧关系数年，turn on gas 自杀，她的女儿不救，自己在 asylum 里，理智力已消失了。Playboy Nelson 吴[2]同一位三十五岁的老处女时常来往，老处女因父亲在北平病重，决定返国，playboy 忽然良心发现，打长途电话求婚（女的已在 Chicago），他们两人目下就要结婚了。

　　我近来生活没有什么可报告，海滨只去过两次，看了一张 *Time* 称赞的 *Pickup*[3]，尚不错。夏季 Olivier、de Havilland、C. Colbert、J. Bennett[4]、Ginger Rogers 都来附近演过话剧，都没有去看。监考想已过去，希望你编辑顺利，即 颂

　　近安

弟 志清 顿首

八月二十八日

---

2. Nelson 吴，即吴讷孙（1919—2002），笔名鹿桥，北京人。作家、学者。曾就读于燕京大学、西南联大、耶鲁大学，1954 年在耶鲁大学取得美术史博士学位后，即任教于旧金山大学、耶鲁大学、圣路易斯华盛顿大学等大学。代表作有《未央歌》《人子》《忏情书》等。

3. *Pickup*（《野玫瑰》，1951），黑色电影。雨果·哈斯（Hugo Haas）导演，雨果·哈斯、比佛利·迈克尔斯（Beverly Michaels）、阿兰·尼克松（Allan Nixon）主演。

4. J. Bennett（Joan Bennett，琼·班尼特，1910—1990），美国舞台、电影、电视演员，代表影片有《绿窗艳影》（*The Woman in the Window*，1944）、《荡妇离魂记》（一译《阻街女郎》，*Scarlet Street*，1945）等。

155. 夏济安致夏志清

1951 年 9 月 14 日

志清弟：

　　昨天我才出医院。这次我在台大医院住了两个星期，人瘦了不少。先一个星期，台大医院查不出我什么病，以为是伤寒让我发高烧。平常上午没有烧，下午烧到 38℃ 以上，晚上常常统〔整〕晚 40℃，一点不能睡。除了抽血检查，并敲打听声之外，一点也不 treat 我。他们对于我的肺部，毫无comment，大约 OK。曾经做过一次 TB test，反应"阴性"，故我的肺大约已经很好。过几天我想去透视一下，假如能清清楚楚，我也想活动来美的。人被搁在"传染病房"（三等）里，苍蝇很多，一室四人，我总是闭了眼睛，不去看我的roommates，只是知道有一天晚上死掉一个人。如是者 ordeal一个星期，忽然医生们发现我害的是 malaria，从此以后，我的情形就好转了。人也被搬到轻等病房，吃了 atebrin 和plasmoquine 之后，一两天内烧就退尽。就在头等病房休养了一个星期（读莎士比亚）。台大医院的医生都是台湾人，为人似乎都还 conscientious，但是功力似乎不强，否则的话，疟疾这种简单的病绝对用不着一个星期才检查出来的。假如早发现是疟疾，我也用不着发一个多星期高烧了（入院前已烧了几天）。我害的是热带性疟疾（医生说是日月潭传染来的，台北不常见这种病），并无寒战出汗等现象，只是周期性地发高烧而已。这次医院里用的 bill 约六百元（已打了折扣），可以到政府去申请补助，大约要给我三百元钱。两星期内，我自己买零星吃的（橘子——很贵的 sunkist、西瓜、小菜等），也花掉二百元，一共花掉八百元（约 40 美金），但是我经济还不致太窘，这两天身边还有钱。

　　Free China Review 我是好久没有去理会了（主编曹文彦得到美国国务院 Leader Grant，不日去美 California 大学，但是还没有走成，所以编务我可暂时不管），编务费大约每月可有六百元，因我的秘书四百元、打字员三百元，我的薪水不会比他们少的。靠 *Free China Review* 我维持生活已经够了，所以暂时不要你帮助（如需要时，当来告急，现在真的还够用）。这次我全靠陆家帮忙，台大的那些 bachelor 朋友，是没有工夫来陪我的，亏得陆家当我是亲戚一般的照应我，我很感激。我希望你再花五元半美金买两盒 insulin，航空寄给陆应良，算是我的答谢。送别的东西他们也不会 [接] 受，因为他们知道我生病已经花了不少钱，不会再让我花钱了，insulin 对他们十分有用，所以请你赶快买来寄下。我下学期三小时小说，三小时大二散文，功课轻松。我要教散文，又想起那本红书

来了（Craig[1] & Thomas[2]: *English Prose of the 19th Century*），假如美国买得着，请你买一本送给我怎么样？那里面有些文章可以选读的。毕业论文已完工否？念念。*FCR* 的稿子有空请随便写两三千字。再谈 祝

好

济安

九月十四日

P. S.

家里这样挂念我，使我心很不安。但是写信回去，人人都说太危险，台湾的上海人也有不少，他们都不写信，我的情感也许冷淡一点，但他们十分想念家人，都不敢写信。我的 malaria 请你不要告诉家里，免得他们着急，因为我的病已经好了。我希望你也少写信回去，美国来的信在上海总要受到特别注意的，可能替〔给〕家里找〔招〕致麻烦。你假如要提起我，可以这样说："大哥很好。汪副理想必常见面，如果想念我们的话，不妨找汪副理谈谈，他也许可以给大人一些安慰。"

---

1. Craig（Hardin Craig，哈丁·克雷格，1875—1968），文艺复兴研究学者、英文教授，编辑过《莎士比亚全集》(*The Complete Works of Shakespeare*)等。
2. Thomas（Joseph M. Thomas，约瑟夫·托马斯，1876—？），除下文提到的《十九世纪英国散文》以外，托马斯还参与编辑了《大学生作文》(*Composition for College Students*)等。

汪副理是苏州人，亿中的，他的两个儿子都在台北（大的在太平保险公司，小的在台大读书），他是很早就叫儿子们不要写信回去的。父亲母亲如果去找他，他一定会劝他们少想念我们，而且会强调不写信是顶安全的办法。

济安又上

1951

156. 夏志清致夏济安

1951 年 10 月 3 日

济安哥：

上星期接信悉你患热带性疟疾，在医院内有一星期没有受好好招〔照〕料，心中非常难过，现在亏得好了，实是幸运。医院将你这样 neglect，实令人可恨，一人在外，一有病痛，叫呼不灵，你在病床上热度如此高，心中必另有感觉。现在病愈还望好好保养，不要工作太紧张，免得不能如期复原。上星期我正忙着弄论文，所以没有空就〔立即〕写信寄你，论文已装订了两本于十月一日（星期一）交出了。十月一日前不缴，本学年还得付两百元学费，我不情愿付，所以九月一月内努力把它弄完了。接洽了一位老小姐打字员，打得非常恶劣，前两星期日里办公，晚上校对，有错误送去重打，花了很多时候〔间〕，天天睡眠很少，人极疲乏，还花了七十元打字费，其实两星期自己慢慢地打也可把它打完。论文不长，共二百余页，因为自己 observations 极多，很少借用参考书籍，题名 *George Crabbe: A Critical Study*。通过想没有问题，假如 readers recommend，也可有出版希望。这几天又忙着写我中国文学史的 chapter，因为看参考材料时间有限，很不容易讨好，不能说几句真正着力的话。两星期前看了些鲁迅、茅盾、巴金的东西，如果有时间多看些，想把近代作家个别批评一下，寄给 FCR，这两天晚上想稍休息一下，多看书后，当可动笔。想你已开始教书了，散文和小说你都熟手，一定能博学生钦佩。十九世纪散文集还没有去看，大概可买得到，隔日寄上。九月份薪水前天才拿到，赶忙寄了百元家中（吴新民转），你的百元世和已寄出，不然这两天家中又要恐慌了。美国 income tax 极贵，扣去后每月只有三百元收入，寄家百元，自己零用同去年差不多，不能有大收入，只仅够普通生活而已。陆家的 insulin 当于这星期照办寄出。

曹文彦暂时不走也好，可使你少担任编辑职务。你害病想已告知秦小姐，她听了心中一定很难受。你这次大病实非我那次开盲肠可比，怎样的夜夜有寒热。今年 graduate student 女生除去年化学系刘天眷外，来了一位卢漱德[1]，父亲[是] 新加坡中国银行经理，读教育，也是带〔戴〕眼镜的。人比较 gay，也不太漂亮。新来了一位日本女郎叫富升草子[2]，读英文系，倒生得很秀气端正，父亲（是）外交家，她生在德国，曾随父亲到过英、美、加拿大、南美各地，所以英文讲得很好，同一般由日来美的学生不同。她已答应我去看

---

1. 卢漱德，不详。
2. 富升草子，不详。

Yale Howard Football Game 和当晚的跳舞，这是秋季一季最大的 event，最近我想多 date 她几次，向她好好进攻一下。我来美后，足球还没有看过，这星期要同美国女同学去看一次。

　　家里去信，你的害病决定不提，我现在星期一到五，天天上下午上办公室，相当不自由，早晨起得很早，只有六日两天可以办些闲事。法文读了一暑假，已渐生疏，想把它重温一下，中国文言文也想下功夫把它弄通。听说卞之琳之 rival Frankel 现在 Los Angeles 南 California 大学[3]，有人从西部来看见他的苏州太太，她英文不好，生活也不方便。祝你自己好好照料，多吃有营养东西，医药费不够，我暂时都可寄来。即 颂

　　康健

弟 志清 上
十月三日

　　寄来照片上神气还好，不比以前胖，病后调养，是 gain weight 的好方法。

---

3. Hans Frankel（傅汉思，1916—2003），加州大学伯克利分校罗曼斯文学博士，曾任教于北京大学、斯坦福大学、耶鲁大学，没有在洛杉矶南加州大学教过书。

157. 夏济安致夏志清

1951 年 9 月 30 日

志清弟：

　　出医院后，寄上一信，想已收到。现在已全部复原，精神如常，脸色也很好了。因为忙，X-ray 检查还没有去。

　　两包书已收到，谢谢。只怕来不及看。*Portable Faulkner* 我以前挑过几篇看过，大多在前面的。"The Bear" 的中间一段讲黑奴的，大致也给我找出一个头绪来。他的小说里都是些龌龊人（红人与黑人），故事也都很残酷，但是很合我的 taste。最近没有工夫读它。最近我在读 *Bleak House*[1]，共八百页，已看三百，他的 deep planning 还看不出来（今天又看了几十页，已经看出些头绪）。但是狄更司〔斯〕的幽默，还随时流露，我是很能欣赏的。看完 *Bleak House*，我预备接着看六本 Jane Austen，两三种 George Eliot（包括 *Middlemarch*），两三种 H. James，这样子我相信对于英国小说的研究，又可

---

1. *Bleak House*（《荒凉山庄》），狄更斯的长篇巨著，将传奇故事与人性道德有机融合，以错综复杂的叙事揭露了英国法律制度和司法机构的黑暗，呈现出万花筒式的众生相。

以多一些（看过一本 *Salammbô*）。

我的小说课程用书已大致决定。台湾不容易买到西书，台大学生大致同以前北大学生一样，没有买教科书的习惯，所以小说课本的选择，只好限于"教育部"捐赠给我们学校的十几种书（每种四十五本，够一班之用）。我本想先教 *Pride & Prejudice*，但是 B 组（学生程度较差的一组——从学校观点看来，但事实上，A 组笨人不少）小说的苏先生[2]（台湾人，东京帝大毕业，矢野时代的旧人，当初 lecturer，现在 prof.）已决定用 *P. & P.*，我因他是前辈，就让了他。我先来教 *Oliver Twist*。狄更司〔斯〕的英文，普通"大二"学生是吃不消的，我想在文字上多解释，对于一个准备不充分的先生，是比较容易的工作。先挑了一本英文较难的书，可以多解释，少发挥。一学期读两本，plus 课外一本。*O.T.* 完了之后（两个月），我希望接上 *P. & P.*。下学期读 *Silas Marner*[3] 与 *Scarlet Letter*。同时也 give lectures，我是从 John Lyly 讲起。

我又在上一门大三大四的选课（在联大时是大四必修，卞之琳的拿手戏）——翻译。文学的翻译，我不敢接，因为材料难找，改 exercise 太吃力。但是台大这只课程是注重

---

2. 苏维熊(1908—1968)，曾就读于日本东京帝国大学，主修文学部英文科。1933年与朋友发起成立"台湾艺术研究会"，并任《福尔摩沙》杂志主编。战后任教于台湾大学外文系。代表作有《英诗韵律学》(*Outline of English Prosody*)、《苏维熊文集》等。

3.《织工马南》(*Silas Marner*)为乔治·艾略特的小说。

journalism 的，目的在使学生毕业后，容易谋差使（做翻译官或其他 office work）。我的教法，是一星期英译中，从 *TIME* 等里选材料，一星期中译英，我出题目，大致同上星期的英译中有关。高班生的程度也很坏。

这两只 course 都要准备，当然比"大一英文"吃力，还加上 *FREE CHINA REVIEW* 的编务。我现在就在我的宿舍里编，office 取消了，倒也省了我去坐办公桌（否则每天总要去敷衍两三个钟头——至少）。十月号稿子已集齐——没有你的，我也没有写。希望你接到信以后，能在三天以内打一篇稿子 air mail 寄给我（with 你现在工作的英文名称，好让我来介绍一句），这样十月底以前收到，可够上十一月号的付印。以后每两月一篇，如何？当然，你的 thesis 如尚未完成，可不必为我忙，但请回信告诉我，因为怕我要把你的文章算在里面，眼巴巴地等你。文章题目请稍"大"，牵涉思想文化等，因为这种重头文章，每期一定有一两篇才像样，但能写这种文章的太少了。时事文章这里有人写。我"散文"暂时不教，*English Prose*（红书）暂时不买也可以。不过 Tate 和 Brooks 的论小说之书，仍望寄下。我最近经济情形很宽裕，钱似乎用不完似的。

济安 顿首

九月三十日

158. 夏济安致夏志清

1951 年 10 月 9 日

志清弟：

十月三日信收到多日，寄来之 insulin 亦已收到。Ph.D. 论文缴出后，反应想必很好。如能出版，以后你在美国出路更有保障，有了一本书，或者可以凭教英国文学糊口了。你如果忙，*FCR* 的稿子慢一点写也可以，希望题目大一点，多讲古代文学。近代左派文人，我们假如不用当局的看法来讨论，恐怕引起麻烦。我编 *FCR*，并不很痛快。经济权不在我手里，办事总受掣肘。我是一个喜欢独裁的人，但是现在上面有"中央党部"（publisher），他们虽然不大懂英文，但是他们既然拿了钱出来，总希望替他们多宣传。他们的宣传稿子英文也真坏。编辑 board 并不能干涉我，但人选并不很理想。有个 Yale 的姚淇清[1]现在台大法学院做副教授，他也是委员之一，我同他还合得来。我希望多找些年青的人写。board 是曹文彦所认识的，他们对于党部的作风，也很反对。但党部根本 ignore 他

---

1. 姚淇清（1919— ），字祖泽，浙江人。耶鲁大学法学博士，曾任台湾大学法学院教授，"教育部"国际合作委员会主委、"高等教育司"司长，台湾驻联合国教科文组织"代表"等职。

们，只认得我主编一人。曹文彦本是主编兼发行人，他只拿当局的津贴，此外还要去为经费奔走。他那时常闹经济恐慌，但选稿权是很大的。现在杂志的经费全部由党部来负担，主编的权限也因此缩小了。但是做了主编，总可多两个另〔零〕用钱，在台大的声望亦可以大一些，我认为还是值得一做的。

除了杂志以外，别方面我的生活都是平平。教小说 *Oliver Twist*，学生大多嫌难，我亦无甚发挥。恋爱亦没有什么发展。X'mas 期近，如有好的 card 请寄四五张给我，不必一次寄，发现有好的，请随时寄给我可也。"好"的标准：（一）材料至少一部分是 plastic 的；（二）颜色要淡——中国女孩子不喜欢大红大绿；（三）字句要简单，card 上的现成字句大多俗气，不如少几个的好。你寄四五张给我，我可以挑一张送秦小姐，别的可以送台大别的 girls——我同她们都没有什么交情，但 X'mas 送张 card 她们总 [是] 喜欢的。

家里我还是不敢寄信去。你假如寄贺年片给玉瑛，请把我的名字一起写上。我最近身体很好，malaria 并不使我受什么影响。只是编了杂志比较忙，不能趁〔称〕心，有点不大痛快，近况如此而已。你现在每月贴家用如此之多，恐怕对于家里，反而不利。早知如此，家里搬香港好了，每月你的 U.S.100 元，加上父亲已多少赚一点，我亦可以贴一点，家里在香港可以过得很好的。再谈 祝

好

济安

十月九日

159. 夏志清致夏济安

1951 年 10 月 26 日

济安哥：

　　九月三十日 [信] 收到已两个多星期，悉你病体已全部复原，甚慰，还望自己多多保养。陆先生两瓶 insulin 已航邮寄出，想已收到。Tate 夫妇的 *House of Fiction* 亦已寄出，该书所选皆近代短篇名著，所附短评，对你教小说一定有用。你托我的文章还没有写，一则我对中国文化没有深刻认识，空泛写来，不易讨好，二则每星期五整天办公，晚上就懒得动笔。最近阅览了一番新近中国内地的杂志作品之类，更觉乏味。我的中国文学 chapter 已写了六十页，再加上二十页新材料，于月底可以完毕。接下来大约要写哲学宗教之类。五四以来的文学我在中大学时没有多读，最近两月来乱翻了不少书，倒很看出些面〔眉〕目了。这文学应有的估价，当然不高，最主要的原因是一般作家不知 sin、suffering、love 为何物，写出来的东西就一定浅薄。西方作家对罪恶和爱都 [是] 从耶稣教出发的，中国没有宗教传统（《红楼梦》的伟大处是在它的 Buddhist philosophy of disillusion），生活的真义就很难传达了。最近重读了 Dostoevsky 的 *Idiot*，看了几卷古本《金瓶梅》，觉得很沉闷，性的描写也很刻板，没有兴趣把它读完。你最近大看小说的计划很好，我的英诗读得差不多了，最近兴趣也在小说上。我工作的名义是 Yale University 的 Research Associate，假如我有文章寄来时，就说我将拿 Ph.D.，现在 Yale 当 Research Associate。

父亲有信来，他已明了，不要你去信，没有特别大事，叫我信上也少 mention 你。你生病事我也没有提。你的百元已收到，不日我又要寄家中百元，所以家中可以维持。我最近看了两次足球，气氛同中世纪骑士比武相仿，很热闹，只是 Yale 足球队技术中等，不够紧张，有真正好足球队，一定很可使人兴奋的。看了两张好电影 *A Place in the Sun* 和 *Streetcar Named Desire*，各方面水平都高，*Streetcar* 男女主角 Vivien Leigh、Marlon Brando[1] 都演得极精彩。上信所提的日本女郎，最近我同她没有什么进展，她 takes things easy，买了汽车，并在 Arthur Murray[2] 那里学跳舞（$10 per hour），手头很阔绰，所以我也无心多追。此外常见面[的]就是本校化学系的 Rose Liu（*Streetcar*、*Place in the Sun* 都是同她去看的），

---

1. Marlon Brando（马龙·白兰度，1924—2004），美国演员、电影导演。在《时代》杂志评选的"世纪人物"中，白兰度与卓别林、玛丽莲·梦露齐名。代表影片有《码头风云》(*On the Waterfront*，1954)、《教父》(*The Godfather*，1972)等。

2. Arthur Murray（阿瑟·莫瑞，1895—1991），美国舞蹈教练、商人，其学生包括温莎公爵（Duke of Windsor）等名人。

她读书很用功，当年是上海的游泳冠军，可是同读科学的人没有什么可谈，我也无心追她。

我最近生活，办公看书吃饭外，没有什么进展，所以对自己非常不满意，要想结婚，连对象也没有。这一部分精力没有地方用，生活不会很快乐。你同秦小姐想经常通信，如果可能的话，我想还是劝她早日到台湾来，你目前的经济状况也可支持她了。我的文章一定等目前这 chapter 写完后开始，大约十一月二十日左右可以寄给你，所以十一月刊上就不要等待我了。Yale 大一英文（上学期）教 *Henry IV*、I，*Pride & Prejudice*，接着教 *Great Expectations*，选科似乎同台大相仿。我现在每天三餐，八时起身，十二时睡，精神很好，只是自己时间太少耳。余再谈，即颂

近安

弟 志清 顿首

十月廿六日

160. 夏济安致夏志清

1951 年 11 月 17 日

志清弟：

十月廿六日来信收悉，你的生活最近很平淡，我的可以说相当消沉。*FCR* 的主编名义我已经辞掉，十二月份事实上还是我在负责编，明年不知道有什么更动。这个杂志经费不多，没有什么人会看中它，很少人敢接办。我 [之] 所以辞职，主要的原因是我觉得我既没有全权，名不符实，不该称主编。不做主编，我的良心反而可以安。总之，这个杂志办得并不痛快。我总是 on the board 的，你的稿子还是很欢迎。（没有空不写也可以，稿子还不缺。）

还有一件〔个〕消息，也许对你是个 shock，就是我同秦小姐的事，可能触礁。详细情形，我不愿意告诉你，因为 It is painful to relate。秦小姐同我不是没有感情，我相信我是爱她的。但是有时候 lovers 会 mutually inflict pain，大约是我先inflict（你知道我常会 paint myself bolder than I am），现在她在 inflict pain on 我了。现在情形很微妙，稍一不慎，可能全盘皆输。现在我当然比以前火气退得多，也许能挽救得转来。

请你不要瞎猜，事情很简单，没有第三个人在里面，还是我同她的事。这种事没有人可以做参谋，我也不预备同任何人商量，且看我的命运如何了。

追求是多么吃力的事！我同秦小姐相当深的关系，前途还是困难重重，而且最近还可能告"吹"（也许已经"吹"了）。我现在所感觉到的，与其说是恋爱的痛苦，还不如说是做人的可怕。

你说你想要结婚，都没有对象。我可能也落入"无对象"的局面。秦小姐假如仍旧愿意做我的对象，要 win her heart 也还是很难很难的。

你的想法可能比我现实：为什么不在台湾追一个？台湾我所认得的女子，似乎没有一个值得我追的。我假如还剩下一点 passion， passion 是 for 秦小姐的。

我现在的痛苦，是比较 numb 的一种，以前那种 keen pain，现在恐怕不 capable〔此处原稿缺失若干字〕，将来即使追求成功，我怕它的 pleasure 也是比较 numb 的一种了。

我现在也没有"大"读小说。最近看了一本 *Emma*，Conrad 的 *Heart of Darkness*，Henry James 的 *Mme de Mauves* 与 *Daisy Miller*[1]。*Mme de Mauves* 我很喜欢，它里面的 moral life 我能懂而且同情；*Daisy Miller* 我本来只是觉得不能同情，后来

---

1. 四本小说分别是简·奥斯汀的《爱玛》、康拉德的《黑暗的心》、亨利·詹姆斯的《德莫福夫人》和《黛西·米勒》。

看了 Philip Rahv（Dial 的 *Great Short Novel*）所说的，"Daisy Miller died of Roman fever and a broken heart"，我才知道我没有看懂，因为我以为只是个 superficial girl，看不出有 broken heart 之处。James 那种把主题抓紧了来描写，使人觉得他以前的英国小说的描写大多都不够劲。James 的 subtlety 似乎还好学，*Emma* 就没法学；Conrad 似乎又比 James 容易模仿。我看 Faulkner 受 Conrad 影响很大，但 Conrad 是个 greater artist。

秦小姐最近还问我讨过《乱世佳人》（香港最近上演 reissue）内 Vivien Leigh 的照片，我在台北觅了一张给她（X'mas card 请寄两张给我）。请你写封信给 Leigh 讨一张签名的"*GWTW*"照片好吗（指定是 *GWTW*）？（fan mail 里我相信不要附邮票的）寄给我或直接寄 Miss Celia Zung，1st floor，No.66 Fahui Street，Kowloon，H.K.（上次的 Peck 收到了，谢谢）。最近买到一本 Sun Dial 出版的 *For Whom the Bell Tolls*，很便宜，预备 X'mas 送给她。明年她生日我想送她一本 *GWTW*，美国想也已有较便宜的版子〔本〕，你如见到，请买一本给我。这本书她不会看的，但她会喜欢的。家里情形大约还好，为念。祝

好

济安

十一月十七日

161. 夏志清致夏济安

1951 年 12 月 2 日

济安哥：

　　十月中来信收到已多日，最近接十一月十七日信，悉你同秦小姐关系有破裂的危险，很是关心，希望能早日挽转，不使一年多的心血白费。本来在恋爱时二人需常在一起才好，专凭写信，对方许多 uncertainties、doubts 不易克服，情感没有得到 conviction，变化太多；同时女孩子 mood 时常转变，reconcile 的机会也很大；希望好自为之，使秦小姐承认爱你，以后就好办多了。X'mas card 已于上星期航信寄出，大约不日即到，plastic 的买不到，买了三张彩色宗教名画的 cards，没有字句，还算上等朴素，字句可以自己填，比较可切合得多。X'mas 前想可有 plastic cards 出售，当寄来，你明年也可用。GWTW 当也买了寄给你；Vivien Leigh 不属于任何电影公司，讨照片较难，她同 Olivier 十二月中要在纽约齐格飞戏院表演 Antony & Cleopatra 和 Caesar & Cleopatra（我已定到十二月二十三日 Antony & Cleopatra〈星期六〉的票，在美国除看过几出 musical 外，还没有看过像样的舞台剧），我想直接写信纽约向她讨，她或会把照片寄往香港。

　　我的论文已在十一月十五日顺利通过了；现在已算是博士，虽然 degree 还得明年六月拿。通过很容易，不过我的 readers 都是较老式的 scholars，没有 recommend 出版；Pottle suggest 我把论文给 Brooks 看看，看他批评怎么样；大约杂志上发表一两 chapter 没有问题，要单印出书，恐 weight 不够（这次 submit 论文的英文系学生，有四人，一位写 Smart[1] 的没有被通过）。我拿到 degree 后心中并不太高兴，因为生活很寂寞，而且长住美国，security 没有保障。目前的 job 是不长的，所以又要开始找 job，一切都非常吃力，耗费精神。目前没有对象，心中也空虚得很。前星期到 Hartford 去，有一位新从台湾来的学生 Julia Chi 季兆蓉[2]（吴江人），读大二，长得还不错，很朴素淑静的样子，还没有染到恶习气，不过我也没有特大的 passion 常去 Hartford 追她，没有汽车，来往不方便。她中学时读过不少杜〔屠〕格涅夫[3]的小说（差不多每个女中学生都看杜〔屠〕格涅夫），在台湾时学过几出梅派青衣戏，所以修养还不错。

---

1. Smart（Christopher Smart，克里斯托弗·斯马特，1722—1771），英国诗人，代表作有《致戴维的歌》（*A Song to David*）、《欢愉在羔羊》（*Jubilate Agno*）等。

2. 季兆蓉，不详。

3. 杜格涅夫（一译屠格涅夫，1818—1883），俄国小说家、诗人、剧作家，代表作有《猎人笔记》《当代英雄》《父与子》等。

我近两星期来要做的事情太多，反而一事也没有下手。想写一篇关于 Pound[4] 的 Use of Chinese References in His Poetry，可成一篇很像样的文章。此外想同 Ford Foundation、Rockefeller Foundation 等接洽写书，都还没有开始。最近在读 Stendhal[5] 的《红与黑》，Julien Sorel 完全是个自私 ambition 的人，不能引起人最大的兴趣，书里的刻画爱情都等于描写阴谋，approach 同 English fiction 完全不同。Robert Penn Warren 现在在 Yale 教 drama，他的小说 *World English & Time* 不久前读过，theme 很好，可算两年内的好小说。你小说最近读了不少，对英国小说的 pattern 看法当于〔与〕以前不同了。

　　家中情形很好，我十一月十二日的钱都已寄家，生活想不成问题。我现在储蓄毫无，这学期的住膳费三百二十元，一次都付不出，只好（分）两次付了。你生活怎样？希望在 X'mas season 把对方的爱情完全 win over，免得这种拖延的苦楚。不要 work too hard，把身体弄坏。*FCR* 的文章，我没有写，时间实在不够。"An American in Paris"最后廿分钟的跳舞

---

4. Pound（Ezra Pound，埃兹拉·庞德，1885—1972），美国诗人、批评家，意象派诗歌运动的重要人物，曾帮助过乔伊斯、T. S. 艾略特、海明威等年（接下页）（接上页）轻作家，对英美现代文学发展作出过重大贡献。20 世纪 20 年代以后，一直旅居法国和意大利，1972 年病逝于威尼斯。代表作有《华夏集》(*Cathay*)、《诗章》(*The Cantos*)、《文学论文集》(*Literary Essays*)等。

5. Stendhal（司汤达，1783—1824），法国 19 世纪现实主义文学代表作家，代表作有《红与黑》(*The Red and the Black*)、《巴马修道院》(*The Charterhouse of Parma*)等。

是银幕上罕见的。十二月八日吴新民要同他的女友结婚了。
再谈即颂

近安

弟 志清 上

十二月二日

162. 夏济安致夏志清

1951 年 12 月 10 日

志清弟：

卡三张收到，很高贵大方，收到它们的人一定会很喜欢，谢谢。

秦小姐的事，你一定很关心，但是迄今还没有好转。平常日子，我很忙（教书、准备教书，和一切有关编辑的事务），要看见很多人，我似乎很自然，没有受什么打击。Wise-cracking，谈笑风生，带一点 cynical，圆圆胖胖的脸（我已长得相当胖了）上满是笑容。今天星期天，天气很好，一个人闷在家里，很是难过。我这次所受的打击相当重，秦小姐是我所爱的人，我们之间的感情已经有相当基础（我所保存的她的信有五十七封），假如真的起了决裂，我的性格无疑将要受到很大的影响。

到底是什么事情，我也说不明白。请你不要往 melodrama 或粗浅处想。我同她都是相当敏感的人，这件事情也很 subtle，可以说是没有什么事情，但是仔细分析，里面也有 devil 作祟（devil——in the religions sense）。大致是：我给她神经上的压力太重了——为什么我要这样做呢？只能归咎于devil了。她开始怕见我，想逃避我。她明知这样做要给我很大的痛苦，但她还是做了。我相信她的痛苦也许不亚于我的，但是她是一种欢喜生活在痛苦中的人，这个加上她的caprices和突发的self-assertion（或self-negation），就造成现在这个悲剧。读过Henry James小说的人大该〔概〕可以了解这个situation。

请你不要替我担心，我不会出什么乱子。假如我变成〔得〕更cynical，日子还可以过得很快乐。有一桩事情你或者要关心的，就是我可能以一个"独身主义者"终其身〔生〕。年纪大了，更难fall in love。在台大，我亦认识不少girls，我同她们都还好，但是很奇怪的，我对任何一个都没有我对秦小姐那种的passion。结婚是不是需要passion做先导呢？我又没有feminine companionship的习惯，到台湾来后没有date过，girls倒常有来找我的。不date〔此处原稿缺失若干字〕她们中任何一个发生intimacy，更谈不上恋爱。恋爱真是吃力的事〔此处原稿缺失若干字〕怕。要date一个你所比较喜欢的girl，亦很困难，打破她的coyness〔此处原稿缺失若干字〕容易。date到结婚之间还有很长很难的一段路，照中国这〔此处原稿缺失若干字〕有勇气去rape的，大约很难追到一个你所想追的人。（中国女〔此处原稿缺失若干字〕后，就乖乖地跟人走了。）

程绥楚说有信劝你结婚，我看你的结婚也很困难。以前有人替你做过媒，你都不中意，自己追亦追不到。你同我的结婚观，似乎都是很浪漫主义的——一定要同自己所追求的人结婚。有些人似乎可以同任何人结婚，人类是靠那种人绵延下去的。

我不会来安慰你，你也不必安慰我。我是相信命运的安排的，虽然我做一生 bachelor 的可能性很大，但也很可能明天秦小姐同我言归于好而终于结婚，也可能我又开始新的 adventure。没有人能知道。程绥楚那种劝不会发生效力，除非他是劝你降低水平。

报上的 extortion racket 闹得很凶，不知家里受到什么影响没有（好像出事地点都在广东）。我们再见面时，家里不知要怎么样了。再谈，祝

好

济安 顿首
十二月十日

House of Fiction 也收到了，谢谢。

1952年

163. 夏志清致夏济安

1952 年正月 6 日

济安哥：

好久没有信给你了。十二月十日的信早已收到，不知和秦小姐的关系最近有无好转，甚以为念。爱情间的困难有时见一面即可克服，可是凭通信就比较困难。我相信她同你的关系已很深，不会把你放弃。或许一时受精神压力太重，ego 不肯屈服，这一次回心转意后，或可就肯定地属于你的了，也说不定。你在台湾生活也很寂寞，其实能同女孩子玩玩，看看电影，也是无伤大雅的。我的生活也是照样的沉寂。十二月廿二日至廿五日在纽约住了三天，因为在纽约的朋友不多，也没有什么 holiday 的感觉。廿二日晚看了 *the Oliviers in Anthony and Cleopatra*，并不太满意。该剧文字深奥，要由 oral delivery 把全剧真意流露出来，实不太容易。所以看戏时我觉得是普通的 romantic drama，一切读原剧 imagery 可体会处，在舞台上只好略过。Vivien Leigh 读 blank verse，声音仍同她演 *A Streetcar Named Desire* 时 Blanche 差不多，同莎翁的 Cleopatra 相差太远。看莎翁剧远不如听一晚上京剧有意义，使人兴奋。廿三日同 Hartford 的季小姐玩了一天，吃午饭，下午看电影 *Quo Vadis*，戏院里都是手握着手的，晚饭后到一个 party 跳舞，我给她印象大约不差。可是她同 Hartford 的中国女友同玩纽约，我单枪匹马，很难插进去。他〔她〕们要玩到正月六日才回学校，我在纽约经济也不能维持这么久，所以廿五日晚就回 New Haven 了。在纽约没有事做，最经济的还是看电影：F. March 在 *Death of a Salesman*[1] 演技很佳；Gary Cooper 的 *Distant Drums* action[2] 很丰富。回来后写了封"情书"给季，寄到 Hartford，她要回 Hartford 才能看到。她初来美国，在高中时读文学作品较多，入世未深，对于情书之类，或许会被感动。其实最近一学期来，我根本不想她，虽是在纽约时觉得她很可爱。我传情的能力已渐薄弱，强烈的爱情已好久没有，所以对季小姐，虽然还会有下文，我对这事的发展并不太关心，也无恐惧。卅日夜在同学家跳舞喝酒，所参加的女客皆中大学程度，态度放荡。我那晚顺〔随〕兴在跳舞时同一位已婚的女人接了七八 [次] 吻。这种"美国"生活，我还是第一次尝 [试]，当时很兴奋，其实这种情形在

---

1. *Death of a Salesman*（《淘金梦》，1951），据阿瑟·米勒（Arthur Miller）同名戏剧改编。拉斯罗·本尼迪克（László Benedek）导演，弗雷德里克·马奇（Fredric March）、米尔德丽德·丹诺克（Mildred Dunnock）主演，哥伦比亚影业（Columbia Pictures）出品。

2. *Distant Drums*（《军鼓》，1951），拉乌尔·沃尔什（Raoul Walsh）导演，贾利·古柏（Gary Cooper）、理查德·韦伯（Richard Webb）主演，华纳兄弟影业发行。

美国是很普遍的。

程绥楚那里已去复信，他劝你出来，叫你写篇学术文章 apply 哈佛燕京 Institute，不知你想进行否？杂志上读到的一篇文章，讲张歆海[3]的，他去秋开始已在纽约 Long Island University 当中国哲学教授，不妨去封信问问他。袁同礼[4]现在 Stanford，新近东来，我也见到他一面，他说他已收到你寄[给]他的 FCR。

家里每月收到我的汇款，情形较好，可是我怕好景不会长，除非父亲能在上海找到 support 家的职业或离沪到香港去。因为汇钱至内地或香港已被禁止（offender 要关十年监牢），我已不敢直接汇款给吴新民。正月的钱我已寄给张心沧，由他在英国再转汇。汇款事虽然上海目下情形还好，可是压力只会日益增大，会有我不可汇钱的一日。新近收到父亲和玉瑛的信，情形很快乐，玉瑛附了小照一张，脸都同以前相仿，眼睛已双眼皮了。她在学校虽然很忙，强迫开会看电影，可

---

3. 张歆海(1898—1972)，原名张鑫海，字叔明，浙江海盐人，生于上海。外交家、学者。哈佛大学英语文学博士，1923 年回国后曾任教于北京大学、清华大学、东南大学、光华大学等学校。1928 年起投身外交工作，曾任中国驻葡萄牙公使、波兰公使等。1941 年到美国定居，先后在美国长岛大学和费尔迪金森大学任教。1972 年病逝于上海。代表作有《美国与中国》《四海之内》等。

4. 袁同礼(1895—1965)，字守和，河北徐水县人，生于北京。图书馆学家、目录学家。曾任北京大学图书馆馆长、国立北平图书馆馆长等。1949 年赴美，先后在斯坦福大学图书馆和美国国会图书馆工作。代表作有《永乐大典考》《国会图书馆藏中国善本书目》《西文汉学书目》(China in Western Literature)等。

是不会被同化。

我正月二日就开始办公，所以没有什么假期，终日看关于中国的书，其实要成功〔为〕中国通，也得非好好地读一年书不可。研究中国，看英国文学的书籍机会减少，也是大缺憾。你近况怎样？*FCR* 新有文章发表否？"独身主义"我始终反对，独身生活时，生活意义全由 will 支持，是相当吃力的。即 [使] 没有大爱情，能同一可相处甜蜜的女孩结婚，生活也是较好的。我真正 fall in love 的情感愈来愈少，结婚事不知怎样解决。希望下封信你有好讯报告，向 Vivien Leigh 讨照片的信已发出了。即祝

年禧

弟 志清 上

正月六日

164. 夏济安致夏志清

1952 年 1 月 5 日

志清弟：

我和秦小姐的误会，大约可以算解决了。她有两个月没有写信给我，圣诞前有卡寄来，除夕她写了一封信给我，我相信以后可以维持友好的关系了。交情凭通信来维持，你一直不大赞成，但是照目前的情形，要进一步发展，非常困难。秦小姐是个有旧道德的女孩子（她这种 type 类型在香港很少见），平常在外面吃一顿夜饭家里也不大放心的。她的婚姻问题，我看主要是凭家里替她决定，我在香港的时候，没有同她的家长联络好，是我的失策（也可以说是我没有把握同他们联络好，才不去联络的）。她的家是属于富足的中产阶级，对于儿女的婚姻问题必有其 conventional 看法（大致同我们家里差不多）。我的学问他们不会了解，我的人格也许可以给他们一个较好的印象，但是我的年龄将成很大的障碍，还有，假如我不能多赚几个钱，他们会嫌我穷的。他们这种家庭一定会逼男家送多少衣料首饰，甚至于皮大衣、钻戒等（这种心理你很容易想象），我假如拿不出，他们将觉得很失望。他们也许并不是要贪这些东西，只是他们的亲戚朋友办喜事，都是这种作风，他们不能在那些亲戚朋友 [面] 前丢脸。当然，假如小姐本人坚持，家长也就会依顺她的；但是现在秦小姐还等着我去 woo，是不是前途还是很多？

但是我自信运气还好。*FCR* 的事情已经摆脱，上星期接到宋奇来信，说他在香港替美国新闻处担任翻译工作，约我译书，待遇颇佳，我假如可去香港工作，每月至少有 800 港币收入。详细情形还不知道，我现在的情形：替他译书当然不成问题，去香港至少要在暑假以后。这半年受台大聘书束缚——而且同台大一般人交情颇佳，也不好意思半途出走。假如成事，我在台湾替他译半年书，亦可收入不少，或许可略有积蓄亦未 [必] 不可 [能]。假如台大下半年再不 promote 我，而港 USIS 对我的工作很满意，我可能再去香港。上次在港没有固定收入，常常很穷，假如再去的话，生活可以好一点，也许可以有力量结婚。

我最近脸色已红润，相当胖（但肚子不大，并非衰老现象），气色之佳为生平所未有，或许有点什么发展。我假如还有一点乐观主义，那是靠中国的命相之说来维持的。

我的工作并不很忙（我已养成 indolent habits，不大会忙的），书也看得很少。*Oliver Twist* 已教完，现在在教一本比较容易的 *Vicar of Wakefield*[1]（台大图书馆大约只有十种书有

---

1. *The Vicar of Wakefield*（《威克裴牧师传》），为爱尔兰作家奥利弗·哥德史密斯（Oliver Goldsmith，1728—1774）的作品。

足够的 copies 给学生上课用）。寒假将到，还没有什么计划。
X'mas 毫无庆祝，阳历年听了一次顾正秋[2]、胡少安[3]的《刺汤》
与《甘露寺》，好久没有听京戏了，还满意。看后很想念当
年上海的繁华。电影看了不少，都不大满意，1951 年看过的
顶满意的片子还是 *The Asphalt Jungle*。家里情形想如旧。董汉
槎在台湾做太平保险公司的董事长，仍旧是上等商人派头，
出入汽车（想有 mistress，但瞒我），我同他很少来往。你的
Ph.D. 差不多已经到手，应该准备结婚了。美国恐怕很少固定
的 job，不知道你现在进行哪一方面？再谈祝

　　冬安

济安 顿首

一九五二年一月五日

---

2. 顾正秋（1929— ），旦角演员，本名祚华，生于南京。
3. 胡少安（1925—2001），老生演员，北京人。曾与袁世海等青年演员齐名。

165. 夏志清致夏济安

1952 年 1 月 29 日

济安哥:

一月五日来信收到已很久,最近精神不振,没有给你回信。你同秦小姐误会已解决,很好。恢复通信后,想仍可保持过去情感的水平。假如你今夏返港的话,多见面后,很快能结婚也不一定。读你信,回想到中国中产阶级结婚讲条件情形,实很可怕,在美国这种情形可说没有,可是一个中国女孩子认为 eligible 的丈夫当有三点:一永久性较好的 job,二汽车,三比较像样的 Apt. 寓所。在她们不是苛求,确是普通的生活标准,可是我离这三条件差得还远,所以我目前任何追求都不会有什么结果。Valentine 节将至,我没有寄卡片给你,明天看到有好的当航空寄上,或者还赶得上。上次讨费文〔雯〕丽的照片,已寄出,照片平平,可是真笔签名,确很名贵。我最近几个 weekend 都没有活动。Hartford 季小姐那里通了三次信,也没有去看她。我这星期身边已差不多一文不名,要到月底拿薪水后,手头可稍宽裕。父亲那里仍每月百元,现在托英国张心沧转汇。家里最近来信,情形还不错，父亲做些煤球掮客生意，可供自己零用；祖母心脏衰弱，饮食睡眠都要人服侍，随时都有去世的危险。

在图书馆杂志室内看到去年的 *Free China Review*，你的三篇文章一篇书评都已拜读。你的文章很见功夫，造字用句实为普通中国人写英文的所不能及。我的英文四年来除写得较快外，没有什么进步，因为没有花工夫。批评文章可以写，有话可说时，文章可以写得不错。最近写了百余页的中国哲学，因为自己没有见解，对题目没有深切研究，英文就写得极坏，因为我缺乏人家已讲过的话自己再换一套说话的本领。可是这种 journalistic grace 在普通写英文却是极需要的。你 FCR 事摆脱后，时间较多，不知有没有写作？

能重返香港，生活可以过得好些，出来机会也较多，我很赞成。因为台湾一旦有战争，情形一定很可怕。我近来日里办公，晚上又不肯早睡，所以做事效率较差，不免影响精神；又要担心找事，也是精神不好的缘故。我想花两年工夫写本中国近代文学史，向 Rockefeller 基金接洽后，已有过 interview，进行还顺利，可是通过与否，还得等他们开会决定。去纽约那天，在 Radio City 看了 De Mille 的 *The Greatest Show on Earth*，我对马战不太感兴趣，所以并不太满意，该片报上影评很好，卖座或可胜过 *Quo Vadis*。我对电影也不感兴趣，可是电影还是最经济的娱乐办法，稍胜于无聊。前天看了旧片 *Caesar and Cleopatra*，萧氏的幽默很 entertaining。我把 *A Streetcar Named Desire* 剧本读了一篇，很简陋，远不如看电影时那样生动引人入胜。萧翁的剧本在纽约永远卖座，也有他本身的优点。大年夜在中国人家吃了顿晚饭。不日生日将至，照样让它默默过去。再谈 即颂

近安

弟 志清

一月廿九日

166. 夏济安致夏志清

1952 年壬辰元旦

志清弟：

　　来信收悉。听见你在恋爱方面颇有进展，很是高兴，同时希望好自为之。恋爱方面的技巧，你我弟兄恐怕都不够。我们的性子都太急，从小就很少与女孩子来往，虽然读了些书，自以为懂得女性心理，其实应付女人的本事都差得很。女人大约本能地都会忽喜忽嗔一擒一纵地对付男人，而我们能 expect 的是 Desdemona[1] 式会开诚布公地宣布她的爱的女子。那种女子既然很少见，我们不免常常要失望。如何确定一个女人在爱一个男人，恐怕是很难的。更难的当然是如何使她爱你，而且觉得非有你不可。Jane Austen 的 *Emma* 我认为是描写女人心理最好的小说，Mr.Knightly（他的年龄同我的差不多）似乎没有追求过 Emma，结果 Emma 非爱他不可。他一直很 serious，而我们自然觉得他同 Emma 的结合是这部小说顶通的结局。我们不能学 Knightly 那样的恋爱（其

---

1. Desdemona，可能指莎士比亚悲剧《奥赛罗》中奥赛罗的妻子苔丝狄蒙娜。

实任何人的恋爱方式都不能学的，人的个性愈显著，他的恋爱方式自然也与众不同，那些做恋爱参谋长者像程靖宇等的话，不一定可靠），我们都比他活泼，但是他的沉着 reserve dignity，detachment，我们假如多有一点，也许我们的成功可以容易一点。

谢谢你的关心。我有很强的 renunciation 的倾向，恋爱是件很困难吃力的事，我常常有点怕再去碰它，想独身就算了，但是更常常地，我似乎也不甘心就此算了，我还想在恋爱中得到人生的快乐。秦小姐那里的希望很小，你知道我对于少女们有种吸引力，这种吸引力在香港时对于秦小姐的影响相当深，现在正影响着台大的女生们。现在单凭写信要维持我的"魔力"（假如可以用这个字的话）当然很难的，我在香港的时候，可能曾经在秦小姐芳心里引起一些 illusion（因为我虽然不是"天才"，有些地方显得很不同凡俗，很像女孩子们幻想中的"天才"）。现在我同秦小姐，隔得这样远，日子又这么拖延下去，她的 illusion 当然会渐渐丧失。一谈到婚姻问题，她（至少她的家长）要考虑到实际利害，而我的实际方面，并不很有一切优越的条件（早几年还好一点，那是〔时〕父亲是 banker，我年纪还不大），我要能 secure 她的 love，是不是很难？秦小姐那里希望既然不大，我自应该在台湾另行物色。我暂时不拟托人介绍女友，所介绍出来者往往是苍老而难觅丈夫之人。目前我所认识的女子只限于我的学生中，我不拟挑选一个很漂亮的人，这种人有很多人追求，我对于大一学生兴趣也很差，我觉得她们像小孩子（这是我的 taste 上一大进步，是不是？）。我现在看上了一位大三的女生（我"翻译"班上的），长得很像秦小姐的，迄今我还是毫无举动，请你不要催我，或者问我有什么发展。我还要去上她的课，假如有了举动，使双方都很窘的。她本人也许觉得我对她发生了一点兴趣，别人恐怕没有 suspect 的。总之，最近毫无好消息可以奉告。我很想跳舞（到了台湾后没有跳过），但是台湾没有舞厅，使我大感不便。我只想同舞女跳，不想参加什么 party 同太太小姐们跳。

　　家里想都好。敬贺

　　年禧

济安 顿首

壬辰元旦

167. 夏志清致夏济安

1952 年 2 月 27 日

济安哥：

　　元旦的来信早已收到，已好久没有给你信，甚念。同去年上半年一样，又要忙着找 job，心中总不会太舒服。一个人在外国，没有固定职业，什么事也不能动。前天接到父亲信，知道祖母已经〔于〕二月三日故世了。详情请读父亲的信。我得悉后心中没有多大感触，近十多年来母亲和祖母暗中老是 carry on a feud，这是她老人家生活上不快活的一点地方。可是在乱世中她的生活可以算过得很平稳的。我们年轻的时候，她爱同我们讲故事，我们也不会忘记。遗体火葬，对老年的中国人总有些不适合，虽然如母亲所说，祖母并不太相信祖宗与菩萨。

　　你近况怎么样？暑期后预备去香港否？秦小姐那里想仍通信，你班上的大三女生，不知已 date 过否？我最近一月来也不太想女人，weekday 办公，星期六日就想多休息一下，没有闲精神找女人。Hartford 的季小姐有过两个多星期未通信（Valentine's card 也没有寄给她），上星期她忽然来信，说要写关于中国女子教育的 paper，请我代她在 Yale 借书。星期日我带了五六本书到 Hartford 去看〔过〕她一次，吃午饭，下午看了张电影（Fred Astaire，*Belle of New York*[1]）。晚上七八时带了原书乘火车返 New Haven（我明知她有叫我代写 paper 的意思，只是信上不好意思直说）。星期一晚上胡乱打了十页，寄给了她。季显然学问不够，没有什么可多谈。可是相貌中上，脾气温柔，家境也很好，是做好太太的料子。我的几封"情书"一定很感动了她，不然她不会贸贸然来求教于我的。我对她究竟有几分爱情，自己也不能说，至少我不〔没〕在想念她。父亲虽然开销很大，我的汇款也迟到，向朋友借款后还能过得去。希望早接你的回信。祝

　　好

弟 志清 上

二月二十七日

---

1. *Belle of New York*（《飞鸾艳舞》，1952），音乐喜剧。查尔斯·沃特斯(Charles Walters)导演，弗雷德·阿斯泰尔(Fred Astaire)、薇拉·艾伦(Vera-Ellen)主演，米高梅公司发行。

168. 夏济安致夏志清

1952 年 3 月 10 日

志清弟：

来信收到。祖母故世，是夏氏一件大事。她是我们家里最老的长辈，夏氏本来有四个 generations 同在世上，现在是〔只〕剩三代了（包括乾安的子女）。我们迟迟不结婚，夏氏下代人丁难以兴旺。我听见二伯母说过，夏氏三代都只各有四个男人，恐是祖坟风水的关系：

大伯祖	祖父			三叔祖	五叔祖
云鹏伯	父亲		伯父	毅和叔	
天麟	志清	济安	乾安		
			建白		

但是 [除] 乾安外，三弟兄都没有结婚，不知天麟结了没有？下一代的男人也不会多。祖母一向同我的感情很好，我小时一度觉得祖母待我比母亲待我更好。但是祖母是一个 hard hearted 的人，比起父亲母亲来，她是喜怒不大形于色的。她很镇静地对付了一个儿子的死，她的女婿的死，她后来恐

怕也猜到，但是很少 [有] 悲伤或激动甚至疑虑的表示。她不大信神佛，偏偏吃长素。但是早年守寡的人，对待自己一定很冷酷。就个性而论，小辈里我是比较像她的。

好久没有看见父亲的笔迹了，他还是这样地〔的〕方整，态度还是很从容。看样子，父亲还能应付得了恶劣的环境。他是个乐观的人，但他所碰见的，是失望多于希望的现实。政治且不必说，他的朋友也很少够得上他对待朋友的标准的。我在香港时，他写信来叫我同董汉槎不要来往。董现在台，仍为董事长之流的身份，我同他没有来往。这两年的局势不知道有没有 cure 他的乐观主义。

我最近没有什么好消息可以奉告。宋奇的翻译工作，日内将开始，港币十五元一千字，全书若有十万字，（可能）将有一千以上的港币收入，这对于我不无小补（台湾的物价慢慢地在涨，而公教人员的薪水是冻结的）。翻译的书是 Godfrey Blunden[1] 作 *A Room on the Route*（Bantam Book No. 947），是本抗俄的小说，写得并不甚好，大约译来还不难。预计于六月十日前译完。暑假里我不预备到香港去，因为一去还得开支很大，而我并没有一定要看〔见〕的人。我同秦小姐的关系，可以说是完了，请你不要太悲伤。在宋奇手下做事不易讨好，他是个 fastidious 而且 irritable 的人，我有我

---

1. Godfrey Blunden（高夫力·白伦敦，1906—1996），澳大利亚记者、作家，代表作有《莫斯科的寒夜》（*A Room on the Route*）等。

的 sensitive ego，难以共事。而且我们贫富悬殊（贫富倒不一定 in terms of money，而是因贫富而养成的生活习惯），就是好的友谊也难产生。

常所〔听〕见有人骂人"不肯上进"，我不知道什么人是不肯上进的。人总是在想上进的，这大约是生命的 urge，想叫自己不上进是件非常难的事。我最近颇想训练自己不要上进！

最近美国新闻处在招五名 standard grants，我也给学校推荐了去。据一般推测，我的可能性很大，因为我是 USIS 所知道的人，别的 candidates 大多 never heard of 也。但是我还是预备退出，我总怕 visa 有问题，何必多此一举？台湾有人作弊而出去的，X-ray 照片叫人冒名代拍，我不敢这样做。假如没有 X-ray 这道关，我的健康应该毫无问题。现在我不愿意叫人知道我曾患 TB，以免受人歧视，反正我是 harmless 的，不会害人，不愿意为了赴美的引诱把我"不愿告人之隐"公开，所以我还是退出了，到美国来最近恐怕不可能。除非我享了大名，或发了大财，或得到一张外交护照，美国国务院非让我入口〔境〕不可，或者美国把移民律修改了（照片还没有去照过，但当初我的 ravaged areas 很大，想来看上去不会完全平复的）。女人方面没有进展。上信所提起的人我没有进行，可能永远不进行。寒假时有一个大三的 girl，对我表示很大的兴趣，那个人长得像钟莉芳（但脑筋似较灵活，男友较多），我嫌其腰身太粗，且体力强壮，不敢领教。你的来信说：星期天你宁可在家休息，没有精神找女人，我也很有这种感觉，我们是不是都衰老了呢？我现在对于 girls，都直承是 old bachelor，不像有些人讳言其老，这样似乎反而博得她们的尊敬。你追求现在你的那位小姐，保持自己的尊严，我看是很重要的。我们都不是毛头小伙子了。我在秦小姐那里的失败，还是因为我演了一个不相称 [的]romantic hero。祝

　　好

济安

三月十日

169. 夏志清致夏济安

1952 年 3 月 30 日

济安哥：

　　三月十日来信已收到。我们迟迟不结婚，夏氏人丁难以兴旺。乾安虽已有子女，天麟虽已新近结婚，他们经济能力有限，要他们子女爬出头也大不易了。我们不结婚，父母总觉得心事未料〔了〕，不会太快乐。你同秦小姐既已无挽救可能，不妨在台湾另找出路。漂亮的台大女生，你因为师生关系，大约不会花全力去追，追起来阻碍也很多。不妨找一两个大学新毕业在社会和教育界服务的女子追追，成功可能性较大。我有时一人在屋里，心中异常寂寞，我又一向无没有事向人家走走的习惯，心中愈不高兴，愈不想多交际。你虽然交际比我好，可是从内地到现在，一直一人独宿，depression 的经验一定较我更多。所以我劝你在女人方面还是多发动一下，不要以 bachelor 自居，使 passion 的呼唤更麻木下去。我这一月来在女人方面一点也没有发动，这两天（星期六日）天气转暖，一无举动，心中很不愿，看了两场电影

（Jane Russell，*Las Vegas Story*[1]；James Mason[2]，*Five Fingers*[3]），前者异常恶劣，后者间谍片，很引人入胜；读完了 Faulkner，*Light in August*[4]，只是 kill time 而已，毫不能给丝毫的快活。下星期起想好好地多在女人方面活动。

我在 Yale 的事，下年度可以继续（加薪），所以在 job 方面，已没有忧虑。其实我讨厌写字间生活，最近精神不振，主要原因还是多坐写字间的结果。我同 Rockefeller 接洽的事（中国近代文学史），以〔已〕由 Yale provost 正式写 application，成功希望极大。此事成功，可以恢复学生时代生活的自由，比天天办公好得多了，而且可以迁居纽约、波士顿，脱离沉寂的 New Haven。我现在的 boss David Rowe 对我很欣赏。他上星期去华盛顿 testify against Lattimore[5]；美国远

---

1. *Las Vegas Story*（《欲海狂潮》，1952），黑色电影。罗伯特·史蒂文森（Robert Stevenson）导演，简·拉塞尔（Jane Russell）、维克多·麦丘（Victor Mature）、文森特·皮尔斯（Vincent Price）主演，雷电华影业发行。

2. 詹姆斯·梅森（1909—1984），英国演员。后入好莱坞发展，代表影片有《恺撒大帝》（*Julius Caesar*，1953）、《洛丽塔》（*Lolita*，1962）等。

3. *Five Fingers*（《五指间谍网》，1952），间谍片，据慕吉斯（L. C. Moyzisch）小说《西塞罗之战》（*Operation Cicero*）改编。约瑟夫·曼凯维奇（Joseph L. Mankiewicz）导演，詹姆斯·梅森（James Mason）、达尼埃尔·达里尤（Danielle Darrieux）、迈克尔·伦尼（Michael Rennie）主演，20世纪福克斯发行。

4. 福克纳的名著《八月之光》（1932），小说通过描写杰弗生镇十天的社会生活，表现了人类心灵深处的真实情感，包括了爱情、同情、怜悯之心和牺牲精神等等。

5. Lattimore（Owen Lattimore，欧文·拉铁摩尔，1900—1989），美国汉学家、蒙古学家。20世纪20年代后，往返于美国和亚洲，曾周游中国新疆、内蒙古、东北各地，从事边疆研究。1937年返美后，任教于约翰霍普金斯大学。（接下页）

东政策一向由左派人物包办，现在 Lattimore、Fairbank[6] 失势，Rowe 两年之内，很可以〔能〕走红，因为他一向是右派的。我对目前的生活只有每月能汇钱家中一事稍感满足。自己生活不丰富，可是能有钱 support 父母，也尽做人的一部分责任。

新闻处招考，学校既推荐，我想你还是参加的好。你事实上肺部很好，虽 X 光照片上有黑点，详细检验后美国新闻处医生或可证明是没有复发危险的。可是你不愿告人曾患 TB，我也不能劝你。父亲最近又来信，祖母五七时和尚七人在静安寺会大悲忏一天，办素菜一席，因为受礼还多，所以收支相抵。亿中事还没有结束，最近上海检举商人运动很盛，但愿亿中纠纷可早日解决，免得另起波折。

我生活为常，Hartford 季小姐一月前来信一封，还没有给回信。给她信没有什么话好谈，假装热情丰富也很无聊，去 Hartford 找她花钱也太多。在 New Haven 也一无对象，找

（接上页）二战期间，曾担任蒋介石的政治顾问，任职于战时情报局，负责太平洋战区工作。20世纪50年代曾受到麦卡锡主义的迫害。20世纪60年代又多次访问蒙古。代表作有《满洲：冲突的摇篮》(Manchuria: Cradle of Conflict)、《中国的亚洲内陆边疆》(Inner Asia Frontiers of China)、《蒙古游历》(Mongol Journeys)等。

6. Fairbank（John K. Fairbank，费正清，1907—1991），美国汉学家、历史学家、牛津大学博士，哈佛大学终身教授，哈佛大学东亚研究中心创始人。费正清是美国最负盛名的中国问题专家，中国学研究领域的泰斗，曾任美国亚洲协会主席、历史学会主席等职，代表作有《美国与中国》(The United States and China)、《东亚：伟大的传统》(East Asia: The Great Tradition)、《中国：传统与变革》(China: Tradition and Transformation)、《伟大的中国革命1800—1985》(The Great Chinese Revolution, 1800—1985)、《剑桥中国史》(The Cambridge History of China)等等。

外国女孩子吃饭看戏，多来了也没有什么意思。最近在学校医务处检查了一下身体，一九四八年初我重 129 磅，最近只有 120 磅，血压很低，所以身体还算康健。你身体想很好，祝自己保重，即请

　　春安

弟 志清 上

三月三十日

　　附上彩色近影一张。神气还好，颜色都走了样，西装该是 tan 色的，墙壁是黄色的。

　　今天（三十一日）Rowe 知道我 Rockefeller 事成功很有把握，非常着急，答应给我下年度薪金 5000 元；我在华盛顿那边已稍有名誉，Rowe 去 Washington 时，有人建议派我去高丽〔朝鲜〕一月。我非美国 citizen，当然是不会成行的。

170. 夏济安致夏志清

1952 年 4 月 24 日

志清弟：

　　来信和五彩照片，均已收到。你神气还同以前一样，这样瘦（也许这是 normal）是我所意料不到的，我好久没有去称过，我想一定在 130 磅以上，我自己慢慢地在发胖，以为天下人的体重都在增加中了。

　　假如体胖是心广〔宽〕的一种表现，那么我的近况还好。忙着译小说 *A Room on the Route*，假如没有什么打岔的话，宋奇（代表 USIS）应该在两个月以后付我相当于 US$500 的港币。他而且答应在这本书之后，还有第二本，真能诸事顺利，到今年年底我可能有一千美金以上的积蓄。钱是否能到手，我不敢说，所以如何支配，还没有想过。秦小姐那里似乎又有了一点希望，从复活节开始，通信似乎又恢复，你知道我是不再存什么奢望的了。在台大，我在女学生中间十分 popular，我说"十分"恐怕不是夸张，她们愿意听我的课，背后说我好话，而且似乎有少数人真想追我。这许多 girls 中，我只对一个人发生兴趣，本来她是不能同秦小姐比的，不过秦小姐同我闹了一次意见之后，我对于某小姐的兴趣已经超过秦小姐。她是大三，我已经对你说过，对我似乎也不坏，我什么行动都不曾采取，大考过后或许去试试，但是可怜的我，还不知道该如何下手呢？

Streetcar 电影已看过，T. Williams 的剧本也读过。Williams 的深度似乎还不够，但是英文我觉得很精彩。电影没有好好地听懂，不能充分欣赏。

家里在苦渡〔度〕日子，想起了很难过。顶耽〔担〕心的是一天比一天苦，来日方长，不知怎么办。父亲于 [国民党] 失守上海后，没有像样做过生意，"五反"里恐怕轮不到他。"五反"似乎专是对付这两年做生意赚了钱的。你能寄钱回家，是对得起天地的事。

你在美国，渐渐成名，闻之甚慰。将来我的〔若〕来美国，恐怕还要靠你，现在反正不忙。Ford〔Rockefeller〕Foundation 与 Rowe 之间，由你自己去挑选。照中国人看法：（一）脱离 Rowe 在道义上说不过去，尤其在他挽留之后；（二）跟一个 boss，比较自己奋斗容易往上爬。如 Ford〔Rockefeller〕Foundation 真有可取，也只有放弃 Rowe 了。

再谈 专颂

　　学安

兄 济安 顿首

四月廿四

171. 夏志清致夏济安

1952 年 5 月 24 日

济安哥：

　　接来信已有三个星期，知道你近况还好，翻译小说年底可有美金千元储蓄，可派不少用场，甚慰。一月来生活没有变化，照样日里在 Rowe 那里办公，Rockefeller grant 已获准，共八千元共〔供〕两年之用。假如不抽所得税，这数目也很够用，可是我既是 Yale faculty，所得税是免不了的。Rowe 方面再继续帮他一年，年薪五千元。明后年写书时也可找些 part time job，维持每年五千元以上收入。Rowe 人很好，靠了他将来不难找事，同时二三年后我的中国近代文学研究出版，也不难在大学内找一个副教授之职。拿 Rockefeller 钱写书的优点是生活自由，没有人干涉，可以避免老是困守 New Haven 的沉闷。缺点是中国近代作品水平极低，多读后一定会厌倦。同时一般外国读者对这一门都很生疏，我的 approach 只好多在政治、思想上着手，对近代的 Chinese mind 作一好好的批判，而减少应有的文艺分析。Columbia、哈佛中国书籍比 Yale 多得多，所以开始研究后，我得搬居纽约也不一定。上月写完了一百页 chapter on 中国共产党宣传，很得华盛顿负责人好评。下年度 Rowe 经费还没有领到，他为此事心中不大高兴，所以我还是没有 sign contract。我的生活情形是：两三年中 security 不成问题，可是因为接济家用的关系，自己的生活不会太好，结婚等事，也很难着手。

我最近已好久未找女友，Hartford 季小姐日前去过一次后，还没有给过她信，因为觉得没有什么话要同她讲。此外同友人去过 Smith College 一次，见到二位新加坡华侨。一般讲来，华侨的程度，相貌、manners 都比国内来的小姐好得多，所以我将来的太太恐怕会是华侨。没有女朋友，weekends 过得都很无聊，不免影响精神。能克服生活无意义的恐怕只有 ambition，总要时时刻刻有桩事情做，才可安下心来。几月来看书都是很随便，没有计划，以后看书，当以写文章做对象，才有意义。当然有适当的小姐，好好地追一下，也可打破目前的沉寂。

你同秦小姐能维持通信关系，甚好，可是你既不会去香港，也不必抱什么野心，还是就地找人的好。你对那位大三小姐既然有兴趣，不妨暑假开始后，好好地追一下，投机的话，能有一个很 idyllic 的夏季也说不定。今年你既可稍有积蓄，不妨把它用作结婚的费用。我们不会积蓄的人，钱多了还是瞎用掉（我的 temptation：买西装），以满足一时的虚荣和兴趣。所以我希望你多 date 那位小姐，她不答应的话，多写情书，普通小姐都会给真情感动的。祝你好自为之。

家里有信来，父亲已好久没接到我的信，大概有一封信遗失了。家中情形还好，吴新民那边还可把钱转到，所以目前生活没有问题，希望情形能保持现状。玉瑛妹除读书外，还继续练她的钢琴。我平日睡眠太少，并且每餐只吃一片面包，所以体重不会增加。可是近来身体效力〔率〕似比上次写信时好得多，所以每天除服维他命丸外，不吃任何药。程绥楚已好久无信来了，近况想好，不知他出来有希望否？暑假开始后，你一定有很多时间写作翻译。即祝

近好

弟 志清 上

五月廿四日

172. 夏济安致夏志清

1952 年 6 月 9 日

志清弟:

来信收到，知近况尚好，甚慰。在 Rowe 那里工作，将来也可出头。美国 bureaucracy 之倾向渐盛，和国务院的关系弄好，多少可占便宜。美国缺少研究中国问题之专家，你能确立你的专家地位，这一生总会有人来请教的。

我近来很忙，翻译 *A Room on the Route* 预定本月缴卷，看情形非拼命赶一赶不可。下一本书定为 *The God that Failed* [1] 的节本。*A Room on the Route* 为 Godfrey Blunden 原作，Bantam Book No. 947，你假如找得到，看完替我写一篇 introduction 怎么样? 你的俄国小说看得较多，看后必有话讲（Blunden 自命学陶〔陀〕思妥以〔耶〕夫斯基），为了顾全出版方面，

---

1. *The God that Failed*（《失败了的神》，London: Hamilton, 1950），编者理查德·克劳斯曼（Richard Crossman），收录了六篇反思共产主义的文章，作者都是曾经的共产党员，如法国的安德鲁·纪德（André Gide）、匈牙利的阿瑟·柯斯勒（Arthur Koestler）、英国诗人斯蒂芬·史宾德（Stephen Spender）、意大利剧作家依纳齐奥·西隆尼（Ignazio Silone）等。

不妨捧捧它。假如有空，请快些寄下。

预计到本月底我就可以有五百美金的收入，我不知道该怎么用，我相信我会节省地用。我做人一向采取道家作风：（一）有时当思无时之艰难；（二）有十分实力，做八分事情。以前我也许会浪费，现在我是变成十分 prudent 的人了。若诸事顺利，年底该有一千元美金的积蓄。我的计划：

（一）结婚——这是你所劝我做的。我也〔又〕何尝不想？但是问题：同谁？假如有合适对象，天送这笔钱来，岂非是要成全我的良缘？其实没有钱我也敢结婚的，浪漫的爱情至上主义的想法，在我脑筋里还是很起作用；我相信我也有瞎撞的勇气——例如以前的到大陆去。夫妻俩互相喜爱，即使稍为穷一点，我相信结了婚也是很有乐趣的。我现在很愿意结婚，可是那种 cynics 的主张"凡是雌的就可以做老婆"我绝不能接受，我认为天下女人能够朝夕相处而不令我觉得讨厌者并没有很多人。我只能在很小的范围中去挑选。这样本来就可以使我的结婚机会减少；更有进〔甚〕者，近来我对于 courtship 愈来愈不觉得 [感] 兴趣。照我的个性和我的教养（父亲所给我的大影响之一是 Confucian pride、争气、不求人），我本不善于（而且恨这么去做）去博取任何人的 favour。勉强向人低一次头，求人家一次（顶可笑的是请女人去看电影也要"求的"）下意识中只是增加了对于那个人的恨。而且在 courtship 过程中所说的话、所做的事，照成熟的理智看来，大多是不诚实的。Courting 本来是一种

convention，做惯的人，不加〔假〕思索去做了，也不觉得奇怪。像我这样，courting 的训练很差，现在想想又是不通的，做出来更不对。就说大三那位小姐（她姓董）吧，我常常想念她，而且我相信我假如同她结婚，双方都可以很幸福的。但是叫我追，我不知该怎么办。请她去看电影？（这是台北学界 courting 的惯例。）可是假如我不对她说穿，我为什么请她看电影（说穿我爱她，我并不想同她做"朋友"，我的目的是要同她结婚的），那么非但我同她的关系要很紧张（心里被 suppressed 的话要作怪的；精神用去 suppress 某些话了，我的行动绝对难自然），而且连请她看电影的这一句话都说不出来了。我在家里所想的东西，我不说出来是难过的。而两人关系如不够深，说话说得太重，据说是 courting 的大忌。我同秦小姐就害在这方面。有时候需 profess love 了，那时恐怕未必真有此种感觉。Courting 的时候，难免用种种小心计（例如知道对象几点钟要过什么地方，因此跑去守候），像我这样骄傲的人，我认为这种 tricks 都是 below me 的，知道了也不屑做。照现状看来，我的顾虑愈多，courting 愈不成。暑假里会有什么进展，我看很渺茫。我在台大女生群中，非常受欢迎，因为那些女生我是看定了不去追的。我假如把我所想追的，也把她当做我所不想追的，这样事情进行可以顺利得多。但是恐怕做不到。

（二）父母不知道现在离开上海还容易不容易，假如他们下月到香港，我至少有 500 美金可以给他们用，暂时苦日子也可以维持一下。以后你同我都可以接济，父亲多少也可以赚一点。你写信到家里去不妨暗示一下（不可说得明显，只怕走不成，反而给家里添了麻烦）。

（三）不去用它，随时拿出来贴补贴补。明年假如能空一点，我想好好地写一本书。经济稳定了，可以容易实现自己的计划。

附上照片一张，还是去年照的。专此 敬颂

学安

兄 济安 顿首

六月九日

173. 夏志清致夏济安

1952 年 7 月 12 日

济安哥：

来信及照片收到已很久了，本当上星期写回信给你，结果临时被一位 Bill 蔡拉去一同到 Lake George，N.Y. 玩了三天。他说五缺一（三女二男）务必要我参加，我不想因一游而碰到好的女友（一个在纽约没有 date 的中国女子想必平平的），可是有机会 group 玩玩，游 [山玩] 水看看风景，也比一个长 weekend（July 4th）留在 New Haven 好些，所以答应了他。星期四晚上出发，到纽约会合那三位小姐，另一位开车的 [是] 广东佬。我见过 Bill 女友 Irene 的照片，很年轻活泼，不料做我的 date 的是她的 roommate，一位又老又丑（戴眼镜）的沪江毕业生，使我大不高兴。那位小姐年级〔纪〕方面同我相差最多二三年，因为讲起许多人她都认识。我同 Bill 不熟，那五人同我程度修养都相差太远，加着〔上〕我心中一肚子不高兴，结果是同他们过了最不愉快的三天。Lake George 我以前从未听到过，不料离 New York 甚远，从纽约到那里要开六七小时，风景也无特出处。美国风景的缺点是普遍的草木繁盛：不特地上都是青草。山丘上都是繁盛的树木，一无中国名胜的疏密有致，不断地引人入胜。回 [来] 路上经过 Saratoga，公园内有矿泉，规模虽较北投草山小得多，倒还可一看。一共花了四十五元，还算省的，只好自己认悔〔晦〕气做了 sucker。

你 *A Room on the Route* 想已翻译完了；Bantam Book 虽到处都有销售，却〔偏〕这本买不到，图书馆也没有。所以这本小说我还没有看过，introduction 只好你自己写了。你写文章很快，不会费多少时候〔间〕。*The God that Failed* 也有了 Bantam 的普及版。将来书出版后，USIS 想会给你翻译人的 credit 的。

不久前香港选举香港小姐，此事台湾报上想也提及。那位香港小姐但茱迪 [1] Judy Dan 即但庆棠的妹妹，figure 很健美，容貌远不如她的姐姐，后来她来美国后，居然被选为世界小姐第四名。我为此事也相当兴奋了一下，很想写封信去问问她姐姐的近况（恐怕她还在大陆），可是年纪渐大，做事 impulse 不够，至今还没有写出。但庆棠是最后一位我痴想个〔过〕的小姐（Rose Liu 离 New Haven 后，我就把她忘了），来美后还没有碰到过像她一样的中国小姐。我对女人的兴趣

---

1. 但茱迪(1931 — ？)，生于上海，长于香港，父亲是著名导演但杜宇，母亲是影星殷明珠。1952年获香港小姐冠军后，即赴美国参加了"世界小姐"选美大会，获得第四名的成绩。环球公司立即与其签下演出合约，但是仅演了一部影片，但茱迪便退出了影坛，嫁给一位华侨，后来一直定居于美国。

也渐淡，一年来可说没有恋爱过。我现在欢喜美国上等女校如 Smith、Vassar、Wellesley 毕业的女学生，她们学问又好，做人又大方，待人接物都使人很舒服，没有一般中国教会女生的贵族习气。看了她们再看国内来的女学生，不特相貌大半不扬，而且总觉有些小家 provincial 气。中国小姐的难服侍，可称世界第一。大约都是早年营养失调，男女之间缺乏 animal magnetism 之故；男女间缺乏吸引力，所以追求起来总是勉强。在美国，中国男女比例相差虽然很大，可是不少女子都将渐走入老处女之路。

可是 bachelor 的生活不会有真正的快乐，所以你看到有适当的小姐，还是好好地追一下要紧。那位董小姐不知（你）在暑期中和她有来往否？你现在经济宽裕，实超过一般可追求她的同学和教员，所以不妨试试。谈爱情最好确定对方对你有兴趣后。我生活平平，晚上看些中国旧小说。Rowe 明年的政府 project 没有批下来，大约给别的大学抢去了，所以九月初即要开始我中国文学史的 project。没有一定工作的时间，生活可自由得多，此外另找些工作，或帮帮 Rowe，大约收入亦可以维持五千元一年。此书写成后，大学中文部和政府机关找事都容易。

父亲近况尚好，亿中讼事差不多已告结束，父亲要摊派到五百元美金的赔款，赔不出来，大概也不会受到处分。去香港不容易，我去信虽暗示了一下，想不会生效力，你的千元美金如不因结婚用掉，还是好好留着吧。程绥楚在报界已成写文章的红人，他要我代写书评，我因为不常看新书，只好拒绝他。电影看过 *Lydia Bailey* [2]，根据 K. Roberts[3] 的小说，背景极 exotic，此片到台后可以一看。一切自己珍重，希望好好利用暑假追追那位董小姐。照片上神气不错，想你也长〔常〕戴眼镜了，即祝

　　暑安

弟 志清 上

七月十二日

---

2. *Lydia Bailey*（《烽火佳人》，1952），美国历史电影，据肯尼斯·罗伯茨（Kenneth Roberts）同名小说改编。让·尼古拉斯科（Jean Negulesco）导演，戴尔·罗伯逊（Dale Robertson）主演，20世纪福克斯出品。

3. K.Roberts（肯尼斯·罗伯茨，1885—1957），美国历史小说作家，代表作有《船长的警告》（*Captain Caution*）、《烽火佳人》等。

174. 夏志清致夏济安

1952 年 9 月 7 日

济安哥：

好久没有给你信了。九月起我将开始我自己的研究工作。上一月因为政府的 project 将结束，公事很清闲，没有写多少东西。总计去年一年，除了写了十多万字，看了不少关于中国的书籍外，没有什么大收获。可是同 Rowe 关系连〔联〕络得很好，将来总是有用的。Rowe 是 Taftman，将来的政治前途也不太大。他从小生在中国，是传教师〔士〕的儿子，抗战前去过北平，抗战时去过内地，他是激烈的反共派。上星期起生活已不再受办公的束缚，看完了 *Moment in Peking*[1] 和 Laurence's *Women in Love*，前书描写中国风俗习惯很可使美国读者入胜，不过所用人物关节，都是套中国旧小说，毫无特出之处，有些地方和巴金的《家》相差不远。中国的大家庭，tensions 很多，因是好小说的材料，可是经一般小说家简单化后，情节都可预料得到，人物都是 stereotype，

---

1. 即林语堂名著《京华烟云》。

不再供给人性的刻画。*Women in Love* 不如 *Sons and Lovers*，读来很 irritating；和习惯、道德、个人自私分离后的爱情仅是一个 phantom，书中男主角 Rupert Birkin，不断追求这个 phantom，发挥他的道理，不免令人讨厌。

家中常有信来，最近汇款很妥速，所以经济情形还好，这夏天还可以每天吃个西瓜。母亲筋骨不好，时有病痛，都是很轻微的。玉瑛妹八月中生了三个星期的病，先是扁桃体发炎，从〔后〕转为类似伤寒症的病，现在大约已全〔痊〕愈了。玉瑛妹抵抗力薄弱，加以一年多来营养不佳，学校课内外工作繁重，生病是必然的结果。她很想念我们兄弟，上次我寄了两张彩色照片回家，她很高兴，这次我把你上次寄给我的照片也寄给她了。中国中学功课一般女孩子一向吃不消，现在更变本加厉，一般女孩子的身体将更坏。家中已重订牛奶半磅给玉瑛，我去信劝她对学校活动采取敷衍马虎态度，多吃荤菜，保重身体。玉瑛这几年没有我们兄弟在旁，一个人摸索做人的道理，一定是很吃亏的。

这暑期我也没有追过女人，而却〔且〕觉得追求的热情和兴趣日渐减少，看到普通的女孩子都无动于中〔衷〕，实 indication of 生命上的危机。我现在觉得除非一两年内结婚，否则结婚的 urge 会愈来得充〔冲〕淡。漂亮的中国小姐我不高兴追，因为同财力丰裕的理工科学生竞争，徒是劳民伤财。而且一男一女，不能日常见面，只是靠 date 来维持的关系，终带一点勉强。我所希望的是 passion 的恢复，不论中外女子。

如有兴趣，好好地追一下，到结婚了事。你的 passion 一直比我强，只是行动上不肯多有表现，或表现得不恰当。不知最近一月内同那位女生有什么来往？下学期如你升任副教授，在女生眼中更可增加你的重要性，你喜欢的那位小姐如对你有意思，应当热烈地追她一下。我们理智力日益增强，愈不结婚，愈会 rationalize 结婚的麻烦和讨厌。可是理智虽可减少麻木生命的冲动，[但]不能否定生活空虚的存在。我目前的生活不能做你的好榜样，可是还得劝你多多努力。

中国近代文学本身没有多大价值，可是借此也可研究一下近代思潮，对自己也可有长进，下星期开始，预备好好地读一下马力〔列〕主义的作品和二十世纪来的俄国文学。我曾同那位香港小姐通过一封信。回信的英文很幼稚可笑，说但庆棣已结婚且有两个孩子，现在恐怕还住在北京。今天下午看了 Eisenstein[2] 的名片 *Potemkin*[3]（1926，无声），上映片子都把 Potemkin 改头换面，加了不少第二次大战的场面，有二流演员如 Henry Hall 等参加演出，使我大生厌恶。不过旧片的部分，动作的迅速，大场面的处理，实为好莱坞影片所不

---

2. Eisenstein（Sergei Eisenstein，谢尔盖·爱森斯坦，1898—1948），苏联电影导演、电影理论家，蒙太奇手法理论与实践的先驱人物。代表影片有《战舰波将金号》（*Battleship Potemkin*，1925）、《亚历山大·奈夫斯基王子》（*Alexander Nevsky*，1938）等。

3.《战舰波将金号》（1925），爱森斯坦导演，亚历山大·安东诺夫（Aleksandr Antonov）、格里高力·阿莱克桑德夫（Grigori Aleksandrov）、亨利·豪（Henry Hall）等主演，莫斯科电影制片厂（Mosfilm）出品。

及。记得年轻时看过一张光浪头蒙古人革命的彩片《国魂》吗？最近查到这张影片英文名字叫 *Storm over Asia*[4]（1928），是 Pudovkin[5] 导演。不久前重看《金刚》，仍是很满意。再谈，即祝

近好

〔又及〕玉富结婚后，已产一男。

九月七日

---

4. *Storm over Asia*（《国魂》，1928），历史电影，普多夫金导演，尹肯金诺夫（Valéry Inkijinoff）主演，Mezhrabpomfilm 出品。

5. Pudovkin（Vsevolod Illarionovich Pudovkin，弗谢沃罗德·伊拉里昂诺维奇·普多夫金，1893—1953），苏联最伟大的电影导演、电影理论家之一，代表影片有《母亲》（*Mother*，1926）、《圣彼德堡的末日》（*The End of St.Petersburg*，1927）等。

6. *King Kong*（《金刚》，1933），冒险电影，梅里安·库珀（Merian C.Cooper）、欧内斯特·舍德萨克（Ernest B.Schoedsack）联合导演，菲伊·雷（Fay Wray）、布鲁斯·卡伯特（Bruce Cabot）、罗伯特·阿姆斯特朗（Robert Armstrong）主演，雷电华出品。

175. 夏济安致夏志清

1952 年 9 月 17 日

志清弟：

九月七日来信收到。你的生活渐渐清闲，希望仍旧有计划做你的研究工作。去年一年所写的，有没有可能出版？中国人写英文，non-fiction 比 fiction 容易，non-fiction 只要把事实和道理说清楚，对于 style 的要求不高；fiction 所要表现的东西太多，用外国文来表达，是十分困难的。

今天早晨去飞机场送范宁生的行，他是到芝加哥大学来研究数学的。他对于数学的造诣恐怕不很高，但是对于文学却有些很难能的研究，外文系很少人[能]比得上他。他是我在台湾顶要好的朋友，我同他老说英文的，我的 broken but brilliant English，他很能欣赏，足见其非凡也。我写了张介绍片，是这样写的：

Introducing Mr.N.S.Fan, a friend of mine. Orient's most promising algebraist, gourmet, blasting bachelor, lover of Hedy Lamarr,Henry James, Alfred Hitchcock.

他寒假时也许会拿了来找你。

范宁生和我住在同一宿舍的对门房间，来往很密切。除了你之外，他是不时地劝我赶快结婚的少数人之一——程绥楚是另一位，但程性子火爆，太着急反而偾事——别的朋友我和他们大多客气，很少会同我谈起切身问题的。现在凡是谁劝我赶快结婚的，我总把他们当是好朋友，因为这才是真关心我的也。

　　范宁生走后，我应该更感寂寞，但在爱情方面，似乎有了一线希望，所以这几天我并没有消沉之感。那位董小姐（还有另外两位女生）于八月十一日来看我，没有见到，留了条子，约八月十三日再来。那天我们谈得很好，她们是来和我谈下学期的论文的，看来她们是想找我做导师。做了导师，接触的机会便多，自然而然会变成〔得〕熟识。但我不敢表示 eagerness，因为我假如太 eager 想做她的论文导师，反而可能把她吓跑，她改找别人，我没法把她抢回来了（然而照现状观之，我就是不做她的论文导师，关系也可以维持下去而转好的）。此后一个月内，我没有采取什么行动。九月十三日我到她家里登门求见（勇气还不错吧？），也会见她的父亲，十五日她又同另外一个女生来回拜我。看情形，我同她的关系在暑假终了时，比暑假开始时好多了。她家里我既然去过一次，以后随时可去，只要我不把自己弄得太讨人厌，至少intimacy 是可以渐渐增加的。据我看来，她相当地佩服我，在她心目中的我，也许比实际上的我还要好一些（天才要大些，办法要多些，energy 要充沛些，etc.）。我同她虽然来往不很密切，但一个不常看见的人，也许更显得可宝贵，更能 capture 像她那样的少女的芳心（imagination）吧？当然我并不想故作神秘，不过我的 shy 和 aloof 的个性，是会把我造成给人这样的一个印象的。

董小姐顶崇拜的明星是 Joseph Cotton[1]，八月十三日那天给我瞎猜一猜就猜到了。她顶喜欢的电影是屈赛〔塞〕的 *Captain Courageous*，她也相当喜欢屈赛〔塞〕的。她认为 Emma 嫁给 Mr.Knightly 是再合适不过的了。她的 taste 似乎相当 masculine，但为人极温婉可喜，十足是个女性（虽然很朴素大方），年纪也还轻（她跳了一年来考台大的），不会比秦小姐大。人长得有点像秦，但没有秦小姐的 angularity 和 pettishness。我现在发现秦小姐顶大的毛病（使她不能成为一个好太太的），是她自己的野心。我认为一个幸福家庭是要多少建筑在女方的自愿的、不知不觉的或多或少的 self-denial。董小姐，so far，似乎不是一个 self-assertive 的女子。

请你不要 expect 我有什么伟大的进展。我还不是一个老练的 suitor，带着一位小姐在街上走路，我至今是感觉得很不舒服的，好像前几年我 [不] 大敢穿了新衣服上街一样。我所以不大 date，主要的原因，除了怕遭拒绝以外，就是怕 put myself at a disadvantage。在我自己家里，我是能侃侃而谈的，

---

1. Joseph Cotton（约瑟夫·科顿，1905—1994），美国电影、舞台演员，代表影片有《公民凯恩》(*Citizen Kane*，1941)、《伟大的安柏森》(*The Magnificent Ambersons*，1942)。

走出家门，就连手都没处放了。date 而无汽车，真是受罪。

　　董的父亲听说是做过江苏财政[厅]厅长的，现在在台湾恐怕是失业，住的房子并不很漂亮，我在台湾大学恐怕也领得到一幢相类的房子的（我已经升级了）。她有一个堂兄叫董同龢[2]，台大教授，是中国有名的声韵学家（Yale 研究中国语言学的该听说过这个人，但是我同他还不认识）。她对于研究学问的人是很尊重的。我把目前的情势分析一下，觉得很乐观。这位小姐明年要大学毕业了（秦小姐始终没有好好地读大学，这是她心中顶气愤的，除非她的父亲送她到美国去，她总该找个归宿了），我不必很勇猛地去追，只要不放松地常常表示我的 sincerity 和我对她的 admiration，很容易 establish myself as her suitor 的。事情也许会很顺利。但是我饱经沧桑，对于得失成败，已经处之泰然。我现在一点也不着急——这种心理状态也许是保证成功的条件吧？

　　读来信知道家里（尤其是玉瑛妹）这样想念我，我很难过。我愿我暂时被忘记掉，否则徒然双方痛苦，而于事无补。我很不赞成把我的照片寄回家去，这可能会害家里的人的。我也许神经过敏一点，但是请你还是小心为要。现在对于家里顶好的办法，是托一个人回去（你有同学去大陆的没有？）传个口信（写信恐有危险），叫父亲设法去香港，到了香港

---

2. 董同龢（1911—1963），江苏如皋人，生于云南昆明。音韵学家，代表作有《上古音韵表稿》《汉语音韵学》《邹语研究》《语言学大纲》等。

以后的生活问题，有你同我的设法，也不致毫无办法。假如留在上海，一切只好听天由命了。

另函（平信）寄上我的小说《火》一篇（发表在胡适发行的《自由中国》³七卷五期），收到后请详细批评。专此即颂

近安

兄 济安 顿首

九月十七日

3.《自由中国》，胡适、雷震等人创办于1949年，1960年停刊。

176. 夏志清致夏济安

1952 年 10 月 6 日

济安哥：

　　来信及短篇小说《火》都已收到。《火》的文字功〔火〕候已到。描写对话都很简练，没有一点噜苏处，全篇形式也很端正。舅舅、舅母、赵妈对炳新的反应都能有层次地显得他们的性格和布尔乔亚的态度。在我看来，炳新仅是个未成熟没有礼貌的青年，他有他的 fascination，又〔尤〕其在他弄火方面；可是他仅是一个玩火狂，他的言论——关于死、灵魂、灵感种种——只显出他和现实的隔缘。所以我以为《火》是一段很好的 sketch，用很完整 short story 的 form 来示出一个"革命"青年所留给中产阶级的一个 impact。此外再有什么深意，我一时还看不出，我想你 conceive 炳新这 character时，一定另寓深意——火是非常 potent 的一个 symbol——所以只有请你把对自己小说的看法叙述一遍时，我可以再加批评。这篇小说，在中国创作里，可算得是上乘的作品，以后多写，当更有好作品问世。我偶然也有创作的 urge，可是这 urge 所取的方面，都是 autobiographical 的，对自己生活的检讨和记录。生活中不时会有几个 significant moments，那时你觉得对自己生活的观察特别残酷而明了，可是依靠这一点点 illumination，不能就写出好作品。上星期五，学校中开第一次跳舞会，有不少 nursing students 参加，其中一位（Hilda Lindley）生得明眸皓齿，像好莱坞前数年的小明星 Colleen Townsend[1]（*Life* 上有过她的照片，后来对宗教大有兴趣，就退身银幕了），好几年没有景慕的感觉，油然而生；那时我由友人的劝告，颇有 compromise 追追普通中国女子的意思；同那女子跳舞后，对这个 idea 就大起反感，我心灵所需要的只是一个女子，她身上每一部分都使得我死心塌地地爱她，每一分钟同她在一起，都是丰富的生命。当天夜间，这个浪漫主义的重申，使我很快乐而兴奋，把妥协式的结婚观念完全打翻了。这种 illumination，可说是生命上的创造，可是要把它变成字句，托出我几年来的寂寞和那晚的觉悟就不容易了。我特别爱好 Joyce 的"The Dead"，就是因为他有这种表达的力量。

我近来的生活就是怎〔这〕样。New Haven 未结婚的中国女子比男子多，向她们稍花些工夫追追，都是可以结婚的。可是我是 incapable of 这种向生理需要和寂寞的屈服。要美貌的外国女郎心服你实在爱她，当然也是何等艰难的事情。所

---

1. Colleen Townsend（科里恩·汤森德，1928— ），美国演员、作家。1948年登上《时代》杂志封面。代表影片有《少爷兵荣归记》（*When Willie Comes Marching Home*，1950）等。

以我最近数月中仍将过着没有恋爱平凡的生活。你同董小姐关系弄得很 smooth，是很值得欣〔庆〕贺的。你既已升任副教授，在教育界地位更稳固，一般女学生对你的天才学问抱负，只有迎〔仰〕之迩〔弥〕高，是很容易倾心的。董小姐的论文题目已决定否？你做她的导师，接近的机会当然更多，不过最好还是能同她多 date 吃饭看电影之类。把说话的范围扩大，离开学问而到互相关切的阶段。你的恐惧旁人监视的态度当取消，此外我想你是很好的 suitor。

　　家里有信来，看到你精神饱满的照片，大家都高兴异常。这次没有出毛病，大约上海的邮件检查还不太严格。父亲和我通信时都不直提你的名字，都以"大哥"称呼，并且从不提到你在台湾，轻易不易查出痕迹。去年我写的东西都要由政府出版的，不过当然没有我署名的。上星期有家百科辞典托 Rowe revise section on Korea，他托我代写了，拿到 $50，买了一架 Zenith FM/AM 收音机（$70）。FM 的电台中国大约还没有，美国的 FM 电台都播 classical music，收听起了〔来〕特别清楚。我不能同时读书听音乐，所以听音乐的时间每天不会太多。Yale 自己有电台，专播 Jazz 音乐歌曲，也很合我脾胃。上月读看了些关于马力〔列〕思想和苏联的书。最近看完了五四运动时文学论争的文章（在《新文学大系》[2]），

2.《新文学大系》(赵家璧主编，上海良友图书印刷公司出版，1935—1936)，全书共分为十集：《建设理论卷》，胡适编；《文学论争集》，郑振铎编；《小说一集》，茅盾编；《小说二集》，鲁迅编；《小说三集》，郑伯奇编；《散文（接下页）

都很幼稚。昨天起看茅盾[3]编的《小说》一集，想不到冰心[4]和叶绍钧[5]也有两篇较好的小说（冰心的 didactic 小说如《超人》《悟》都是极坏的，不过写少年 impression 的《寂寞》和《别后》都不错），有许多东西都是不值得卒读的。玉瑛妹的病差不多已全〔痊〕愈，暑期时上海同年龄的人患这种病[的]不少，要两个月才复原。你近来身体想好，不知今年有没有任什么新课。范宁生来 New Haven，当热诚照〔招〕待。董小姐的事，也好自为之。即请

　　近安

弟 志清

十月六日

　　（接上页）一集》，周作人编；《散文二集》，郁达夫编；《诗集》，朱自清编；《戏剧集》，洪深编；《史料·索引》，阿英编。

3. 茅盾（1896—1981），原名沈德鸿，字雁冰，浙江桐乡人。现代作家、编辑家、批评家和社会活动家，代表作有《蚀》《子夜》《霜叶红似二月花》等。

4. 冰心（1900—1999），原名谢婉莹，福建长乐人。现代作家、诗人。1919年始以"冰心"为笔名发表作品，代表作有《繁星》《春水》等诗歌集，另有散文集《寄小读者》等。

5. 叶绍钧（1884—1988），字圣陶，江苏苏州人。现代作家、教育家和社会活动家，代表作有《倪焕之》《稻草人》《叶绍钧短篇小说集》等。

177. 夏济安致夏志清

1952 年 10 月 22 日

志清弟：

　　十月六日来信收到，你所关心的我的恋爱，进行得很顺利。我也总算是失败过几次的人了，我为人本来比你prudent，现在可以说愈来愈 wise 了。我觉得追求失败的原因，往往是太看重"追求"这两个字，男的总是花脑筋费气力地去"追"——设计如何与女的多见面，做各种事情（包括送礼请客）去讨女[人]的欢心。这样做成功的当然亦有，但是在我说来，这种方法是试过而失败的。我有几点理由反对这种追求法：

　　（一）追求需要追的一方的低声下气卑躬屈膝，这在能屈能伸的人也许并不难，但是一个骄傲的人每次委屈自己一次，心里总不大自在。假如你的委屈换来对方的青睐，那么ego 也没有话说了；假如你自以为受了委屈，对方还以白眼相加，这种 hurt 是相当厉害的，即使当时不发作，无形中也会使双方关系紧张，在爱里面产生出恨来。一个 ego 受损害的追求者很容易走错路子而使恋爱失败，因为他在下意识中是冀求他的这种 serfdom 的路终止的，这样一个追求者，即使成功，可能也要向他的太太索取赔偿，而成为一个虐待太太的人。（有些拼命追求成功的人，实在已经不觉得什么爱，只是想打一个胜仗，assert himself 而已。）

（二）追求者往往成为一个类型，而把自己的个性抹杀。但是一个有志气的小姐往往看不起成为类型的追求作风，而钦慕一个独特的个性。

（三）在女的还没有爱上男的以前，男的在她面前出现次数过多，她①很可能觉得这个男人讨厌，觉得看见他的次数太多了；②这种情形之下，女的往往反而看不见男的好处，而发觉他的短处一天比一天多。假如这一次两个人相处得很快乐，为了保证下一次相聚得多更快乐起见，适当时间的两人的隔离是必需的。在分离期间，你假如想念她，她应该多少也想念你一点的。双方先有共同的想念，才能 enjoy 彼此的 company，当你和她重聚的时候。

我有了这种了解之后，你可以想象我的行动很少，可是和对方相处得很快乐。我没有做过一件事情去讨她的喜欢的，因此我可以说我也没有做过一件事情是她所不喜欢的；只要让 mutual attraction 自然地发展，双方就会觉得很快乐。迄今为止，我只请她看过一次电影 *All about Eve*[1]，三次晚饭。

---

1. *All about Eve*（《彗星美人》，1950），剧情片。约瑟夫·曼凯威奇（Joseph L. Mankiewicz）导演，贝蒂·戴维斯（Bette Davis）、安妮·巴克斯特（Anne Baxter）、乔治·山德士（George Sanders）主演，20 世纪福克斯发行。

但是每星期我们平均要聚三次，都是（事先约好）她来找我的，就在我的房间里闲聊。照我的经济情形，天天 date 她去吃馆子不成问题，但是你知道一个好的女孩子，同一个好的男人一样，不愿意老是被人请的。等到我们再熟一点，出去的次数自然也会增加。我从一开始就 declare 我的 love，我说我是 more a suitor than a tutor；她来也不以功课为借口（我同秦小姐所以相处得总是很紧张，因为她是来我处补习的，她以后一直要自居学生，不肯承认有别种关系），就算是一种date；每次谈完她回去的时候，我总觉得很快乐，我想她一定也很快乐。我问过她家里知道不知道在跟谁玩，她说知道的，这样表示她家里至少不在阻碍我的事（她家里我只去过九月十三日的那一次）。我和异性交游〔友〕以这一次为最自然顺利了，我是个 Puritan，多少的紧张还是难免（如我喜欢哼京戏，但是在董小姐面前，我还不好意思哼，我没有碰过她身体的任何部分），但是一切都很顺利，紧张也一天一天地减少了。

我的爱情没有你那种 intensity，就好像你我的个性、文章不同一样，我也许有更多的 lucidity。

我最近顶忙的事情，还是帮宋奇翻译，创作很少。翻成了 *A Room on the Route* 约 22 万字，*The God that Failed*（节本）约七八万字，现在翻 *The Burned Bramble by Manès Sperber*[2]

---

2. Manès Sperber（曼尼斯·施佩贝尔，1905—1984），澳大利亚裔法国（接下页）

（Doubleday），预备节删后成廿几万字。很多小说可以写，但是还没有动笔。你对于《火》的批评很对，我也没有更深的意思需要发挥了。炳新的理智只好算是中等，他的感情生活也很空虚，假如他的理智情感再好十倍的话，他应该属于Hamlet 这一类与环境相处不好的青年的。

　　送上照片一张，是在我的房间里照的，放大纸用得不对，所以颜色较淡，但神气还好。你上回寄回家的，不知道是不是我的坐的一张照片？你没有留意在我面前摊的是一本 *Collier's*[3]，图上是杜威和蒋氏夫妇？你的那位 Prof. Rowe 是共和党抑民主党？大选以后他的政治前途如何？我很希望看见你跟他一起高升。再谈 祝

　　好

济安 顿首

十月廿二日

　　（接上页）小说家、散文家、心理学家，代表作有《阿尔弗雷德·阿黛尔》（*Alfred Adler*）、《草》（*The Burned Bramble*）等。

3. *Collier's*（《科里尔》杂志），由爱尔兰移民彼得·科里尔（Peter Collier）于1888年创刊。

178. 夏志清致夏济安

1952 年 11 月 20 日

济安哥：

上次来信收到已多日，你的爱情进行顺利，实使我非常高兴。这次你同董小姐的友谊、关系，一无勉强成分，完全顺自然发展，能够达到她每星期来找你三次的程度，证明你们的 attraction 是 mutual 的。我想你的恋爱大约将来不会有什么困难，最要紧的还是能在不久的将来，在适当的环境下，在两人心心相印的静默中，向他〔她〕求婚。她第一次或许不会立刻给肯定的答复，不过这样你俩的关系又可进一步了。你对中国式追求方式分析得很对。外国男女 date 时，双方不在婚姻问题上着想，他们只求两人在一起时，时间能很愉快地过去。而且女方很少存着戒心，男方也不会有夸大式低头服侍花钱装阔的表现。一般 date 的方式如饮酒跳舞都可使你忘记自我，所以虽然意气不相投的男女，乘着酒兴，凭着肉体接触的快感，也可有很好的 time。这种 date 的缺点当然是所追求的往往是和 love 无关系的 pleasure。中国的追求方式，坏在男女双方 self-conscious 的感觉太重。男的以得到一个 date 为一种胜利，女的已〔以〕接受一个 date 为一种屈伏〔服〕；不管在 date 时双方情感合洽如何，男的以 date 的次数来计算他追求的胜负；一般待嫁的女子也糊里糊涂答应几次 date 就筹备结婚了。你和董小姐的关系一开头就很自然，既无外国式的随便，也无中国式的勉强。希望在下次信上听到更多的好消息。

我这几年来，falling in love 的经验愈来愈 rare，不免责问自己 passion 的干枯。在上海时，看中一个女孩，想她一两年是常有的事。现在这种精神已不再有。一方面是人变得 realistic，对女人的看法水平提高，一般女人都看不上眼，一方面当然是久留在 New Haven，活动太少，没有机会和女孩子接触，更少能看到 attractive 的中国女孩子。这种情形当然要换个新环境才能解决。可是搬住 New York，重打新天地，也有不少困难，所以暂时大约不会走动。目前生活当然很寂寞，研究中国近代文学，差不多一天看一本书，可是中国一般著作水平太低，对自己并没有长进，这是最大的吃亏处。中国新文学，纯以文学眼光去批评它，当然没有什么可取处，所以只有用中国近代思想史作大前提，或可写成一本有重要性的书。目前我对 1925—1927[年] 北伐和国共分裂的历史很感兴趣，我进小学时已是老蒋得天下后的时代，对以前的历史就很渺茫了。

这次总统竞选，我比较多花些工夫研究了一下。那天选举揭晓晚上，我听无线电直听到早晨二时，很是兴奋。

在 graduate school 一般男生都是 for Stevenson，所以想不到 Ike[1] 获选的 margin 会这么大。共和党得胜总是好的，虽然 Ike 受 Taft 的牵制，不会有真正敢作敢为的举动。Rowe 是共和党，他在 State Department 可能得到一个 advisory position，可是他不会放弃教授的地位，专心在政界活动。他同 Pottle、Brooks、Norman Pearson[2]（美国近代文学教授）都是指导我 project 的人，所以我还常同他见面，至于如何能高升，还得等我这本书写完以后。寄来的照片，神气极好，看得出是一个忠厚君子的气派。上次寄家里的照片，的确是那张书桌上放着 Collier's 杂志的，是我一时糊涂，幸没有出乱子。家中有信来，因为汇款不断，近来经济状况很好，玉瑛妹本来每天吃半磅牛奶，现在每天吃一磅了。再谈 即颂

　　近安

弟 志清 上

十一月二十日

---

1. 即艾森豪威尔的小名。

2. Norman Pearson（Norman H. Pearson，诺曼·皮尔森，1909—1975），耶鲁大学教授，创立 American Studies。第二次世界大战时服务于美国战略情报局（OSS，Office of Stratigic Services），战后协助成立中央情报局（CIA，Central Intelligence Agency）。

179. 夏济安致夏志清

1952 年 11 月 30 日

志清弟：

十一月二十日来信收到。你和家里的情况都很好，闻之甚慰。Ike 当选，朝鲜战争有扩大可能，美国与中国的冲突可能势必增加，我总担忧你同家里的通信，会随时中断。

这几天胡适在台湾成为第一大红人，其 popular 之程度，在美国恐只有艾森豪威尔或麦克阿瑟（初免职时）可比。今天上午在球场演讲"国际形势与中国前途"，听众万余人，无线电听众还不止此数。（球场叫"三军球场"，造在"总统府"前的广场上，本来专打篮球；台湾篮球很热闹，上次 Harlem Globe-trotters[1] 来台比赛，热闹得不得了，我没有去看。）他看见我时还记得我换了副眼镜——我的眼镜是在香港配的。胡先生我曾给过他"苦口婆心"这句评语，现在的印象还是如此。他的话说得太慢，重复太多，说了上半句，下半句

---

1. Harlem Globe-trotters（哈林环球旅行者篮球队），该队于1926年在芝加哥成立，是一支以表演花式篮球为主的美国职业篮球队。

是什么大致可以猜得出，很少精彩，我常常不能忍受；可是他说话的态度很诚恳，又使我非听下去不可。我对于民主党Stevenson 的英文很佩服。两年前 Cal. 的 Knowland 议员在台大演说，我去听过。此人的功架气派和声音的宏〔洪〕亮，中国演说家（据我所听过的）中无人能及。比起他来，胡先生简直很难当演说家之名。但是 Knowland 的英文不过平常，不像 Stevenson 有那么多的精彩句子。

你在研究北伐时代中国的思想，我想你不妨同宋奇联络联络。宋奇在香港美国新闻处 USIS 主持中文出版工作，工作效率奇佳。他现在对于中国共产党问题很有研究，他很想多知道些美国人对于这方面的研究，有些地方他也可以帮助你。他的地址：Stephen C. Song, USIS, 580 Garden Road, HK。他最近来台一次，我们长谈了两次。他的脑筋敏捷，做事负责，再凭他做 business 的经验，美国人要找这样一个得力的"华员"是很不容易的。他的身体仍不甚好。

董小姐处没有什么大发展，但是很顺利。有一天我想kiss 她，她把我推开了——那天的 timing 很不好，在我室内，窗都开着（我并无预谋），她的拒绝，是很当然的。我很怕她生气，结果还并不很严重。可是以后什么时候我会再有这勇气或冲动，就很难说了。我现在生活之中，除了偶然喝点酒、吃点小菜、常常挖挖脚丫之外，很少 sensual pleasure。Kiss 的乐趣我还不大能想象，因此并不十分追求之。我交女友，还是难免紧张，你所说的"心心相印的沉默"，我就没有经验过

（范宁生是"心心相印的沉默"的老手），我是很怕沉默的。我最近算过两次命，看过一次相，都说我明年大有结婚希望。这种话当然目前只能当它是安慰的话，但是我既然需要这种话来安慰我，足见我内心很有 anxiety 也。恋爱中的人，总怕对方会丢掉自己（这种想法，我想她也有的），worries 大于任何种类的 joy。假如不 serious，抱吃豆腐主义，worries 就可减少，但是我辈不能不——也不会不——serious。附上我替董小姐所照的相片两张，记得我把我的女友的照片寄给你不是第一次了，结果徒然使你空欢喜一场，希望这一次的照中人真能成你的 sister。看照片，董小姐是个很恬静而胸有成竹的人，very sensible，脾气很好。

　　假如时间还来得及，请寄两三张最精美朴素的 X'mas card，来不及也请寄来，明年总好用的。我近况很好，现在在替宋奇翻译 *The Burned Bramble*，by Manès Sperber。*A Room on the Route* 已出版，译名是《莫斯科的寒夜》，第二本是 *The God that Failed* 的节本，不久想亦出版。我居然已经有本书出版了，可是假如没有许许多多的机缘凑〔巧〕合，那本书也不会出版的。我很少凭自己的努力有什么成功的，总是等机会送上门来，我一生生活的 pattern 大致可以说是如此。再谈

专祝

　　冬安

兄 济安 顿首

十一月卅日

今天胡适先生在台大演讲，提起一本小说，叫做《醒世姻缘》[2]，长一百万言（比《红楼梦》长），大都用山东土话写的，他认为是中国第一部伟大小说，你看过没有？

2.《醒世姻缘传》，通俗白话小说。题清人西周生辑著，按照孙楷第的考证，认为"是书为留仙（蒲松龄）作说，比较可信"。凡一百回。

180. 夏志清致夏济安

1952 年 12 月 16 日

济安哥：

　　十一月三十日[信]已于上星期收到，同时收到宋奇寄来的《莫斯科的寒夜》，是很像样的一本书。序文已看过，写得很好，序中引到《沙宁》[1]《父与子》等书，这两本书我今年才看过，可见你对中国近代文学的源流比我知道得多。你以前看过的不少中国书，哪几本觉得比较有价值读的（如有研究性的好书，台北可买到，不妨平信寄来），不妨下次来信评述一下，也可做我写书的根据。Godfrey Blunden 的名字，这次 *Time* 杂志年终书评上提到，可见他的成就不比一般美国成功作家差。《莫斯科的寒夜》在寒假中一定要拜读，Sperber 的小说也想要一读。宋奇寄书来，这是第二次，夏天曾寄我一册《今日世界》[2]，中有一篇署名唐文冰的《论翻译之重要》大约是你写的，预备写封信给宋奇一并谢他。办事

1.《沙宁》，俄国作家阿尔志跋绥夫（1878—1927）的作品。

2.《今日世界》，1952 年创刊于香港的半月刊，由美国驻中国香港总领事馆新闻处属下的今日世界社出版。

顺手也是人生一大快事，宋奇的生活是比较丰富 action 的，我的生活就是 action 太少，目前一人做研究工作，同人的接触更少，并且在恋爱上一无打算，不是 will power，很可使人沉闷得透不过气。

你一年内可有三本书出版，是值得庆贺的事。中国大文豪和小文豪分别实有限，鲁迅的译笔极拙劣，而且许多他翻译的东西，都是没有什么价值的。你翻译几本书后，写一本长篇小说、十几篇短篇，文坛上地位就可打定，虽然我知道你最后的目标还是要用英文在外国文坛上立名。因为你在教育界、文坛上基础已打定。我想你同董小姐的恋爱不会有多大波折，少女的心理都是倾向英雄崇拜的，你有事实表现给她们看，她们对你只有景仰。你同秦小姐关系的破裂，大半因为那时你的 success 还是 potential 的，没有惊人的表现，再加上世俗父女的压力，也可使她对你的信仰动摇。这次你追董小姐，物质条件远胜以前，而且接近机会又多，情感只会与时增加，据我的推测，在她毕业前，你们的爱情已可到成熟的地步了。在照片上看来，董小姐是个很 serious、sensitive 的女孩子，因为服饰的关系，很有些台湾味。穿白衬衫的一张上，相貌很可爱，现在在 New Haven 的中国女孩子，就没有一个比得上。在竹林的那张，因为光线的关系，脸部黑白太强烈，似乎不够美丽。白衬衫那张上，嘴鼻眼都极端正，我想她真人一定更可爱。不知她论文写的是什么题目？上次你想 kiss 她，她没有生气，反应算是不错。或者她 so far 还没有接过吻，所以第一步还较困难，以后有机会在晚上散步的时候（如看电影回家）可以再实行之。多约她吃饭看电影，虽然并不增加情感，也可使她看出你的诚心，而且这样在她的朋友看来，你俩是"已成事实"，追求更容易。

贺年片寄出四张，想已收到，都是和上年寄的差不多的。圣诞节过后，贺年片会跌价，那时再多买几张寄给你。董小姐方面预备不预备送礼？我今年送了二十元礼，都是给 New Haven 吃过饭的几家中国人家。女朋友方面，只送给了一年前提起过的沈家大小姐一本书（神学家 Paul Tillich[3] 的新书）；Thanksgiving 在沈家吃饭时看到她，她现在已在纽约一家 seminary 念书。她这样诚心弄宗教，使我看得很伤心，可是她仍是一个极好的女子，虽然我不会有同她结婚的可能。此外我心目中没有一个非想同她结婚的女子，我经济能力不足，特地找一个漂亮的小姐，同有车阶级竞争，实大可不必，所以目前对结婚一事，毫无把握。胡世桢夫妇在 Tulane University 寄来一张贺年片，他们已有了一个男孩，提〔起〕名胡迟，"已开始学步矣"。这是一个 surprise。家中情形不错，可是最近汇款方面又不大顺利。张心沧已二月多未来信，不知何故。家中又渐渐开始着急了。我十月、十一月、十二月款项都已放入张心沧亲戚纽约的存折内，大约转汇是没有

---

3. Paul Tillich(田立克，1886—1965)，德裔美国哲学家、神学家，代表作有《存在的勇气》(*The Courage to Be*)、《信仰之动力》(*Dynamics of Faith*)、《系统神学》(*Systematic Theology*)等。

问题的。附上玉瑛妹今天寄来的一信，没有反宣传，也可看出上海生活的一斑，别的营养较差的学生，恐怕更不能支持了。

　　读中国近代历史的书，很感兴趣，可是读作家著作时，总不能提起真兴趣。读完茅盾的《子夜》，该书虽极ambitious，反不如他早年的《蚀》和《虹》。《虹》上半段描写一个五四运动闹事的女子同旧式男子结婚后的情形，入情入理，不落俗套，是中国近代作品中难得的好文章。不要太努力翻译，寒假有何计划否？这个假期，我可算静静渡〔度〕过。《醒世姻缘》我没有听说过。祝

　　圣诞快乐

弟 志清 上
十二月十六日

1953年

181. 夏济安致夏志清

1953 年 1 月 18 日

志清弟:

　　来信收到多日,迟复为歉。你的对于现代中国文学的研究,不知已完成多少?我在高中时候,作为一个爱好文艺的青年,对于文学书,乱七八糟地看了不少,现在很多都忘了。那时我求知欲强,读书的劲也大。后来成了一个 invalid,一切欲望都自己抑制,对于读书的好奇心也在其内,读起书来亦慢吞吞的,不求大吃大嚼,至今我还受那时所养成的习惯的影响。中国的新小说有好几派,左派很不幸的是声势顶大的一个。茅盾我已经差不多二十年没有碰了(时间过得好快呀!),因此没有什么意见可以发表,据我所能记得的,我觉得你的评语很对。你在美国要研究中国东西,材料可能不容易找,出名的书也许还有,但是一个写文学史的人多少总得有些新发现,little known authors,little read books 里面可能有好的。我想你顶好先决定一下:在那一个时期里,中国文坛上有几派,以免把"左派"看得太重要。左派有政治背景,他们真有野心要打击别派,独霸文坛。他们愈是想造成清一色的局面，我们的文学史里愈应该替别派表彰。据我所知，除了左派以外（早期的文学研究会和创造社都汇集而成左派），应该尚有这两派：（一）京派——应该算周作人为盟主，后来就是你所认识的朱光潜、沈从文、袁可嘉他们了。有一个写小说的叫废名，据说有 Joyce 作风，周作人很捧他，很多人说看不懂，凭你现在的学养，来评这一个中国近代号称艰深的小说家，应该是顶合适的了。（二）海派——上海以前忽生忽灭的文学杂志很多，你记得暨南大学有个文学青年戴敦复[1]不是也办了个杂志吗？上海除了左派和礼拜六派之外，是不是另外还有一派人在写作呢？我记得当年除了一个捧鲁迅的《文学》以外，还有戴望舒[2]、施蛰存[3]等的《现代》，影响亦不小。海派和京派似乎都有点 art for art's sake 的织〔纤〕巧柔弱作风，宋奇就是在这种影响下长大的。"京""海"之间有什么分别，我一时也难说 [清]，似乎京派的"中国泥土气"和"学究气"重些；海派则"大都市气"（包括 slums 里的亭子间和霞飞路的"情调"等）和"沙龙气"重些。他们两派都敌不过左派，原因当然很多，我以为 [与] 对于人生态

---

1. 戴敦复，1938 年秋考入暨南大学外文系。
2. 戴望舒（1905—1950），浙江杭州人。诗人、翻译家。1936 年与卞之琳等人创办《新诗》月刊，代表作有诗集《我的记忆》《望舒草》等。
3. 施蛰存（1905—2003），浙江杭州人。作家、翻译家、学者，20 世纪 30 年代"新感觉派"的代表作家之一。1932 年起，主编月刊《现代》杂志。1949 年后主要从事翻译和学术研究。代表作有《上元灯》《将军底头》《梅雨之夕》《善女人行品》《唐诗百话》《北山楼词话》等。

度的是否严肃一点也有关系。左派不管他们背后的哲学是什么（有的是只凭血气冲动，有的是严格地遵照第三国际路线的），他们显得都关心人生，至少他们是关心民生疾苦、时代的变迁、人生路径的抉择等等问题的。他们恐怕是迎合了那个时候读者的需求，虽然他们终究只成了政治的工具。可是"京""海"两派的 high seriousness 都不够，一种是洋场才子，一种是用文艺来怡情自娱的学究。他们的文学比较 personal，而且他们的 personal 还只是在 aesthetic 的一方面，不是 moral 的一方面。我认为中国近代缺乏一种"不以 society 为中心，而以 individual 为中心的 morally serious 的文学"。individual 为中心当然仍旧可以 impersonal。这些我相信也是你的主张。

　　我在台湾并不很出名。翻译的书不是用我的名字出版的，此外我所发表的文章并不多。宋奇所寄给你的那期《今日世界》里有篇《苏麻子的膏药》是我所写的，唐文冰是宋自己。最近一年来我替一本杂志 *Student's English Digest* 用中文详注了好几篇美国新派小说（作者包括 Faulkner、Eudora Welty[4]、Carson McCullers[5]、Robert Penn Warren 等），注解得很详细，

---

4. Eudora Welty（尤多拉·韦尔蒂，1909—2001），美国女作家，曾获普利策文学奖、美国图书奖、欧·亨利奖等多项大奖，代表作有《绿色的帷幕》(*A Curtain of Green*)、《乐天者的女儿》(*The Optimist's Daughter*)等。
5. Carson McCullers（卡森·麦卡勒斯，1917—1967），美国作家，代表作有《伤心咖啡馆之歌》(*The Ballad of the Sad Cafe*)、《心是孤独的猎手》(*The Heart Is a Lonely Hunter*)、《婚礼的成员》(*The Member of the Wedding*)等。

而且那些小说所代表的思想风格，对于一般英文教员和文学青年都比较陌生，这工作不很吃力，但还有点"介绍西洋文化"的意义，我希望这些篇能集合成一单行本，那书就将成为第一本用我自己名字出版的书了。

董小姐的事无甚进展，但是我一点也不着急。我的个性本来比较淡泊，现在年事已大，把世事看得更平常，这次又没有什么参谋长从旁督促——谈恋爱的参谋长往往比当事人勇气大，助人为善的心又更使他喜欢早日看见他人好事的成就，而我可能的参谋长，像你、钱学熙、程绥楚的性子都比我还急（而且比我乐观）——所以这一次我的作风，纯是"纯乎自然，不慌不忙"。董小姐本来不算是个美人，但为人极好，虽然她仍旧不时地给我一些痛苦。我觉得照我的个性要去"追"别人，是没有希望的。若是女的不爱我，我决不能苦苦追求地去赢得对方的爱。她的论文是关于 Steinbeck 的，尚未开始动手写，将分两部：一部算是研究，一部译 *Red Pony* 为中文。

玉瑛妹的信告诉我家里经济情形很好，我觉得这真是侥幸。这两年亏得靠你接济，我现在经济情形还好（手头现有余款 US$450），你假如要用（如买汽车等），我也可以寄给你。两个月之后，我又可以领到五百多元的稿费，我若不结婚，钱是用不大掉的。我的希望是经济能力能独立以后，可以少管闲事，闭门著作。可是我对于管闲事的兴趣似乎大于著作，现在还是瞎忙一阵，一事无成。寒假除翻译 *Burned*

Bramble 外，没有什么计划。再谈 祝

好

济安

一月十八日

〔又及〕有人送了我一只烟斗，送上照片一张，是我的抽烟斗之像。贺年片于圣诞前几天收到，都已送完。如有便宜好的，请再寄些来。

182. 夏志清致夏济安

1953 年 1 月 19 日

济安哥：

一月十八日来信前天收到了。你对中国现代文学分析得极对，最后的结论谓中国近代缺乏一种"不以 society 为中心，而以 individual 为中心的 morally serious 的文学"是一针见血之语，想多读西洋文学的人，都会感觉到这一点。我们认为好的小说剧本，都是读过后觉得作者最后给我们较世俗看法更精细的 moral perception 的作品。以社会为中心尽量用 stock character 的也可有好的作品，如 Ben Jonson 的便是，但是这种作品往往超不过 comedy 和 satire 的范畴。喜剧作家给我们的是许多人物由教育、经济、背景决定的皮毛现象，这种现象本身并无可奇，但是由于作者的 intelligence 和 superior point of view，它们的 combination 也可以 elicit 很 powerful 的 moral commentary。我想每一个 comic character，用另一种 approach 彻底去 explore 它，便为〔会〕转成悲剧性的（在 Pope's portraits 或莫利〔里〕哀的人物中，这悲剧性也可以领会到）。中国左派作家的最大缺点就是他们的人物都是 stock characters，甚至是 caricatures，而他们拼命要写悲剧，结果当然是两面不讨好。读茅盾、曹禺的作品，我往往觉得假如他们用喜剧的写法，在艺术上可成功得多（《日出》中的人物哪一个不是 stereotype？）。这种矛盾在巴金作品中表现得最明显，他拼命要写悲剧，可是他从来没有创造一个credible 的人物，他的作品当然只有未成熟的青年才会接受。我很快地把《家》《春》《秋》翻过了，只有《秋》有几段极 eloquent，觉民兄妹和他叔婶的对骂，充分表现在巴金的indignation，而没有他平时的 sentimentality；在这几段对骂中，许多以前描写过的 disgusting happening 都变成了对话的材料，反而得到一种 animation。我以为以马克斯〔思〕主义或社会主义批评资本主义社会，很可以掌握到几个扼要的地方，可是 Marxism 同基督教不同，对人的灵魂无 provision，可能说是否定人的悲剧性的。《日出》中陈白露、小东西的自杀，潘月亭的破产，哪一桩事是能博得我们同情心的？萧伯纳要写喜剧，用社会主义观点指出大英帝国的虚伪和愚笨，是他最聪明的地方。

我看的中国作家，因为受 Yale 藏书限制，只看了鲁迅、茅盾、巴金、郭沫若诸人（郭沫若每样作品都写过些，可是没有一方面是成功的，可算是中国最不 deserve 享盛名的作家），此外作家看到的都是些零星的选集，不过在 X'mas 时我去过哥仑〔伦〕比亚图书馆，那边中文藏书很公平而全（有全套《小说月报》《文学》等杂志，海派京派作家也很多），不久或将要去纽约住几个月，有系统地看一下中国近代作品。你指正我太着重左派作家这一点很对，我所看过的非左派作家（都是少量）有冰心、叶绍钧、落华生[1]等。冰心除一两篇写得很好外，其余的都太 didactic 而简单；叶绍钧有几篇描写都市和乡村弱小灵魂的很不差〔错〕；落华生可说是唯一对基督教道理有同情的作家，他战后出版的中篇《玉官》，可算是篇 classic，文字极谨严，很能运用 Christian dialectic（人的自私和爱的冲突）。废名我看到二三篇在《新文学大系》的小文，我觉得很 trivial，没有什么重要的 theme，当然我还得把他的作品整本读。最近读金堤、Robert Payne 翻译的沈从文的小说集 The Chinese Earth，其中有两篇极好的短篇，"The Husband" 和 "Yellow Chickens"，另外两三篇也够得上算好的作品。沈从文没有 sophistication，技巧很简单，可是还能保持中国人诚挚的地方，是很不容易的。至于我自己的发现，只有一位凌叔华[2]（她是陈西滢的太太，我对陈西滢的 intelligence 很佩服，可惜他很早就同鲁迅笔战，被逼得不写文章），只看过她在《新文学大系》中一篇小说《绣枕》。这小说有两段，第一段写一位书香[世]家的小姐听父命忙着绣一对枕套，预备明天送给有钱的白家作节礼

---

1. 落华生(1893—1941)，原名许赞堃，字地山，落华生为笔名。广东揭阳人，生于台湾台南。"文学研究会"发起人之一。代表作有《缀网劳蛛》《空山灵雨》等。
2. 凌叔华(1900—1990)，原名瑞棠，笔名叔华。广东番禺人。1925年加入"新月社"。代表作有《花之寺》《女人》《古韵》等。

（possible prospects 同白少爷结婚），第二段写两年后（还没有结婚）小姐在她丫头手里看见她的绣枕；枕套送去白家后，当天晚上即被宾客践踏，染了一大片酒渍。这篇小说很有些 Flaubert[3] 的残酷性。陈西滢夫妇现在 UNESCO 做事，他们的 intelligence 恐怕不比钱锺书夫妇差。

《今日世界》上的那篇《苏麻子的膏药》不知怎的，给我忽略了，这篇小说你早半年给我信上也提起过的，昨天读后很满意，全文很似 Swift 的 "A Tale of the Tub" 之类的古典式的讽刺，没有火气，文笔简练。*A Room on the Route* 也于前星期花一天多工夫读过了（译文没有全读，只随便捡几段对照一下），作者似乎颇受二十世纪革命小说的影响，如 Malraux[4]，*Man's Fate* 和《战地钟声》。*Man's Fate* 中有一位姓 Chen 的暗杀家舍命去炸老蒋的汽车；海明威的主角帮西班牙游击队炸断一顶〔座〕桥，动机都和 Karl 的谋害史〔斯〕大林相仿。作者对人物和政治的分析都很有 competence，所以我不知道该给这本小说一个什么评价。战后最有名的政治小说是 *Darkness at Noon*[5]，以前读过，也并不太满意。因为全书

---

3. Flaubert（Gustave Flaubert，古斯塔夫·福楼拜，1821—1880），法国作家，法国现实主义领军物，代表作有《包法利夫人》（*Madame Bovary*）。

4. Malraux（André Malraux，安德烈·马尔罗，1901—1976），法国小说家、革命家和理论家，20世纪20年代曾游历远东，1936年加入支持西班牙共和国的国际纵队。二次大战期间直接领导游击队从事抵抗运动。战后先后出任法国新闻部部长、法国总统府国务部长、文化部长等职。1933年发表的《人的命运》（*Man's Fate*）是以1927年3月上海工人起义为背景的小说，曾获得龚古尔文学奖。

5. *Darkness at Noon*（《中午的黑暗》）为匈牙利裔英籍作家阿瑟·库斯勒（接下页）

中有几章对主题并无大关涉，如幸运儿、黑板上的两个字等，我觉得 *A Room on the Route* 是较差于 *Man's Fate* 而有同等性质的作品。

　　寄来照片上神气很好，我已好久没有上照了。上星期父亲来信，说这星期六（一月卅一日）是他六十寿诞，希望你吃面庆祝。这封信想星期六前可到。我近来生活平平，好久没有追女人，这星期六或要去 Smith College 一次，见一位李淑志[6]，她人很聪明，不算漂亮，父亲是新加坡最有钱的华侨。每次远征，花钱太多，很不上算。自有无线电以来，多听音乐，古典和流行的都听，对于 popular music 的人物已弄得很清楚，算是增加了一样同电影相仿的学问。X'mas 过后，曾向书铺买了几张贺年卡，不过都不算最上等的，不日平邮寄给你。董小姐的事还得多多努力，有机会最好多 date 她几次，你的美金只有准备结婚最值得。我去年除寄家用一千二百元之外，居然也积蓄了八百元，记得上次 X'mas 时，存折上只有七八十元。宋奇那里已去了一封信，希望他在香港代买几本书寄给我。望自己珍重。祝

　　新年快乐

弟 志清 上
一月十九日

　　（接上页）（Arthur Koestler, 1905—1983）的作品。

6. 李淑志为新加坡华裔富商李光前（1893—1967）的女儿。

183. 夏济安致夏志清

1953 年 2 月 28 日

志清弟：

　　一月廿五日来信收到。你所要的书，宋奇已经买好，恐怕已经寄出。像有你这样 equipment 的人来研究中国近代文学，未免大才〔材〕小用，你会愈下去愈觉得没有什么东西值得研究的。创作文学之外，翻译文学似乎亦可列入你的研究范围之内。中国近代翻译文学很影响一般人的 mentality、人生态度、imagination 等，而且亦影响创作文学。中国近代所介绍的西洋文学，实在可以代表中国近代人对于文学的看法。所介绍者大概应该被认为值得介绍才介绍的，此中便有价值问题存焉。研究翻译文学，更可发挥你的学问，亦〔也〕许会有一点有趣的 discoveries，只是不知道 Yale 的藏书够不够了。虽然真正能用到你的全部学问与批评能力的，该是中国的旧诗——《诗经》《楚辞》、五七言、词、曲等。这个反正亦不忙，先花两三年工夫弄弄中国近代文学亦可以。

　　时间很快，阴历新年又过去了。不知道你中国新年在哪里过的？我于除夕夜叉〔搓〕了几圈马〔麻〕将（不到八圈），此外也没有什么玩的。近来心境还好，和董小姐的关系渐渐地将达到你所谓"互相关切"的程度，以前或许还有点紧张，现在较自然，而且似乎互相 enjoy 彼此的 company。表面上还是很平淡，但是我觉得关系是改善了。我把这几句乐观的话告诉你（暂时我还不告诉别人），因为我知道你是不会 get excited 的。这一月内有三件事值得一记：（一）有一天她来，我要请她去看 The Third Man，我说我已经看过了，不妨去看第二遍，但是她坚决不答应，我气得很，但是还好，没有发脾气。那天之后，我自以为这件事是没有什么希望了，谁知道其中有点误会，她所以坚决不答应者，不是不在乎我的 date，而是太在乎我的 date 了！她听见我已经看过，心里就很气（后来她告诉我的，她的头脑很清楚，心地亦纯厚，向不要花样的），那时我听见她不答应，心里也很气，双方的话都没有说明。后来我无意中流露我是在香港看过的，台湾上演以来，我就没有看过，她才恍然大悟地把误会消释了。这一点小小的波折，增进了我对于她心事的了解，从此以后我对于这件事的 worries 就减得很少了。（二）过年前她送我领带一条。（三）我送了她 Valentine 卡一张，她收到了亲口对我说"谢谢"。（那张卡是你买给我的，留到今年才用。）照这样下去，应该是很顺利了，但是波折以后恐怕还难免，男女间的事想是很微妙的，请你暂时不要太乐观。她现在在翻 The Red Pony，用的是我的书 Pocket Book（Bantam？），她自己很想有一本，但是台湾买不到。你买一本送她如何？买

Pocket Book 亦可以，或较好版本的 *The Long Valley*[1] 亦好，如买不到，不知 Portable Steinbeck 里有没有把"The Red Pony"全部引入？你酌量情形买一本好了，买来了由你签名寄给我转送她（她的英文名字：Lily Tung，中文名字：同琏）。写些什么句子亦随你，但是请话不要说得过火，我们的关系还没有到"说穿"的程度，但是她会[接]受你这一本书的。今年新年我的情形似乎还乐观。我最近在补习"乐理"（一个很和善的男先生，我用英文同他交换），学到现在，有了两点成就：（一）对于曲调的节奏稍为懂一点；（二）虽然对于五线谱还很生，但是任何一种调号都可以慢慢地念出来。还没有学到"和声"（harmony），学到时我想买一架风琴。新近买了一架 secondhand 的八灯机，东西似乎比家里的 RCA 还好，只花了大约 US$30 元，很便宜。再谈 祝

　　学安

兄 济安 顿首

二月二八日

〔又及〕亿中的张和钧来台，据说家里情形很好，父亲大约做了副"保长"，靠了你的接济，家里过得还是很难得的舒服生活。

---

1. *The Long Valley*(《长谷》)为约翰·斯坦贝克(John Steinbeck)小说，1938年初版。

184. 夏志清致夏济安

1953 年 3 月 17 日

济安哥：

二月廿八日来信已收到。知道你同董小姐的关系已有深一度的了解，很是欣喜。她生气拒绝同你看 *Third Man*，表示她很 care，不 care 不会有这种妒忌式的表现的。她新年时给你一条领带，也是相当情重的，因为普通女孩子只有受礼物，不到感情成熟很少肯 compromise 自己送礼物的，所以我觉得你同她的成功性极大，只要能进一步地"过往从密"就好了。有好电影或吃晚饭的机会时，还是多请她，最好能在周末约她到草山或北投去玩玩。她对你人格学业早已佩服，你对她的 devotion 她也早已看出，况且你又没有什么情敌，这次恋爱是可以一直顺利到结婚的。Portable Steinbeck 有 "The Red Pony" 全文，我已买了一册平邮寄出。你叫我写些赠语，我也写不出来，只写了两句：Dear Lily Tung: Best wishes for your translation of "The R. Pony". May I have a copy when it comes out in book form？ Sincerely J. H. 关心她的翻译，并且希望它能出版，大概还算得体。

我已好久没有追过女人，New Haven 的几位小姐都不值一看，因为不上课的关系，对外国小姐也失了联络，所以生活很寂寞。余下的办法只有托人介绍或买了汽车去乱撞，二者我都不高兴做。我以前所想的女人，都是自己看中的；现在能看到女人的机会就少，更谈不上追。因为自己实力不够，也不想乱动。去哥伦比亚图[书]馆借了不少书，看了老舍的《赵子曰骆驼祥子》，张天翼¹的《洋泾浜奇侠》及《围城》，都算是较好而有趣的小说。这几位作家讽刺的写法，猜想上大约和清代小说的传统相合（《老残[游记]》《官场现形记》等），所以成绩上还有可观。上次信上对沈从文的称赞，读原文后，觉得应该打个折扣；他的文笔啰唆，加上不恰当的〔地〕乱用欧化句法，把很好的题材都糟蹋了。

　　父亲来信，这次新年过得很好，家中买了鸡两只、鱼两条、肉若干斤，粽子年糕都齐备，亲友来贺年的也不少。上海二三年来最值得注意的事，是结婚的多；尤家昌五已订婚，六也结婚了。父亲的友人来访的有胡觉清、钱仲展²等。

　　父亲血压一度又高至 190，休息后已平复，已去信劝他好好注意调养。

　　宋奇来信，写得很热心。代我买了不少书，是很使我感

1. 张天翼（1906—1985），字汉弟。祖籍湖南湘乡县，生于南京。现代作家，代表作有《宝葫芦的秘密》《华威先生》等。
2. 胡觉清、钱仲展，都是夏氏兄弟父亲夏大栋先生的挚友。胡是当年上海金钢百货公司经理，商场地位与夏大栋相仿；钱仲展地位略高，也比较富有，常来夏家走动。

激的。程靖宇寄来一册梅兰芳的自传《舞台生活四十年》，内容插图都很有趣，又〔尤〕其读了梅兰芳祖父伯父辈的人物，觉得那时的中国人富有义气，同民国[以]来的专讲图利的不同；中国的旧道德，"忠孝节义"，其实"义"在社会上的效用最大，也最受一般小说戏剧的鼓吹。中国的正派人都是讲义气的，可惜这种人现在愈来愈少了。

你闲来学习音乐很好，我买了无线电后，起初 popular music 和古典的并听，现在 popular music 听腻了，差不多专听古典音乐。近年来美国播音音乐专弄怪调，加上西部音乐及山歌的盛行，很少有好唱片。我最喜欢的 vocalist 是 Judy Garland，可惜她的唱片现在不大听到；Jane Froman[3] 的嗓子很圆润，在影片 *With a Song in My Heart*[4] 中可听到的。听听 Beethoven、Mozart，不求甚解，心里总是很舒服的。你下一番功夫后，一定可以好好地欣赏音乐。这几天天气很好，台湾想更是春光明媚，不知有计划多玩玩否？ *The Burned Bramble* 已翻译完工否？即颂

春安

弟 志清 上

三月十七日

---

3. Jane Froman(简·弗罗曼，1907—1980)，美国歌手、演员。电影《情泪心声》（*With a Song in My Heart*, 1952）系据其个人经历改编。

4. 《情泪心声》，沃尔特·朗（Walter Lang）导演，苏珊·霍华德（Susan Hayward）、罗里·卡尔霍恩（Rory Calhoun）、大卫·韦恩（David Wayne）主演，20世纪福克斯发行。

185. 夏济安致夏志清

1953 年 5 月 4 日

志清弟：

来信和 Steinbeck 书一册均已收到。书我已交给董小姐，她很高兴，她的书暂时既不会出版，她想把她的译稿多打一份（中文打字）送给你，我想这事太麻烦，请她不必了。我同她的关系可以说很好，但也很 puritanic，我常常想，假如有机会同她跳舞，我们的关系当更可进步，但是台北没有机会。我们现在的关系，是"相敬如宾"的友谊关系，但我很 enjoy 她的 company。我现在心里的矛盾：几天不见她，就很想念她；同她来往得稍为密切一点，又有点怕真会结婚，丧失了 bachelorhood 的种种自由。我现在不知道离"结婚"还有多远，也许对方只想同我维持一个友谊关系，也许我始终提不出勇气去 propose，也许某一天（总要在她毕业之后吧）我糊里糊涂地 propose，她也居然答应了，这样我的生活要大转变一次了。这一切我都不知道。

说起跳舞，我其实并不喜欢跳舞，我的跳舞的程度还从没使我能 enjoy 跳舞。台北虽无舞厅（舞厅在基隆——供洋水手消遣，与在北投——所谓"风化区"，恐都低级），有时也有所谓"派对""晚会"之类，我都没参加过（有时我也接到请帖的），主要原因：（一）怕跳得不好贻笑大方；（二）对于跳得好的人我心底里也许很羡慕，但我总想找点理由看不起他们（或她们），不愿与若辈为伍。董小姐说不会跳，且从来没跳过。这种小姐现在很少了，这恐怕也是我看中她的原因之一。她那一班女同学（四年级）很多不会跳的，三年级会跳的就多了，一、二年级，甚至中学生，都是后生可畏，跳舞精的很多。台北比当年上海穷得多，但是一般风俗，比当年上海更模仿美国。台湾要普及教育，儿童强迫入小学，结果小学校里人头很杂，拖鼻涕瘌痢头的很多，有些家长没有办法，只好把自己孩子送进给美国儿童读的美国小学里去了。我假如有孩子，也不愿送他进龌龊学校里去的。台大外文系的一、二、三年级每班都有一百人左右，其中对文学有兴趣的究[竟]有多少也很难说，恐怕不少人是无所事事来学"洋务"的。外文系的人多风气坏，也很难办得好。董小姐那一班只有四十几人，程度还整齐，有志向学的人亦较多，那是因为傅斯年在时强迫他们班上一大半人转系转掉之故，剩下来的都是些好的了。

我现在很忙，*The Burned Bramble* 还没译完，这笔债不还清，很多事情没法进行。毕业论文归我指导的有 11 人之多，8 人翻译，3 人研究（一篇 George Eliot，一篇 Dickens，一篇

O. Henry[1]），我虽然除了文字修饰之外指导不出什么东西来，但是还不肯拆烂污，时间花掉不少。

最近时局变化很多，回去的日子似乎更远了。我常常想假如我们回去的时候，还没有结婚，真有点对不起父亲母亲。真是如此，我只好认为自己是一个 failure，都不好意思看见他们老人家了。但是 failure 与否，岂是人力所能左右哉？你的近况如何，至以为念。专此 即颂

　　春安

兄 济安 顿首

五月四日

---

1. O.Henry（欧·亨利，1862—1910），原名威廉·西德尼·波特（William Sydney Porter），欧·亨利为其笔名。短篇小说作家，代表作有《白菜与国王》(*Cabbages and Kings*)、《命运之路》(*Roads of Destiny*)、《生命的陀螺》(*Whirligigs*)等。

186. 夏志清致夏济安

1953 年 5 月 18 日

济安哥：

这次好久没有通信了，实在是生活太沉寂的缘故。接到五月四日来信，知道你生活也没有什么变化；我想学期告终，也是你向董小姐作进一步表示的时候了。乘〔趁〕着她有译文脱稿或毕业典礼等大节目时，好好同她庆祝一下，同时向她求婚。你行为一向规矩，假如对方同你早有好感，每次同你见面后，虽然精神上很舒服或若有所得，无形中也增加了需要男性温存的欲望。我想你的恋爱方式一下子很难转换，只有求婚（不管第一次成功与否）可以带给你和她进一步男女间的亲密。求婚被接受，这暑假就好好地热恋几个月，在 bachelor 生活上留下一些较有意义的纪念。过秋后就结婚，bachelorhood 的自由这句话只有〔能〕是对没有责任性〔心〕的公子哥儿讲的。我们一向经济不充裕，从没有好好享受过，何况年龄已大，即使在 Riviera 过着被美姬包围，Aly Kahn[1] 式

---

1. Aly Kahn（Prince Aly Kahn，阿里·汗王子，1911—1960），阿加·汗三世（Aga Khan Ⅲ）之子，影星丽泰·海华丝（Rita Hayworth）之夫。

的生活，也不会感到太自在。我们对结婚所能给予的期望，大约已没有前十年那样的理想化，但是凭着我们善良体贴的个性，婚后的生活是不会不美满的，除非对方野心太大，逼着我们走我们不情愿走的路。从独身到结婚只是一种转变，一种较合自然的转变；从我们这种每天"无可足述"的生活上讲来，来一个转变总是好的。

前面几句话，虽然是一种互勉，其实只描写了我目前的心境。你生活表面上较我忙碌得多——教书、翻译、指导论文——在白日间大约总可保持一种 cheerful 的精神。我因为工作的单调，人事接触的稀少，最近就不时感到生活的压力，因为连女朋友也没有，这种压力有时也很难摆得〔脱〕开。半年来长短篇小说读了不少，现在想把当时随读随写的笔记感想组织起来写成个 chapter。写起来很难讨好，因为事实上很难引起美国读者对中国作家的兴趣的，除非你有 Edmund Wilson[2] 的笔法，把一本冷门的书介绍得津津有味。但 Wilson 的方法，用在中国作家 [身] 上，我觉得有些不诚实。我目前认为中国新小说的成就要比美国 best selling level 高 [得] 多；同时在兴趣方面也远胜 Upton Sinclair[3] 的；Sinclair 的 *The Jungle*

---

2. Edmund Wilson（爱德蒙·威尔逊，1895—1972），美国批评家、作家，曾任《名利场》（*Vanity Fair*）杂志主编和《新共和》（*New Republic*）杂志的副主编，生前被公认为当时美国一流的文学家，代表作有《阿克瑟尔的城堡》（*Axle's Castle*）、《到芬兰车站》（*To the Finland: A Study in the Writing and Acting of History*）、《三重思想家》（*The Triple Thinkers*）等。

3. Upton Sinclair（厄普顿·辛克莱，1878—1968），美国作家，以创作（接下页）

我不能卒读，茅盾、老舍的小说总比较能引人入胜的。缺点就是技巧观点相仿，读多了就厌了。我目前的心境是不想再读一篇短篇小说，读了反应也是漠漠然的，等于不读，所以只好写一阵再讲。中国戏剧、新诗的成就远差于小说，计划中只好把它们各专论一章就算了。

家中情形，附上玉瑛妹短信一纸，可以看到一些。三月份汇款拖延了两个月，家中很焦急，现在已汇到了。父亲前次来信，提到新年时一度血压高的情形，玉瑛告诉了我们它的起因。玉瑛妹明年升学的事情，一定也会引起你的忧虑。假如不升学的话，她不会做什么事，而且一定会感到被少壮青年党员学生歧视后的孤寂。升学的话，学校伙食恶劣，也一定非玉瑛妹所能忍受的。结果恐怕只有妥协，只有不出头的随众，还能维持一线生机和安全的感觉。父亲心地好和好胜，其实内心一定很苦闷的。亿中官司已解决，除变卖亿中家具对象外，还要付二千九百万元，两年内偿清，父亲和两位董太太各分三分之一，即父亲每月要交出四十万元，不知合美金多少。以后只好多汇些（钱）到家里去。四月份后在纽约汇款的方法，心沧的亲戚已不再肯通容〔融〕，只好直接汇款至英国，比较麻烦。

宋奇寄出的书，一本还没有收到，连你的《坦白集》在

（接上页）"揭发黑幕"的小说而闻名，1943 年获得普利策文学奖，代表作有《屠宰场》（*The Jungle*）、《石油》（*Oil*）、《龙齿》（*Dragon's Teeth*）等。

内。上次胡适来 New Haven 演讲，因为外宾很多，用英文讲，英语很不顺，手势都是中国式的，远不如他用中国话讲来得亲切。暑假前忙碌后，最好把董小姐的事弄停当后，好好地玩一下。我也很想休息一下，天天看书，弄得效率很差。Empson 返英后，现在 University of Sheffield 任教授。钮伯宏有信来，现在华盛顿 *Washington Post* 做 cub reporter，很忙，住 1838 Connecticut Avenue，Washington，D.C.，问你好。希望有好讯报告，祝

　　暑安

弟 志清 上
五月十八日

187. 夏济安致夏志清

1953 年 5 月 27 日

志清弟：

　　五月十八日来信收到已久，迁延至今始复，甚歉。上月把 *The Burned Bramble* 译完，中间删去了一些，凑成中文约二十万字。这本书 *Partisan Review* 曾评过，不知怎么说的，我觉得他没有一个 scene 描写得真够入木三分，句法都很平凡，殊欠精彩，故事结构 loose ends 很多。作者 Manès Sperber 也许有一股反俄共的热诚，但是写作方面显得 amateurish，修养不够。这本书的稿费还没有收到，照合同应该有 HK$3000，约等 US$500，但是我迟缴，不知要不要扣。还有我在香港的合同是一位姓吴的朋友代签，我顶用他的名字（美国当局不赞成在台湾借人，主张在香港就地取材），此人近况不佳，我已经写信给宋奇，在我的稿费里扣一部分谢谢他。我 expect 得到 US$400，领到以后，预备在香港定做几身西装（我离开上海以后没有做过西装），买些零碎东西。最近我同台北的 USIS 相处得也很好，暑假里替他们译一本 *An Outline of American History*，可得酬台币 $5000，合美金约有一百七八十元。去年所剩，尚有美金四百。照我近况，结婚在经济上是没有多少问题。上天（pagan god）送了我这些钱，也许要叫我结婚，也未可知。董小姐已经毕业（毕业礼物：一支〔枚〕象牙图章），同我关系似乎不在减退之中。有一次下大雨（端午的上一日）我们一起坐三轮车，我吻了她的手——这本来是尊敬的表示，但是我连 forearm 一起吻了，这可是 passion 了。第二天她有点冷若冰霜，但很快地，我把她的 resentment 消除（说服）了。我现在不知道她家里的反应，我的计划是等到她找到职业，她能自立了，再向她求婚（bypass 她的家）。她曾经考过"中央信托局"，凭她家里的关系，她可能考上。我们的关系一时还热不出来，她怕 passion，我也怕 passion。但是我想慢慢地来（至少这三个月内可以有分晓了），也可以获得成功。顶要紧的是她能爱我，否则即使用心机，或拼命追，也都是枉然。我最近各方面的运气都还不坏，只是在学问上或创作上毫无建树，可是，我还是战战兢兢，唯恐要出什么乱子，并不"得意忘形"。玉瑛妹的出路，我也很担心，但是又有什么用呢？我怕她会随随便便地结婚，甚至在我们两人之前（这话请你不要 quote），在那种社会里，又决不能选到一个好丈夫。我们三人之中，以玉瑛妹为最 fragile，以现状看之，也最不幸。现在家里的情形，大致想还好，但是同母亲平日烧香以求的，已经大不相同了。父亲一定很不能适应那种环境。等到宋奇那边的稿费领到了，我也预备寄些（约 US$100）回家去，但是你信上

先不要提。我总希望父亲把债料理清了，能到香港去。再谈
祝

暑安

济安 顿首

五月廿七日

188. 夏志清致夏济安

1953 年 8 月 9 日

济安哥：

　　来信收到已有数星期，还没有给你作复，实因生活太沉寂，心中不大痛快的缘故。今夏的生活过得同四五年来的夏天一样，天天三顿上小馆子，偶尔看看电影，余下的时间读书写作。美国人每年至少 take 一次 vocation，换个新鲜地方环境，像我这样六年如一日待在 New Haven 是没有的。可是自己没有女朋友，到什么地方去还是一样，心境总是不会太好的。我已一两年没有追过人，自己经济不充裕，也不想 go out of my way 向别地去物色。六月中参加一次婚礼（bride：Yale 化学系 Ph.D. 刘女士），女客中有一位梅光迪[1] 的大女儿梅仪慈[2]，生得很端正清秀，Holyoke 女子大学毕业，英文系，现

---

1. 梅光迪(1890—1945)，字迪生，安徽宣城人。曾留学于美国西北大学、哈佛大学，受教于白璧德(Irving Babbitt)。1920年回国后与吴宓等人共同创办《学衡》杂志。曾任东南大学外文系主任、中央大学代理文学院院长、浙江大学文学院院长等职。1945年在贵阳去世。代表作有《梅光迪文录》。
2. 梅仪慈(Yi-tsi Mei Feuerwerker)，美籍华裔学者，任教于美国密歇根（接下页）

233

在哈佛读比较文学。当时谈得还投机，可是事后给她两封信，约一个时间去 Cambridge 看她，都不得回音，使我有两个星期心中很懊丧。事实上，New Haven 同 Cambridge 隔得太远，追起来麻烦很多，一次远征，住三四天，总得花七八十元以上。但是好久没有看中过什么女人，而梅小姐这样的人品学问，在留美女生中，已是极难得，总希望能有下文。现在一点下文也没有，心中总觉得对不起自己，好像太忽略自己的情感欲望了。听说梅小姐在哈佛已有了男朋友了，我也不能怪她，但不免觉得自己条件不够，没有充裕的经济能力，去痛痛快快地追一个女人。而我目前 stagnant 的情形，一年内也不会有什么变化。

暑期已过了一大半，不知你同董小姐的事进行得怎么样了？很希望下次来信看到求婚成功的好讯。你经济地位都比一般从大陆去台湾的人较好，至少在董小姐所认识 circle 中的人，不会有你这样出色的人物。她读过一点文学，也不会自己没有主张听父母的话，嫁给官商界人。不过从你吻她手臂后她冷若冰霜一事上看来，中国小姐确是世界上最难服侍的小姐；中国小姐对肉体接近的回避，是世界别处少有的。不过，这也只好怪民国以来男女追求的方式一直新旧不接的，不能确定起来。董小姐"中央信托局"已考上否？

（接上页）大学，现为密歇根大学中国文学荣休教授，代表作有《丁玲的小说》（*Ding Ling's Fiction*）等。

数月前，父亲寄来小照三帧，上次来信，忘了寄给你。现在附上父亲玉瑛合摄一张，他们神气都很好，最近生活也不坏。亿中第一笔赔款已缴出，以后每月陆续付的，为数不巨，父亲可以应付（得）了。玉瑛妹秋季读高三，还可在家中享福一年，明年入大学后就难说了。父亲请你打听汪仲仁大儿子的近况。沪上的亲友，徐季杰已将姚主教路房子卖出，重返苏州学士街居住；钦夫夫已患半身不遂症，方谷仍患肺病，在家修〔休〕养。[3]

暑假来，在小说部门写了一点，对茅盾、老舍、巴金、沈从文、张天翼、鲁迅、郁达夫等，写了几篇三十页至四十页的专论，看得不全，时间匆促，写得并不能讨好。中国小说家中，我对沈从文日益佩服，他的早年作品写得极坏，可是三十年[代]间四十年[代]间的作品，写得极好，而且对人对物态度，极其 humble，一无一般作家由主义出发的执着和偏见。他西洋东西方面，虽然读得不多，却自具一副天生的聪明智慧，不为世俗意见所左右，实是不容易的事。而且好像他不断有进展，不像其他作家，停滞在自己固定的技巧作风上，永远 repeat 自己。上次宋奇寄出的《坦白集》[4]及其他书籍，都没有收到，大概被美政府扣留了。Manès Sperber 上星期在 *New York Times* Book Section 上写过一篇关于小说的

---

3. 汪仲仁、徐季杰、钦夫夫、方谷，均为夏家的上海亲友。

4.《坦白集》，即夏济安所译《失败的神》(*The God that Failed*)，1952 年 11 月由香港友联出版社出版。

文章，认为《乱世佳人》在社会效果上远较 *War& Peace* 成功，意见很庸俗。你一年来不断翻译，也应当好好休息一下。美国好电影极多，*Shane*[5]、*Stalag 17* [6] 是少有的好片子，前半年的 *Come Back，Little Sheba*[7] 也极精彩，MGM 的 *Young Bess*[8] 也是宫闱恋爱片中最真挚的一部。派拉蒙靠了 William Wyler、Billy Wilder、George Stevens，几年来不断有好片子，可惜 George Stevens 现在已脱离了。New Haven 夏季一点也不热，即祝

　　近安

弟志清上

八月九日

---

5. *Shane*(《原野奇侠》，1953)，彩色西部片，乔治·史蒂文斯(George Stevens)导演，艾伦·拉德(Alan Ladd)、琼·阿瑟(Jean Arthur)、白兰度·王尔德(Brandonde Wilde)主演，派拉蒙影业发行。

6. *Stalag 17*(《战地军魂》，1953)，战争片，比利·怀尔德导演，威廉·霍尔登、唐·泰勒(Don Taylor)、奥托·普雷明格(Otto Preminger)主演，派拉蒙影业发行。

7. *Come Back，Little Sheba*(《兰闺春怨》，1952)，剧情电影，丹尼尔·曼(Daniel Mann)导演，特里·莫瑞(Terry Moore)、兰卡斯特(Burt Lancaster)主演，派拉蒙影业发行。

8. *Young Bess*(《深宫怨》，1953)，彩色传记电影，乔治·西德尼(George Sidney)导演，珍·西蒙斯(Jean Simmons)、斯图尔特·格兰杰(Steward Granger)、德博拉·蔻儿主演，米高梅公司发行。该片以伊丽莎白一世(Elizabeth I)的早期生活为背景。

189. 夏济安致夏志清

1953 年 9 月 7 日

志清弟：

　　八月十日一信收到多日，因心绪不宁，迟复为歉。父亲和玉瑛妹的照片看见了很喜欢，父亲略为老了一点，玉瑛妹还是很孩子气；使我很高兴的是，他们脸上的表情都很平和，大约家里情形确还不错，我们至少暂时可以放心。现随信寄上照片两张（这种姿势的不知我曾经寄过给你没有？我已记不清了），一张是给你的，一张请转寄父母亲大人，我照上的神情还好，家里看见了一定高兴的。我已经托宋奇汇寄家用 US$100，他的回信还没有来，但算时间应该寄到了。如已汇到，我看你可以停汇一月，因为在那边的人恐怕不容许储蓄，钱多了反而要招致麻烦。

　　我诸事大致如常。宋奇辞 USIS 职后，我的收入或许要减少一点，但在台湾我也可找到一点翻译差使，能够每月收入够用，另外再有一点 savings，以备不时之需，我也很满足了。顶伤脑筋的事还是恋爱。事情进行得究竟顺利不顺利，我自己也不知道，有时似乎还顺利，有时使我十分失望。但是我确认董小姐是天下顶好的女子（虽然有时对我很 cruel，然其心地十分善良），我同她的结合将是美满良缘，所以我这一次一定得坚持到底，非追求成功不可。有过几次 crises 可以使我们闹翻的，但是我的忍耐涵养已大胜于昔，董小姐又确有 golden heart，故都算平安渡〔度〕过。现在我们的关系并不很热烈，但是能够这样维持下去（一星期平均一次 date），我相信我还是有希望的。我的 proposal 还没有提出来，因为她最近给我的 encouragement 不大，我提不起勇气。过几天等她待我好一点的时候，我想我会提出来的。求婚似不可预谋，当视环境及双方心境合适时提出最为妥善。我的追求并不热烈，因为猛烈的追求可能遭到猛烈的挫折，而我的 sensitive ego 会把挫折看得太认真，因此全盘瓦解的。我相信我最近的作风，确是 means business，很认真 steadily 地在追，你听见了想必高兴的。董小姐现在招商局做事。

沪江的高乐民 [1] 女士在台大任教，我最近同她谈过一次，她很慈祥地关心你的和我们家里的一切。她的信也许先我而到，她说要替你介绍女友，可能使你认识几位比较好的小姐。你极力主张结婚，而我认为 bachelor 是不妨做下去的，可是似乎你的结婚可能性并不比我的大。大抵我们都是 romantics，把爱情看得太重要。你曾劝卞之琳娶一个健健壮

---

1. 高乐民（Inabelle Coleman，1898—1959），曾任教于上海沪江大学，1952年前往香港，是香港怀恩堂创办者之一。

壮的乡下女子，不要迷恋于那 phantom，其实这点我们都做不到的。假如我们把结婚当作是儒教的 ritual、人生的责任，不论是谁都可以为妻的话，我相信三个月之内我们都可以成立家室了。我们以前既不如此，以后恐亦不会如此。父母亦只好空着急了。

我的 8-tube radio 上配了一架电动唱机（不自动换片），预备开始收藏唱片了。第一套我所买的是 Gems from the Great Masters（Columbia），台湾旧唱片偶尔还有好的，但似乎远不如你在那时的多而且廉了。那架唱机只能唱旧式（似乎 76rpm）的，但也可以配合台湾的旧唱片市场。美国现在新出的唱片，小而且轻，看上去很可爱，但台北不易得，有亦很贵。我现在在跟人学"和声"（harmony）（不用耳朵的和声，你知道我不会弹琴，且不好意思到别人家去瞎弹），根据 rules 做枯燥的和声练唱。结果对于音乐欣赏，尚未增加很多，只是看五线谱的能力大进。我以后非但要买唱片，而且还要搜集曲谱，一定要把片子和谱对起来听，才容易进步。希望再过一年，我能买一架风琴（reed organ），作为练习键盘音乐的初步。平剧我看得很少，无线电里则常听。近对于余叔岩有 passion，有几张唱片真使我拍案叫绝，愈听愈好，可惜余氏已死，唱片愈开愈毛，此曲将成绝响了。对于程派的兴趣大于梅派很多。梅派太甜，程派讲究音律，咬字准，节拍分得细密，腔调险怪，皆近乎言菊朋者；青衣里还没有像余叔岩这样有造诣的人。余叔岩一切平稳正常，合乎规矩法度，然而 surprise 层出不穷，真近乎仙境者也。你曾听过孟小冬[2]而好之，孟即是学余的。电影看过一张 *The Story of Three Loves*[3]，Pier Angeli[4] 是我所看见的新明星中最美的一个。再谈

专颂

　　秋安

兄 济安 顿首

九月七日

---

2. 孟小冬（1908—1977），又名孟若兰、孟令辉，老生演员，余叔岩派唯一女传人。1950年下嫁杜月笙。

3. *The Story of Three Loves*（《人海情潮》，1953），文森特·明奈利（Vincente Minnelli）、戈特弗里特·莱因哈特（Gottfried Reinhardt）联合导演，柯克·道格拉斯（Kirk Douglas）、莱斯利·卡伦（Leslie Caron）、皮耶尔·安杰利等主演，米高梅公司发行。

4. Pier Angeli（皮耶尔·安杰利，1932—1971），意大利演员，代表影片为《特莉萨》（*Teresa*，1951），凭借此片获得金球奖。

190. 夏志清致夏济安

1953 年 10 月 14 日

济安哥：

　　来信收到已有一个月了，因为生活没有什么变动，至今才给你回信。照片上神气很好，学者风度很浓，一张已寄去家中了（以前你曾寄过穿浴衣、抽 pipe 的小照一张）。不久前父亲、玉瑛妹来信，附上玉瑛妹照片两张，兹将其中一张附上，看上去她还是很天真开心的。因为父亲失业，玉瑛妹还在中学，家中似乎没有直接受到管制。他们夏季的生活是很愉快的，不时地逛公园上电影院，西瓜每天开两只。假如家中经济情形能保持现状，父母可以有很舒服的晚年。我已好久没有机会拍照了，下次来信，或可有照片寄给你。

　　暑期过得很平凡，没有花工夫追过一个女人。以前追过的 Rose Liu、沈家大小姐，都先后在今夏结婚了。因为心目中没有对象，性的苦闷并不大，只是生活太单调而已。开学后，可以不时参加跳舞会，生活上稍有调剂，不过年龄大了，也懒得花工夫同外国女孩子交际。你同董小姐这一月来进展如何？这次恋爱，有忍耐和决心，想一定可达到预期的成功。

你每星期 date 她一次，别的 suitor 想很难乘隙而入，只要时间一久，她不会不接受你的爱的。她在招商局做事，日里的时间都在俗人中混过，更会觉得你爱她一份真心的可贵。中国近代文学，还是不断在写与读中，希望年底前把小说部门告一段落。最近没有什么发现，抗战后师陀（即卢焚）出版的长扁〔篇〕《结婚》是部很好的小说，读来极紧张，把上海沦陷时的生活情形描写得淋漓尽致。师陀恐怕仍在大陆，不会再有作品问世了。不久前读 Conrad 的 *The Secret Agent*，确是部极好的小说，布局、人物刻画上似受屠斯退〔陀思妥耶〕夫斯基影响。有空可以一读之，Doubleday 新出版的 Anchor edition，只卖七角五分。

　　我 classical 音乐常听，对于 Mozart、Beethoven、Haydn[1] 等极爱好，虽然说不上"懂"。最近不会有工夫做了解音乐的初步工作，也不会买一架 phonogragh。买唱机后，买唱片的 temptation 太大，而我目前的心境和经济都不容许我培养这个 hobby。Popular music 已好久不听，每天收听的是《纽约时报》FM 电台，这个电台，除了 every hour on the hour 有五分钟新闻报告外，其余的时间都广播古典音乐。平剧唱片也已好久没听到，虽然想起在上海、北京那时看京戏的热心情形，现在还是很神往的。美国的话剧，大都是好莱坞的二流明星主演的，提不起我的兴趣。Opera 还没有看过，文字不通，唱

---

1. Haydn(Joseph Haydn，约瑟夫·海顿，1732—1809)，奥地利作曲家，维也纳古典乐派的早期代表。

做过火，对它总有格格不相入之感。美国价廉的娱乐只有电影。上次到纽约，在 Roxy 看了 *The Robe*[2]，cinema scope 摄取的景物，确较普通银幕上映出的来得有"深度"，大场面是少有的美丽，虽然影片本身很平庸。Pier Angeli 我只看过一次，她的确很美丽，上过 *Time* 封面的 Audrey Hepburn[3] 风度与众不同，恐怕是 Ingrid Bergman 后好莱坞最大的发现。董小姐喜欢什么明星？我可以代讨亲笔签名的十寸大照片。

开学后忙不忙？是否仍担任小说一门？高乐民女士还没有来过信。她是个好人，以前她死缠要我信教，最后在上海见面一次，她还说要不断祷告，使我相信上帝。她认识的小姐，恐怕多是沪江 47、48[届] 的毕业生，现在都有二十五六岁了。不过能认识几个，也是好的。二和叔已去世（cancer）；二和婶的生活只好由生元[4]一人担负。我生活平平，希望你下次信上有好消息报告，即颂

秋安

弟 志清 上

十月十四日

---

2. *The Robe*（《圣袍千秋》，1953），圣经史诗电影，据道格拉斯（Lloyd C. Douglas）同名小说改编，亨利·科斯特（Henry Koster）导演，理查德·伯顿（Richard Burton）、珍·西蒙斯（Jean Simmons）、维克多·麦丘（Victor Mature）主演，20世纪福克斯发行。

3. Audrey Hepburn（奥黛丽·赫本，1929—1993），英国演员、人权主义者，世界著名影星。代表影片有《罗马假日》（*Roman Holiday*，1953）、《蒂凡尼的早餐》（*Breakfast at Tiffany's*，1961）等，曾获得包括奥斯卡最佳女演员奖在内的多种国际大奖。

4. 二和叔，名夏毅和，是夏志清三叔祖之子，无出，领养生元为女。

191. 夏志清致夏济安

1953 年 10 月 26 日

济安哥：

不久前曾来一信，想已收到。今晨接父亲函，谓张和钧托他兄送给了父亲一千万元，详情见附信（去信张和钧处询问时，可不必提及父亲猜测划款的事）。我想该款可能是gift，因为你来信从没有提起过。不过关于这事及唐炳麟欠款事，请你打听一下，我可以及早把情形转禀父亲。宋奇的一百元，也请代问一下，他已好久没有来信。如果家中果真有一笔意外收入，乃是极好的事。

近况想好，甚念。董小姐方面，进行如何？我生活照常，上星期六中国同学会开会，看到一位 teenage 高中女生，有1/4 的美国混血，生得极美，身高与我相仿，figure 极丰盈，颇使人可喜。唯年龄悬殊，亦只能欣赏欣赏而已。Graduate School 中有同学陈文星[1]君，两年来同我交情很厚，英文较

---

1. 陈文星(1917—2006)，浙江象山人，耶鲁大学政治系博士，任教于纽约圣约翰大学。

差，最近考政治系 predoctoral 笔试失败，心中极为懊丧，有
返台湾意。届时他真返台湾，我再通知你。他来美时日同我
相仿，结果只拿到了芝加哥和 Yale 两个 MA，永不能爬上写
论文的阶段。希望早日给回信，祝

近好

弟 志清 上
十月廿六日

192. 夏济安致夏志清

1953 年 10 月 28 日

志清弟：

　　来信并玉瑛妹照片均已收到，玉瑛妹天真活泼如昔。她的服装同台湾一般女学生的并无特别不同，神情亦还高兴，这几年来她似乎没有长大多少，按年龄她该读大一了，她似乎比台大的一般大一女生还要年轻。看了她的照片的确使我对于家里放心不少。

　　送上父亲手书便条一纸，这点钱是张和钧代划的，再补几十万元，约合美钞 500 元，我已经付给张 100[元]，余 400[元] 由你陆续拨还如何？最近不知你寄钱回去过没有？由张和钧代划，手续似乎最为简便，另外 400 元他希望早一点收齐，不过假如你手头不便，还是照老办法按月寄（按月拨还）亦可。张和钧现在台太平公司服务（董汉槎是董事长，丁雪农 1 是总经理，陈文贵是经理），他家在上海有一爿厂，

---

1. 丁雪农（1896—1962），原名丁乐平，江苏扬州人。1929 年协助金城银行总经理周作民组建太平保险公司，1951 年前往香港，1952 年赴台。

故有宽裕头寸。父亲一起拿一笔钱，或许可以做做小生意。

本来我还可以多贴补些，最近这四个月来，没有大笔收入，所以暂时还是由你多担负一点。宋奇近约我翻译一本 Douglas Hyde[2] 的 *I Believed*，译成后我可以从稿费里再抽 US$100 寄给家里。这是 Sperber 后我的第一本书。

I Believed 之后，他约我写一本关于 Henry James 以后"美国小说"的书，写这样一本书你知道我的学问是不够的，可是我相信我可以符合他的"通俗"的要求（读者对象是中学程度的青年，popularization，不是做高深研究）。关于立论方面，我相信还可以说得平稳。你寄给他的 15 元汇票，他已经退还给你，因为我在他那里存有款项（宋奇现在在替我做西装、买衣服，不久我可以焕然一新），你要买书由我支付没有问题，以后亦是如此。他希望你替我买几本有关美国小说的书，他说他开了一张书单给你，不知开了些什么？ Joseph Warren Beach[3] 的 *American Novel (1920—1940)* 和 F. J. Hoffman[4] 的 *The Modern Novel in America(1900—1950)* 我都已看过，台湾亦借

2. Douglas Hyde（道格拉斯·海德，1911—1996），新闻记者、政治活动家，《我相信》(*I Believed*)是其回忆录，讲述了他从信奉共产主义转向信奉天主教的历程。

3. Joseph Warren Beach（约瑟夫·比奇，1880—1957），美国诗人、小说家、评论家，代表作有《美国小说1920—1940》(*American Novel (1920—1940)*)《亨利·詹姆斯的方法》(*The Method of Henry James*)等。

4. F. J. Hoffman（Frederick J. Hoffman，弗雷德里克·J.霍夫曼，1909—1967），美国学者，曾任教于哈佛、斯坦福等大学，代表作有《现代美国小说1900—1950》(*The Modern Novel in America(1900—1950)*)、《南方小说的艺术》(*The Art of Southern Fiction*)等。

得到。*On Native Grounds* 我有此书。J. W. Aldridge[5] 编的 *Critiques and Essays on Modern Fiction* 我已借到，还有你以前送我的 Tate 和 O'Connor[6] 两本。这四本书可暂时不必买。此外该买些什么，由你斟酌可也。Brooks 和 R. Penn Warren 的 *Understanding Fiction*（1950 年有新版），Ray West[7]、R. W. Stallman[8] 的 *The Art of Modern Fiction*，Mark Shorer 编的 *The Story: A Critical Anthology* 三书虽非专讲美国小说，不知合用否？Rinehart 出了一本 *The Art of the Novel*（by Dorothy Van Ghent[9]）似乎亦是一本合用的参考书，原来为供学生讨论之用，我的书的对象亦系学生。各书的重要性，我无法决定，由你挑选顶要紧的先买下寄来可也。至于美国小说的 text，美国新闻处图书馆大致还可以借到一些，Pocket Books、Signet、Bantam 里也有不少，我亦看不胜看，暂时似乎可不必由你代买。

---

5. J. W. Aldridge(J. W. 奥尔德里奇，1922—2007)，美国作家、评论家，密歇根大学教授，代表作有《失落一代之后》(*After the Lost Generation*)、《追寻异端》(*In Search of Heresy: American Literature in an Age of Conformity*)等。

6. O'Connor，可能指 Mary F. O'Connor(玛丽·奥康纳，1925—1964)，美国作家、散文家，以短篇小说最为知名，她的作品有着浓厚的南方风情及天主教风格。

7. Ray West(Ray B. West，雷·韦斯特，1908—1990)，美国作家、学者，创办《西方评论》(*The Western Review*，后改名为《洛基评论》[*The Rocky Mountain Review*])。

8. R. W. Stallman(Robert W. Stallman，罗伯特·斯托曼，1911—1982)，美国学者、教育家、批评家，代表作有《史蒂芬·克莱恩传》(*Stephen Crane: A Biography*) 等。

9. Dorothy Van Ghent(多萝西·范·根特，1907—1967)，美国批评家，任教于哈佛大学等校，代表作有《英语小说：形式与功能》(*The English Novel: Form and Function*)。

宋奇请你用中文写一本五四以来中国小说的批评。你在这方面花的工夫已经不少，论一般性的学问和批评训练，中国没有第二个人赶得上你，我希望为中国文化前途计，你答应替他写这本书。

另附上五彩（Ektachrome）transparencies 五张，照的都是董小姐，因为台湾放大的技术不高明，所以托你在美国代为放大：

（一）Album Size 的每种各两张（我要一张，她要一张）；

（二）Parlour Size 的你看有合适的随便放一两张。她不大化装〔妆〕，如放得太大脸色显得太黄，那么可将此项取消。放好后连 transparencies（handle them with care！）一起寄回为感。放的时候据说顶好先印成 negative，这种 transparencies 你不妨同店里讨论讨论，我亦不懂，总之希望能有顶好的效果。谢谢。（照片两张戴黑眼镜的是在台北新公园里照的，三张在台大傅校长墓园里。）

我和董小姐的关系据现状看来，大致还不坏。我在九月十二日中午向她 propose（没有下跪，仅在一家叫 Rose Marie 的西菜馆 across the table 向她提出的），她没有答应，但几天以后她承认我是她顶好的朋友，她要尽可能地使我快乐，这些 signs 都还算 encouraging。求婚以后不久，她允许我常到她家去走动，现在我同她家里各人相处得亦很好，她似乎亦很关心我的痛苦。总之，我生平还没有这样的 intimate 的女朋友。若诸事顺利，我的婚事应该还有希望。但是请你慢慢告

诉父母亲，免得将来不成时，他们要失望。我近况还好，你听见了想必很高兴的。专颂

近安

济安 顿首

十月二十八日

〔又及〕关于电影明星照片事，董小姐所喜欢的女明星是 1. Jennifer Jones，2. Pier Angeli，3. Teresa Wright，4. Janet Leigh；男 1. Joseph Cotton，2. Gregory Peck，3. Robert Taylor，4. Spencer Tracy——人这么多，你恐怕讨不胜讨了，你如有不便，随便挑两三个人即可，照片由你代收，再转寄给我，她的英文名字 Lily Tung。程绥楚在香港每日发表数千字文章，收入颇丰，最近预备买汽车。高乐民最近没有见面。

193. 夏济安致夏志清

1953 年 11 月 6 日

志清弟：

　　来信并父亲一信收到已好几天，张和钧那里我因为没有空，还没有去过。反正事情很简单：（一）数目合 $400 或 $500，以后问清楚了再说，他现在并不要全数拿足。（二）唐炳麟的款子顶好暂时不要同我们的事混为一谈，他现在这个办法对家里还算有利——他先付一笔钱，我们陆续拨还，我们不应该在这上面跟他算别的账。当然我见了他的时候还是要问他的。

　　你的 10 月 11 日的钱既然已经汇出，再加上张和钧的钱，家里目前应该比较宽裕一点。我在上星期发出一封挂号信，想已收到。你假如有便，盼将 12 月以后的款子陆续归还张君（美金汇票寄来想无问题，顶好是要在纽约付款的）。

　　宋奇处汇款后来没有汇，因为张和钧的办法很简单，我就没有麻烦宋奇。

　　宋奇的一封信和他的一篇文章，现照他 [的] 嘱咐转寄给你。宋奇对于 poetry 能够始终如一有这样强烈的兴趣，是很值得钦佩的。像他这样有修养的人，目前中国是很难得了。

他请求你写一本关于五四以来中国文学的书，我希望你不要推辞。你所搜集的资料和你所累积的见解已经够写一本书，假如用英文写出，恐怕没有多少读者；用中文写在香港出版（香港的言论顶自由），是顶理想的办法。

关于美国小说的书，如尚未买，可暂缓，因为我一时不致动笔。上封信托你代印几张照片，想已收到。X'mas 期届，又要麻烦你买 card，买四五张即可。送董小姐的一张，我还不敢用 sweetheart、darling 等字样，还是落落大方的好。我希望有两张是特别一点的，可挑一张送给董，其余两三张随便怎么样都可以。别的再谈，专颂

学安

济安 顿首

十一月六日

194. 夏志清致夏济安

1953 年 11 月 16 日

济安哥:

两星期来,因为赶写东西,比较忙碌,十月廿八日的信,今天才给你答复。十一月六日的信也在三天前收到了。这次寄上美金汇票三百元一张,因为张和钧这次划款究竟合美金多少还没有弄清楚。俟弄清楚后,当再另汇上一百元,这样手续交代比较清楚些。汇票受票人名分下我填了你的名字,因为我不知张和钧英文名字的拼法,如拼错了反而有麻烦。我想你将支票 endorse 后交给他即可。再,请他早日把该支票兑现或存入银行,因为这种支票照理是不应当出国的。

你上次求婚,成绩很好,使我心中大喜,我想下次再求婚时,一定可蒙她首肯了。寄来的五张 transparencies 上,她显得很美丽,已早拿去洗印了。每种两张,成绩如好,再择一两张好的放大。她所要的影星相片,因为 Peck、Cotton、Jennifer Jones、T. Wright 并不隶属任何公司,讨起来比较麻烦。已先去信 MGM 讨了 Janet Leigh 和 Pier Angeli 的签名照片。不日再写信给 Tracy 和 Robert Taylor,我手边有 Debbie

Reynolds[1]、Elizabeth Taylor、Anne Francis[2] 的签名照片，不知她要不要？圣诞贺年片，以前买了几张，没有寄给你，当在一二日内再购择好的寄上。

上次宋奇开了书单来，除他自己要看的两本：Theodore Greene[3]，*The Arts & the Art of Criticism* 和 Henri Peyre，*Writers & Their Critics* 已寄出外，关于美国小说的书籍，还没有买。他开的书单没有你信上所提到的几本那样新和重要（几本重复的不算）。事实上，你几本 basic 的书都已看到或借到了（Aldridge 的 *Critiques & Essays* 我这里有，可以寄给你），应当补充的是关于 Hemingway、Faulkner、Fitzgerald 等近年出版的评述和传记。反正你最近不急，不日到书坊去择好的寄上。美国小说，看不胜看，我看你最好择几个名家，他们的作品有系统地读一下，再好好地作一番批判介绍。关于五四以来小说的批评，用中文写比用英文写当然容易得多，而且可以显得精彩，因为许多对付英美读者说明性的材料都可以删去了。可是我既答应了 Rockefeller Foundation 写本英文书，

---

1. Debbie Reynolds（戴比·雷诺兹，1932— ），美国女演员、歌手，代表影片有《瑶楼飞燕》（*The Unsinkable Molly Brown*，1964）等。

2. Anne Francis（安妮·弗兰西斯，1930—2011），美国女演员，代表影片有《原子铁金刚》（*Forbidden Planet*，1956）等。

3. Theodore Greene（西奥多·格林，1897—1969），美国哲学家，代表作有《艺术与批评的艺术》（*The Arts and the Art of Criticism*）、《宗教与人性》（*Religion and the Humanities*）等。

当然先得用英文写，将来有空，可再写一本中文的。我几年内既不能够返国，出版一本书，不管销路如何，总是很重要的，所以我想暂且谢谢你和宋奇的诚意，明年有空时再替他的出版社服务。宋奇的《红楼梦新论》是我很想一看的书，想要知道他的见解同我的有多少出入。我很想写一本批评中国旧小说的书。宋奇在上海时多少带一点 dilettante 的风度，现在态度方面比以前成熟严肃得多了。他对他志同道合朋友的忠心，一向是很使我感动的。他的 credo 中我不能全盘同意的，是他对批判中国文学、文化"特殊标准"的坚持。我受了 New Criticism 的影响，认为审定文学的好和伟大，最后的标准是同一的。这不是说我们要用"Romantic""Realistic"等 categories 来说明中国文学，因为目前最好的西洋批评家，不论其对象是荷马、雪莱、Flaubert，似乎都从作品本身着手，而放弃了对于"古典""浪漫"等 terms 的懒惰性的依赖。我们讨论中国文学时，对于为什么某时代有一种特殊的 sensibility、一种特殊的 idiom，可用历史背景说明，可是说到这时代作品的本身，最后的标准似乎只有"成熟""丰富"（richness）等简单的 concepts。假如我们对于中国旧诗真觉得有特殊的"好"处，这好处只有根据诗本身而〔才能〕加以说明。假如我们想用特殊标准来批判中国文学，好像一开头就存了"胆怯"的心理。其实中国诗同英国抒情诗比，《红楼梦》同欧洲最好的小说比，我相信都是无愧色的。

圣诞将届，不知你对董小姐在追求步骤上有什么新准备。

照片和圣诞卡下次来信时一定可以寄出。我生活如常，开学后，周末 date 过几次外国女郎，所以还不算寂寞。即祝

近好

弟 志清 上

十一月十六日

195. 夏志清致夏济安

1953 年 11 月 17 日

济安哥：

　　附汇票的信刚刚寄出；照片十张已取出，成绩良好，兹附原片四张一并寄还。我认为最满意的一张已拿去放大了，两星期后可印好。我自己也印了两张彩色照片，下次寄上。

弟 志清

十一月十七日

196. 夏济安致夏志清

1953 年 12 月 11 日

志清弟：

　　信、钱、照片、贺年片都已收到，这次害你破费很大，心中很不安。五彩照片印得很好，有人在台湾印的，成绩比这几张差远了。还有一张大的，尚未收到，想是寄平信来的。贺年片都很美，很可以使收到它们的小姐们觉得喜欢，而且honored。张和钧处钱已送去，另一百元等父亲那里得到回音后再给无妨。张和钧预备在两三星期后结婚，新娘姓衡，是亿中银行老同事，现在电力公司服务。你来信说对于我的近况很高兴，我实在有点不安，因为我的好事还是很渺茫，最近简直并无发展。董小姐到交通部讲习会（在北投）受训去了，已经有一个月，还有半个月（过了 X'mas）可以卒业。那种受训的办法，美国杂志上想也有批评的。总之，想做公务员，不得不过这一关。我很想念她，但很难见到她。她周末匆匆回来匆匆又去，到她家里又没有几句话好讲的。她家里似乎并没有当我 future son in law 看待，我只是硬着头皮去追求而已。她曾瞒着我去考"高考"外交人员考试，居然榜上有名——我晓得她去考的（因为高考几天她失踪了），但想不到她会考取，因为她的程度在台大还算好，但比起当年的大学外文系毕业生如周班侯、吴新民等，实在差得很多。照当年的录取标准，是考不取的。她考取之后，当然梦想（你可以想象得出来的）做女大使了，成家结婚之念不免要淡下去，我再要 secure her affections 当然更难了。我有时也问自己：我的太太假如是个女外交官，我的家庭生活会不会幸福呢？她的外交梦暂时还不能实现，至少等一两年后才可补一个科员缺，暂时她还要待在招商局，然而她的野心大矣。董小姐其实为人是脚踏实地，很少梦想，且不善交际（从来没跳过舞，西菜都没吃过多 [少] 次），应该没有做外交官的幻想的，可是她家里只有她一个大女儿，她的弟弟还在幼儿园，她父母难免把她当儿子看待，希望她增光门楣。她父母为人都很正派，不过她父亲是失业官吏，未免官迷甚深，女儿之考高考，大半是他的主动〔意〕。他父亲自己是高考出身，故尤其把高考看重——他没有出过国，因此他和他太太对于出不出国留学倒并不在乎的。

所以我目前的情形：同董小姐很少机会见面（她不许我去北投看她）；看远景，结婚的可能似乎只是减少了些。我现在只爱她一个人，你可以想象我并不很快乐。好在我还算乐天知命，resignation 这个 virtue 在我不算是一件难事。但是我现在并不打算放弃追求，你听了也可以放心一点。

师陀的《结婚》我去借来看过，并不很满意。根据那主角在上半部写信的语气，下半部应该不是那样的一个人。作为讽刺，力量不够（而且太乱）；作为 soul drama（描写一个人的堕落），更不透彻。对我顶有兴趣的是第一封信里的对于"佩芳"脸容仪态的描写，那几行写的简直就是董小姐。可惜她的家庭环境不是教书或是开小店的，否则我这样一个 suitor 早该 accepted 了。

我现在瞎忙一阵——看卷子，写杂文章（帮两三家杂志书店的忙）等，翻译 *I Believed* 已经常常凑〔抽〕不出时间来，研究美国小说更没有花多少工夫在上面。那些书慢慢地买没有关系。我至今 create 的梦还是存在，不知道哪一天能够实现。

宋奇约你的书我希望你还是早一点写——每章中文英文同时写，是不是对你可以少吃力一点？

家里情形想都好。玉瑛妹那里的贺年片我不想寄了——这种"陋俗"他们一定 discourage 的——你给我多多请安吧。

再谈，专祝

冬安并颂

圣诞快乐

济安 顿首

十二月十一日

〔又及〕Cary Grant 的 *Dream Wife*[1]，台湾还没有演。Ethel Merman[2] 的 *Call Me Madam*[3] 只演了两天，我去邀她看时，已经换片了。

---

1. *Dream Wife*（《理想夫人》，1953），浪漫喜剧，西德尼·谢尔顿（Sidney Sheldon）导演，加里·格兰特（Cary Grant）、德博拉·蔻儿、沃尔特·皮金（Walter Pidgeon）主演，米高梅公司发行。
2. Ethel Merman（艾索尔·摩曼，1908—1984），美国女演员、歌手，以出演百老汇音乐喜剧知名，曾获金球奖等奖项，代表作有《风流女儿国》（*Call Me Madam*，1953）等。
3. 《风流女儿国》，沃尔特·朗导演，艾文·柏林（Irving Berlin）作词作曲，艾索尔·摩曼、唐纳德·奥康纳（Donald O'Connor）、薇拉·艾伦、乔治·山德士主演，20世纪福克斯出品。

197. 夏志清致夏济安

1953 年 12 月 24 日

济安哥：

十二月十一日来信已收到了，知道你在董小姐那方面进行不太顺利，心中很不快。男女恋爱，表面上是男方采取主动追求，事实上主动权完全操在女方手里的，只要女方犹豫不决，顾虑太多，进行就不会太顺利，尤其是对我们这种不会利用女性弱点弄噱头的人。读你来信，好像董小姐同你还没有抱着全部 sincere 的态度，连投考外交人员考试的事都瞒你，如果你不断地找机会要见她，忠实地追她，恐怕反而会引起她的反感。你的死心塌地反而降低你在她眼中的价值，因为她觉得你已是她的人，不管她对你的态度如何。所以在最近期间，我劝你不妨对她冷一冷，她反省一下，要找像你一样诚恳温柔，有学问可靠的人，倒也不是一桩容易的事，反而心回意转了。男贪女欢应是 mutual 的，你目前的 task 是恢复和增加你在她眼中的吸引力。当然，如果她同她父母一样有很深的势利观念，一定要爬前程做官，这件婚事乐观的可能性很少〔小〕，但是这样势利性重的女子，也就没有什么值得爱恋了。（五彩大照片，是取得第一批照片后再拿去 develop 的，现在尚未取回，印好后，即寄上。）

十一月中以后我一直要写封信给你，报告我的近况，同时也很难下笔，因为我不大清楚我究竟对这学期开学后认识的一位小姐 Carol Bulkley 是否有真正爱情。这事进展神速，事前你一点也不知道。十一月七日我同 Carol 看电影第一次接吻后，到现在两个月还没有到，可是就现状看来，我同 Carol 迟早要在 1954 年结婚了。感谢〔恩〕节前后，一时心中高兴，写信禀父母关于这次恋爱的成功，四五天前，父亲在很兴奋中写就的复信也收到了。目前我同 Carol 的爱情日益增浓，虽然在我这爱的本身就不是"一见倾心"极强烈的一种，可是 Carol 就一直无条件极 passionate 地爱着我。

Carol Bulkley 今年才二十一岁（brunette），刚从 Mount Holyoke 女子大学毕业于古典系，成绩很好，是被选入 Phi Beta Kappa 团契的[1]。现在在 Yale 读古典系的 MA，明年准备教中学。她比我矮二三寸，相貌还好，眼睛还是明朗的。Figure 方面有向 plump 方面发展的趋向。她最不美的地方是头俯倾的时候，有二下巴的倾向：那是因为她从小到十六岁时每年冬天头部什么腺发炎的缘故。可是把头稍微抬起时，

---

1. Phi Beta Kappa, 即"Phi Beta Kappa Society"，是美国著名的优等生联谊会，肩负着"颂扬并倡导文理学科的卓越"的使命，吸纳自全美顶尖学院及大学中的优秀学生为成员。这是美国历史最悠久的以希腊字母为名称的兄弟社团，创建于 1776 年 12 月 5 日，是美国最古老的大学生团体中文理兼备的荣誉社团。

这倾向就消失了。The Bulkleys 在 New England 是老家 [族]，据说在 Mayflower 上来的 Jonathan Church，就是他们的祖先。Carol 是独生女，她祖父生前在 Springfield，Mass. 创办一家水火保险公司，算得上殷实之家。她的父亲（second son）仍旧在 Springfield 保险界服务，家庭情形很简单。

　　Carol 第一、二次同我见面，是在开学初的两处跳舞会上，接着我约了她看了一次电影。我同她谈得很投机，据她后来自叙，在谈吐中，她觉得我是她生平所遇到最聪明（most intelligent）的男子，而且和蔼可亲，一点没有骄傲架子，所以很早就爱上了我。那次看电影后（*Mogambo*[2]），我在饭厅见到她时，也约过她两次，不凑巧，她有一次要返家，有一次要去 Holyoke，都没有约成。她后来说，拒绝我两次后，心中很慌，恐怕我以后不会再找她了。所以我再约她看电影时（*All the Brothers Were Valiant*[3]），她非常兴奋，我们看完电影、喝完茶（她不喝咖啡的）后，走回她宿舍时，她 suggest 时间尚早，不妨再去散步。在散步时，我就把她抱得紧紧的，接了一二次吻。下星期六（十一月十四日）我去宿舍接她去跳舞时，她说明天她要请她女友 Helen 及其男友

<hr />

2. *Mogambo*（《红尘》, 1953），美国冒险／浪漫电影，约翰·福特（John Ford）导演，克拉克·盖博（Clark Gable）、艾娃·加德纳主演，米高梅公司发行。

3. *All the Brothers Were Valiant*（《四海英雄传》, 1953），冒险电影，理查德·托普（Richard Thorpe）导演，罗伯特·泰勒（Robert Taylor）、斯图尔特·格兰杰主演，米高梅公司发行。

吃午饭，请我作陪，预备的是羊肉，我说我羊肉是不吃的，她觉得很不好意思。星期天吃过午饭后，她说开车出去玩玩，在 East Rock 驶了一回后（她自己有汽车：Nash Rambler, Station Wagon），她忽后〔然〕想起下星期六 Yale Harvard 足球跳舞，是要穿 formal 的，她说她要回家去拿衣服，不知我有没有空同她回家走一遭。在美国，女孩子把男朋友带回家去看父母，是相当表示有意思的。我在车上就探探她口气，说："你是大概不想同中国人结婚的。"她回答"那也不见得"，并谓她很喜欢我。那天到 Springfield 附近的小城 Long Meadow，见了她父母，吃了晚饭，再开回 New Haven。

星期二（十一月十七）我又去看她一次，星期四又同她看了一次电影（旧片：*Treasure of Madre Sierra*）。看完电影，在她宿舍附近接吻拥抱时，她几乎要哭出来，说：这样下去，somebody will be hurt, & it will be me。她问我我究竟对她怎样，我说她人很好，我很欢喜（like）她，etc，她就怏怏然地回屋了。第二天星期五，我心中很难过，因为在男女关系上面，都是女人对不起我，很少有我对不起女人的事。当天晚上我打电话给她，说昨天的话并不能代表我心里的意思，我实在是爱她的。星期六，在 Law School 跳舞，玩得很高兴，跳舞二时结束，我回家的时候已三时了。

星期日 Carol 返家，星期一晚饭时，她说有话同我讲。她说（later in car，在 East Rock 上，New Haven 的小名胜）她母亲坚决反对她同我结婚，并以自杀威胁。在对付同一困难上，

265

Carol 和我关系又进了一层，星期一、二，在车中两人打得很热烈，她告诉我她还是处女。她在大三时曾和一个从小就认识的男友订过一月婚，后来遭男方 domineering type 母亲的反对，婚事作罢。大四一年，她很伤心，用功读书，暑期中去欧洲玩了三个月。星期三晚饭后，她同我依依不舍地道别，回家去过感谢〔恩〕节了。

回家四天，她给了我两封信，我也还了她一封信，她星期一（十一月卅日）返宿舍后才看到。这以后我们差不多每天晚上相聚，除非她不在 New Haven。因为我对她态度上从来没有紧张过，所以不论玩和谈话，都能充分表现出我的长处。上星期三我给了她一副 cultured pearls 的 necklace，$28，她高兴得不得了。她送我的 X'mas gift 是一件 orlon 衬衫、一条领带，合价也要十一二元左右。上星期五、六，她去纽约，特地在返家前回 New Haven，星期天那天同我在一起，到九点钟才驶车返家。昨天（星期三）收到她星期一发出的信，我也当天给了她回信，她说母亲的态度比以前温和了。今年 X'mas 假期，我将过得很清静，可是心中一点杂念也没有，另有一种快乐。在美国六年，第一次有这样一个女孩子真心爱你，待你体贴入微，就凭这一点，也是值得终生〔身〕感激的。

Carol 不够漂亮，决定同她结婚，我十年来的 romantic dream 当然得抛弃了，但是我并没有遗憾。今夏未得梅仪慈回音后，我把在美国同中国女孩子结婚的野心早也〔已〕放弃了。自己资力不够，而中国女子，面目像样一点的，都是带些势利的，她们更有更势利的父母。这次和 Carol 的恋爱，得来全不费气力，但事实上也是千中得一的侥幸。所以这件事很有一些中国旧式"姻缘"的意味。Carol 为人极好，对她的朋友极忠心大气，一点没有做作，不够 intellectual（谈话不大涉及 ideas），可是她精通拉丁，看得懂（并会讲一点）法文、意大利文，廿一岁的中国女孩子有这样的造就，就可说是没有了。她喜欢做菜，有贤妻良母的典型，不需要近代中国女郎所期望于丈夫的服侍和殷勤。我在美国住下去，很可能做 bachelor，现在有了 Carol，生活上另有一种兴趣、希望。使我不愉快的是你同董小姐的事不能同时有这样成熟的表现。对付她的方法，我想不说〔出〕什么来。因为男方所能给予[的]是忠心热诚的爱，假使女方除此之外，还要一些别的，只好由她自己做主了。附上近照两帧，家中都好，祝你

新年快乐

弟 志清 顿首

十二月廿四日圣诞前夜

1954年

198. 夏济安致夏志清

志清弟：

　　大除夕接到你的喜讯，一下子惊喜交加，人为之愕然，我本来情绪相当恶劣，突然来了这样一个刺激，一时头昏异常，四肢乏力，恰巧那时来了一个学生，我随便拟了一个电报稿"Congratulations & Best Wishes"叫他去给我拍了（我那时连去电报局这点 exertion 都做不动）。那学生回来说，电报收费以二十二字为准，他看我的稿子字少，再给我加上一个 A Happy New Year。我想电报也该提一声你的 Carol 的，那时糊里糊涂地忘了，不过请你告诉她：Congratulation from her future brother: She has got the best man in the world.

　　我替你非常高兴，也替父母非常高兴——我们家里总算来了一个媳妇（不过要请父母少声张，那边对于华侨眷属很厉害，你现在是做定华侨的了），抱孙有望，父母老来总算有个安慰。对于玉瑛和我自己，我也很高兴有这样一个 sister in law：诚实大方有学问，而且真正地爱你；假如你娶了一个你所谈虎色变的那种中国势利女子，我想会影响你对我和玉瑛妹的关系的。那种势利女子一定厉害，书读得愈多，人变得愈 cunning，更自以为是，更小气。结婚以前虐待追求她的人，结婚以后一天到晚捧住了丈夫，想帮丈夫去争权夺利，即使无权可争，无利可夺，对于丈夫的哥哥和妹妹，总可能抱敌视的态度的。西洋人比较善良的为多，少猜忌，待人直爽，把世人看作都是好人。我还记得你以前帮胡觉清去和某洋人谈判一笔地皮生意，你信里说，胡觉清的精明忌〔尖〕刻和某洋人的真诚坦白，成一强烈对比，你那时见了很生气，我看见了你的信也很气，觉得那种中国人真替中国丢人。此事虽隔多年，我现在还记得。（基督教教义 charity 的要旨就是"不猜忌"，是不是？）你对中国女子绝望，改向外国小姐谈恋爱，我本来就叫好，认为是明智之举。我相信我们弟兄待人都很诚恳，而你尤其不容半点虚伪，自己待人诚恳，不免希望人家也以诚恳待我，但是中国女子虚伪的这样多，你失望而从西洋女子那里取得安慰，我很羡慕你有这种勇气、这种机会。特别可喜的是 Carol 有这样的学问而能这样温柔体贴，一个 Latin scholar 的所志只在厨房，只想替她心爱的丈夫做两只好菜——志清，你太幸福了。

婚期定了没有？将来你们预备住在哪里？Carol 娘家虽很殷实，不知道你的经济能力能不能应付婚礼、蜜月以及新房的布置、婚后的开支等等？你的待人热肠，远胜于我，你爱你的 Carol，是没有问题的，用不着我来多说。可是你的 tact 不如我，六年不见，不知道你的脾气怎么样了？我总记得你在家里嗓子很大，常常赌神罚咒，这种脾气可能影响婚后的幸福。六年以来，我们不断地通信，但是我从来没有给你什么劝告，实在 [是] 我也没有什么劝告你的，因为我总承认 you are a much better man than I am。但是这一次的劝告我是真正由衷而发的："夫妇之间当以忍让为先""小不忍则乱大谋"。希望你能牢记我这做哥哥的忠告。看你的相片，精神十分振作，同在国内时完全一样，甚至比〔与〕你高中毕业时都没有什么差别，仍旧是一副"少年老成""英华挺秀"的样子。但是你的神情似乎还很紧张，不够悠闲潇洒，希望婚后能显得多 relaxed 一点。

听见你的喜讯，我当时很有点慌，偏偏我的境遇不很顺利，一时拿不出什么成绩来，暂时只好让父母以及亲友们失望。按理说，哥哥应该在弟弟之前结婚，至少不应该落在弟弟之后过远，但是我的喜讯还是茫茫无期。你信里也承认一男一女的结合冥冥中似有前定，那么我的迟迟不成也许 [是]"姻缘"尚未成熟之故。

但是我现在也并不着急，你的喜讯大约不致会 precipitate 我的喜事。我的社交生活，as ever，比你狭小而凝滞得多。来台北后，非但没有跳过舞，舞池边上都没有坐过。虽然不断似乎也有一些女孩子向我垂青，但是我对于她们没有兴趣（凭直觉，凭考虑，我对于她们都没有兴趣），因此也不去 encourage 她们，那些可能的 romance，就都胎死腹中了——have never even got the chance to see the light。我现在只爱一个人，那就是董小姐（对于 Celia 有时还有点留恋，但难得想到她），要结婚也只有同她才有可能。追求董小姐既然如此吃力，一时恐怕就难有好消息了。

董小姐的学问同我相差很远，我娶了她回来，在中文在英文方面都不能给我什么帮助——我写的文章她不能 suggest 更动什么，我的学校课卷她不能代我看，我要写的应酬文章她也不能代我"作〔捉〕刀"。反正我从来不想娶一个"女学士"或是"女文学家"，这点我是不计较的。她对我最大的魔力是她的脸容仪态，这在别人看来也许不过如此，但对我是特别地美。她的脸容仪态反正你看过她好几张相片，我这里也不描写了；又师陀《结婚》里面对于佩芳的描写，对她很适合，我在上信中已经提起过。还有她的声音很好听——清冷〔泠〕、响亮、平稳、缠绵，我听了很着迷。她的兴趣很广，对于文学、思想、人生、erudition 各方面都大有兴趣，我的一肚子东拉西扯的东西，碰到她恰巧是"货卖给了识家"（她对于电影的 taste 也远胜于一般女学生）。她的为人大约同我有点相像：外貌和顺，心理清楚，胸有成竹，难得动感情——关于这一点我们两人也并不完全一样，因为她的学问修养不如我，所见所思恐怕没有我那样周全透彻，既然胸有成竹，自恃聪明，恐怕有"聪明反被聪明误"之危险。但是一般而论，她的是非感还是很强，性格里有善良的底子，我认为同她结婚可以给我最大的幸福。但是为什么她的野心这样大？那也许是在中国这个不安定的社会女子要求 security

心理的畸形发展，不能怪她一个人。那些女孩子找丈夫，无非要找安定的生活，但是怎么样的丈夫才真正地能给她们安定的生活呢？她们意识中思索不出一个答案来，下意识中恐怕也不能具体地幻想出一个梦中丈夫来。她们只是看现有的 suitors 个个不顺眼罢了。想想丈夫靠不住，还是自己来"自立"吧，因此读大学、谋留学、找好差使，但是青春一过，觉得没有丈夫总还是个"不安定"。这大约同社会的不安定有关，因此"安定的生活"才成为如此一个可怕的 obsession，我们中国前清时代以及美国目前，社会比较安定，少有冻馁穷困之险，女孩子的野心就比较小，就以嫁得如意郎君为满足了。但是董小姐自己承认"不唱高调"，她认为 professor 是很好的职业，女的不该在事业上同男人去争平等，我认为她是 sincerely 这么说的。假如社会安定，我又在事业上大有成就（譬如说，做个相当有面子的官吧），她会退入厨房去做贤妻良母的。现在毛病是她的父母都有〔是〕官迷，儿子才进幼儿园，希望全寄托在女儿身上（她这次受训回来，被劝加入了国民党，因此一部分时间就得去办党务了）；她自己不是个圣人，多少有点虚荣心，假如有风头可出，何乐而不为？于是愈逼愈深，我的 influence 在她生活里还起不了什么作用，只好慢慢地看她从我的生活圈子里滑出去，很难把她拉得回来。

　　以上是元旦日写的，最后一段关于我的近况和展望，嫌写的不好裁掉了（关于我的近况和展望，我再三考虑，还是糊里糊涂，很难下笔），重写如下，这几点我相信我还是有把握可以说的：

我上面说过（我以前也再三说过）我只爱董一人，我认为同她结婚才能给我快乐，因此我很想此事能够成功，即使不能积极有所作为，至少消极方面，极力避免破裂。你知道，当追求陷入困境的时候，追求者不知不觉中，就产生了破裂的欲望——宁可一刀两断，不愿零碎受苦，我既然明知有这样一个大的惹祸的 temptation，自该小心谨慎，力免破裂。

我对于董的爱会不会改变？我想很有可能。我所向往的是一个安定的家庭生活（哪一个男人不呢？），我希望我的妻子安分守己，顶好不出去做事，要做事顶好做一种可有可无，没有什么责任，没有什么前途，不成为 career 的事。董假如正式进入外交界，我对她的兴趣即将大减，因为我相信她不能带给我我所希求的幸福了。当然我自己进外交界也非无可能，但是即使我自己成了外交官，我绝不希望我的太太也是一个外交官。太太应该只有一个职业：housewife。

我现在已经开始对她冷淡，她 expect 我阳历新年会到她家里去，我昨天未去，今明两天也不会去，但是我不希望得罪她。我总还希望她能觉得我的爱，而还我以相等的爱。

总之，我一切小心翼翼，不走极端，此事关系我幸福太大，她又是我所心爱的人，当尽力使她快乐，使她觉得同我相处能够给她最大的快乐。这事谈何容易，当看我如何好自为之。目前对她冷淡几天，给她一个反省的机会，也是很需要的。

　　愿上帝给此事以最好的安排。专颂

年禧

济安 顿首

一月二日

Carol 前均此问好。God bless you both.

　　电影明星照片讨来后，望与五彩大照一起寄来。E. Taylor
等照片，你如要留为布置新房之用，可以不必寄来了。X'mas
我送她 *Hollywood Album*（英国出版）一本，内有精美照片多种，
她很高兴。

199. 夏志清致夏济安

1954 年 1 月 20 日

济安哥：

今年元旦那一天过得真兴奋，大除夕在中国友人家里打扑克，赢了五元六毛钱，早晨九时半起来上厕所，回房还没有脱下浴衣时，有人敲门，是 Western Union 的 messenger boy。一向没有收到过什么电报，很有些惊异，一看原来是你的贺电。虽然 Congratulations，Best Wishes & A Happy New Year. Brother 没有几个字，却意味深长，逼人回思，而且字句中看出你打电报时兴奋情形，你的爱我之深，使我又快乐又感动。我躺在床上，直到十二点钟才起来，Yale 假期中 campus 附近一向是静悄悄的，去吃早饭时看到街道店户，似乎另有一番清新气象。早饭后去 Yale Station，又收到两封 Carol 的信（她在家过新年），下午就给她写回信。一天无所活动，晚上同中国友人在中国馆子吃晚饭。回房后开无线电听听音乐，不读什么书，心中却另有一种充实、快乐、buoyancy。

上星期收到你的长信，知道你为我这事的兴奋，更有胜于当局人者。年初二（星期六）又收到 Carol 的信，叙述小年夜她母亲同她争吵的经过。我看了又生气又为 Carol 在家受气难过，一下子写了十页长信，这封信可说是我同 Carol 爱情史上的最高潮。她星期一（年初四）返 New Haven 后，我这种澎湃的情感反而没有了。年假后天天晚上见面，爱情反而转为平淡。我迟迟不把和 Carol 恋爱的消息告诉你的原因，大概是我心中所剩留下的一点 scepticism，至今还不能磨灭掉。我对 Carol 的爱情没有你对董小姐的那样绝对，你能把董小姐的好处美处一样样肯定地说出来，我对 Carol 总还是带一点批评态度。事实 [上] 她对我再好不过，死心塌地地爱我，我应当感激满意。上星期开始，她病倒在 infirmary（一种 virus 作怪的病，叫 mononucleosis），我天天晚上去看她，对她的热情又提高了一点。星期五她回家后，我已给了她四封信，恢复了新年假期时的兴奋。不知这次她回来后，我对她的态度会不会保住现在这种情形。主要原因恐怕是 Carol 不够美，不能一下子在心底栽着很深的根：培养这根生长的是她的 virtues，她对我的爱，及她一切谈话行为等。不过，"美"对于我仍占在先决条件之列的。她家中对这婚事的意见是，母亲仍旧带哭带怨地坚决反对，父亲劝 Carol 先在中学教一年书再说，如果她那时（一九五五，夏季）仍一心一意地爱我，再结婚也不迟。他的意见是 sensible 的，我想 Carol 在一年中也不会变心的，在一年能动摇的还是我自己。所以最近二三月中，我的恋爱不会有什么进展，我将仍和 Carol 玩、谈、厮守着，希望会有一段特殊的经验，使我的心转到 everlasting year 的态度。假如仍没有这种心理改变，我可能会冷淡下去，虽然这桩婚事也引起你的和许多亲友的热望，而且很可能将来我不会再碰到这样的机缘。

你读了上一段，请不要扫兴或失望。我只想表明一下心迹，很可能因为惰性或"舍勿得"的关系（虽然我的心没有全部肯定地爱她），我仍会和她结婚的，甚至在今年六月里。我待人一向温柔，Carol 的心底〔地〕又好，这段婚事在世俗标准讲来，应该是很成功的。不过最近反省之下，总觉得"sincerity"第一，如果马马虎虎结婚，总带一些"自欺欺人"的嫌疑。留美中国人中，对前途或有把握的，或经济状况恶劣的，欲求这种结婚而不可得的，真不知多少。我这种态度想法，好像很 perverse，其实我心中也想能够真诚地爱她，和她早日结婚。

六年来，我的脾气比以前好得多，同母亲赌神罚咒还是高中、大学和大学初毕业 [时] 的事。外国同学、教授我都能维持较深或较浅的友谊关系。中国同学间能够老老实实没有虚伪讲话的，我对他们友情也不错。我最不擅长和不屑学的是圆滑式，心中存着"向上爬"式的交际和应酬。看见圆滑的中国人，心中就讨厌，在美国大家都实行"个人主义"，更没有 obligation 去敷衍他们。至今还没有养成"闯人家"的习惯，到人家去聊聊天、吃顿饭，每年 X'mas 买些礼物，向在 New Haven 几家中国人家分送，他们也邀请吃饭，大家尽了礼，平时很少打扰他们。我这种态度，在中国做教授，恐怕也很难坐稳，难免遭人家猜疑、攻击。我的幽默和讲笑话，有时幼稚，有时联想太快，超过普通人的了解，在中国学界商界都不大适合的，在美国人前倒颇被欣赏。其实我人是很 social 甚至 convivial 的。同学间有什么 party，我总是很兴高采烈的，讲话较人多而 loud。可是几年来，有时心中烦闷的时候，从不肯向中国人家走动一下（好像走动一下，是我向他们"有求"或"屈服"），在房抱着书本死啃，或是去看一张电影，虽然电影所供给的娱乐，很少是够遣散心境的。归根结底，因为大学毕业后，从来没有在社会上奋斗一下，我至今还是"怕人"的（"人"是指中国人，上海的亲戚，父亲的同事，台湾的重庆去做公务员，北京的朱光潜、袁家骅等），以前去对付上海的亲戚、北大的教授，都是你陪我去的，我一个人绝不会去走动走动。至今还是这样，例外的是 Yale 的几位教授，因为他们的态度诚恳可亲，给我一种"平等"的感觉。我在 Yale 几位中国朋友（有的返中国了），都是比较无权无势无背景的；手面弄得开的，态度上带滑头的，我都不愿意多接触。我的本相如此，以后大概也很难改变。

　　我对《结婚》的看法稍有不同：写第一二封信的胡去恶是中国小说中 typical 未成熟的青年，我觉得师陀在第一封信中态度有带开玩笑、讽刺性质。胡的"疾恶如仇"的态度，巴金式的热情，都经不起同现实接触的。假如他对"林佩芳"真有爱情，对自己的纯洁真有把握，以后的发展就不通了。

或再看《结婚》一遍，决定它的价值。

　　新年中，你对董小姐实行 silent treatment 后，不知有没有产生效果，甚念。希望你有 patience，好好地把局面挽回过来。我想董小姐心底上是老实人，她会接受你的爱；她的野心好像不应该和她的爱情生活有什么冲突的，因为任何一个女孩子，外表装得很硬，内里仍是软弱的、寂寞的。新年中曾平寄一盒半价买到的贺年片，不知已收到否？那张大照片，至今还没有印好，恐怕被 Yale Coop. 寄错地方，弄遗失了，明天再去查问。Pier Angeli 等三张照片，收到后，即同我现有的几张一同寄上。Carol 把 "*Lili*" [1] 看了三遍（大约她对片中 Leslie Caron[2] 的 helplessness，在没有遇到我以前，是感同身受的），我对她在 *An American in Paris* 的舞艺也很欣赏，这次她在纽约登台表演 ballet，也买了两张票，在 Valentine 那天同 Carol 去看。Audrey Hepburn 和 Mel Ferrer[3]（*Lili* 的男主角）将在〔于〕二月在纽约上演 *Ondine*[4]，根据法国 Giraudoux[5] 所

―――――――――

1. *Lili*（《孤凤奇缘》，1953），查尔斯·沃特斯导演，莱斯利·卡伦、梅尔·费勒（Mel Ferrer）主演，米高梅公司发行。
2. Leslie Caron（莱斯利·卡伦，1931— ），法国及美国电影演员，在1951—2003年中，她参演了近45部电影，出版有自传《感谢上天》（*Thank Heaven*），代表影片有《花都艳舞》（*An American in Paris*）等。
3. 梅尔·费勒（1917—2008），美国演员、电影导演及出品人，奥黛丽·赫本之夫，代表影片有《战争与和平》（*War and Peace*，1956）等。
4. *Ondine*（《惹火女郎》，1954），百老汇戏剧，阿尔弗雷德·伦特（Alfred Lunt）导演，梅尔·费勒、奥黛丽·赫本主演。
5. Giraudoux（Jean Giraudoux，让·季罗杜，1882—1944），法国小说（接下页）

改编的，剧本身不一定好，可是我极喜欢 Audrey Hepburn，认为她将是以后二三十年持久不变的大明星，也订了座，准备四月同 Carol 去看。百老汇的话剧我都很不屑看，演员除舞台上老人外，都是好莱坞的二流或失意明星（最大的如亨利·方达，也引不起我的兴趣）。剧本大多很恶劣，少数写剧人对心理方面有深刻观察，但所 tackle 的 themes，又小又狭，喜剧更 trivial 庸俗，成就上远不如 musical comedy。这次看 Audrey Hepburn 却是抱了看平剧名角的心理去看的。

　　Rockefeller 方面，又延续了一年（至一九五五〔年〕九月），可以有充裕时间写书，还可以有时间多读些要读的书。宋奇那里已好久没有去信了，准备明天写信。我所追求的中国女孩子：Rose Liu 已于去夏同洋人 Butt Hall 结婚，沈家大小姐 Corinne 已同华盛弟〔顿〕华侨王某在十一月份结婚，丈夫曾在 Yale 读过建筑。近况想好，即祝

　　近好

弟 志清 上

一月二十日

　　（接上页）家、散文家，被认为是一战与二战期间最重要的剧作家之一，代表影片有《金屋春宵》(*The Madwoman of Chaillot*)、《惹火女郎》等。

200. 夏济安致夏志清

1954 年 1 月 29 日

志清弟：

二十日来信收到。你的好事不能早日成就，我听了未免失望。关于你的 sincerity 问题，我除了希望你同 Carol 多多接触之后能十足 convinced of 她的可爱之外，没有什么可说的。我们虽然到处追求不成，事实上也曾辜负不少小姐们的好意。至今还有小姐们向我垂青的，但我的作风太稳健，好像是俏媚眼做给瞎子看，事情根本就开不出一个头。不过我认为还有两点，也都可算是 moral consideration，不妨写下供你参考：（一）中国传统的婚姻很少有 romantic love 的成分：结婚是子女对父母以及祖宗的责任，这个制度也居然使中国人种延绵了下去。乾安结婚之前还见到一下新娘的相片（以后还有几次 glimpses of 新娘本人），伯父结婚之前，恐怕连伯母的照片都没有看见过。（二）天下本来没有十全十美的事——一个人的 maturity 大约就是认清这点事实，所以才有 disillusionment，才有 compromise，才有"接受现实"。我自己至今浪漫之梦未醒——非娶到一个我所爱的而在追求时曾经使我大痛苦的女子不可；平平淡淡的，我恐怕宁可不结婚。

我们两人间，不知道谁更"浪漫"？但我决〔绝〕没有劝你"不浪漫"的意思，一个人行为最好的 guide，还是"行我心之所安"。不过我希望你能 return Carol 的爱。

我自实行 silent treatment 以后，成绩不差。现在来往稍疏，但是很明显地，她本人和她家里都不愿意同我断绝。别的好的迹象，目前还看不出，但是我本来顶怕的是她及她家对我 indifferent，情形既并非如此，我也暂可安心。不过我在实行新战略之前，已经横了心：即使如此结束，我也并不觉惋惜。心这样狠了一下，我的 passion 比一月以前，已淡了很多。以后我的作风无疑可以愈来愈自然、愈大方，但是追求这股子劲比以前就差多了。把成败得失看穿了，是不是就能成功，我很怀疑。

收到这封信后，请立即寄两张 Valentine cards 来，好吗？所以要两张者，可以让我挑选一张，假如你挑定了，那么一张也够了。平寄贺年片想日内可到，谢谢。

你对《结婚》的看法，是我所没想到的。不过写头两封信的胡某，是不是脑筋显得很活泼，而以后就成了个傻瓜了？假如作者要把胡某一起讽刺在内，书的价值是要比我所看到的要高得多了。不过我读的时候，并不觉得师陀有这么深刻。

父亲生日那天，我同董小姐去吃了一顿西餐，她还 toast（用茶）一下呢。很多别的话，下回再谈。专颂

新春如意

济安 顿首

一月二十九日

201. 夏志清致夏济安

1954 年 2 月 1 日

济安哥：

上次寄出的信想已收到。Carol 回来后，每晚厮守，玩得极好，上信所述之一切疑惑，全已消除矣。Carol 如此温存忠厚体贴，亦我的福气也。X'mas 曾送她珠项圈〔链〕，二月七日她生日，预备再送她一些手〔首〕饰（bracelet 或耳环）和赵元任[1]太太着的《中国蒸〔烹〕调术》。你同董小姐进行如何，甚念。放大照片已取到，特航快寄上，你自己保存或送她作 Valentine 礼（底片暂留我这里，如要再印一份，请告我）。程绥楚一星期内连来两信，除对我的恋爱加以钦佩外，嘱我为他代写英文情书，他这位小姐年纪太轻，一向在香港生长，对程不一定会欣赏。家中有信来，已于上星期寄出

---

1. 赵元任(1892—1982)，字宜仲，江苏常州人，语言学家，曾任教于康奈尔大学、哈佛大学、加州大学伯克利分校等名校，代表作有《中国话的文法》《现代吴语研究》等。其太太为杨步伟(1889—1981)，曾留学日本东京帝国大学，着有《一个女人的自传》(*Autobiography of a Chinese Woman*)、《杂记赵家》(*The Family of Chaos*)、《中华食谱》(*How to Cook and Eat in Chinese*)等。

二百元作三四月家用。钦夫夫已于一月初逝世，方谷身体仍不佳。玉瑛预备入华东大学读音乐，我很赞成，她的 second choice 是医科，我已去信劝她改读文学、教育、社会学，医科功课繁多，非玉瑛妹能胜任也。不知你意见如何。匆匆即颂

年禧

弟 志清 上

二月一日

旧历新年中，同董小姐将如何玩法？

202. 夏济安致夏志清

1954 年 2 月 14 日

志清弟：

　　各信与大照片，Valentine cards、X'mas cards 均已收到，谢谢。你同 Carol 的事情发展很正常，你亦渐渐增加对她的爱情，闻之甚慰。你的疑虑让它存在也无妨，即使不能全部消灭，恐怕也不致影响你的婚姻幸福。十足的爱——或者发现某一个人是十足的可爱——在 adolescent 时容或有之，在我们这个年龄恐怕是不可能的了。爱情的过程中，doubts、misgiving，等等妨害爱情的感情，是不断地会产生的，不过常常爱情也不怕这种妨害，Love adulterated is still love。能把爱情的敌人想清楚了，也许有助于爱情的滋长。我始终觉得独身生活颇有可留恋之处，还是不大舍得放弃之而进入结婚的生活：你则似乎很羡慕结婚的生活，不知道你下意识中对于这样一个大转变，是不是也有一点恐惧之感？看你来信，你似乎也有点无可无不可，并不很着急地等结婚，你这样不着急，该使爱你的人很伤心的。

　　对于你的事，我没有什么劝告，只是 best wishes——等着听好消息，我自己的事，似乎略有进展。进展的原因我想不出来，也许由于你所说的 silent treatment。但是略有进展之后，我又很 embarrassed：因为既有进展，我当然不应该继续 silent treatment；但是进展极微，离我所希望的 happiness，还是遥远得很，下一步该如何推进呢？我现在正在束手无策中。在没有办法的时候，恐怕还得继续我的 silent treatment。

我的极微的进展是表现在下面几点事实中：（一）董小姐家里托我在香港买了些东西，我在短期内托宋奇买好送来，给她家的印象相当好。她们所以托我买东西，至少表示她们家里不讨厌我去追求，否则何必同我多有纠缠呢？所买的东西：一是她母亲需用的镇定神经（安眠）药；二是她父亲的羊毛背心；三是手表买一双——买来了她才告诉我是她父亲送给她的毕业礼物，该表现在她的玉腕佩上。（二）过阴历年，她送我 ash tray（铜质——因为年前我大整理屋子，下面再讲）和 Tennessee Waltz 唱片一张（我现有并不很好的电唱机一架），这就她的 income 说来，已经相当地破费了。但更亲切的是大除夕晚上十一点钟，她家佣人送来她家自己包的"包子"十余枚并年糕面条，这是她们家送给我的年礼。对于一个普通的朋友，她们家用不着送什么东西；对于一个她们想巴结或报答的朋友，她们不会送家里自制的点心；只有长辈对于小辈、亲戚，才有这样送法的。（三）她带同她的小弟弟一起来拜年的——她说他们姊弟二人只去三家人家拜年，一是小弟弟当年的奶妈，二是他们的堂兄——董同龢

（well-known philologist），三是我这里。（四）她家所挂她的相片本来是照相馆所照，现在换上我给她照的了。前面这一切并不表明她对我的爱情有什么增加，只是我在她家的地位略见改善而已。她对我的心也许本来就很好（她的心是谁都看不透的），只是现在更为"表面化"而已。究竟发展到了什么阶段，我不知道，而且认为顶好不加顾〔过〕问，还是由其自然发展。我只知道我如恢复积极进攻，仍旧要碰钉子。至于这样懒洋洋地下去，要拖到哪一天，我也只好以 don't care 的态度对付之。我现在常常感到痛苦，不在目的之不能实现（反正目前是 out of the questions 的），而是在追求的技巧上面究竟如何才能使"热情""大方"双方兼顾？我若热烈追求，固足以表示我的热情，但一热烈，则言行动辄得咎，就显得不大方。若要表示落落大方，言行得体，则热情又何由表示？这是我的 dilemma，现在最大的困难（我现在的作风仍旧偏于"大方"一面）。还有一点痛苦是，我很难同她维持一个愉快的关系，我同任何人都可以相处得很愉快，可是同她的关系总是很紧张：去看她固然常常慌慌张张，说话都常常说错；不去看她，一个人压制自己也是紧张，而且这种紧张更造成下次见面时的紧张。我现在不敢想使她爱我，只要使她觉得我这个人很可爱，于愿已足，可是就是这点小欲望，都很难实现。我最大的痛苦，是有时我觉得我并不爱她。

所以你一旦决定追求一个人之时，就是痛苦的开始，左也不是，右也不是，进退两难。我现在战战兢兢地同董小姐维持一个友谊的关系，唯恐破裂。因为我已深知追求之苦，这回假如再破裂，我相信我是不会再去追求什么女人的了。

还有两三个星期是董小姐的生日，我已买好一对 Sheaffer（snorkel）礼笔，很漂亮，价 US$34.4，但是该不该送去，我还未决定。那对笔太名贵，送去了恐反而增加两人间的紧张。我想送些糖果去也够了，笔留到以后再送。

除了恋爱以外，我的生活别方面都很好。宋奇替我在香港做了两套新西服，很英俊挺括。我现在新衬衫有一打之多，"行头"齐全，站出来很像样，母亲见了一定很高兴的。年前我定做了一座衣柜（可挂西装大衣，并抽屉很多）并一座新书架（厚玻璃，sliding door），都很漂亮，可算上等家具，放到上海任何人家去，可以无愧色的。为了迎接新家具，我的宿舍房间粉刷一新，布置得井井有条，非但整洁，而且还可以说得上"美观"。这是我生平第一次对于房屋整洁发生兴趣，这是母亲所不能相信，而且知道了要十分引以为荣的。我的衣食住行，除了行还是一部旧脚踏车以外，都很舒服。此外在事业方面、经济方面，立脚很稳，而且有很好的prospects（我还不至于有 smugness，因对自己的学问很不满意）。就各种世俗条件看来，我是很有资格结婚的了。

寄来的 V-card，我已把 cupid 的一张给了董小姐，这一张的 taste 确是很好，可以说是"热情""大方"兼两〔而〕有之；X'mas card 里面国画花卉（Ma Chu'an 作）和古瓷两张我很想把它们挂在墙上，但是两张太少，挂起来太稀，不知道你能不能再觅到一张国画或古瓷的？你以前寄来的一张古瓷给我送了人了。若有两张国画，或一张国画配两张古瓷，挂起来就很好看了。此事并不重要，你有便到文具店去问一声即可。不挂中国艺术，我这里也有西洋画可挂。西洋画的缩印本台湾有售，故请不必寄来。董小姐那张五彩照片，底片请暂存你处，以后要添印再说。明星照片如已讨来，请寄（不要航空）"临沂街 63 巷五号转"，别的信件仍寄温州街可也。因为这里的信箱太小，大型信件有被折叠的危险。

玉瑛妹学音乐是不得已中最好的办法。至于医科和文科，我赞成医科（或则理科）。音乐应该是顶少 indoctrination 成分的一种学问了。玉瑛妹学琴已有四五年，成绩想已很可观。我也学了一年和声（harmony），像数学似的做练习，枯燥异常。我现在会做四部和声的题目，只是什么和声是什么样的声音，我并不知道，因为我没有在琴上弹，是在纸上演算。据说有我这样的"和声学"基础，以后学钢琴时可便利不少。我很想学钢琴，但是手边要做的事情太多，顾此失彼，没法顾得周全。

二叔叔钦夫夫都已去世，闻之很为不欢。以后回去，能够看见的熟人一定很少了。台湾最近也有不少元老（吴稚

晖 [1]、吴铁城 [2]、邹鲁 [3] 等）去世。

我在台北很少社交生活，顶要好的朋友只有一个：刘守宜（publisher），他家我可随时闯 [进] 去吃饭，不必顾及客气问题。宿舍里有几个 young bachelors，跟我相处得倒很好。我现在经济略有基础，求人之处很少，同大教授、官以及父亲的朋友们都往返〔还〕极少，董汉槎去年一年只见过两三次。同董小姐的往来也不密，所以我几乎没有什么社交生活。从没跳过舞，电影也不常看，也不郊游，京戏三年多大约看了不到十次。我之喜静厌烦，恐尤胜于你。我之厌恶钻营，大约也不在你之下。

总之我现在的生活相当安定，只是并不快乐。希望你同 Carol 的事能够顺利地进行。专颂

春安

济安 顿首

二月十四日

附上《今日世界》所载宋奇文章一篇《论倪焕之》。

---

1. 吴稚晖(1865—1953)，名敬恒，字稚晖，江苏武进人。政治家、教育家、书法家，"中央研究院"院士。1905年在法国参加中国同盟会，1924年起任国民党中央监察委员、国民政府委员等职。1963年，联合国教科文组织第13届大会上被举荐为"世纪伟人"。代表作有《上下古今谈》《稚晖文存》《吴敬恒选集》等。

2. 吴铁城(1888—1953)，广东香山人，生于江西九江。政治家，早年追随孙中山先生参加辛亥革命，北伐后曾任国民党中央海外部部长、国民党中央秘书长、立法院副院长、行政院副院长兼外交部部长等职。1949年赴台湾。

3. 邹鲁(1885—1953)，字海滨，广东大浦人，政治家、学者。早年追随孙中山先生，先后任国立广东大学(现中山大学)校长、国民党中央执委委员、监察委员、中央评议委员等职。1949年赴台湾。代表作有《中国国民党党史》《教育与和平》《邹鲁文存》等。

203. 夏志清致夏济安

1954 年 2 月 22 日

济安哥：

上午收到二月十四的长信，很是高兴，因为我正要告诉你，我在星期二（二月十六日，正月十四）同 Carol 订婚的消息。二月七日是 Carol 的生日，那天她要返家，我和她的两位女朋友就商议在六日替她过生日：由她的女友办了一桌 steak dinner，同时我送了她一串价 18 元的 bracelet（cultural pearls 因镀金，我自己不太满意，可是较贵重的 jewelry 价太高，以后送礼，预备多送较实用的东西）和赵元任太太著的《中国烹调术》（要一本 Chinese cook book，是她自己 suggest 的）。当天晚上，她同意下星期到珠宝铺去看看有没有合适的订婚戒指。星期一至四她下午都没有空，星期五下午（那天天气清高奇寒）我们到了一家在 New Haven 老牌子最靠得住的 Michaels 看了半小时。我预备花费三百至五百的数目，Carol 看中了一只不到半 carat 钻石，白金 Platinum band 的戒指，价 \$375（连 taxes），当场我就决定把它买下来。在纽约犹太人小店内，同等价格或可买到较大钻石，或以廉价买到同样

大小的钻石，但货色不一定靠得住。Carol
手指细，大钻不大合适；反正订婚戒指是
表明一番诚意，不同平常日用品一样有所
谓便宜不便宜。这戒指样子如右图：当时
付不出现款，答应星期二交钱。Carol 就说
何不那天晚上呷香宾〔槟〕庆祝一下，就算正式订婚了？

　　我看她如此高兴，也就答应了。因为没有她父母的同意，
根本没有法子筹备像样的订婚仪式。（上次寄上大照片，不
知有没有受损坏？）

　　星期六（二月十三日）是我的生日，那天下午 Carol
要回家去吃喜酒，就在星期五买戒指的那天她给了我一个
surprise birthday party。前一天她说星期五晚上同屋印度女友
要煮咖喱鸡给我们吃，我信以为真；不料六时许到她宿舍去，
台面摆好，一切都是 Carol 自己下厨动手的。正菜是中国式
的红烧鸡（同桌里有洋人三位），是 Carol 根据赵元任太太的
receipt 做的，虽然做得并不太有中国味，她的一番诚意就使
我太感动了。Dessert 是她自己做的生日蛋糕，
上插三十三支小蜡烛。来美后，每逢生日，都
毫无庆祝，默默过一天，事前父母亲让我自己
吃面庆祝，其实我包饭在学校，往往面都不吃。这次吹蜡烛
吃蛋糕，还是生平第一次，心中又快乐又感动。感动的是身
边有一个心爱的人，生活的确不同了，而 Carol 这样真心地
爱我待我，实在是一种福气。饭前还有西洋拆礼物包的举动：

Carol 给我一条真正的 Alligator 皮带和三双袜子。当天 Carol 和我看了 Disney 的动物片，*The Living Desert*[1]，也非常满意。

星期六 Carol 返家后，星期日上午即回来，因为要赶上我们去纽约看 Ballet 的 date。Ballet de Paris 以前我看过一次，杂乱无章，音乐恶劣，远不如我在上海看的古典 Ballet 能够悦人耳目。这次去看的是 Leslie Caron，她眼睛很大，面上表情很愉快，可惜表演的是一出喜剧式的东西，显不出她舞蹈的真功夫。晚上在李国钦下手 Arthur Young 家里吃饭，杨氏本身我不大喜欢，可是他的洋太太（法国种）为人热心，待人极好；Carol 在那里也可领悟一些中西婚姻的美满状态。果然 Marguerite 给 Carol 极好的印象，他们也约我们三月六日再去参加他们在 China Town 举行的宴会。那天去纽约乘火车，去的时候，Carol 要抽空准备功课，我也只看看 *Sate Post* 登载的 Bob Hope 的自传。回来的时候，她累了，把头靠在我左肩熟睡，只有车在小站停时，她被振〔震〕醒，向我微笑，接着又合眼了。我在她身旁，轻轻抚摸她，心中有说不出的高兴，同时发现在她睡着时脸部的纯洁和美丽。

星期一晚上，本来约定同 Carol 看 Yale 上演的 *Merry Wives of Windsor*[2]。那天晚上她赶写 paper，抽不出空，我另同一名洋人去看。Yale 的戏院设备极好，舞台上的说话全场

---

1. *The Living Desert*（《沙漠奇观》，1953），自然纪录片，詹姆斯·阿尔格（James Algar）导演，迪斯尼出品（Walt Disney Productions）。
2. 即莎士比亚的著名喜剧《温莎的风流娘儿们》（*The Merry Wives of Windsor*，1602）。

都听得到。莎氏的剧本我以前只看过两次：一次兰心上演的 *Richard III*，一次纽约 Olivier 的 *Antony & Cleopatra*。看完后，总觉得看戏不如读剧本。这次 *Merry Wives* 是出人意料地满意，也可说是我在美最满意的一次 theatre 经验。scenery 极朴素美观，有伊莉萨〔丽莎〕白时代戏院的简单和 intimacy。这次上演是二百多年来第一次照莎翁当时英语发音的（根据 Kökeritz[3] 的 *Shakespeare's Pronunciation*），发音大部分和近代英语相似，可是特别给人一种舒服的感觉。*Merry Wives* 本身，除文字滑稽外，本来并无可取；可是真〔正〕因为如此，导演可以把它 interpret 许多 scenes，本身并不太滑稽的，演起来却有声有色，令人发笑。Master Ford，the Jealous Husband，读起来平平，可是那位演员面部表情丰富，演来滑稽而有〔又〕含蓄。离国以后，不大看戏，看了这次 *Merry Wives* 后，兴趣大为恢复，很有多看莎翁剧本的野心。

星期二（十六日）上午，到珠宝店取出戒指，下午到 wine shop（早一日买的，放在那里冰藏）取出两瓶香槟（法国好香槟，八元一瓶，一瓶是陈文星同另一友人合送的，陈文星已准予复考，仍在 Yale，心境极不好）。五时许在我房里，把戒指戴在 Carol 手指上。晚上在 party 者六七人，我呷了四五杯香槟，极为高兴，手舞足蹈，信口瞎说，同时由陈

---

3. Kökeritz（Helge Kökeritz，黑尔格·克格里斯，1902—1964），耶鲁大学教授，代表作有《莎翁音韵》（*Shakespeare's Pronunciation*）等。

文星拍了四五张和 Carol 的合照（有接吻、切蛋糕、呷香槟等举动），印好后当寄上。

这次订婚，大事已停〔定〕局了。我没有后悔，Carol 实在是个女孩子，为人忠厚 kind，待我体贴入微，是她最大的好处。三个月来，我同她没有 quarrel 过，有一二次稍有口角与意见不合的地方，但过几分钟，她的气就平了。她心中没有城府，不记怨恨。性格较我更明朗，这是结婚成功的极优越条件。在我，特殊充满情感的 supreme moment 虽不多，但同她在一起，我们谈起来总极投机，从没有没话讲找题目的感觉。我们在一起，也不须〔需〕要外界节目（如跳舞、看戏）的支撑来使时间愉快地滑过；讲讲话，吻抱几下，坐下来喝杯茶，一切都极自然。Carol 对 practical 方面（如煮菜、洗衣）极善处理，而且有兴趣。Intelligence 也相当高，可惜没有受过批判式的训练，假如她读英文文学，多受近代批评的熏陶，思想也可成熟些。古典系好像仍旧注重读死书，对近代思想少有联系，这是她较吃亏的地方。但 critical intelligence 是可以训练的，在我指导之下，一定会渐渐提高。她生病的时候，我送了她一本 *Karamazov*，她看后大为激赏，虽然对于 Ivan 的个性不大了解。她会弹钢琴，可是在音乐方面的 taste 也不如我，我最喜欢 Mozart（几乎全部爱好）和贝多芬（他的 quartet 我还不够资格欣赏）；她喜欢 Tchaikovsky（favorite：Piano Concerto No.2）。我们两人相同的地方是大家都有些孩子气；她全部接受我的幽默，我的正经话和瞎讲，她都爱听。

目前我对她极满意，只是有时觉得陪伴她的时间太多，妨碍我的工作；她年纪青〔轻〕，对接吻拥抱有 inevitable 的兴趣，相较之下，我对这方面的兴趣较淡。

这次订婚，一个月后，她再通知家里。想来必定又有一番争吵。可是这次争吵完毕，她母亲的气一定可以平一平，结婚反而好办了。Carol 估计到 X'mas 时候结婚；不过这次订婚后，暑期结婚的可能性是很大的。我需要结婚恐怕最主要的原因是需要一个人代分我的苦乐。在美国，我没有知友，许多中外友人，都是泛泛的〔之〕交，一个人的寂寞有时很难支撑，对前途缺乏把握。这次有了 Carol 后，心境的确好得多，有话向 Carol 讲，心中不存什么东西。照目前我的情境看来，好像前途只有光明和幸福。

读来信，新年的几次人事礼物来往都可看出董家很有意思当你作女婿看待。我想你在 Valentine Day 送礼物后（有没有送 Sheaffer 的钢笔和铅笔？这次不送，下次有机会待情感完全成熟时送也好），silent treatment 可以停止了，恢复到热烈的作风。或者 social 接触时仍保持君子大方的态度，而暗地下给她热烈的情书。不要以为日常容易见面，觉得写情书不需要。其实没有一个女子不爱读情书的，我同 Carol 虽日常见面，仍写一两封情书给她，她读信后，总是非常高兴。你同董小姐一起时，举止行动上要做出 lover 的态度来，因为你太 self-conscious，太怕受人耻笑，和中国式追求太讲究decorum 的关系，恐怕不太容易。可是写起信来，便可热烈勇敢得多，凭你的文字学识，哪会不打动对方的心？而且中国式追求 convention 上，有写情书一个节目，这些情书所表示的热度往往远超过男女间的真正的感情，而女方对这些信札是不会讨厌的，假如她对男方没有特殊恶感的话。中国女子，受电影和小说的影响，极欢喜文字上所表现的热烈的爱。现在董小姐和她父母对你都有好感，而你不知道如何使她死心塌地地爱你，写情书是最好的办法。每星期伴她大大方方地玩一两次，同时给她二三封信，诉述你爱她的苦衷。见面时，你是 erudite，witty，casual，a gentleman；书面上，你是缺少她不能活下去的 lover。不知你觉得这个办法如何？我想一个月后，她会支持不下，行动上或在回信上给你极温柔的表示的。看你的来信，我想你的婚期也不远了。

你生活极好，我极高兴。文具店如尚有 X'mas 卡出售，当寄上。香港做的西服，想仍旧依照英国式的，较美国式狭小不舒服。不知 jacket 的长度够不够遮住臀部？做西服时，对裁缝应当指示的有下列几点：jacket 要长；shoulders 不可有 padding，全部 natural；胸部不可有硬衬（中国西服胸部都衬帆布、马鬃）；single breast style，三扣二扣均可，但三扣是 preferred（穿三扣 jacket 时，仅扣 middle button），这样 tailored 的西服，又轻便又好看，同上海做的专讲"挺"的不同。*Esquire* 所介绍的 styles 都太花巧〔哨〕，不算上乘。*New Yorker* 上的几家衣服铺（如 Brooks Bros）广告，倒都是 in good taste。我最近也买了些衣服，一件 J. Press 的 sports jacket

（原价 $60，sale price$50），两套西装（一套灰 flannel，一套 brown worsted）在较小铺子买到的，只花了七十元（原价两套须〔需〕$150），连半价都不到，而式样皆极正宗，颇使我高兴。我目前的 wardrobe 有：三件 sports jackets；两套上述西服；一套灰色 worsted（Saks 5th Avenue 半价买到）；一套青色 sharkskin；一套 tan gabardine；一套青色夏季西服；二套美国购已穿旧的夏季和春季西服；一件半价购得的 Harris Tweed 冬季大衣（Saks）；一件 gabardine 春季大衣；中国带来没有穿完的衣服，因式样 outlandish，都不动了。平日仅穿 sports jackets，故 suits 都很新。

宋奇的文章已看过，两月前看过人民出版社出版的《倪焕之》，觉得前后不调和，而且叶绍钧在 1920' 不是肯定的党人，很是奇怪；原来已把该小说大加修删。上学期听 Herbert Reed 演讲 "The image in the 20th century poetry"，极为满意；他讲 Eliot、Pound，述及他们的 eclecticism academic vanity，硬造 myth 诸点，都极有道理。他说 Eliot's poetry 最真切的地方是他根据 personal memory 的 imagery，也很对。Reed 是目前最重要的 romantic critic，早年他受 Eliot 影响太大，自己道路摸不清。他现在显然接受 Wordsworth、Coleridge 的衣钵，重申浪漫主义的重要，对想把中世纪基督教搬进现代文学的复古派，表示反对。Scrutiny 已在去年十月停刊了，Leavis 为了这杂志辛苦了二十年，仍得不到英国 academic circle 的同情和协助（Leavis 在美国很红），终而被迫停刊，是很可惋惜的。

　　玉瑛妹读音乐，希望被准许；读医科，就怕她吃不消功课繁重，而且耗时太久，可能影响到结婚。最近家中没有信来。我订婚日开始，New Haven 气候已转为春天，阳光极好。希望你下次来信，有更多的好讯报告。电影明星照片尚未收到，即祝

　　春安

弟志清
二月二十日，二十二日写完

　　程靖宇那里代写情书已寄出。他的热诚可嘉，可是这样追法，很难有成功的希望。

　　Audrey Hepburn 的 *Ondine* 在纽约已上演，极得好评，观众踊跃买票情形，为百老汇 Ingrid Bergman 登台表演 *Joan of Lorraine*（1949）后第一次。

204. 夏济安致夏志清

1954 年 3 月 11 日

志清弟：

二月二十二日的长信收到已有好几天，你的订婚顺利实现所给我的兴奋，你可以想象得到，因为兴奋，反而觉得难说话了。现在你们的好事，唯一的阻力是女方的家长，这也不过是很微弱的阻力。你们双方相亲相爱，都有自主能力，结婚是绝无问题的了，只要挑选合适的时候而已。你能娶到这样一位贤德的妻子，能够安定地成家立业，未始不是夏氏门中祖上积德之故，父亲母亲在上海虽然不能大规模庆祝，心中当然高兴得不得了。可叹者时局扰攘，父母一时得不到儿子媳妇的膝下承欢耳。今年年内你的喜事已是定局，不知道你对于居住和经济问题，作何准备？是不是准备搬进 apartment 里去住？父母的家用我以后想多担负些。张和钧还预备汇父亲一百元（凑满五百），我这里随时可以付给他，他最近没有钱可划，不过他在努力设法中。这一百元钱如汇出，由我来负〔付〕可也（对我没有影响）。听说上海最近买豆腐都要排队，生活一定很苦。

二月二日我交平邮寄上香片（jasmine tea）四听，这种香片算是台湾顶好的茶，Carol 想一定能欣赏，你也可以教他〔她〕如何品茗（林语堂书中有专章论茶道的）。可惜茶叶的铅皮听很难看，不能代表东方艺术，颇以为憾。今日又交航空寄出几件台湾产贝壳小玩意儿，东西很不值钱，但是美国可能没有，其中耳环一副，别针一个，算是我给 Carol 的纪念品。另西装袖扣一副，席编香烟盒一个，是我送给你的。另澎湖（Pescadores）产文石一块，也许没有什么用处，你看该镶戒指还是别针，由你决定可也，或者不镶什么也可以。

董小姐的生日已过，那对笔还没有送走——因为在台湾这个地方，卅几元美金的礼物显得太重，我同她似乎还没有这点交情。但是我的礼送得也不轻：计蛋糕一块，玫瑰（fresh）两打（一大束），英国出品纪念 coronation 的糖果一盒（盒面是大幅女王肖像），另卡一张，卡有 *Atlantic* 杂志那么大，也是英国出品，措辞还平淡，但是有 with love 两字。这几样加在一起，我相信也很够表示我的情意了。

我自己的事情没有什么进展。你劝我写热情的信，这的确是很好的办法，我相信可以产生奇妙的效果。但是我还没有试过，因为人必须在"骨头轻"的 mood 中，才写得出那种信（程靖宇便常常"骨头轻"）。我现在的心情老实说还是沉重的时候多。心情沉重的时候，不愿意提起自己多么痛苦，更不喜欢讲什么爱不爱的。而 inhibitions 一多，fancy 难以翱翔自由，谈情说爱的信恐怕也写不好。情书不写，别的也没有什么办法，所以我的事情，暂时没有什么新进展。（你给程靖宇写的信，他寄给我看过，又有学问，又 eloquent，我大为佩服。）

我的心情所以沉重，原因当然还是由于对方给我的 encouragement 不够。上一封信使你很乐观，这一封信又没有什么好消息给你。Chinese girls 恐怕就是这么地爱 play fast & loose，反正我总是坚持下去，情形也不会有什么恶化。目前我除常常觉得沉重以外，并不觉得有什么 acute pain，因此日子过得还好。

最近买了几本 *Pocket Library of Great Arts*，把里面的画裁下来挂在墙上，现在挂的是一张 Cézanne[1]，一张 Dufy[2]，两张 Utrillo[3]。Dufy 的画色彩十分鲜艳，构图也很奇特，其刺激迷人与"怪"，大约可以和音乐中的 jazz 相比，我很喜欢，不知你觉得怎么样?

我这几年内，虽然常常瞎忙，但是在学问和思想方面很少下功夫做严格的训练，故进步很少。慢慢地就成了像袁家骅之流的名教授，靠声望名誉吃饭，名气愈大，自己愈觉得空虚。我现在很怕出名，愈出名，闲事愈多，愈没有工夫管

1. Cézanne（Paul Cézanne，保罗·塞尚，1839—1906），法国画家，后期印象派代表人物。
2. Dufy（Raoul Dufy，劳尔·杜飞，1877—1953），法国野兽派（Fauvist）画家。
3. Utrillo（Maurice Utrillo，莫里斯·郁特里罗，1883—1955），法国画家，擅长街景画。

自己的学问了。我生平得益顶深的时候，还是光华毕业附近〔前后〕的两年，昆明一两年，北平一两年，此外几年都是瞎混的时候多。现在对于个人前途还有自信，对于环境并不满意。我一直不参加任何政治活动，现在仍然如此。不过我对于政治的兴趣，似乎比你强一点。这一期 *TIME*（McCarthy 封面，Mar.8）有关于台湾的报道，里面的话我大多同意，但是我对胡适之流并不抱多大信心或希望（此事请不必来信讨论）。环境不如理想有时也使我不大快乐。

宋奇曾有信来，希望我到香港去帮他的忙。他办了个出版社之外，还拟替李丽华[4]（她自己成立一家丽华影片公司，又，李是天主教徒）办编导方面的事，又拟替 USIS 及 Free Asia 办一个英文季刊，很需要我去帮忙。此事诱惑很大，我目前难置可否，宋奇最近也没有提起这件事。不过我暑假后去香港的可能性还是存在的。台大待我不薄，我还有点留恋，宋奇（他写的《红楼梦新论》颇有点考据上的发现）为人非常热心，但是有点难服侍，我怕和他共事。以后的发展如何，我不知道，我现在也不大关心。再谈 专颂

春安

---

4. 李丽华(1924—)，原籍河北，生于上海，出身于梨园世家。电影演员，代表影片有《三笑》(1940)、《万古流芳》(1964)等，1968年去台湾主演《扬子江风云》(1968)，获第七届金马奖最佳女主角奖。

Carol 前问好并向她祝贺

济安 顿首

三月十一日

〔又及〕那张大照片给折了一下，因为是 plastic 的底子，所以没有弄坏。

另平信寄上介绍中国电影明星欧阳莎菲[5]、林黛[6]、李湄[7]、刘琦[8]的文章四篇，林、李、刘三人你恐怕都没听见〔说〕过的。

---

5. 欧阳莎菲(1923—2010)，原名钱舜英，江苏苏州人，电影演员，代表影片有《天字第一号》(1946)、《烽火万里情》(1968)等。

6. 林黛(1934—1964)，原名程月如，艺名林黛为其英文名 Linda 之音译，祖籍广西宾阳，代表影片有《金莲花》(1957)、《江山美人》(1959)、《不了情》(1962)等。

7. 李湄(1929—1994)，原名李景芳，黑龙江哈尔滨人，演员、编剧，1967年告别影坛，移居美国。代表影片有《名女人别传》(1953)、《龙翔凤舞》(1959)、《桃李争春》(1962)等。

8. 刘琦(1930—　)，北京人，演员，20世纪60年代息影后移居加拿大温哥华，代表影片有《海誓》(1949)、《尊海情天》(1953)、《半下流社会》(1957)等。

205. 夏志清致夏济安

1954 年 4 月 4 日

济安哥：

三月十一日 [信] 及航邮寄出礼物同日收到，距今已差不多三星期了。礼物解开时，看到珠光宝泽〔气〕的耳环、袖扣、珊瑚别针、文石，我心中的快乐和骄傲是可想而知的。而且，和上次电报一样，是个没有 expected 的 surprise。见礼物，立刻到 Carol 宿舍去找她，她不在，过一会 [儿]，她自己来了，她见了同样地高兴和 proud 有怎〔这〕样一位好哥哥。她的 [感] 谢信现在附上。我的婚期已不远了，请不要太破费买贵重的礼物，稍微表示一些意思即可以了。耳环和袖扣的光彩实在好，这贝壳性的东西恐是 mother of pearl。我没有 French cuffs 的衬衫，预备买一件，在婚礼的时候穿上，再戴上你的 cuff links。耳环的 setting 我觉得不够好，到珠宝店花了三四块钱，另配了一副银的耳环脚，更可显示出 mother of pearl 的靓丽。

订婚不久，我们就决定在六月五日星期六下午四时结婚，地点在耶鲁大学附设的小教堂 Dwight Chapel，牧师也见过，唯房子还没有找到。一切力求简单，因为当时想不到 Carol 父母会赞助的。Carol 写信回家，通知订婚时，并没有把婚期告诉他们，因为一下子恐他们所受的 shock 太大。三月二十七日星期六 Carol 返家过春假，把结婚的事告诉父母。起初她父亲恐时间短促，一时不能把母亲劝过来，希望我们能延迟到圣诞节附近〔前后〕结婚，那时他保证出面主办婚礼。Carol 来信把此意转给我，我坚决不答应，复信给她说，她母亲如能 reasonable，目前即可 reasonable，何必等这许时日；况且一旦让步后，她母亲一定沾沾自喜，认为 score 一个 victory，到圣诞节一定作梗，再求破坏。她母亲找一些亲戚朋友，希望得到同情，不料他们对她的 position 都不赞同。经 Carol 父亲规劝后，她也同意于六月五日的婚期了。Carol 后一封来信，说她昨天星期六（四月三日）要返 New Haven 来看我一次，不料那日她父母都到，请我一起到著名菜馆吃 lobster，事情进行得顺利，比我预想 [的] 更好，心中大喜。饭后在 Carol 宿舍商谈婚事的准备，一切婚礼费用（除了新娘、bridesmaid 用的 bouquet，牧师的酬劳）女家任担〔承担〕，此外银器、碗盖、银盘、家具、床、沙发、洗衣机，家中都有，不必另置（also：立地 radio-phonograph、地毯、Carol 自有的钢琴、五百元 cash gift），Carol 父亲还预备代我们付第一月的房租。所以这次结婚成家，我一点没有多开销。否则一切家用对象，我自己去买，实在是吃不消的。我所要买的只有结婚戒指一〔对〕，藏青西装一套，黑皮鞋一双，打扮成一个像样的新郎。此外 kitchen 所需及其他日用东西，Carol家的亲戚，想都会当礼物代买。朋友们及在 New Haven 的中国 colony，我预备邀请的约有八十人，所收礼物也很可观。Carol 自己小朋友也有三十位（她父母及近亲都到），预计约可有百人参加婚礼，也不算太简陋了。婚期距今只有二〔两〕月，希望那天能和董小姐同吃喜酒，庆祝一下。Carol 父亲为人极够得上 generous，这次婚事进行顺利，他的功劳不小；Carol 待人态度，大半是 [从] 父亲那里遗传来的。New Haven有一位教中文的朱某，同独生洋女结婚多年，已有两个男孩，可是几年来，她父母一直不理他们，当她已死的一样。我的情形在美国可算是很侥幸的。父母那里，已知道我的婚期，可是详细情形，还没有知道，知道后一定是更会高兴的。

吃了六个夏天的馆子，已经恨透。今夏可以自己有家，生活崭然不同，在去年夏天时，是做梦也想不到的。董小姐那 [方] 面进展得怎么样？甚是关念。其实你的条件比在台湾一般未婚男子优越得多，她和她父母也应该满足了。最近约她白相，比新年后勤些否？有没有给她信？程绥楚那里不断来信催写情书，最近写了两封塞责，他英文不佳，人带土气，追香港小姐，是很难成功的。宋奇有信来，不知他编季刊的事情进行得怎样了？我觉得你留台湾较妥，有空帮他写文章翻译书，比直接在他手下做事好得多。他的许多 prospect，很少能长命的，出版社就很难办好。台大副教授职位，钱虽不多，名誉仍是很好的。Dulles 最近的演讲，应当给台湾居民打不少气。

玉瑛妹习钢琴，准备考音专，极忙；父亲近况大约不错，闲时看小说散 [步] 公园；以前信上报道，他看过 Balzac、屠格涅夫的小说，现在在读《围城》。家中冬季养了些腊梅，接着有水仙、兰花，玉瑛养了几尾金鱼，所以还能保着些有幽〔悠〕闲的形式。云鹏伯已双腿麻木，前途也很惨。国内亲戚消息，老的病死，少的拼命结婚生子，抗战时年轻人不敢结婚，表示对前途还有信心，目前这批的结婚，是对前途担忧的表现也。

Dufy 我没有多看过，随便不敢批评，预备买一册大开本的平邮寄给你（附几张电影明星照片，上次几张 requests，都毫无音讯）。我初来美国时，很喜欢 Renoir，后来对 Matisse[1]也很感兴趣，其实 Matisse 一部分作品，都杂乱无章，说不上好，他的钢笔 sketches 倒实在好。我墙上挂的两张 Matisse 坐着的女子，两位 Renoir 裸女，嫌它们太 feminine，很想换掉它们。在纽约看过 Van Gogh 的展览会，着实喜欢，他想象奇特，着色（啡黄色）鲜明，可能是近代最好的画家。意大利文艺复兴时代画家的真迹，都不能 impress 我，Rembrandt 的真迹我也不喜欢。真正给我 pleasure 的画家恐怕都是印象派及以后的画家。

---

1. Matisse（Henri Matisse，亨利·马蒂斯，1869—1954），法国画家、雕塑家、版画家，野兽派的创始人，以使用鲜明、大胆的色彩而著名。代表作品有《戴帽的妇人》《舞蹈》《红色中的和谐》等。

附上订婚时所摄照片一张，底片比印出来的颜色要好得多，但照片上仍可以看到 Carol 的风采，她手指上发光者，即订婚戒指也。结婚时摄的照片，当再寄上。我近来很忙碌，但也很少成绩表现，要看的中国东西太多，英国文学原著已好久不读，有空看些批评杂志，算不上读书。这种情形，只有把书写完后，再可矫正，目前，实分不出时间也。你在春假有没有玩过？董小姐方面，希望有好消息报告。张和钧方面的款子慢慢划出也无妨，不久前我已把五六月家用汇去了。即祝

　　春安

弟 志清 上

四月四日

　　香片四听尚未收到，Carol 专喝茶，不喝咖啡的，她的喜欢当然是可以预料的。关于电影明星的文章，想也在路上；林黛、刘琦的照片在杂志上见过，其中一位极秀美（恐是林黛），李湄的照片未见过。

206. 夏济安致夏志清

1954 年 4 月 13 日

志清弟：

多日未接来信，甚以为念。接程绥楚来信，知道你六月间可能结婚，想定必诸事顺利，可喜可贺。胡适博士在台时，我见过他一次，他还盛道你在西洋方面的成就，并且希望钱思亮校长延聘你到台大来担任（至少）一年工作，钱也十分赞成。台大将与清华基金合办 Graduate School，希望你来帮忙。这个建议 Carol 听见了一定很高兴的，我和你好久没有见面，能够和你再共处一年，一定使我在求学和做人方面得益不少，解除我的寂寞还是小事，不过我从大处着眼，还是觉得此事应从长计议。你所要考虑的是：来台湾以后，再返美国是不是有问题？很多"国民大会"National Assembly 旅美代表都为了这个顾忌，不愿回台湾来开会。我觉得就目前情形而论，你的家和你的事业基础都应该放在美国。到台湾来只好算是度假期，我们当然不可使度假影响了正式事业。假如不妨害你的事业，在台湾住一年半载（当然同你的太太），未始不是好事。

313

我同董小姐的事情，已近尾声，大约不久可告完全结束。这样一个结局，我心理上准备已久，所以现在并不痛苦。以前所以举棋不定者，还是自己的心肠太好，只怕事情做得太辣手，我的突然对她太冷淡，可能会 hurt 她的 feeling 太厉害。现在这种顾忌已不复存在，我对她已无留恋，所以可以很轻松地把事情摆脱了。她对我的冷淡，事实上已经到了 indifference 的程度，因此我对她也不可能 [有] 更特别明显的冷淡了。阴历年初二带了她弟弟来拜年之后，就一直没有来过（她同我顶好的时期，一星期来三四次），隔了两个月才来了一次，那一次是中午，是她在午饭以后上班以前匆匆来坐一个钟头，而且就算这么短短的小坐，还是我去了几封信“揶求苦恼”的结果。这期间我们看了三次电影，第一次年初五，电影前后还在咖啡馆坐坐，玩得还痛快，后来两次，都是中午的一场，赶在她上班之前，匆匆而去，匆匆而返（事前我要挑周末或 weekdays 的晚间，可以玩得时间长一点，她都不赞成），我乏味之至，因此也不再找她去看电影。事实上，要找她，她也千方刁难，未必干脆答应。最近 Apr. 3/4/5 三天，台大春假，我希望她能够抽一个时间同我来玩玩，她虽然只有 Apr. 4（是星期天）一天有空，但是别的日子的晚上也可以陪陪我，结果我三天什么地方都有去玩，她则 Apr. 3 在外面吃晚饭，Apr. 4 在外面玩了一个下午，又在外吃晚饭，回家很晚，害得她弟弟没人陪伴（Apr. 4 是儿童节），在家大闹。昨天星期天（Apr. 11），有人看见她在碧潭同一男子划船，回来告诉我，我的决心方才确立。照这样情形，她即使不愿跟我断绝（中国近代女子大多希望追求的男子愈多愈好，宁可备而不用，干脆断绝则并不愿意），我也不愿甘居"小星"（one of the satellites），所以还是断了的好。以后也许还有一两次 date（都是老早讲妥而尚未履行者），但是我决不自居是 suitor 了。我的情形你听见了，一定很同情，追求如是之苦，真可令听者为之心寒。其实我没有什么亏待她，她对我如此 capricious（可说 faithless），我不免有点恨她，深悔当初识人之错也。我前几天还下不了决心的缘故，因为她家待我还好，她母亲总是敷衍得我很好的（也许是真心，因为我对付老太太们常常很成功），她的小弟弟更是和我好得不得了，常常想念我，看见了就不放我走，拿顶好的东西给我吃（他今年照中国岁数是七岁，尚在幼儿园，因有心脏病，不能运动，没有小朋友，在家里非常寂寞）。我忽然同他们断绝，至少有人会很痛苦。她现在对付我的策略是拒绝我的 date，鼓励我上她家去向她"朝见"，由我陪她小弟弟玩，陪老太太聊天，她则在"交际"。凭她家里的态度，假如她再待我一好，这件事就算成功了。

　　我决心同董小姐断绝之后，想起了有个某小姐待我真好，因此心里很难过。某小姐于 1952（年）X'mas 就织了一条白色羊毛围巾送我，我当时非常感激。她后来知道我的心另有所属，就渐渐后退。但看见了我总是表现由衷的喜悦，非常 enjoy 我的 company，而我不能陪她。她在我面前曾大哭过，不是为了我，而是为了别的委屈的事情。我待她也还好，总出力帮助她，可是我的态度十分 aloof，因为不能让她来作为我同董爱情间的阻碍。这两天我老想起她，觉得人生有个女子如此对待我，也算是一大幸福，今后我恢复自由之后，总得好好地去安慰一下为我 suffer 的女子了。但是我也暂不 abruptly 地去进行，以免我的目标转移如是之快，引起人家的疑心。我猜想此人也许会成为我的 Carol 的。

总之我现在虽然有点恨董的无情无义，也恨自己的看错了人，但是我对整个人生的态度并不 bitter，也不 cynical，不过 romantic love 的梦也许就此幻灭，以后也许反可以切切实实地做人了。

以上是四月十二日写，今天心情又有些改变（经思索及与友人讨论的结果），可再补充几句。

我同董暂时还不断绝，只是保持一种非常冷淡的师生关系。我手里有一种杂志，本来每期由她翻译一篇文章（材料由我选，译文由我改），这个关系还维持下去，但是除了信札（on business only）往来之外，我不再去找她，即使她来找我，除了学问之外，我什么别的也不谈。

此外我还认识几个台大有美人之称的女生，我得多 date 她们。她们待我本来都不坏，我以西装毕〔笔〕挺谈笑风生（不想追求就容易谈笑风生）的姿态出现，她们一定喜欢和我在一起玩的。

上面所说的第一点是你所推荐的 silence treatment 彻底而

有决心的执行。上次的 silence treatment 我只是不 date 她，不上她家去找她而已——有三四个星期之久——可是我同她信里还是无话不谈，且表示我的苦闷，所以并未 silent 得够。第二点表示没有她，我的日子还是可以过得很好，反而比以前更活泼，服装更挺。——这一切无非要促使她的觉悟。假如相当时期之后，她仍无强烈的思念我的表示，这种事才可以算"吹"完了。（做人如此钩心斗角，真是何苦！）

至于某小姐，我暂时还不同她来往太密。跟她一好，结婚的可能性就大增，我这么大的年纪，听见真要结婚，还有点怕，目前还想"浪漫"一个时候。——从这一点上，我可以推想董之所以同我冷淡，也可能是怕结婚的关系。同别人瞎白相，没有什么严重的 consequence（至少她以为），可是同我再好下去，我是 declared-suitor，无形中就是答应我的求婚了。我现在所走的路子是：她快有 lose me as a friend 的危险了，且看她要不要 take me as a lover 吧。

我现在并不苦闷，因为我的心本来比你"狠"，叫我狠心来对付一个人我是做得出来的。反正我也不做任何事去伤害她，只是 doing nothing 而已。近年我的涵养功夫很好，就这么空等着，也无所谓。可是关于这件事的本身，以及进行方法等，还在等待你的 comments 和 suggestions。

此外我的近况没有什么变动。上海听说生活愈来愈苦，张和钧还有 $100 付不出，就是因为他在上海"头寸"太紧的缘故。家里情形不知如何，很以为念。送上我的近影一帧，

添印后拟再送上一帧，你可以先把这一张寄给家里。美国用不用席的？我想送你一床好的台湾席，你以为如何？再谈 祝

春安

Carol 前乞代问好。

济安 顿首

四月十三日

〔又及〕明星相片如讨来，仍可寄给我，如何利用，以后再决定。

207. 夏志清致夏济安

1954 年 4 月 19 日

济安哥：

　　今天接到你四月十三日的来信，同时收到父亲给你的信。现附上，信的调子是沉痛的，季杰¹如此翻面〔脸〕无情，使我很生气，立即写了封信（给）吴新民，叫他先拨汇百元给家中，偿清了季杰处的旧账，以后再由我在心沧处转汇给他。父亲给我的信，都着重愉快的方面，看戏、逛公园、亲戚间来往等，大约他不要我为家事多操心（父母最近看过一次童芷苓），想不到他债务这样地〔的〕多。这次张和钧那里划款不成，我想你还是托宋奇或吴新民寄家一百元，但是不必太急，因为我已给信于新民了。你的储蓄也不多，每年寄一两百即可，使母亲高兴些。此外的还是我按月负担，不要你操心。Carol 身边有四五千元（U. S. Bonds），我自己目前只有七八百元，寄家用还是敷〔富〕余的。下半年 Carol 在中学教书，年薪有

---

1. 徐祖藩（1895—?），字成德，号季杰，江苏吴县人。曾任吴淞商船专科学校校长。1946年任台北交通处港务管理局局长，其间曾请夏氏兄弟的父亲夏大栋（徐夫人的堂兄）任航务管理局秘书兼总务组长，协助其工作。

二千七百元，维持小家庭足够，我的钱可够汇家中。你的照片已寄去（房间的确很整洁），恋爱情形也同父母说了一遍，父亲对董小姐有些不满意，这次吹了，家中也可释念。

今天同时收到你的和父亲的信，心中大有感触，只有写信，才可把心境平定下来。我给你关于董小姐事的劝告是："塞翁失马，焉知非福？"她既然同你这样冷淡勉强，把 weekend 和晚上的时间，都运用在别的男友身上，而同你敷衍几个 lunch dates，很明显地，她有野心找更阔的或更有办法的丈夫。即使她在别的男友方面退阵下来，回到你的怀抱里，她的心境也是勉强的。如是你事业上稍有不顺的话，她会 nag、埋怨。在她看来，你至多是 second best，而不是 the best；她目前不能把她整个生命前途交给你，将来同你结婚也必定出于无可奈何的心境。不死心塌地爱你的女人，都是不肯共甘苦的。你四月十三日的续信上，好像有回心转意的态度，所以我给你以上的劝告。当然目前友谊还得维持，她投稿的文章，还是替她删改，有闲吃吃饭看看电影也无所谓。我猜测的或者是不正确的，你以前信上一直说起她为人很好，她可能会向你表示爱意。不过同时你可放胆追追台大的美人，表现表现手腕，同时也出出两年来积的气。那位赠你羊毛围巾的小姐，对你已一往情深，人也很忠厚，你何不多找她玩玩？你可把你追董小姐的情形详细讲给她听，像 Desdemona 听 Othello 故事一样，她对你的爱情更为〔会〕油然生发。如果两年中，她有了些恋爱纠纷，也不会动摇她对你初恋的痴心。你对结婚还有些畏惧，其实在顺利的恋爱过程中，这些畏惧，自会消灭。我们正经人，"浪漫"起来，也极平淡无奇，为是抓住一位小姐，互相忠心相爱，生活可丰富得多。

　　我上次的复信，写得较迟，甚歉。程绥楚那里，因为我代写情书，倒把婚期早先通知了，那封信，你想已看到了。上次 Carol 的信，比较 perfunctory，因为比较还带些客套性质，请你不 [要] 多怪。茶叶四罐已收到，谢谢，只品过一次，味香都很好，婚后当经常喝它。Dufy 画册及明星照片当于这星期内平邮寄出。香港电影明星写照也于今天收到，还没有细读。Carol 父母、舅父母，上星期六来过一次，同吃了一次饭，这次婚事进行，想不再会有什么曲折。Carol 父亲还要给我们蜜月费二百元，我懒得动，大约要到华盛顿去几天。Carol 家里，房子并不大，汽车也只是 Chevrolet（Carol 自己的是 Nash Station Wagon），外表看不出，Carol 最近告诉我，家产确有四五十万；十年后祖母给 Carol 的 trust fund，也有六万；我下半生的经济，大概已没有问题（这消息我只告诉你，请不 [要] 转告程绥楚等友人，写信家中恐招麻烦；在 New Haven 的中国人知道了，一定要眼红拍马屁，徒添不少麻烦）。我当然还是弄自己 career，好好干去，Carol 没有绝对困难，也不会找父母帮助〔忙〕的。Carol 一无奢华习惯，用钱也很节省。不过有了这经济后盾，对世界已不太恐惧。最希望父母因此能过到〔上〕较好的生活，不知有没有办法能出来，你和玉瑛妹日后当然可以过较舒服的生活，因为我和Carol 几十万美金是无法花尽的。这一切都是将来的事。胡适和钱校长居然讲起要聘用我，我感谢他们的诚意。不过今秋初婚，一定不会离开美国，明年秋天，如果找不到事，可能来一次（结婚后，取得 Permanent Resident 的资格，已不成问题）。现在当然不定，还是美国事业有基础后来台较好，有进有退，否则来台以后，就不容易在美找到事。纽约的 China Institute 帮在美学者找事很努力，今春有小大学请我去任英文系 assist.professor，不过薪金太低，给我拒了。明春找事，大致不太困难。今天晚上，Carol 在房中坐了一些时候，她觉得那位小姐给你围巾，一定很有诚意，自告奋勇，写给你一封信，现在附上。我来美后，一直没有看过牙医，一月前去找牙医检查一下，已有 cavities 三十枚，现在都补好了，幸亏门牙都很完整，不伤观瞻。你暑期有空，不妨看一下牙医。上星期看 Ondine，极感失望，全剧一无是处，反不如中国抗战期话剧也。董小姐处，我不劝你决裂，她能回心转意最好，但别方面多发展，总不会错的。今天买了黑皮鞋一双，藏青西装（tropic worsted）一套；想买 Dacron & Worsted 的，没有配身的。再谈，祝

　　自己保重。

弟 志清 上

四月十九日

　　〔又及〕台湾席我极喜欢，只恐 Carol 不习惯，美国夏季

床铺是仍用被单的。婚礼送简便些即可，如想不出什么别的东西，台湾席我想 Carol 也会喜欢的。

208. 夏济安致夏志清

1954 年 4 月 14 日

志清弟：

昨日发出信，今日即接到你的信，知道非但婚期已定，而且女方家庭肯出力，担负这许多费用，使你安安逸逸地做新郎，我非常高兴。你们的订婚照亦已看见了，Carol 很有忠厚善良的福相，一定可以做你的好太太。照片虽然印得不够清楚，但是她的神态很喜悦活泼，眉目也很带秀气，肤色也朗净，是值得再向你道喜的。我上月寄出的 trinkets，在台湾便宜得不得了，不过别地方也许少见罢了。Carol 同你会这样高兴，我倒觉得很难为情。

昨天的信也许会使你替我担忧，但是我现在心里很快乐。在你信到之前，我就在一个 cheerful mood 中。今天上午台大有第一美人之称的女生到我这里来了，她同我一向很熟，她的毕业论文正由我指导中。此人追的人当然很多，但是据外面传言，她所属意的只是我一人，这个不一定靠得住，但她现在恐怕没有男朋友，而对我的确不错。我已经约了她星期天出去照相（我一提出来，她立刻答应，以前在学校里也同她照过），想必可以玩得很痛快。这位小姐是湖州人，很带太湖地区女子的秀气和文静，中学是在北平念的，她的 ambition 可能比董小，人也没有董那么紧张，我认为如能同她结婚，也很幸福的。董小姐的事在我心里萦绕了好几个月，已经成了一个死结，现在我恢复我的自由身，心里也有极大的 relief。好在我没有同董吵翻（我的冷淡已经够是警告的了），随时仍旧可以 date 她（即使同她破裂，我也不觉得遗憾），以前只是一味自作多情地愚忠，现在可以行动自由，也许这反而是做人的正常办法。我心目中还有别的女子要 date，可是我心里并无半点报复心理。我本来比你喜欢瞎交际，可是从来没有大规模地交女朋友，从今以后，也许可以好好地 enjoy 一下 life 了，主要原因，还是经济上可以自立，否则怎么敢去四处瞎 date 呢？因为我对于这种生活的 prospect，很是高兴，所以心里充满了 forgiveness。照我现在的心情，非但不会跟任何人吵架，而且 wish all the world well。你听见了也可以高兴了。别的再谈，专颂

快乐

济安 顿首
四月十四日

〔又及〕Dufy 的画请不必买了（小本的我已有），我上次信里说喜欢 Dufy 不过随口说说，你知道我对任何东西很难得有深好，看得都很平淡的。

209. 夏志清致夏济安

1954 年 5 月 24 日

济安哥：

上次发出信后，隔日即接到四月十四日的信。最近一月多，你没有信来，甚念，近况想好。台大美人 date 后，结果满意否？那位送你羊毛围巾的女生，你找过她否？董小姐那里仍维持旧关系否？一切都待看你的来信。父亲信附上后，一定使你很 upset。最近父亲来信，徐季杰方面已答应缓期，我最近又寄去了两百元，希望他能还清一部分债务。你预备汇家中的一百元，不知已汇出否？张和钧那边划款不便，还是托宋奇转汇的好。

婚期离今仅十二天，所以相当地忙。不久前忙着找房子，足足忙了十天。现在已找到一所 apartment，在 Humphrey Street 34 号，离 Yale 不远，十五分钟即可走到，同时离 Carol 秋天教书的地方也很

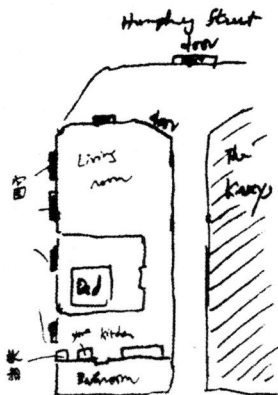

近。地点很清静，房东为 Kinsey 老夫妇，年龄六十以上，没有子女，已退休，以养鱼为副业，他们房厅中放满了热带鱼。我们的 apt. 有 living room 一，卧房一，kitchen 一，bathroom 一，除厨房较小外，足够运用。床、家具 furniture 还不错，月租80 元，式样如图，布置好后，一定很不错。六月后通信，即可寄新地址。

婚后预备在华盛顿蜜月四天，旅馆已由 Carol 家定〔订〕好。礼物也已收到了一部分，宋奇送一套抬〔台〕布（夏布镶蓝龙花），程绥楚送一件象牙玩意儿，都在路上。不知你已买了什么礼物，如想不出别的东西，台湾席是很精致而实用的。David N. Rowe 八月初动身来台北，至少要留下一年，他做Committee for Free Asia 驻台的 director，同时要在台大研究院担任一门功课，你同他见面的机会一定很多，我已把你的住址给了他。他人很好，可以帮忙的地方很多。他的中文根底不太好。他走后，我在 Yale 少一个联络，明年找事要比较麻烦些。

上次寄出的影星照片已收到否？暑期间希望你同那位跟你写论文的美女保持联络，她既有意于你，结婚不是没有希望的。上星期看了一次中国电影，彩色片《流莺曲》[1]，主角是李湄，摄制方面仍同以前一样幼稚，情节还是老套，其中

---

1. 《流莺曲》(1954)，赵树燊、陈焕文导演，李湄、黄河、丽儿主演，丽儿彩色影片公司出品。

一位流氓，相貌颇似爱德华·罗宾逊。心中很杂乱，不能多写，希望看到你来信后，再给你长信。Carol 考试、paper 等已赶完，今天起要回家数天，赶办婚事，匆匆，即颂

近好

弟 志清 上

五月廿四日

210. 夏济安致夏志清

1954 年 5 月 23 日

志清弟：

四月十九日来信收到已有多日，因为汇款刚刚办妥（由宋奇代办），迟至今日始复，至以为歉。汇款情形已详禀父亲信中，请你参看，此处不再赘述。季杰处债务为数不多，我们还可以应付得了，不过在上海久居，总不是办法，思想及此，令人忧虑不已。

昨天交西北航空公司寄上 pajamas 男女各一件（一件请交给 Carol），另女用绣花鞋一双（尺寸不知如何？）、手提包一只，亦请交给 Carol，另茶托八件，那是给你们布置新房的。这些礼物真是微不足道，但愿能在喜期之前赶到。

台湾的朋友董汉槎、张和钧将各有电报一通来致贺，其他我的朋友亦有想拍电报的，我都劝阻了，因为他们不认识你，拍来了你亦不知道是谁拍的。高乐民说要写信来道贺，不知已收到否？

董小姐买了一张卡来给你们道贺，我还是给她转寄了。我虽然已经不认为她是我的女朋友，但她要表示好意，我亦不必坚拒，表面上我们还是客客气气（muffler girl 我还没去找她，因为我还没有决心要结婚）。

董汉槎（称他为 uncle）、张和钧（H. C. Chang）、高乐民、董同琏四处，你不妨于婚后各送亲笔签名婚照一幅作为纪念，亦是答谢他们的好意。

附上五彩底片四张（底片如脏，请店里代为洁净），请有便放大（2¼×4¼ 即够）后寄回，各放两张或三张，其中坐在水旁的姓殷，是台大校花，长得很像张君秋，红工装裙子的姓周，绿衣服的姓宋（台湾人）。我的一张请多放一张寄给父母。再谈 祝

好

济安

五／二十三日

211. 夏志清致夏济安

1954 年 6 月 4 日

济安哥：

　　来信及婚礼都已收到。Carol 极爱你给她的睡衣和 slippers，可惜后者太大，不合脚。Carol 极爱 collect 各式各样的鞋子，以后有空，画了她脚的图样送给你，平邮请你寄一两双绣鞋来，茶托、手提袋都极有用。两套 pajamas 都很配身。四张底片都已拿去洗了，女的各两小一大，你的四张小的。你给父母的信已寄上海了。

　　明天结婚，一切无形中紧张起来。希望明天能安然渡〔度〕过。星期天将由 Carol 驾车往华盛顿蜜月。So far，收到的礼不少，今天收到宋奇的 tablecloth，是很细致的东西。董汉槎等的电报还没有来，其实他们不打电报也可以，免得破费。明天你将有何等庆贺举动？希望你同董小姐或照片上任何一位小姐一同到饭馆小吃一顿。我和 Carol 的复信，婚后再写，匆匆，即祝

　　快乐

弟 志清 上
六月四日上午

212. 夏济安致夏志清

1954 年 6 月 6 日

志清弟：

　　昨日是你的大喜之日，我中午请董同琏（我同她讲明这是专为 celebrate 你们的婚礼的）吃的午饭。晚上在台大教授 Dr. Lilian Chao（混血）家里吃晚饭，打了八圈麻将，赢了两元钱（不到 US$0.1）。我的麻将技术同在上海时差不多，不能登大雅之堂，平常也不打，逢到过年过节等喜庆日子才偶一为之，昨天能赢钱，手气已经很不差了。

　　午饭吃得亦很愉快（在一家叫 Rose Marie 的西菜馆）。我同董之间，并无 quarrel，亦无 scenes，反正我已 fallen out of love，不再自寻烦恼，对她毫无所求，心平气和，我对她的态度恐怕比以前还可爱些。她是聪明人，明知我已不再以 suitor 身份对待她，她也许有点 resentment，但遮掩得很好，仍旧谈笑很欢。语不及 love，天南地北地瞎聊，也谈了两个多钟头。She is still a very entertaining talker.

　　前天（四日）晚上，我请了一桌简单的中国菜，算是替你祝贺的。请些什么人并无计划，事前亦没有发请帖，临时拉了十个人（都是我的好朋友，可是同你都不认识的），凑满一桌。董汉槎、陈文贵、张和钧是认识你的，但是我没有请他们，他们来了，空气恐反而不这么愉快了。菜馆叫做"玉楼东"，是湖南菜，湖南菜的特色是菜盘奇大，味道浓，很丰富实惠。结果吃了台币390元，很经济，大家兴致都很好。

你结婚那天我没有发电报，因为电报费至少得台币$100，我认为花〔划〕不来。这个decision想必获得Carol同你的原谅吧。

我同别的girls关系都维持得很好，可是谈不上什么发展。上月廿四日的信已收到了，知道你已经租了一家很清静舒适的apt.，甚为欣慰。此信到时，想必你们已是蜜月归来，开始婚后的快乐新生活了。Carol喜欢做菜，你在外面瞎吃也有好多年了，现在能够吃到自己家里的菜，心里一定特别地高兴。日常生活一定更有规律，工作一定更有精神，可喜可贺。

电影明星照片已经收到。谢谢。其中E. Taylor、D. Reynolds两张预备送给董（昨天忘了带去了），M. Monroe[1]一张预备送给我们的系主任英千里。其他三张我自己保存。最近看的 *Mogambo* 很满意，Ava Gardner的演技大有进步，无怪去年列名Oscar候选人，可是我还是喜欢Grace Kelly[2]这种比较幽静一点

---

1. M. Monroe（Marilyn Monroe，玛丽莲·梦露，1926—1962），美国演员、歌手、模特，曾获金球奖等多项电影大奖，1999年被美国电影学会评为"百年来最伟大的女演员"第六名。代表影片有《巴士站》（*Bus Stop*，1956）、《游龙戏凤》（*The Prince and the Showgirl*，1957）、《热情如火》（*Some Like It Hot*，1959）等。
2. Grace Kelly（格蕾丝·凯利，1929—1982），美国演员，1956年与雷尼尔三世（Prince Rainier Ⅲ）结婚后被称为摩纳哥王妃。代表影片有《红尘》（*Mogambo*，1953）、《莲门淑女》（*The Country Girl*，1954）等。

的美人。看过 *Houdini*[3] 后，对于 Janet Leigh 的好感亦大增。我现在所喜欢的电影明星中，Janet Leigh 所占地位很高——She reminds me of Maureen O'Sullivan。Audrey Hepburn 的片子还没有看见过，虽然已经久闻大名。Anne Francis 看过一张 *Lydia Bailey*，她这种娇小玲珑贤淑贞静的 type，你可以想象我是很喜欢的。Mitzi Gaynor[4] 来过几张跳舞片，我一张也没有看，不知怎么样。中国电影最近只有退步，并无进步。看过一张李丽华的喜剧《拜金的人》[5]，广告上说可以和《假凤虚凰》[6]媲美，看后大失望。非但不觉其"喜"，而且很不舒服似的。

我在 21 日寄出的 giftparcel 和厚信一束，想已收到，为念。上海家里不知如何庆祝你的大喜？父亲欠徐季杰的债务不知道能不能清理了？再谈 专颂

新婚双喜

兄 济安 顿首

六月六日

Heartiest Congratulations to Carol.

---

3. *Houdini*（《魔术大王》，1953），传记电影，乔治·马歇尔（George Marshall）导演，托尼·柯蒂斯（Tony Curtis）、珍妮特·利（Janet Leigh）主演，派拉蒙影业发行。该片讲述了哈里·胡迪尼（Harry Houdini，1874—1926）的一生。

4. Mitzi Gaynor（米姬·盖纳，1931— ），美国演员、歌手，代表影片有《娱乐至上》（*There's No Business Like Show Business*，1954）等。

5. 《拜金的人》（1952），喜剧，李应源导演，李丽华、鲍方主演，永华影业公司出品。

6. 《假凤虚凰》（1947），剧情片，黄佐临导演，石挥、李丽华、严肃主演，文华影片公司出品。

213. 夏志清致夏济安

1954 年 6 月 26 日

济安哥：

六月六日来信蜜月回来即收到，知道你为我结婚很高兴，请董小姐吃午饭，并请十个朋友聚餐了一顿，我听了也高兴，就恐你那桌菜花费太大了些。父母亲及玉瑛妹[在我]结婚那天大约在七重天吃饭，并看一场京戏。婚前收到父亲五月廿七日的信，得悉你汇给宋奇那里的第一笔五十元已收到了；七月份我多汇了一百元，季杰那里债务想已还清。董汉槎、张和钧贺电我上次给你信后即收到，先请你向他[们]代谢一声，照片添印后，当寄他们每人一份。

六月五日那天天气很好，午饭后我宿舍里聚了不少人，都是中外老朋友，从别处赶来参加我婚礼的。换好衣服后，三时左右由 best man，Rufus Bellamy（英文系同学）伴我走到 chapel，在 chapel 休息室都没感到什么，四时附近〔左右〕，开始紧张起来。四时钟一响，随牧师、best man，从边门进教堂，教堂人已差不多坐满，新娘走近 altar 时，我心跳得厉害，可是外表很镇静。Ceremony 很简单，十多分钟即完毕，可是当其时，Carol和我都有庄严肃穆的感觉。教堂结婚，参加婚礼的客人没有什么可看，当事人的确体会到一种 sacred 的 experience。在 reception 时，向人堆里各处周旋，mood 渐渐松弛下来，拍照、切蛋糕、掷花圈〔环〕等等节目和别的结婚没有什么分别，可是自己是新郎，觉得样样新鲜。

七时许，和 Carol 在离 New Haven 不太远的名菜馆 Weathervane 吃饭。六日上午，我们驶车出发，晚七时左右抵华盛顿。住在 Sheraton Park Hotel，每夜十一元左右，是华盛顿颇出名的大旅馆。星期一、二、三，到处观光，Carol 两年前到过华盛[顿]一次，所以地段还熟悉。华盛顿气派很大，各政府建筑皆白色，而且大多是大理石砌的；街道极宽敞，而且白宫及其他重门 office buildings 好像就 situated 在公园内，环境极好。National Gallery of Art 名画极多，从 Renaissance 到近代，应有尽有，看不胜看。华盛顿附近华盛顿的故居，可以看到当年 plantation 的规模，也很有趣。

结婚后，生活当然有 radical 的改变，帮 Carol 做菜、洗碗、整理家务，可有一种乐趣。我们 apt. 没有一只书桌，很感不便，现在托朋友定做一只大书桌，不日即可完工。这封信，还是在一只 portable card table 上写的。上星期起，Carol 开始在 Yale Institute of Far Eastern Languages 内学习国语。Yale 教中文，很得法，三个月后，一般美国学生都可操纯北京音的普通会话，咬音比我们江南人还正确。教授方法不着重汉字，而着重会话的 drill，用的课本，（以上六月廿五日写）

（六月廿六日）今晨十一时 Carol 得其母长途电话，得噩讯，Carol 父忽于今晨十时许得 heart attack 而去世。Carol 悲痛万分，我们得赶快去 Longmeadow 办理一切。一切以后再写，附上添印的照片。底片暂放我处，匆匆 即颂

暑安

弟 志清 上

六月廿六日

214. 夏志清致夏济安

1954 年 7 月 13 日

济安哥：

上次信没有写完，得到 Carol 父亲的噩耗，匆匆寄出。一星期后得到你的电报，Carol 及我对你的关切，很为感谢，其实这样花费是不必需的。附寄上的照片和父亲的信想已妥收，这次附上两张结婚小照，不算是太好的，下一批有好的，再寄上。结婚时我们没有请 professional photographer，可是亲戚朋友所摄的都是五彩的，添印起来，花费也相当大。董汉槎、张和钧那里的照片，下次来信，一定寄上。

六月廿六日那天，我们 expect Carol 父母来 New Haven，那天岳父在 backyard 整理了一下花草，回到屋里，休息一下，准备出发。不料循环系统突然流通不周，双臂发青，半小时后即去世（上午十时半），医生来时已无能为力了。致死原因想是 heart attack，岳父平日一无病痛，唯平时饮酒过多（五年前始戒绝），可能发现血管硬化的现象。岳父为人极好，虽读书不太多，酷爱自然和儿童，没有市侩气，是很可亲近的长辈。本来他可帮忙我处很多，这次突然去世，是意料不到的。当日下午我们赶回 Longmeadow，遗体已送殡仪馆，晚上选定棺木，星期天遗体陈列了一天，让亲友来吊丧。星期一下午在殡仪馆举行简单 service 后，即将棺木送往 cemetery，是日天气很阴沉，小雨不断。Carol 及其母都很伤心，我第一次看到殡仪馆化装〔妆〕过的死人，也颇有异样感觉，流泪一二次。奔丧那次，我在 Longmeadow 留了八天，起初岳母对于我的帮忙和同情，颇为感激；住久了，因为她牢骚满腹，脾气古怪，颇使我不耐烦，只好先返 New Haven，让 Carol 在 Longmeadow 伴着她母亲。目前安排每星期 Carol 住娘家四五天，周末返 New Haven。上星期五 Carol 返 New Haven，同往 Long Island 参加她朋友的婚礼，星期一我在 Longmeadow 留一天，岳母态度颇见改变，好像对我的不多住几天，很感失望似的。按中国规矩，岳母只有 Carol 一个独养女儿，当然理应同我们住。假如她来 New Haven，我们换一个较大的 apt.，由她帮忙理家、煮菜洗衣，可以腾出 Carol 不少时间，也无不可。可是岳母因为她的亲戚邻居都在 Longmeadow 一带，不肯动。同时她一向深居简出，几年来连买菜都是由丈夫、女儿代理的，世事一点不懂，一个人实在无法独住。她不会开汽车，Longmeadow 差不多纯是住宅区，店铺极少，万事不方便。最近亲友们一致劝她学开汽车，似乎也颇少效力。暑期间大约只好让 Carol commute，秋天后再另想办法。岳父生前保了不少人寿险，岳母生活凭此即无问题。遗嘱上财产都归岳母，她去世后再归 Carol。岳父财产，除房屋不动产外，约有股票十五万元，不算太多。前次信上述及的五六十万，想系 Carol 臆测，或因岳父不如他兄弟们富有，向 Carol 瞎吹的。但靠了十五万股票，每年也可稳拿数千元红利了。

一月多来，瞎忙了一阵，没有做什么事，这星期开始非得努力工作不可。结婚后，杂事无形中多起来，时间不易受自己支配。张心沧去秋开始在剑桥大学教中文。他在爱丁堡大学拿到博士学位后，在那里三四年（Spencer 专家 Rennick 是英文系主任）工夫，研究 Spencer，写了一本书，最近来信，爱丁堡 University Press 已答应刊行该书。我们朋友间，用英文写书出版，可算他第一人了。

你最近生活怎样? 甚念。你同董小姐的关系，我想最好依旧保持下去。你俩感情不差，至少很谈得来，不要因为我同 Carol 以前表〔对〕她有不满的表示，故意冷淡下去。中国小姐大学毕业前后，总得坚持不下嫁，找一个条件完美的良人。但坚持不久，心慌起来，那时旧的男朋友已渐疏离，只好瞎找一个男人结婚。我想董小姐对你是有情的，慢慢拖下去，她对你只会增加好感。我想她毕业一年，软化的时期已近成熟，或者不久就会向你公开表示爱意的。照片上的三位，除那位台湾姑娘外，都很美丽，不知你近来常常同她们来往否?

以前寄上的电影明星照片不一定代表我喜欢的。记得有一次写信给福斯公司讨 Anne Francis 等数名 starlets[的] 照片，末了称赞了一下福斯的大明星如 Peck、Ty Power、M. Monroe、B. Grable、Susan Hayward、Mitzi Gaynor（那时她很有希望），结果收到十张照片，都是大明星的。（初来美国时，我极喜欢 June Haver，可惜她歌舞天才〔赋〕不够，至今不能出头。）看了 *Lydia Bailey* 后，对 Anne Francis 的美丽大为欣赏（这 experience comparable to 第一次看到 Linda Darnell in *Daytime Wife*[1]；Hedy Lamarr in *Algiers*；E. Taylor in *A Place in the Sun*），可惜她近来在银幕上不大多见，最后一次看到她是在 Cagney 的 *Lion is in the Streets*[2]，仍是娇艳欲滴。Grace Kelly 我也认为是最近特出的美人，Audrey Hepburn 我也很喜欢。Janet Leigh 六七年来看了她不少片子，看惯了，不觉得她怎么样。Maureen O'Sullivan 最后一次在银幕上演出是在 Ray Milland 主演的 *Big Clock*，不知见过否？我最喜欢的明星恐怕是 Gene Kelly，他的才艺有胜当年的 Fred Astaire。此外 Bob Hope、Bing Crosby 等喜剧性歌舞明星我都爱好。

Jerry Lewis[3] 确有喜剧天才，他的 comedy 我极喜欢，可惜他的搭档每张片子中，浪费时间不少；Jerry Lewis 如能独树一帜，必有更好成就。即颂

暑安

弟 志清 上

七月十三日

---

1. *Day-Time Wife*（《白昼夫妻》，一译《斗气夫妻》，1939），喜剧，格雷格里·莱托夫（Gregory Ratoff）导演，泰隆·鲍华（Tyrone Power）、琳达·达内尔（Linda Darnell）主演，20世纪福克斯发行。

2. *A Lion is in the Streets*（《霸海英豪》，1953），剧情片，拉乌尔·沃尔什导演，詹姆士·贾克奈（James Cagney）、芭芭拉·海尔（Barbara Hale）主演，华纳兄弟影业发行。

3. Jerry Lewis（杰瑞·刘易斯，1926—），美国喜剧演员、歌手、电影制片人及导演，曾与迪安·马丁（Dean Martin，1917—1995）长期合作。

215. 夏济安致夏志清

1954 年 7 月 29 日

志清弟：

　　来信并照片两张均已收到。你做新郎的姿势很潇洒，一点也不显得 nervous，尤其是同 Carol 挽手走路的那一张，看上去真好像世界是属于你们两人的，表情上显出快乐和自信。我小时候印象顶深的一次婚礼是漱六[1]的，我觉得他看[起]来狼狈而又疲乏，因此我对于做新郎很有反感。以后看见许多次文明结婚，又不觉得有什么喜气（有点敷衍了事）。周铭谦的婚礼似乎同漱六的一样 elaborate，周铭谦那天看来也很苦，你那天的表情倒使人很欣羡的，做新郎的应该像你这样快乐而大方。Carol 也十分快乐的样子，她真是个纯正〔真〕端丽的贤妻良母型，程靖宇评得很对。照片如有添印，请签名送 Miss Lily Tung 一张，她很希望你们送她一张，董汉槎、张和钧等不送也可以，因为他们对你的关心，恐怕还不如 Miss Lily Tung 也。

---

1. 漱六，夏济安的表哥。

我同董小姐的关系，现在比较疏远，但是我没有说过一句话或做过一件事是 hurt 她的，她也没有表示要同我断绝。我只是不再主动追求，能否重修旧好，全由她决定了。我们现在见面时，还是可以谈笑甚欢。

香港那位秦小姐，同我一直没有断绝，今年我过生日她送来了 Swank 牌的 cuff link 一对，necktie clip 一个，这种礼物出诸女孩子之手（而且她不是个轻率的人），至少表示旧情还没有全断。她现在想到美国去读 undergraduate，不知道你能不能帮她的忙？上次你说过有一所小大学要请你去担任教职，你推荐一个学生给他们，他们想不会拒绝的。顶好有 scholarship 或其他补助，否则就是 admission 也好。Celia 在香港读过贵族化的中学 Diocesan Girls' School，英文程度不在台大外文系毕业生之下。目前不要办什么事，我希望你同她通一封信，表示你想帮她的忙，信（用英文写亦可）不必长，（千万不要代我说什么好话，我只是想帮助她，不想求她什么。你就是某人的哥哥〔弟弟〕好了。）只是她以后可以找你时有个凭借。她的地址：Miss Celia Zung, 66 Fa Hui Street（花墟道），Kowloon, Hong Kong。她以前曾表示愿代我向上海转信，我一则来台以后，不愿多同上海写信，再则我不愿意家里知道我还有这样一个比较 intimate 的女朋友，免得父母日后又是空欢喜一场，因此没有麻烦她。不过她还是我的好朋友，希望你量力而为地帮助她。她家里境况还好，拿得出三千五千美金来自费留学的。（你在信里不妨提提你曾经代她讨过 Gregory Peck 的相片。）

　　你的岳父突然逝世，是大可痛惜的。他是你的知己，据你以前的来信所说，没有他的帮忙，你的婚事还不会这么顺利。有他在上主持，非但"老家"与"小家庭"之间的关系可以融洽，而且你在美国有一体面绅士照应，各方面都可以便利不少。现在他的死，真是你很大的损失。我已经打了个电报请你去安慰 Carol，同时希望你同你的岳母可以相处得来。凡事希望能让岳母三分，她是个可怜人，Carol 要去侍候她，你就在 New Haven 忍受寂寞吧。

　　下半年我有来美可能，我现在并不抱很大的希望，但可能性之大为从来所未有，这总是个好消息。美国 State Dept. 不是有什么 grant 吗？今年台大保荐我去，我听到了这个消息很惶恐，别的不怕，只怕临时 visa 签不出，瞎忙一阵，颇花〔划〕不来。但是钱思亮校长认为我的 case 并非无望，我现在 X 光照片的批示，据台大医院院长研究下来认为去美如为三个月考察，照我现在的情形，签证决无问题，如留居一年以上，还有些问题，但事前可先做六个星期 animal test，如证明病已痊愈，今年仍可走成。否则明年再验，如这一年内病况无变化，即表示病已无害，明年可能性就非常之大。Animal test 是什么东西，我还不知道，如一定要做，我预备去做一下。我对于自己的健康情形，很有自信，只是以前听说美国人认为"once TB always TB"，以为今世留美无望，胡世桢以前来信不断叫我去美留学，吓得我不敢同他通信了。此次得钱校长之鼓励，勇气大增，就是今年不成，以后的可能性还是很大，我的生活远景就此改观，人亦变得快乐多了。我如能走成，当然来 Yale，同你和 Carol 可以常常见面了。此事目前尚未定局，请你不要太兴奋，亦请少告诉别人，如程靖宇。家里事，张和钧说已去信拨一百七十万，希望你禀告父亲一声。别的再谈，专颂

暑安

Carol 前代候。

济安

七月二十九日

216. 夏志清致夏济安

1954 年 8 月 19 日

济安哥：

七月二十九日来信收到已多时，得悉你来美可能性很大，非常兴奋，希望你今年赶不来，明年准能来。我们在北京分别后，至今已七年，光阴过得真快。这次你是由学校保荐，不是自己去活动，我想体格检查方面可以松得多，X 光照片上的旧疤，医生当看得出是不再会发作的，所以经过六星期 animal test 后，你可很快拿到 visa。你来美国，是算 State Dept. 的客人，各方面都不会有麻烦，要住下去，也不会有问题。这项消息我只告诉 Carol 一人，她听了也非常高兴，从她的来信可看得出。

看到信后，我即写信给秦小姐，告诉她我愿意代她办入学手续，并略述一下美国大学状况，使她在选择学校方面，自己有个定夺。假如她中学成绩优良，进什么学校都不成问题，决定条件还是经济，和秦小姐个人对于城市或乡村生活的爱好，和喜不喜欢多和中国学生在一起。秦小姐这次送礼，表示感情未断，她和 Lily 都可算你很好的女朋友，这在你生活史上，几年以前是没有的。我想没有家庭作梗，她们两位自己有主张，可能其中一位早已同你结婚了。目前你同她们两位维持友谊关系很好，此外另找别的女孩子玩玩，建立新的友谊，你不久要来美国，暂时不会想结婚。最后结婚的决定，还是女方主动占多数。

　　一个多月来，每个 weekend，不是我去 Longmeadow，就是 Carol 来 New Haven，平日我在 New Haven，Carol 伴着她母亲。Carol 不在的时候，自己煮菜，有时很感兴趣，有时很觉无聊。中国菜并不难做，每只菜炒或煮的时候，加了葱、姜、酒、酱酒〔油〕，就会有中国味，可是平日还是用罐头食品、frozen food、现成熟肉的时候多。我同卡洛儿母亲的关系不算坏，我每次去 Longmeadow，她总预备一只大菜；中年妇人，看到下一辈的"小伙子"，总是会比较兴奋，觉得生活上有生趣的。这星期起，她同她妹妹一家到康州不著名湖边去避暑两星期，所以 Carol 这几天住在 New Haven，许多送礼的朋友，都得邀请吃饭，又得好好地忙碌一番。今天请了三位中国朋友，明晚要来一个 cocktail party，邀请的多是外国朋友。

　　送给 Lily 的照片，这次寄上；答应董汉槎、张和钧的下次再寄。附上鞋样一双，有空可代 Carol 买一双（平邮寄上），颜色方面以淡蓝和淡绿较适宜。玉瑛妹音专已考过，成绩自称很满意，不过钢琴系名额只有三五名，录取把握很难说；八月十五日统考出榜，玉瑛妹录取与否，家中下次来信，当有分晓。张和钧拨款事，明日写信家中时当提及。代程靖宇写情书已半年于此，他成功的希望极渺茫。你近来译作想极忙碌，不知在开学前，有没有什么 vacation 的计划？这封信匆匆写成，下次当好好写封信给你，即颂

暑安

弟 志清 上

八月十九日

217. 夏济安致夏志清

1954 年 9 月 11 日

志清弟：

我赴美可能性已大为增加，你想必很高兴听见的。寄给[美国]国务院（它的一个附属机构叫做 Institution of International Education）的初步健康报告，连同其他表格等，约可于明日由此间 USIS 寄往美国。那报告只说我有 pulmonary fibrocalcification，并没写 TB 字样，我的体格评定为 good（次于 excellent，优于 fair & poor），在"申请人的体力健康是否能应付长期攻读"问题下，医生的答复为 yes。如此看来，国务院想不致因健康问题把我摈斥。签 visa 时，还要体格检查一次，希望那时更好，则来美可无问题。唯我们的手续办得太晚，我们至〔最〕早亦得于十月中旬才可成行，希望下月能够同你在美见面，而且亦可以见见 Carol 了。

本月内赶得一本 Manes Sperber 的 *The Abyss*[1]，译完后有四五百美金的收入，除寄一部分孝敬父母外，我行前（假如

---

1. 全名 *The God That Abyss*，夏济安译为《渊》。

成功）手头亦可以宽裕些。Carol 的鞋子我希望能自己带上
（很轻便，坐飞机亦不费事），谢谢她给 Lily 的信。她这封信
写得太好了，我很感谢。信与照片我已交给 Lily，她写不写回
信，我也没有问她，你们的地址我已抄给她，她有信想会直
接寄上的。

今天是中秋，不知道你们如何消遣？我晚上有八圈麻将
之约。我一年大约打四次麻将，总是在过年过节的时候。因
不常打，出牌很慢，很费脑筋。

有空再给 Carol 写回信了，谢谢她的信和她对于我的事情
的关切，希望你们过一个很快乐的中秋。专颂

秋安

济安 顿首
九月十一日

218. 夏志清致夏济安

1954 年 9 月 21 日

济安哥：

　　上星期收到你的信，兴奋非凡，赴美想已不成问题，希望你十月中能成行。Carol 也同样地兴奋。飞机停西岸时，我们不会来接，只好在东岸相见了。来美后是否想在 Yale 研究院注册一年，或做其他读书旅行的计划？耶鲁九月底开学，十月中去选几课，迟不了多少。Visa 已签好否？这次体格检查想比上次更好，希望两星期内听到你的好消息。

　　Carol 有孕已有两个月，这喜讯在两星期前我已禀告父母了。他们听了，一定高兴，母亲廿年来抱孙的欲望总算达到了。我明春要做父亲，自己事业经济基础没有打好，想想不免有些恐惧。但心头仍是很高兴的，Carol 发觉有孕后，自然增加了做母亲特有的快乐和骄傲。她上星期回 New Haven 后，不再返娘家了，今天她开始在中学教书，七点钟就得起身，我很担忧她身体会支持不下。下学期当然只好辞职不教。她的母亲邀了她的一位妹妹在 Longmeadow 同住，不会太寂寞。

秦佩瑾的种种申请入学文件已收到，她希望在南部或北部读书，费用可省些。我想代她申请 New Orleans 的 Tulane University，有胡世桢在那里，手续容易办，并且住读在那里，也有个照应。她成绩不算太好，要进东部的著名女子大学，恐怕不太容易。不知你意见如何？在纽约或 New Haven 附近弄一个小学校，则见面的机会较多，我想申请入学也是不难的。你抽得出空，最好写封短信给秦小姐，告诉她文件已收到了，申请入学，正在进行中。假如她真的"旧情未断"，而你对她还有意思，我想还是进 New England 学校较好。

张和钧拨款一百七十万事，父亲到他父兄家里去取款，未得要领，因为他们没有收到张和钧的笔据。你赴美前，最好到张和钧处交涉一下，他应补我们多少，写了笔据，由他父兄归还。附上小照两张，一张给董汉槎，一张给张和钧，回谢他们结婚时发的贺电。

玉瑛妹音专没有考取，她第二志愿是外国语言，被送上海俄专，三年毕业，俄专地点在江湾。玉瑛妹能着着实实读一些俄文也是好的，每星期六，可能〔以〕回家，不晓得能不能过夜。在上海读书，总比远派别处好得多了。

你赴美前，在董小姐方面会不会有个交代？她家慕你赴美的虚荣，或者可能答应你同她订婚的。其他小姐方面有没有进展？赴美前想依旧在校担课。我结婚后，杂事忙碌，写作很难专心，Carol 教书后，希望一切上规〔轨〕道。下次信

上，希望看到你确定的赴美日期。*The Abyss* 已译完否？专祝
秋安

弟 志清 上

九月二十一日

Carol 代笔问好

219. 夏济安致夏志清

1954 年 9 月 26 日

志清弟：

　　前上一信，想已收到。我的赴美事，尚无回音，如 health 不成问题，则至迟明年二月可以走成。我想送 Carol 一件旗袍，兹送上详细尺寸图一张（顶好把体重亦写下，作为裁缝的参考），请照次序量好，连原表（还要给裁缝去看）尽速送回。她所希望的料子（我想买缎子绣花的）、颜色、花纹等也不妨告我，以便选料时作为参考。请慢慢地道谢，等收到东西了再谢可也。

　　九月底以前我在赶 Sperber 的 *Abyss*（此书稿费拿到后，我又可以寄些钱回家去），较忙，过几天当再有信给你。专此 敬颂

　　俪安

　　Carol 前代候

兄 济安
九月廿六日

〔又及〕画这张图的是一位殷小姐，其人有台大第一美人之称，对于服饰平素很讲究的。

1954

220. 夏志清致夏济安

1954 年 10 月 11 日

济安哥：

九月廿六日来信已收到了，旗袍尺寸已量好，附原表寄上，Carol 有孕已三月，胸围腰围都较婚前扩大，所以 Carol 本人觉得按目前 measurements 做的旗袍，分娩后恐怕不会太 fit。我的意思是，假如你买了材料，要请教裁缝做，花费太多，就请不必了；假如殷小姐或其他女友肯自告奋勇，代为裁制，那么从选料开始，你会同她有很多接触，无形中增进友谊，不妨放手做去。料子、颜色、花纹方面你自己决定，只要 in good taste 就好了。缎子比较 dressy，wool 比较实用些，不过在台湾，wool 一定很贵，还是缎子较适宜？颜色方面，一色 brown or deep royal blue 即可以，如有花纹，以不触目的小花纹为较宜。以上只是参考，你看到便宜适用的料子，自己做主好了。Carol 对你的诚意，极为感激，希望不要为了这事，花费你不少时间。

上次来信，想已收到了。秦小姐入学事，胡世桢方面已有回音，他预备代她 apply Louisiana State University，他有学生在那里当副教授，办手续较方便，Tulane 学费太贵，在 L. S. U. 有六千元，四年可以渡〔度〕过了，我已有信通知秦小姐。希望她明春可以走成。

　　Visa 已签出否？甚念，希望下次信上能告知赴美的日期。昨天星期天耶鲁中国同学会开会，遇到一位傅乐什么的台大历史系教员，现在耶鲁读 graduate school，另外两位很丑的 nursing students，和一位较 cute 的化学系研究生周侣云，都是台大毕业生，他们都知道你，译书写作很有名望。姓周的皮肤白嫩，为人很 pleasant，读书也用功。今年 Yale 另外有一位中国女生叫 Joan Hsu 许 [1]，生在上海，来自香港，在南方小大学读了两年英文系毕业，现在读准备中学教英文的 MA degree。她相貌出众，为 New Haven 几年来所见不到的，人较 sophisticated，但也客气可亲。你来 New Haven，社交生活方面要比早一两年来好得多。

　　The Abyss 想已译完，父亲来信仍问及张和钧那笔款子，希望你同他交涉一下，叫他写信给他父兄，把应欠的数目偿清。Carol 九月底开始在 Hamden Hall 中学教书，早晨七点起身，下午四时许返家，一星期五天颇是劳顿。Pay 极低，所以我希望她早日辍教，免得把身体弄坏，影响到胎儿。美国中学较中国的松得多，下午没有什么功课；可是美国家家有 TV，返家不能读书，下午有自修课，强迫学生们准备功课。

---

1. 周侣云、Joan Hsu，不详。

累忙的倒是先生们，监督他们读书。我近来很好，工作已上规〔轨〕道，不像暑期时那样地定不下心来。玉瑛妹在江湾俄专住读，还住得惯，饭菜据父亲信上说还可以。周末已返过家两次，希望她能把俄文读通。父母身体都好，母亲听到要抱孙，非常高兴。专候你赴美好讯，即颂

　　近好

弟 志清 上

十月十一日

221. 夏济安致夏志清

1954 年 10 月 27 日

志清弟：

信收到多日。旗袍料子挑选的是淡绿色软缎，上面绣两朵玫瑰花，现在正在绣花中，尚未送交裁缝去做。来信主张用羊毛与深色料子，我的顾问殷小姐不赞成，她说台湾好的羊毛料很贵，深色料子比较耐脏，以日常穿着为宜，但日常穿着应该备有十件以上，才够替换。她主张如做一件，不如把它做成礼服（中国去美的女留学生都带一两件绣花旗袍作为礼服的）。她还主张用纯白料子，我对于纯白并不反对，可是跟你信里所说的 brown 或 royal blue 相差太远了，才来一个 compromise：淡绿。Carol 以前表示过她喜欢这个颜色。但是台湾现在好的绣工很难找，希望不要绣出来太俗气。尺寸问题，据说女人分娩以后，腰身会略粗，也许现在所量的，以后还是可用。缎子、绣花、旗袍都是"国粹"，我希望 Carol 能够喜欢。但是东西没有收到以前，先不必道谢。

台湾绣花鞋很便宜（每双不到美金 $1.50），如方便也不妨量一下令岳母大人的脚样，我也可以送她一双。

Carol 快要有喜，我还没有向你们道贺呢。现在还是少劳苦的好，关于胎教方面，我相信母亲一定有很多话好讲，现在既然不能就便请教，那么你们还是多听从你岳母大人的指导吧。

我的赴美还没有确定消息，这学期我在台大没有开课，这几天我也渐渐有点焦灼起来。我的肺部 X 光照片已寄国务院，普通留学生是不需要这一步手续的，多了这一重麻烦，希望似乎又黯淡了一些。这里的 visa 标准较松，据医生说，通过希望极大，但是国务院的标准就难说了。这几天随时可以〔能〕有回信，如有好消息，当立即写信告诉你。

除了赴美的事情令人悬揣之外，我近况很好。体重达 135 磅，想起以前父母多么希望我能达到 120lb，现在我已经有发胖的倾向，他们一定更高兴了。但是我希望能止于 140lb，再胖恐怕就要行动颟顸，有别种麻烦了。

美国新闻处约我编译两本 *American Essays*（上册止于 Civil War，下册直至近代，编选方面以后还希望你多帮忙），稿费在 US\$1000 以上（按现在的汇率，他们是付台币的）。明年的经济情形当比今年更好，因为我可能接到一两本别的书的合同，所以我假如不来美，日子也可过得很好。

张和钧的钱，他屡次说已经写信叫他们付，我相信他没有说谎。他家里所以不付者，他说可能他们实在付不出，要请我们原谅。我逼他也没有用，等 *The Abyss* 的稿费领到后，我当再汇些钱到家里去，请父母亲大人放心可也。

玉瑛妹到江湾去读"鬼子"文，我大不赞成。并不是"鬼子"文不值[得]学，但是在那种环境下面，还是不读书的好。

秦小姐的事，蒙你同胡世桢帮忙，很感激。我还是喜欢她的，至于是否恢复追求，现在因为毫无头绪，暂时还不做决定。尤其不愿意让她知道我因为向她有所求才央请你们帮忙的。她的成绩是不好，但是台湾大学的许多毕业生程度还不如她，居然也在美国留学，她这样的高中毕业生，也不会替〔给〕中国人丢脸了。

董小姐那边，最近没有什么来往。谢谢 Carol 给她的信，她的回信似乎最近才寄出。她现在"外交部"实习，交际想比以前更忙了，因此我也懒得找她。我的赴美之事，我从来没有向她透漏〔露〕一点口风，我们之间的疏远可想而知。

那位美人殷小姐，家庭环境和我们很相像（其父为浙江湖州人，前为北平邮政储汇局 Postal Bank 经理，和董汉槎、唐炳麟等认识，现留大陆未出；其母为苏州人，在台湾），为人很直爽正派，对我也很好，但是我顶多只能拿她当 sister 看待，不能爱她，也是奇怪。也许她的皮肤太白皙，而引起我爱慕的女子，一向都是长得比较黄黑一点的。

The Abyss 译完后，看了很多次电影，还看了一次申曲：头本年羹尧（即《血滴子》）。剧本不知是以前什么人编的，开头气派很大。顺治皇帝因失恋（爱董小宛）出家，在山上（五台山?）遇见老尼，老尼乃明末崇祯皇帝的女儿长平公主，现在道行精深。一僧一尼讲起清朝兴亡因果，老尼乃以

prophetic tone 讲起年羹尧。布景一变,就到了年府的花园,那时一个男仆正在调戏一个丫鬟,这个丫鬟后来就是年羹尧的母亲。这个戏如叫上海海派京戏院演来,一定好看得多,玉瑛妹很欣赏曹慧麟的《血滴子》,你想记得。申曲因为唱词不好听,班里人才太差,故不大满意。再谈 专颂

俪安

济安 顿首
十月二十七日

Carol 前请代问好,不另作书,甚歉,过些日子当再写给她。

222. 夏志清致夏济安

1954 年 12 月 2 日

济安哥：

　　十月廿七日信早已收到，拖延了四星期没有给你回信，很关心 X 光照片寄 [美国] 国务院后反应如何，因为一有好消息，你早已会写信告诉我了。希望这重难关能顺利通过，俾可早日来美。美国国务院同美国驻港台发言人往往缺少连〔联〕络，办事不大妥当。前年有一位陈国廉[1]，抗战后曾任 [美国] 外交部驻沪主任、丹麦公使，被国务院邀请来美，在 Yale 待了一年，国务院并不设法替他找 job，后来只好重返香港，两三月前听说已全家溜入大陆了。陈国廉思想常左倾，但美国既请他来，而不能好好地安插他，只怪美国办事的失策。

　　旗袍料子已选好，绣花剪裁，想都已完工，Carol 和我都觉得花费你不少时间金钱，颇感不安，只好先向你道谢。在殷小姐前，也请代致谢意。如最近期间你暂不赴美，我想圣诞节送你一些礼，算 Carol 屡次受你礼物表示还〔回〕敬的意

---

1. 陈国廉，广东台山人，1948 年被任命为丹麦公使，1949 年到任，1950 年离任。

思（预备送你一条 alligator 皮带）。春天寄上的贺年片不知够不够用，这次想再寄几张。淡绿颜色 Carol 极喜欢，将来旗袍上身，一定会给她一个 big thrill。程绥楚最近寄来两双绣花鞋，Carol 穿来很配脚，外加他送我领带六条，我很不好意思，想还送他几条领带。

上次父亲来信，附上小照数帧，两张是给你的。照片上可看出父母和玉瑛妹神态都很好。玉瑛妹在俄专，周末可以回家，在学校里只有三门功课，俄文、体育、政治，可是清早（5:40 得起床）到晚忙个不堪，俄文会话方面，由苏联人任教。玉瑛妹说体育方面的要求极高，希望她身体能支持得下去。董小姐已有过信来向 Carol 道谢，秦小姐方面胡世桢已托人弄 Louisiana State University，秦小姐不久前来信说已将报名表格填好寄去，想入学证书不日即可到手。

Carol 教书已于昨日起停止，我早已要她辍教，她想多挣几个钱，勉强维持到十一月底。Carol 身体检查正常，唯容易疲倦，冬天怕寒，现在可以好好休养了。结婚后，负担增加，生活较以前节省得多。我每月收入三百三十三元，寄家用一百，房租八十，所余无几。明春 Carol 进医院，又要花一大笔钱。加上目前就得开始找明年的 job，所以觉得问题重重，心境没有做 bachelor 时的自由自在。婚前的苦闷早已忘记，新的 anxieties 盘绕心头，虽然 Carol 和我非常恩爱，生活总不够痛快。感谢〔恩〕节返岳母家住了四天，她脾气古怪还是老样子，我同她两人之间谈不上一点感情。带了本 Dos

Passos[2]的 *U.S.A.* 去，看了一半，Dos Passos 描写美国生活极亲切，唯多看了，因为各种人物遭遇，平铺直叙，颇有沉闷之感。Dos Passos 介绍角色，每人数章，很少 organize 联系，作风颇似中国武侠小说。

你 *Abyss* 翻 [译] 完后，得到别的合同两三件，我很高兴。编译美国散文集，现成 American prose 教科书可供参考的一定很多，想很容易办。稿费拿到后，已汇出一部分否？如托宋奇转汇，请把家中地址开清楚，712 弄 107 号，据父亲说上次宋奇电汇，把家中门牌弄错了。这学期不教书，自己的时间想较多，常同殷小姐玩否？殷小姐既然家世同我们相仿，为人又好，又是出名的美人，相处稍久，可能友谊会转成爱情。离国七年，对京戏仍颇思念，中国饭自己偶尔煮一次，倒也无所为〔谓〕。绍兴戏在上海似乎仍旧很红，父母不时去听，在家时收听无线电弹词是母亲唯一的消遣。她的 favorite 是庞学庭[3]、汪菊韵[4]的《王十朋》，庞学庭是蒋如庭[5]的徒弟，汪菊韵想是新出道的女说书。下次来信，希望听到好消息，再

---

2. Dos Passos（多斯·帕索斯，1896—1970），美国小说家，毕业于哈佛大学，代表作有《美国三部曲》(*U.S.A. Trilogy*)等。

3. 庞学庭（1918—1991），江苏吴江人，弹词演员。16岁师从蒋如庭、朱介生学《落金扇》，有"小蒋朱"之称。1949年后，加入苏州市评弹团，一度任教于苏州评弹学校。代表作有《王十朋》《四进士》《笃穷》等书目。

4. 汪菊韵，弹词演员，生平不详。

5. 蒋如庭（1888—1945），江苏苏州人，弹词演员，曾与朱介生长期合作。代表作有《三笑》《落金扇》《玉蜻蜓》《落霞孤鹜》等剧目。

谈 即颂

　　近安

　　Carol 代问好

　　　　　　　　　　　　　　　　　　弟 志清 上

　　　　　　　　　　　　　　　　　　十二月二日

223. 夏济安致夏志清

1954 年 12 月 4 日

志清弟：

多日未曾通信，你想必在等待着我的好消息。现在此事已经凶多吉少，希望还有，不过已经很小。美国的 Public Health Service 决定不准我入境，但是我在八月里做了一个 animal inoculation test，到十一月（三个月后）始有结果，现在得到报告，成绩很圆满，可以证明我的 TB 确实已经停止活动。现在把那报告又补寄上去，请他们复议，究竟如何，尚不得而知。

现在问题的关键，是在 Public Health Service，他们对于我的 X-ray films 的看法也许和台北 Center Clinic（"美国领事馆"指定医院）不同，Center Clinic 认为我已经钙化，PHS 认为也许还没有完全钙化（详细判文不知）。

对于模模糊糊的 X-ray films，专家们意见容或不同，所以"美国领事馆（台北）"规定凡是肺部有问题的，统统要做一次 animal test，一定要这个 test 能通过的，方才可以得到 visa，现在我已经通过了。假如血沉淀过快，表示白血球还在和病菌作战，visa 还有问题。可是我的血沉淀正常。

现在我经领事馆指定的医院判定：（一）X-ray 照片表示完全钙化；（二）animal test 没有不良反应；（三）血沉淀正常。所以我要申请 visa，至少不会因 TB 问题而遭拒绝了。可是假如 PHS 认为有问题，我还是得不到 State Dept. 的研究奖金，这几个月的期待，将成泡影。

假如早一点被摈，我还可以置之泰然，现在闹了几个月，最后假如还是不成，心里难免懊恼。而且我的走不成有点冤枉，因为普通申请去美国的用不着经过 PHS 这一关。

我现在希望 PHS 能够尊敬〔重〕台北"美国领事馆"所指定医院（当然也得到 PHS 认可的）的意见，根据新的证据，重新审查，准我入境。

这事结果恐怕还要等一个月以上（美国人做事的 red tape 也很可怕），假如不成功，我心里恐怕很气。

我现在请你帮我一点忙：假如 State Dept. 的研究奖金不成，我预备自费来美。请你先替我弄一个 admission，随便什么学校都可以。不必 Yale，因为上次你已经替我申请一次，结果我没有去，现在再去申请，结果假如再不去，你在那边的信用恐怕要受影响的。

现在附上照片五张，作为填表格之用，表格上其他 data 请你代为一填：若把表格寄台北，恐怕往返费时（我从 1952[年] 秋季起任台大副教授）。

研究计划也请你代拟：就说我要研究美国近代文学好了。

校长、院长、系主任替我写的介绍信都已写过，现在只要再照打一份，请他们签字就是了。也许下星期寄上。假如不需要他们的 recommendation 更好，由你一人 recommend 可也。

我希望能够得到美国任何学校的 admission，1955 年春季学期开始。（请不要申请"奖学金"，怕多审查，耽误时间。）

拿到了 admission，"护照"大约可以没有问题。还有"visa"：需要 US$2400 存款证明，此事我想请你转恳 Carol 帮忙，设法弄 2400 元替我开一个户头，这笔钱我不会替她花掉的。

我说"自费"，我有什么把握"自费"呢？我现在只有宋奇那里的五百元稿费（还没有去领来），这笔钱只要在黑市卖掉一部分，来美的旅费就可以解决。这里的轮船、航空公司的 rate 都照官价外汇算。

到美国以后的生活费用，短期内要请你暂垫，但是我半年之内一定有力偿付。我答应替台北 USIS 编两本 anthology，编辑费新台币两万元，稿费按字数计算，大致可以估计也有两万元，一共四万新台币，现在台北美钞黑市约为二十八元合一元，共有一千四百美元。我这一学期台大没有开课，只有论文指导，下学期请假没有问题。我在美国只预备耽半年，一千多块美金也可以马马虎虎对付了。

同时还可以托宋奇在香港 USIS 再弄一本书来翻译，又可以收到五百元美金的稿费，回国的旅费也有着落。台北 USIS 方面我要多译两本也可以，但是台北的稿费没有香港的多。

这一切请你秘密进行，除 Carol 以外不要告诉任何人，因为只怕有人向台北美领事馆告密，说我是 PHS 不准入境的。照我的计划，即使 State Dept. 的奖金落空，仍可以按照合法手续来美。当然顶好是 State Dept. 能让我去。

　　你不妨先考虑考虑，看看这个办法能不能行？专此候复即颂

即颂

　　俪安

济安 顿首

十二月四日

Carol 前均此侯〔候〕安。

224. 夏济安致夏志清

1954 年 12 月 10 日

志清弟：

上星期的一封信，想已收到，现在寄上钱校长的推荐信同式两份，推荐信写得很有分量，申请 admission 想已够用。中国大学只有"副教授"一种 rank，相当于 either 美国的 Assistant Prof. or Associate Prof.。钱先生的信上，只说我在 *Free China Review* 投稿，其实我在 1951 年曾任它的 Acting Editor in-Chief。

华盛顿官场办事缓慢，我的 case 的再度审核至少还要等一个月，我希望你替我办的 Admission 能在他们的回信前面寄来。有了 Admission，我可以立刻着手申请"护照"，华盛顿方面如 OK，那么那张"护照"还可有用，如不 OK，我还可以想别的办法，自费赴美。

可是如要自费出去，顶好要 Carol 能帮忙：借 2400 元替我立一个存款户头，这笔钱我不会动用；1955 年上半年我有 US$1200 以上的收入，而我如 [申] 请不到别种经济补助，是只预备在美国留学半年。她如果有困难，我只好向宋奇、董汉槎等处举债，东拼西凑，就比较麻烦得多。

我上次提及的旗袍，现在花已绣好（淡绿色软缎上绣红色玫瑰花），尺寸有点问题，故尚未动工。照殷小姐同裁缝研究下来的结果，前身（上半身）较后身（上半身）长三寸，是否太多？白种人胸脯发达，与中国的平胸小姐不同，也许没有量错，但是反正不等着穿，请你不妨再量一下告诉我。

程绥楚来信说已经定做了两双绣花鞋子寄上，现在想已收到，我预备寄上两双织锦缎的，定下星期航空寄上。

Carol 有身孕，近况想好，一切望多保重。我不希望我的事情给她［添］麻烦。你知道我是个乐天知命的人，对于什么事情（包括赴美留学）都不大在乎，如有麻烦，我绝不愿意人家为难。

The Abyss 的稿费我预计是 US$500（按字数算），结果拿到了 US$650，款现存宋奇处。家里不知等不等钱用，如等，我寄去一百五十元，可说对我毫无影响。要寄，又得要用你的名字。如不等用，则等我赴美事情有了眉目再寄如何？我如拿到 State Dept. 的奖金或干脆赴美不成，我还可以多寄些回去。如要自费出去，那么我的钱的用途又得另行支配。一切照你的吩咐办好了。张和钧的钱，据他说已经了结了。再谈 专颂

　　俪安

济安

十二月十日

225. 夏志清致夏济安

1954 年 12 月 15 日

济安哥：

　　十二月四日来信上星期五收到，十日来信昨天收到。当天即持钱校长信及照片往见主持 Yale 研究院 admission 的 Alan Ferguson[1] 和英文系研究院 director E. Talbot Donaldson[2]。Ferguson 一向是 foreign student advisor，我同他很熟，所以一谈就成功，准你明春来 Yale。昨日他已将 forms 寄出，我本来预备代你填写，他说信件来往花不了两星期工夫，还是由你自己写好。除照片和钱校长介绍信外，还要两封介绍信，你请系里的熟人写写即可。另一封研究计划书，写得简单些即可，说你有兴趣研究近代文学，预备选 Cleanth Brooks 的 Twentieth-Century Literature 和 Norman Pearson 的 Development of Twentieth-Century American Literature，此外根据你的兴趣

---

1. Alan Ferguson，耶鲁大学博士，长期在耶鲁大学工作，编著有《俄国史散论》(*Essays in Russian History:A Collection Dedicated to George Vernadsky*)等。

2. E. Talbot Donaldson(托尔伯特·唐纳森，1910—1987)，美国中世纪研究专家，曾获得美国人文与科学奖。

可旁听或选修 Gordon S. Haight[3] 的 The English Novel，Frederick A.Pottle 的 Age of Wordsworth，Charles N. Feidelson，Jr.[4] 的 American Literature，William K. Wimsatt 的 Theories of Poetry，Brooks 和 Pearson 都是极善良的君子，同他们交往很容易。读 MA 要 take 四课，加上考拉丁，一学期绝对不容易办到，所以你的 admission 带些 predoctoral fellow 性质，主要目的是见见人，看些新书，开开眼界。如经济能维持下去，秋季学期再正式读 degree 不迟。Ferguson 对于你的 case 颇表同情，劝你去看看 David Rowe，他同 State Dept. 人头熟，或可有办法帮你弄到那笔奖金。Rowe 同我很熟（我帮他弄的 project 已出版了，title 是 China: An Area Manual，封面上有我的名字，可是我写的东西大部分在 Vol. II，还没有出版），他 office 是 Asia Foundation，Inc. 139A. Yen Ping Nan Lu，你去见他，他一定很欢迎的。

关于经济方面，也不成问题。Carol 在 Springfield 有 $2500 一个存折，这次 Christmas 回家，把存折转在你名下，再由银行出一个 statement 给你，证明你在美国有这么多储蓄，visa 签出想已不成问题。我自己几年来的储蓄，老是维持一千元

---

3. Gordon S. Haight(戈登·S.海特，1901—1985)，耶鲁大学教授，代表作有《乔治·艾略特传》(George Eliot: A Biography)、《乔治·艾略特书信》(The George Eliot Letters)等。

4. Charles N. Feidelson (查尔斯·N. 菲德尔森，1918—1993)，耶鲁大学文学教授，代表作有《象征主义与美国文学》(Symbolism and American Literature)等。

上下的水平，婚后开支增大，每月出入差不多相底〔抵〕，更不想再有节〔积〕蓄。现在开始找明年的工作，想到明年做父亲后的责任，颇感头痛。

State Dept. 方面希望两三星期内有好消息，我为你这事，也感非常气愤。可是自费来美后，生活是不会有问题的，住宿都很容易解决，就是平日生活方面要较在台湾时简省些。你的六百五十元，假如旅费花掉一百五十元，余下五百余〔多〕可以维持三四个月，一个学期可以度过了。假如明春我们搬进一个较大的 apartment，你同我住宿在一起，你更没有什么开销可言。我想假如你来美抱着游历目的，住上一年半载，是一个办法，假如想读 degree，花上三年工夫埋头读书，另是一个办法。你来美后住了一两月，自己再做决定好了。值得考虑的是：签订 security pact 后台湾的安危问题、自己的事业婚姻问题。美国的生活是很寂寞的，打出头非常困难。不过目前这些问题用不着 worry，你是抱了短期游历的态度，买了飞机票来美好了。Yale 春季开学在二月七日，时间还充分，迟到几天也无所谓。

这次又劳你送来两双织锦缎的鞋子，预先谢谢。Carol 前后身重 measure 后，结果是前身 18 ˝，后身 16 ˝。上星期我寄出 Expanso 牌 alligator 皮带一条，X'mas cards 四份，想都已收到。家中我按月汇百元，想生活可以继续，你决定赴美，自己手头不便，不必再寄家用了。下次来信一定把 bank statement 附上，你回 Ferguson 的信寄来我这里也可以，或者

375

手续方面可以快些。Carol 怀孕以后，身体较前健康得多。还
希望你 State Dept. 的奖金能够到手。匆匆 即颂

　　年安

　　　　　　　　　　　　　　　　　　弟 志清 上

　　　　　　　　　　　　　　　　　十二月十五日

226. 夏济安致夏志清

1954 年 12 月 14 日

志清弟：

今天寄上女鞋两双，男拖鞋一双，预计 X'mas 前可寄到。接 Dec. 3 来信，知道你同 Carol 要送我皮带一条，不知已寄出否？其实我认为可以不必买，我要什么东西，我会写信来讨（以前就是如此），你们假如特别破费，我要于心不安的。程绥楚同你的领带往来，使我想起母亲送六姨母两盒冠生园月饼，六姨母送回两盒老大房月饼这种"礼尚往来"。你以前寄来的 X'mas cards，我还存有近十张之多（一时用不完），所以今年没有写信来讨。今年我没有什么要讨好的女友，送卡也不求漂亮了。

上两封信提起自费留学的事，也许使你伤了一点脑筋，此事我现拟暂时搁下（一切请暂停进行）。State Dept. 的奖学金尚未完全绝望，如成功，我可以很快乐很宽裕（听说有九元一天）地来美，如不成，我拟暂留台湾，以后公费自费机会还多得很，何必急急〔亟亟〕？那几天因满怀希望有忽遭打碎的可能，心里有点气，故信里措辞显得很急迫，恐怕害你也一起着急。这几天我已心平气和，此事已不大放在心上，不愿再多伤脑筋了。自费来美，一切还太拮据，我这点钱在台湾花用，可以过得很舒服，何必到美国来受苦呢？这是我平日做人一贯作风，你想会了解的。

父亲母亲玉瑛妹的照片都已经收到，他们显得都很正常，母亲似乎更发福了，看见之后，我非常 homesick。（我上次的半身照片，如有余，请寄一张回家。）我已写信给宋奇，叫他汇 900 元港币给家里（约合 US$150），拟分三次汇，家里如无急用，你可以停汇一个月，阴历年关前，拟再汇 US$100 回家去。Carol 分娩前后，不宜做事，你的负担也重，老家里的生活，我也可以量力而行，同你分担一下。再谈

Merry X'mas to you both!

济安 顿首

十二月十四日

〔又及〕我们的系主任英千里生病，我要代他的课，freshman 的"西洋文学"（for this term 希腊文学），我虽外行，亦只好草草准备了去教了。

227. 夏济安致夏志清

1954 年 12 月 23 日

志清弟：

　　前天接到 Yale U 的信，知道你已经在替我代办手续了，不胜感激。现将所有文件都寄上，钱校长的介绍信前已寄上，想已收到。

　　张和钧说他愿意全力支持我；$2400 存款证明，他说董汉槎可以代办（借用名义而已，不动他的钱。董汉槎现是太平保险公司董事长，丁雪农总经理，陈文贵经理），我需用 $1200，他说可以借给我，等我拿到稿费再还给他（not later than July 1955）。这样子，我的胆为之大壮。张和钧为人我不大了解，也许是个好人。

　　事情既然已经办到这一步，我只好等 Yale 的 Admission 了。State Dept. 方面，尚无最后答复。我拿到了 Admission 还是进行办理"护照"。

　　邮局有张包裹通知，我无空去领，大约是你寄来的，先此谢谢。卡四张也已收到了。再谈 祝

Merry X'mas & Happy New Year to you both!

济安

十二月廿三日

〔又及〕宋奇已汇 HK（＄）400 回去，别的他说要慢一慢，钱太多了反而引起家里的麻烦云。那么你暂时也请慢慢地汇款吧。

旗袍尺寸有错误否？盼赐复。尚未动工。动了工至多一星期就可以完成了。鞋子配脚否？

228. 夏济安致夏志清

1954 年 12 月 30 日

志清弟：

　　星期一发出电报一通，想已收到。那天只知道我的事情已被批准，赶紧来通知你。今天接到正式公函，知道我被派入 Indiana 大学，不能到 Yale 来了，不胜怅怅。Indiana 的英文系已久闻大名，暑期学校似更为杰出，对于我的读书研究计划，Indiana 似亦颇合适。Yale 方面同情我、愿帮助我的几位先生，请代为致谢。来美之期，如无其他阻碍约在旧历年后（Jan. 底）。此外还有很多话要说，两三天后当再发出长信一封。专此 敬颂

　　俪安 并贺

　　新禧

济安

十二月三十日

Carol 前均此（grant 是 $242 一月）。

229. 夏济安致夏志清

1954 年 12 月 31 日

志清弟：

　　今天是除夕，晚上接到你们的电报，很高兴。台北冬天不断地蒙蒙细雨，我没有到哪里去玩，只是在宿舍里打了四圈麻将。

　　我的行期现在还难说，有好几道手续要办的：

　　①"护照"："教育部"转"行政院"转"外交部"——约需两星期。

　　②"出境证"：至少三天。

　　③"Visa"：又需三天。

　　假如能在三星期内把这些手续办妥，已经算很快的了。此间美国新闻处希望我在三星期办妥一切，真要如此，我也得很辛苦地各处奔走一下。今年阴历大除夕是 Jan. 23，我希望能在旧历年内走成，旧历新年在台北过很无聊。到各家去拜年吃饭（我在外面零吃，新年期间吃食店不开门，非上人家去吃不可），也是很吃力的。

　　Indiana 大学听说是 Feb. 3 开始注册，我想不致晚期。

Indiana 大学的内部情形和当地风光（我只听说过他们的暑期学校和 Senator Jenner），你若知道不妨先告诉我一些。

这几天心开始有点乱，怕的是（一）各处奔跑，（二）整理行李。行李不多，但是我这间房间要整理清楚，归聚一起，寄存他处，也很吃力的。

我的飞机票（来回）由此间 USIS 代买，动身之日，送 $300，一个月以后，每月送 $242。好在我自己还有点钱，手头不致太窘，到了美国，不预备像你那样自己提行李，有脚夫我一定要找脚夫的。

照合约，我于明年六月三十日以前一定要离开美国返回台北。这种合约台北的美国官员非常重视，但是据说华盛顿方面反而马马虎虎，任人延长居住。我是否那时返台，现在还不大去想。假如不很费事，我也许在美国长住；假如困难太大（经济方面或官方的催赶），到时也许就返台，以后再想法出去。

照现状，我的来美应该没有什么问题了。但是意外的困难可能还有，我总是不大敢乐观的。

我很想 via HongKong，但飞机票既由人家买，临时也许不让我由香港走。香港方面的钱我预备大部放在宋奇那里，由他陆续接济家用。以后你该少寄些钱回去，大陆又在发行公债，多寄了恐怕反而要有别种麻烦。

Anthology 我本定编两本，现既去 Indiana 读书，似乎不应该在翻译上多花工夫，应该多读读书，所以只预备做一本了（Civil War 以前）。

台北没有什么使我留恋的地方。就我停留时间的长短来说，它已经是我的第三故乡了（第一，苏州；第二，上海）。教书的职业我倒不大舍得放弃，我精神上的 self-independence 不如你，埋头苦干有点不耐烦，只有教书可以得到 immediate applause，而我似乎很需要 applause 来支持我的精神。

美国生活的枯燥，我常听见人说起，耽搁久了是有点可怕的。在美国的中国男人大多俗气，中国女人大多丑陋，也在意料之中。要适应美国的环境，我恐怕远不如你：我 prefer 中装 to 西装，白粥 to 牛奶，白米饭 to 面包，中国人的 aloofness to 美国人的亲热。但是我另外有一个 conviction，在美国有钱还是可以过得很舒服。

殷小姐（名"之时"，Jeannette Yin）将来 Morgantown 的 West Virginia University 读 social work 的 MA。她的行期比我决定得早，当她告诉我快要动身时，我当时自己的一切都渺茫，一时觉得惘然若有所失。那是我认识她以来第一次觉到的 deep feeling，可是我那时只是冷淡地敷衍她而已。几天之后，我自己的好消息来了，我才起劲地同她去讨论在美国的生活。她的 Visa 尚未签出，但已定〔订〕好 Jan. 7 从日本开出的中国船"渝胜"号（"Chungking Victory"），七号以前她一定要飞日本的。

几个月以前，那时她已经在进行留学事宜了，我告诉她我也有机会赴美，她的 immediate response："我们一起走多好！”事实上，即使她愿意同我一起走，也不容易办到。她要自筹旅费，她现在坐的船只要两百元美金（官价外汇，只合黑市一百元美金），我坐的是飞机，叫她一起坐飞机，她的破费太大了。

殷小姐“热情”的话，还不止那一句。昨天我去看她，一起看地图。我说我要到 West Virginia 替她去照相，她对旁边的一个亲戚说道：“请记住，夏老师要来替我照相的，他假如不来，我们以后问他。”她说，我去 Morgantown 她要煲鸡粥、猪肝粥招待我。我说起我连皮鞋都不会擦的，在美国生活多不方便，她说：“我来替你擦皮鞋好了。”

殷小姐不是个 coquette，她这是心直口快，有时候我觉得她说话太不考虑。她有强烈的成见，她所反对的人，她批评得很凶，我也觉得过分一点。我同她所以这样相处得好，有个消极的原因：我从没有“追”过她；我的言谈态度在她面前通常都是潇洒自然的。你的原理：中国女孩子是世界上最难服侍的人，在她一样的能适用。我如当初追求了她，现在也许已经弄得焦头烂额了。到了美国，环境转移，我当看情形试一追求，也未可知。

她现在拿到 West Virginia University 很小额的奖学金（免学费），另外有某教会给她的 boarding 和 lodging，但是有个条件，她不许离开 Morgantown。她将来的生活一定比我还要枯燥。我来美以后，当常常去看看她。

殷小姐四年以前比现在更美，现在已略显苍老（她是

1931 年生的），但仍不失为一美人，看照片可知，那是在我房间里照的。你说的话不差：美人是不该多读书的。

你很关心我的恋爱问题。现在可能追求的对象，只有两位，一是殷，一是秦。秦小姐对我似乎也未能忘旧，但她的近况我不大知道。明后天我当写信给胡世桢，一则报告我的好消息，一则问问他替 Celia 办的 admission 怎么样了（她已来催我）。

董小姐的事，已全成过去。我走前去不去告辞，都还没有一定。此事我始终瞒着她，她在外面听见很多人说我要赴美，跑来向我问起，我才告诉她的。

皮带还没有去领来，很抱歉。这几天邮局领包裹的排着浩浩荡荡的长蛇阵，一去要等好几个钟头，我等过了年清淡了一些再去。我寄的鞋子领到没有？尺寸合不合？鞋子很便宜，我来时还可多带两双来（这次拟做软底的）。此外要什么东西，现在写信来通知还来得及。旗袍还没开始做，殷小姐自己在定做很多旗袍，她的裁缝要等她的货交齐了才做我们的，反正我们还不等着要用。再谈 恭贺

新禧

　　　　　　　　　　　　　　　济安 顿首

　　　　　　　　　　　　　　　除夕，一九五四

1955年

230. 夏志清致夏济安

1955 年 1 月 4 日

济安哥：

　　十二月十四日信、二十三日挂号信前后收到。上星期三从纽约回来，接到电报通知单，想是赴美已获 State Dept. 许可，星期四到电报局取出电报，固〔果〕不出我所料，心中大喜。当晚在 New Haven 菜馆同 Carol 吃了一顿饭以示庆祝，正月底前后想可以赴美矣。预备乘船抑飞机？希望不日收到你的信，通知你的行期。你所填表格信件等，上星期因学校放寒假，Ferguson 不在办公，到昨天（星期一）始交给他。我本来要他发份电报，他说没有 Yale 大学的 stationary，恐怕美国官方不会承认，还是写信的好。此信到时，想你已经收到 Yale 的 admission 了。你这两天临行匆匆，一定忙碌异常，饯行的同事朋友，想必很多，Yale 春季开学二月七日，一定可以赶上。

　　看到你电报后，即发出回电一封，想已看到。记得去年元旦，我收到你的贺电，一年之后又收到你赴美的电报，你心中的兴奋，是可想而知的。皮带一条想已收到，不久前收到你男女鞋子三双，都很配脚，给 Carol 的两双，质料 design 皆好，Carol 极为喜欢。你附上的贺年片，较我寄给你的精致得多，现在挂在 living room 墙壁上。

家中有信来，情形很好，玉瑛妹在校每晨有牛奶一杯，还不算坏。我圣诞节时在岳母家住了两天，廿七日到纽约去参加 Modern Language Association 年会，廿九日返。目前忙着找事，美国大学很多，找事不算难，唯要插进好大学，确相当费事。Carol 身体很好，她不久可看到你，心中非常高兴。秦小姐赴美留学事大概弄成功了，因为她寄给我一张很大的 X'mas 卡。专候你通知赴美确定日期，即祝

快乐

弟 志清 上
一月四日

231. 夏志清致夏济安

1955 年 1 月 13 日

济安哥：

年底两封信都已收到。知道你被派入 Indiana 大学，不能来 Yale，以后不能日常见面，这是相当扫兴的消息。可是今年夏天后我大概不会留在 Yale，为你着想，Indiana 的地点或者比 New Haven 较好。New Haven 同东部许多城一样，欧洲移植人民较多，比较杂乱脏（New Haven 城内一大部是意大利人），而 Indiana 都系美国农民居住，空气环境绝〔决〕然不同。我没有到过 midwest，不过据说，那边一带的少女都很健康活泼美丽（New Haven 很少看到美女），住在那里，尤其在大学 campus 上〔里〕，生活上可充满一种 esthetic pleasure。Bloomington 人口只有两三万，Indiana 大学当然是中心。Indiana 的英文系相当好，系主任 James A. Work[1]（Yale Ph.D.）办事很认真，所以有蒸蒸日上之势。查看它

---

1. James A. Work，1934 年在耶鲁大学获得博士学位，毕生致力于英国文学研究。为纪念他对英国文学研究所作出的贡献，印第安纳大学英文系设立了 James A. Work 讲座教授的席位。

的 catalogue，教授出名的不算多：一位 Herbert J. Muller[2] 是常写批评文的，另一位 Whitehall[3]，在语言研究上颇有成就，常在 *Kenyon Review* 上写文章的。暑期的 School of Letters 当然是另外一回事，那时名批评家汇集，跟他们听课，确是一种 privilege（去夏 Empson 在那里，日常穿了中国共产党制服，闹了不少笑话，Empson 担任英 Sheffield 大学英文系主任）。Indiana 和 Iowa 相像，和 Yale 不同的地方是 creative writing 的着重，你要练英文，写小说，确是极好的地方。Indiana 研究院 gives MA in creative writing，到英文系，你有兴趣，可以在这方面发展。我请 Pottle 写了封推荐信给 Work，前两天寄出，问他英文系有没有空头。虽然希望不大，我可能秋天会来 Indiana 也不一定。

这几天你一定忙碌异常。你这次留美，殷小姐、秦小姐都能同时赴美，我认为颇有些天意。秦小姐对你旧情未断，而殷小姐一直对你有好感，这次赴美，恐怕她也动了情感，至少从你信上看来，她极 value 你的友谊而对你的 response 是

---

2. Herbert J. Muller（亨伯特·J. 米勒，1905—1980），美国历史学家、作家。1959—1980 年间任教于印第安纳大学。代表作有《过去的价值：历代社会的侧影》（*The Uses of the Past, Profiles of Former Societies*）等。

3. Whitehall（Harold Whitehall，哈罗德·怀特霍尔，1905—1984），语言学教授，代表作有《英语结构要义》（*Structural Essentials of English*），编辑出版《韦氏新世界美语辞典》（*Webster's New World Dictionary of the American Language*）等。

极好的（以前我信上提及过杨耆荪，好像她也在 Indiana）。West Virginia 中国人一定很少，殷小姐人地生疏，你好好地追她，我想一定会成功的。秦小姐进 Louisiana State University, Baton Rouge，已经到美了，也未可知。殷小姐照相上看来，不特美丽，而且很 intelligent。

我这两星期，为了下半年谋事，写了二三十封信，瞎忙一阵，mood 不太好。目前较有希望的是 U. of Oklahoma，那边地点冷僻，pay 较小〔少〕，我不太高兴去，但假如别的地方没有希望，Oklahoma 有聘书来的话，也只好屈就了。今〔这〕半年来，自觉脑筋迟钝，工作效率差，颇感伤心。在美国能出人头地，只有靠自己 [的] 能力、聪明，目前觉得自己不如以前，自信心颇为动摇。在中国时，我一向迷信补药，hormone 药片不断，在美国除维他命丸外，没有医生配方买不到什么补药。你这次来美，要带给我东西，还是买两三瓶"维他赐保命"之类的丸药。这种丸药，以前对我很有用，婚后想仍有用的。Carol 鞋子已很多，请不必再买了。

父亲有信来，宋奇寄的港币四百元已收到了。行期想已决定了，你到 Indiana 后，我同 Carol 一定乘火车来 Bloomington 看你，Carol 产期将近，要她开汽车，一定很累。时间来美后再决定。初到美国时，有一种新鲜的感觉，多住了就 wear off。美国吃东西，味道较差，可是有几项食品，我想你会爱好的：orange juice、lettuce 之类的 salad，都是在中国不常吃的。

和殷小姐临别时，情形如何？这封可能是你赴美前最后一封
发给你的信了。一路上自己珍重，即颂

　　旅安

弟 志清 上

一月十三日

232. 夏济安致夏志清

1955 年 2 月 4 日

志清弟：

来信并 Carol 的信均已收到。我的手续已经大致办妥，定下星期一签 Visa（Feb.7），星期三中午飞 Tokyo（东京可住一夜），星期四清晨搭 PAA 机飞美，via Honolulu。抵美后拟在 San Francisco 盘桓两天，那边我有两个朋友在 Stanford，预备招待我一下。再在 St. Louis 耽搁一天，那边 Washington University 也有一个朋友（范宁生），也可以一同玩一下，然后再去 Indiana。

谢谢你关于 Indiana 大学的情报。此去虽只定半年，但我也可以借此好好用功一下。我看见了 State Dept. 给 USIS 的电报，他们所以没有给我弄 Yale，因为 Yale 没有 creative writing 的 facilities。Ferguson 处你先去替我赔罪，明后天我再写封信去表示我的歉意。

你说你们要到 Bloomington 来，我很不敢当，尤其 Carol 有了身孕，应该少劳动。还是让我先到 New Haven 来，以后你们再来 Bloomington 如何？

鳄鱼皮带拿到已有一个多月了，非常高贵漂亮，上飞机我预备拴着他〔它〕，作为我的 mascot。谢谢你和 Carol。

　　我赴美的消息，家里假如尚未〔不〕知道，请即代写信禀告父母。我到美国后当详细写信回去。

　　药当代买。不知 San Francisco 的海关会不会没收。我想交邮寄一部分，自己带一部分。

　　台北方面的行期如不拖延，我预备到东京后再写信。

　　别的再谈，专此 即颂

　　春安

济安 启

二月四日

Carol 前代致候。

233. 夏济安致夏志清

1955 年 2 月 10 日

志清弟：

我于 Feb. 9（星期三）下午六时半离台，晚一时半抵东京，东京住 Shiba Park Hotel，为小型欧化高尚旅馆，膳宿均由航空公司负担，生活舒服，一切平安，请释念。今晚十时三刻坐 PAA 机（Flight 824）横渡太平洋，Friday 可抵旧金山，详情再告。

在旧金山预备住两天，生活想亦由航空公司负担，以后转 TWA 机，TWA 以后还要换两家小公司，兹将路程录下，供你参考：

Lv. Tokyo	Feb.10(Thur)	22：45
Ar. San Fran.	11(Fri)	06：30
Lv. San Fran.	13(Sun)	11：45 TWA92
Ar. Kansas City	14(Mon)	00：20
Lv. Kansas	14(Mon)	06：50 TWA10
Ar. St.Louis	14(Mon)	08：25
Lv. St.Louis	15(Tue)	08：45 AAL232

Ar. Chicago	15(Tue)	11：00
Lv. Chicago	15(Tue)	17：05 LCA137
Ar. Bloomington	15(Tue)	18：51

你不必来接。我到 Bloomington 后住两三个礼拜，拟即来看你同 Carol。专此 即颂

春安

济安 顿首

二月十日

Carol 前均此，今年 Valentine 日，我不送任何人 card。

234. 夏济安致夏志清

1955 年 2 月 11 日

志清弟：

　　晨五时半（夏威夷时间）抵火奴鲁鲁，顺利入境，今晚七时可抵旧金山，PAA 不负担旅馆费用，但仍拟照预定计划住两夜。余再告，专颂

　　近安

　　Carol 均此

济安

二月十一日

235. 夏济安致夏志清

1955 年 2 月 12 日

志清弟：

　　今在 Wake Island 小憩，时间为中午十二时二十五分（东京时间上午九时二十五分）。刚刚得到消息，在 Wake Island 岛将停留五小时以上。Tokyo 所发信想已收到。在 San Francisco 如 PAA 不代付旅馆账，拟少住一日。祝

　　好

Carol 前均此

济安

二月十二日

　　〔又及〕飞机（"Strato" Clipper Nightingale）上有卧铺，尚舒服。

236. 夏济安致夏志清

1955 年 2 月 12 日

志清弟：

　　今晚七时三刻安抵旧金山，即晚宿旅馆，洗澡休息。星期日再飞。专颂

　　近安

济安

Carol 均此。

San Francisco 的 Airport 十分漂亮，worth seeing。

237. 夏济安致夏志清

1955 年 2 月 13 日

志清弟：

抵旧金山后，住 Colonial Hotel，乃一旧式 Victorian 式旅馆（家具都老式，墙上还挂 *Pickwick* 小说里的插画与风景画），$3 一天，我住两天。旅馆尚幽静，隐隐约约传来电车声与汽车声，使我想起上海。San Francisco 很像上海，不知道你有没有这种印象。

第一天到旧金山已晚，就在 downtown 附近走走看看。第二天 Stanford 的两个朋友王哲夫[1]与朱光玉来看我，在 Chinatown 吃早饭、午饭。下午由他们的同学张君驾车去 Stanford 参观。旧金山市区很旧式，Macy's 顶多只好比上海大新公司，但旧金山市郊的公路热闹，很能代表美国新兴文化。Used cars、motels、drive-in 的吃食店，各式新型住宅，大 shopping center，那些都是上海看不到的。

Stanford 似乎不比清华大学大多少，环境尚幽静，建筑

---

1. 王哲夫、朱光玉，夏济安的朋友，生平不详。

（中心部分）很美：以教堂为中心，四面有极长围廊。晚饭在中国学生宿舍吃他们自己煮的中国菜。回市区已晚，旧金山就参观了这些东西。金门大桥、Berkeley 以及新开幕的 Auto Show 都来不及看。

今天（星期六）一早到飞机场，先飞 Kansas City（Mo.）。Kansas City 的机场很小，四周也很荒凉，看不出什么来。再转飞 St. Louis，由航空公司介绍住 Hotel Desoto，这是一家新式旅馆，五元一天，有 private bath，外面很冷，似有微雪，但室内穿了单衫还嫌太热。明天飞芝加哥，转 Bloomington。详情以后再告。请转告 Carol：我对美国印象很好，每个美国人都待我很好。专此敬颂

近安

济安

二月十三日

〔又及〕来信再写 C/O Dr. Leo Dowling（他是 Foreign Student Adviser），Indiana Univ. Bloomington，Ind.。

238. 夏济安致夏志清

1955 年 2 月 16 日

志清弟：

今晚七时已安抵 Bloomington。Bloomington 机场甚简陋，该地人口只两万余，原不足怪。机场外无 cab，无 limousine service，有一 I. U. 之学生，在该地邮政局半工半读，在飞机场上接了邮包，送进镇上去，顺便把我带去。机场上人推荐我住 I. U. 的 Union Club，那位工读生就把我送来此处。此地派头俨如是一家旅馆，房间 3.50[元] 一天，设备也还好，就是无 private bath，而且公共浴室中只有莲蓬头（其实那头也不是莲蓬，作⊙状，水可调节，有时从边上一圈流出来，有时从中间一点喷出来，喷得甚急，作细雾状），稍觉不便。那天晚上 Big Ten 中的 Minnesota 与 Indiana 比篮球，我请那位工读生去喝酒，在酒店（B 镇上）里 TV 上看篮球，我看不出他们的篮球有什么特别精彩之处，同中国差不多。（以上二月十四日）

星期二在 campus 四处走走看看，地方太大，对那些有汽车的人，非常羡慕。校园布置颇具匠心，故意弄出些邱〔丘〕

陵树丛小桥流水（现在是灰暗的冰）的样子。英文系是一排木屋，门前是一道木桥，这样使得有汽车的人也要下车步行才能去上课。我倒希望柏油路能直通各教室门口，这样可以省时间不少。

注册填很多表，也颇费时间。选课尚未定局，可选的课不多。

我已经迟到，而国务院关照我是单旁听不读学分的。我怕旁听不用功，预备读几个学分作为刺激，再则将来或有往下读学位的可能。

晚上在〔到〕graduate student 的宿舍 Rogers Center 去吃饭，他们那里生活也很舒服，而收费低廉，膳宿一起，一月 72 元，我想明天搬过去。

在学校附近看了一张电影 *Ugetsu*[1]，故事有点像中国的《聊斋》。Work 是个精力很充沛的人，他对我说起你想来，我没有问他他已做了什么决定。暂时写到这里为止，再谈即颂

近安

济安 顿首

二月十六日

---

1. *Ugetsu*（《雨月物语》，1953），日本黑白片，据上田秋成（Ueda Akinari）同名小说改编，沟口健二（Kenji Mizoguchi）导演，森雅之（Masayuki Mori）、京町子（Machiko Kyō）主演，大映映画株式会社（Daiei Film）出品。该片 1954 年在美国上映。

家里请你写信回去，告诉我已到，我俟宿舍选课弄妥后再写。临时通信处：C/O & Leo Dowling，Indiana Univ.，Bloomington，Ind.。

Carol 前均此不另。

四月初放春假，我那时到 New Haven 来看你们，如何？

239. 夏志清致夏济安

1955 年 2 月 18 日

济安哥：

台北二月四日所发的信收到后，这星期继续收到你自东京、Wake Island、火奴鲁鲁、旧金山、St. Louis 寄出的旅程报告。每封信和卡，好像重要的 news bulletin，读来很兴奋。今晨又收到你自 Bloomington 寄出的信，看到你请那位在邮局做事的学生吃酒、看 TV，知道你同美国人很交谈得来。他们大半都脑筋较简单，心地较正直，讽刺幽默，都不会使他们生气，我想你在 Bloomington 住上一两星期，会发现很多同学对你发生兴趣。你一路顺利，住得很好，甚慰。我在旧金山时，看过两场电影，到 Berkeley 看了一次汤先生，在 Chinatown 吃了一次饭，其余什么也没有玩。旧金山给我印象很好，只是街道 slope 得利〔厉〕害，为别地所未见。在上海，汽车慢而闹，不断掀〔揿〕喇叭，初到旧金山，觉得美国汽车静而速，不知你有没有同样感觉？你来美一星期，足迹所到之处，已经比我多了。二月初殷小姐自芝加哥寄给你一信，没有拆封，现在附上。她可能已到 North Carolina 上学去了。秦小姐尚未来美，恐怕要明秋才能赶到。胡世桢觉得她在 Diocesan School 的成绩太平平，没有缴上去，另编一个故事，说她读完新亚后，在商科学校读了一下，现在学校方面要讨她的商科成绩单，所以入学证至今没有领到。

Joe Nerbonne 上次结婚，说要来参加，结果已〔未〕到。去年圣诞节我寄他一张卡（片），没有回音，他想仍在华盛顿报馆做事，他在家里的地址是 30 Thorny Lea Terrace，Brockton，Mass。你想知道。家里已去信通知你要来美，但还没有告诉你动身的日期和旅途的情况。谢谢你代我带药，想海关检查没有麻烦。我近来生活极正常，三四月来在性生活方面很少有举动，而且不感有需要，所以渐渐恢复以前的 efficiency。去年暑期时，人很劳顿，精神振作不起，颇以为苦。回想十年以前在台湾的时候，我性的冲动极大，简直换了一个人。但是因为没有需要，也没有什么 regret。但是总觉得，要结婚还是早结的好。你元气较我充沛，能追到殷小姐，最到〔多〕年内就定局。再过几年，生活上 outgrow 结婚的需要后，就不会再有一股追求的冲劲了。

China Institute 代中国人找 job，把四五家小大学需要英文教员的通知寄给我。所以较好的大学弄不好，小大学方面 job 想是不成问题。Oklahoma 方面还没有信来，Pottle 寄 Work 信后，尚未接到他的回音。

已搬进研究生宿舍否？一月膳宿 72 元，很公道，在 Yale 每月包饭恐怕要六十元以上。你预备春假期间来 Yale 很好，如有机会早来，离 Carol 生产期较远，Carol 可招待你周到些。
我很想一个人坐火车来一下，Carol 大约不应该多动了。我
New Haven 的电话是 State 74667，你下星期可打个电话来，
所费想不多，已七八年没有听到你的声音了，Carol 也可同你
谈一下。选课已定了否？ Ferguson 方面已代你抱歉了。匆匆，
再谈 即颂

　　旅安

弟 志清 上
二月十八日

240. 夏济安致夏志清

1955 年 2 月 17 日

志清弟：

抵 Bloomington 后作一书想已收到。现迁至 Rogers Center（graduate 学生宿舍）W113 号，信箱 353 号。每月膳宿在内72 元（尚未付），膳食很好，住则一人一间，也很好，唯暖气太热，加以西晒太阳，房间里已觉太热（室外尚有冰），晚上睡觉什么都不盖。住在学生宿舍可较经济，本月各处瞎闯，用费较大，下月起当可节省。

选了四门课：Edel[1]（纽约大学来的 visiting prof.）的 Henry James 与 Symbolist Novel（Joyce，Proust，Woolf，Faulkner），Wilson 的 Creative Writing，Mills 的 Shakespeare（*Anthony & Cleopatra*），共十二学分。各课内容以后再向你报告。学费按学分算，共约一百五十余元，我已叫他们向国务院算，但国

---

1. Edel（Leon Edel，里奥·伊德尔，1907—1997），美国批评家、传记家，代表作有五卷本的《亨利·詹姆斯传记》（*Henry James, the Complete Biography*）及《现代心理小说》（*The Modern Psychological Novel*）、《布鲁姆斯伯里》（*Bloomsbury: A House of Lions*）等。

务院初意只叫我来旁听，肯不肯付，尚成问题。如不肯付，只好按月拨还给他们。我有 240 元一月，无论如何是够的了。四门功课我想不会使我太忙，只使我不太闲散就是了。我性子很懒，现在住定之后，又什么地方都不想去了。New Haven 将于四月初来，你们走一趟，花费很大，加以 Carol 有身孕，还是不动的好。

昨天晚上学校里有学生的会议（I. U. Forum），讨论台湾问题，因主讲人之一邓嗣禹[2]前在北平红楼认识（他住在许乐〔鲁〕嘉的对门，大反对许乐〔鲁〕嘉的荒唐，记得吗？），我不好意思不去捧场。不料他把我向大众介绍，我乃不得不起来向大众发言多次，亏得我现在脸皮较厚，居然用英文侃侃而谈。第一次讲完，全场掌声，最后全场还向我鼓掌致敬。我不想出风头，只是台湾问题美国人都很关心，我才从台湾来，所以特别引起人家的兴趣了。

如有信请照上开地址寄来。行前我托宋奇每月寄 HK$400 回家，我想最近半年你如不寄，家里也可勉强够用。你如要寄，隔三个月再寄一次就够。这种犯法的事情，我想你还是少做。

---

2. 邓嗣禹(1905—1988)，湖南常宁人，历史学家、文献目录学家，1942年获哈佛大学博士。曾任芝加哥大学东方研究院院长、印第安纳大学东亚研究中心主任等职。代表作有《中国考试制度史》《太平天国新论》(*New Light on the History of the Taiping Rebellion*)、《捻军及其游击战，1851—1868》(*The Nien Army and Their Guerrilla Warfare, 1851—1868*)等，并与费正清合著《中国对西方的反应，1839—1923》(*China's Response to West, 1839—1923*)等。

家里的信还没有写，我总希望父母和玉瑛妹搬到香港去。

　　Carol 健康想好，念念。我刚刚住定，欠家人的信很多，以后当一一补上。专颂

　　近安

济安 顿首

二月十七日

　　〔又及〕昨天上午有个记者找我谈话，今天发表出来了，特寄上博你一笑。明天还有个女记者要找我谈话，今天电话约好的。

　　Henry James 现在读短篇小说，不久要读 *Ambassadors*。Sym bolist Novel 现在读 *Ulysses*。又关于 Joyce、Proust 等的参考书，你如不用的，暂借我一用如何？请用邮政寄下。

241. 夏济安致夏志清

1955 年 2 月 18 日

志清弟：

　　昨日发出平信一封，想已收到。刚到此地，心绪不宁，顶不舒服者有两端：（一）Campus 太大，常常迷路，一失方向，就要多走许多冤枉路；（二）宿舍太热（弄得人很疲乏）。现在道路渐渐摸熟，宿舍温度也已解决。昨晚有一李启文（菲律宾华侨，广东人）来谈，他教我如何关闭暖气之法，立刻觉得头脑清爽。我们宿舍不用 steam，而是用一种 heated air，我的房间隔壁是 heated 锅炉室，顶上热气不断喷来。我才搬来时，还不懂如何开窗子，闷在里面，室内大约达 [华氏] 九十几度，而且干燥异常。斜对门住一位韩 [国] 人林君，我请教他如何开窗，室内热才稍退，但晚上我又不敢开窗睡觉，昨天晚上把 heated air 入口关掉，室内才温度正常（穿 shirt 正好），不觉亢热燥烈。中国人很怕 overheated room，你记得上海的大光明戏院吗？母亲反对生病住洋人的医院，主要的 objection 也是太热。今天上了 H. James，已讨论过 *The Pupil*，现在读 *The Jolly Corner*，将要读 *The Beast in the Jungle*，

413

这个 course 上过，读书时可养成更细心的习惯。我想用心读去，并不很难。可惜你送我那本 Matthiessen 没有带来。Edel 的态度平稳，大约不要惊人言论，只要你细读小说本身就够。我很需要这种训练。此地图书馆的书很多，参考书不成问题，昨天我向你借书，此事并不亟亟。

今天上午一位新闻系三年级的戴眼镜小姐 Katherine（？）Neff，约我谈了四五十分钟，此人很 serious，似乎开不得玩笑的样子。她似乎连上海在什么地方都不知道。我说以后她如要研究中国问题，我可以帮她忙。

近日心绪不宁，不大想女人。campus 还没弄熟，一时不想离开 Bloomington。有一桩事情，我没有告诉你：我走的那天上午，Lily 来了，而且哭了。此事的 significance 我还看不透，但是我相信她是 sincere 的。我很窘，至少我们的交情还得维持下去。一路上我至少发了四封信（明信片）给她，到了 Bloomington 后还没有写过信，今晚上可能写。那天的事情使得 Lily 多少又恢复了她的地位。Jeannette 我不大想她，暂时还不想去找她，虽然我是 promise 的。Celia 如下半年来，我也很难去找她，而且可能她来美国时，我又要回台湾了。My girl is again Lily now，please tell Carol that.

附上一信，请转寄父母亲大人为感（如通信无问题，以后当由我直接寄去）。专此 敬颂

近安

济安

你的药买了八小瓶，都是日本货。带来了两瓶，余六瓶我在台湾托人邮寄给你。

Carol 前均此候安。秦子奇[1]（他画的"竹"很有名。父亲的朋友）送你们伉俪"竹"画一幅（已裱好，由我带来），是他画的，希望你写信谢谢他，称他子奇老伯可也。信可由我转。如中文称呼麻烦，用英文写也可，uncle Chin（？），他懂英文。

〔又及〕Ferguson 那里的信还没有写，你看我要不要写？

---

1. 秦子奇，画家，曾出版《秦子奇画竹》(1948)。

242. 夏济安致夏志清

1955 年 2 月 25 日

志清弟:

　　长途电话以后，又好久没有接到你的音讯了。我把 *Anthony&Cleopatra* 退掉之后，心上似乎稍为轻松。现在的功课: Henry James 不难，他的英文与我所擅长的 Victorian prose 相去不远，读起来还容易。Symbolist Novel——买了一本 Stuart Gilbert[1] 的 *Key to Ulysses*（$5），因此胆也大壮。我还得写一份关于 Stephen Dedalus 的报告，我也不怕。Seminar 我将主讲 Proust，Proust 似乎比 Joyce 容易，因此也不大怕，只是费时间。Creative Writing——也可说顶轻松，也可说顶难。如糊里糊涂在打字机上写，也可敷衍了事，认真写则是拼命的工作。总之现在心里已不如初来时慌张。

　　下学期的 assistantship 得奖人将于四月一日公布，我因初来成绩毫无表现，不拟申请，要申请则也来不及了。

---

1. Stuart Gilbert(斯图尔特·吉尔伯特，1883—1969)，英国文学学者、翻译家，《尤利西斯》法文译者，代表作有《〈尤利西斯〉指南》(*Key to Ulysses*)、《詹姆斯·乔伊斯〈尤利西斯〉研究》(*James Joyce's Ulysses:A Study*)等。

Assistantship 约有 $150 一月（改大一英文卷子），其实也够用了。今天遇见一个印度同学 Chowdri，他说他也申请了，我想他如能申请成功，我若申请一定也会成功的。我现在还是 Exchange Visitor 的 Visa，并不是 Student Visa，这点如未能与国务院办妥，Committee 一定也不会 award 我什么奖金的。等到你下学期的事情定了，我明年春季再到你的学校来申请什么奖金，你看如何？

不知道你现在忙不忙？我来美时曾答应替台北 USIS 编译美国 essays 一册，并将目录寄上，你如有空，随便抽几篇翻译一下如何？如早日译完，钱可能用官价汇到美国来，对我们大家都好。如我回台北后再译好，则拿台币，再换黑市美汇，就吃亏很大了。全书连译文，Biographical or Biographical notes，Introduction 共约 25 万中文。你译不必译全文，省略几段也无不可。全书的待遇是新台币二万元，黑市外汇约六七百美金，我希望你现在手头不很忙，能够同我合作。如你一人把它弄完（我看这上半年我是没有空弄的了），我也是求之不得的。你做多少，钱拿多少，如何？

星期三有个青年画家郭大维 [2] 来这里开画展，郭是齐白石的学生，画得也很像齐白石。邓嗣禹请他、我，还有几个洋人吃饭。邓嗣禹是娶美国太太的，他的家庭生活，不妨一谈，

2. 郭大维(David Kwok，1930 —)，北京人，齐白石弟子，1977 年获得美国纽约大学博士学位，出版有《大维画集》(Modern Chinese Painting by David Kwok)等。

请你转告 Carol 为要：

他的太太名叫 Margaret，相当瘦弱，那天恰逢他的岳母也来探望女儿女婿，岳母住 Utah。他们有两个女儿，大的（尚未及学龄）名叫 Elizabeth 中美（我还以为叫 June May 呢！），小的名叫 Dorothy 华美。

他们家住 campus 附近，独宅小洋房，有客厅，无饭厅，饭在厨房里吃，厨房餐桌可坐八人。客厅里铺地毯，悬有齐白石、徐悲鸿（画马）的画，董作宾[3]的甲骨文。有无线电及唱机，无 TV。我们到了，他太太还特别开一张广东国乐唱片，后来我们要讲话，邓把唱机关了。

他们不用下女。那天的菜是由邓一手做的中国菜。他说他本来不会做，慢慢 trial & error 弄出来的。菜里有线粉，据说是芝加哥 mail order 买来的。

那天电话里得知 Carol 有小恙，不知现在已痊愈否？甚念。殷小姐信里说，她可能留在芝加哥，读天主教的 Loyola University[4]，近况不详。

---

3. 董作宾(1895—1963)，字彦堂，号平庐。河南安阳人。甲骨学家、古史学家，并长于书法篆刻。1928—1934年，曾八次主持或参加殷墟的发掘，1948年当选为中央研究院首届院士。1949年以后任教于台湾大学、香港大学、崇基书院、新亚书院等学校。代表作有《甲骨文断代研究例》《殷墟文字甲编》《殷墟文字乙编》《殷历谱》《中国年历总谱》等。

4. Loyola University, 即芝加哥洛约拉私立大学，是一所四年制私立天主教大学，创办于1870年，是美国规模最大的耶稣会大学。

别的再谈，专颂

近安

济安 顿首

二月廿五日

Carol 前均此。药两瓶已交邮寄上。

243. 夏志清致夏济安

1955 年 2 月 26 日

济安哥：

到 Bloomington 后的三封信都已看到了，知道你宿舍生活已渐习惯，选读了四课你有特别兴趣的 courses，甚慰。台湾寄出的一本 *Free China Review*，也已收到，你的那篇书评文笔清丽，毫无做作或拖泥带水之处，大为佩服（你在 Creative Writing 那课上，不知习作散文抑小说？）。两瓶药亦已收到，看日文好像是脑下垂体中所提炼的荷尔蒙，在美国生活多年，旧习惯不免无形中改变，看到那些粉红色的药片，心中颇有"怕势势"的感觉，不敢乱吞，只吃了一颗，没有什么反应，这两天没有动用。我想还是看医生配专方的好，谢谢你听了我的话，买了那八瓶药，我过一些时候或者会服用的。程绥楚来了一封给我们两人的信，兹附上。我把他那封三月份的情书已写了，讲的都是花草春景，给 Carol 看了，她大笑不已。他以前寄我的两本《红楼梦新证》，月前忽都收到；该书仍在老派红学里面钻，所有考据结论都非常 dogmatic，令人难以相信，不知何故程绥楚对该书如此热心也。

上次电话通话，说起 Carol 不适。这星期她卧床休息的时间较多，看了两次医生，服了配〔盘〕尼西林药片，已好很多。唯究竟她为何种 virus 所 hit，还没有弄清楚。去年一月间，她患过 mono-nucleosis，我恐她这次复发，但查血后发现并不是。自去秋教书以来，Carol 身体一直没有同普通人一样健康过，总是疲倦的时候较多。她怀孕期间和将来收〔接〕生的那位女医生，我看不大高明，她所 recommend 的都是美国人减轻体重时所采用的常识（如饮 skimmed milk 等），好像 Carol 其他健康方面应留心的，她全不介意。四月间生产时，但求 mother & child 皆安全，而 child 体质较好，不易受病菌侵犯，否则把小孩领大，是相当吃力的事。

Lily 在你临走那天，居然哭了，是我想不到的。在中国，女人的苦闷当然比男人大，她对你恋恋不舍之情，当然是真的，但究竟有没有勇气和诚意同你结婚，只有看她以后来信的语气和笔调，才可断定。或者，同普通中国小姐一样，在日常见面，同住一个城市所不易表达的话，离别后靠了纸笔反可披露出来。Jeannette 方面已通信否？我觉得 Jeannette、Lily、Celia 三位都是极好的中国小姐，同任何哪一位结婚，你都会幸福的。现在只好看你情之所钟了。你有意于 Lily，也是她前世修的福气。

秦子奇先生那幅《竹》我还没有见到，无从落笔写封信谢他。我想写英文信不太妥，不如写文言的好，你写客套信的修养比我好得好〔多〕，只好请你拟一封信，寄给我，我抄好后再转寄如何？所费的时间不过一个星期。这幅画确是非常 welcome 的 gift。

你托宋奇寄回家这样一大笔 [钱]，恐怕自己手边储蓄反而没有了。下两个月（即三月初）我仍预备寄两百元；五六月份我预备少寄一百。这次大陆收回旧人民券，另发新票，我们一定又要吃亏不少，但是我多了一两百元，生活还是照样地穷，不见得为〔会〕改善多少，还是寄回家，父母就用得多。Joyce、Proust 方面我没有参考书，只好你自己捡〔拣〕最实用的买几本吧。好像 Stuart Gilbert 那本 *Ulysses*，已有 paper edition，可以买。我近来买书很少，Yale 出版的那本 *First Folio*[1] 以后还没有买过别的书。再谈了，即祝

近好

弟 志清 上

二月二十六日

---

1. *First Folio*，即"第一对开本"，是指1623年以对开本形式出版的第一部莎士比亚作品集《威廉·莎士比亚先生的喜剧、历史剧和悲剧》（*Mr. William Shakespeare's Comedies, Histories, & Tragedies*），收录莎士比亚36部作品，目录全世界仅存约230余部。该对开本是莎士比亚研究最权威的版本之一，后来由诺顿、耶鲁等出版社多次重印。

244. 夏济安致夏志清

1955 年 3 月 1 日

志清弟：

　　接到 26 日信，很高兴。我在这里，其实很寂寞。同住在一排的人（大约十人），我只认得三人：Rim（韩国人），学数学，我已经同他可以略为幽默一下；Flashade(Nigeria 的黑人），学视听教育（audio，visual），人长得相当可怕，但为人恐怕十分善良；他们都住在我的对面。我的隔壁是 Washington D. C. 来的一位美国青年 Newsom，学商科，声音很低，常常叹气说睡了觉爬不起来，未曾跟他深谈。不住在同一排的，有两个中国人，一名袁祖年，也学视听教育，我在台湾就同他有一面之缘（他比我早到两三个礼拜），上海 St. John's 毕业（比我小一岁），为人极"克实"善良，但不能成为酒肉朋友，因此难以深交。一名李启文，是菲律宾华侨，很爱国，proud to be 中国人，学商科，他比较个性向外（此地的中国学生会是他组织的），为人也好，无党派色彩，不出风头，很热心。虽比较好玩，但年纪太轻（24 岁），他爱玩的（如打球等）同我都合拍不上，因此也未能深交。他们两位在饭厅上未必能天天见面，另外还有两位菲力〔律〕滨〔宾〕人、一位日本人、一位英国人（名 Grosevenor，牛津出身，在此地当政治系助教）、一位印度人等，见面时也谈话，不见面或者大家忙的时候，就算了。美国朋友可以说没有，同系的除那位印度人外和我也很少有交谈。我自信耐于寂寞，交际手段也不错，所以请你不要替我担心。上次提起的那位 Katherine E. Neff 小姐，她描写我的文章于上星期六（26 日）发表了。想不到这位小姐还有点幽默感。文章现在附上，供你和 Carol 一笑。照片是另外一个新闻记者照的，他叫我手放在窗上，我不知是何用意，不知还有这么一个 trick。我已写信去谢她。文章需要订正者有数处：（一）第一段：我谈话时用了一个 figure of speech，她没有听懂。我说房间热而燥，就像你们的 dryer 一般。我房间隔壁是 heater room（热气总枢纽）不是 laundry。第二段的 neighbor 就是 Rim 君。（二）第五段：她把工学院（Engineering）听成 English 了。（三）第六段：台湾人口是 8—10million 之间，她也听错了。（四）第八段：关于我的逃难史，也有错误。我到 Bloomington 只有两个星期，大名已经在报上出现过六次（我自己看见四次，另外两次是登在两张我所没有见到的报上，是人家告诉我的），也算出风头了。

现在的功课情形，大致已经于上信中说了一说，想已收到。Symbolist Novel 我上过两次 seminar（两次我都噤若寒蝉，因无充分准备，不敢瞎讲），第一次是一个同学报告 Stephen 的心理，这位同学名叫 Sparks，相当精彩，至少有宋奇那点。第二次另一人报告 Bloom，那位大个儿同学情形很惨，似乎没有看原书，只是拿 Stuart Gilbert 里所讲的再报告一下，因此追根问柢〔底〕时，就瞠目不知所对了。我相信有了 Gilbert，再有一本大字典（我又花了 $25 买了一本韦氏 *New International*），*Ulysses* can be read with pleasure。下星期讨论 Molly 和 *Finnegans Wake*，都轮不到我，我用不着紧张。这两个星期在写一篇短篇小说（这篇小说里有大段心理描写，以后再请你指正），相当吃力。Edel 的 *The Psychological Novel 1900—1950* 下月 15 日将由 Lippincott 出版。药八瓶中四瓶是脑下垂体，四瓶是睾丸制剂。你什么时候有神农氏尝百草的兴趣，什么时候就吃它吧。三月初我劝你不要寄钱回家去，因为宋奇那边一定会寄的。请你暂时留下，你如一定要寄，请先关照宋奇那边停寄。我的主张：宁可把钱留在香港或美国，慢慢地按月寄。由我们代父母储蓄，是不是胜过由他们去储蓄呢？秦子奇那边的信慢慢再说吧。Jeannette 现在芝加哥 Loyola 大学读书，来信很欢迎我去玩，我拟春假时去。我同她的关系如是之好，主要的原因，恐怕是我从来没有同她提起过爱。再谈 祝

　　安好

济安

三月一日

Carol 请多多保重

　　〔又及〕程绥楚那边我当另复他。

245. 夏志清致夏济安

1955 年 3 月 2 日

济安哥:

　　前天收到二十五日信。Visa 延期的事,最好在四月间请系主任或教务长写封信给 State Dept.,说你在 Indiana 读得成绩很好,请求奖学金延期一年,我想国务院可能会答应的。你自己也可写封信,说原定 fellowship 时间一学年,因为赴美前检查身体种种麻烦,事实上来美读书只有一个学期,学不到多少东西,请求至少按原订〔定〕计划,在美国有读一年书的机会。并可说明决定要读个 MA,对自己资格方面及教导学生方面都有好处,我想这点情理,也是说得通的。Yale 方面,写信 [给]Ferguson 时,可说在 Indiana 读一学期后,可能按原定计划,秋天时再来 Yale,这样也多一条活路。下学期你想靠学校给的奖学金或 assistantship 生活,一定很苦,而且这种奖学金不一定拿得到。只有向 State Dept. 请求,最名正言顺,你以为如何? 读了一年书,有成绩表现后,明年春季再请求别的奖金,就比较容易了。Leo Dowling 一定经手过外国来的 exchange students 请求延期返国的同样情形,最好从早同他商量。我这几月来在修改、整理、重打我《近代中国文学》那本书的稿子，所以相当忙碌，可是编译美国 essays 的事，我是想帮你忙的。我翻译方面没有经验，手头没有《综合大字典》，词汇方面一定会感到缺乏，只好选平易的文章译两三篇。Irving、Hawthorne 的长句子我一定译不来，Emerson 的那股劲，亦非我所能 duplicate，所以我帮忙的话，拟译 Franklin、Thoreau[1] 和 Poe 如何？以后每星期六、日花两天，试译一下，如能胜任，再多帮些你的忙。如译文不够水平，只好你自己多译些，或另找别人帮忙了。钱的方面，我也不需要，还是你自己拿吧。这学期主要还是在 Indiana 英文系那边留下个好印象，翻译的事，留在暑期。美国一般研究生，年龄很轻，文学理解力比较幽〔幼〕稚，写英文的时候，拼法都有问题，你打倒他们是不很困难的。我 job 方面，有四五处学校在 consider，这两三星期内，想可有正式通知了。前天在图书馆碰到柳无忌太太，她在南开中学教过杨耆荪英文，杨耆荪来美后，也特来 New Haven 拜访过柳太太。她说杨耆荪今年仍在 Indiana 读 Ph.D.，夏季可读完，尚无男友。我想杨知道你在 Indiana，一定会来看你的。不知你同她在 campus 上〔里〕已见过面否？ Carol 服用配〔盘〕尼西灵〔林〕后，这星期身体已转好，食量也增大，望勿念。我在纽海〔黑〕文住的地方，

---

1. Thoreau（Henry David Thoreau，亨利·戴维·梭罗，1817—1862），美国作家、诗人，代表作有《瓦尔登湖》（*Walden*）。

既旧又小，毫无"派头"，比较宽大的房间只有一间 living room，furniture 各色各样，不成体统，你来纽海〔黑〕文看到后，就会知道。平日吃饭也很马虎，Carol 对中国菜不太欣赏，我也好久不做了。Carol 再有七星期，即要分娩。你有没有什么 favorite 英文名字或中文名字，或男或女，可供参考？我已写信给父亲，请他代为起名，让他老人家 share the excitement。你读书时间支配想充裕，甚念，即颂

　　近安

弟 志清 上
三月二日

246. 夏志清致夏济安

1955 年 3 月 9 日

济安哥：

看到你三月一日信中附来的 clipping 上的大照片，很为高兴，神气举止全是学者的样子。Carol 看到好几张你的照片都是手执烟斗，以为你真是抽 pipe 的，我告诉她，你拍照时拿着烟斗，仅是装样子罢了。你的黑边眼镜，在 Yale 也非常流行，比我的淡黄边的眼镜有神得多。

你重新回到学校读书，一定感到紧张新鲜。Edel 对 James 和心理小说都有专书发表，学问想必不错。我以前跟 Brooks 读 *Ulysses*，花了几个星期，除了最后一章没有标点的 monologue 外，读过一遍，觉得不算太难，虽然"不求甚解"的地方是很多的。最后写 paper，我想不出什么特别题目，只写了十一页，陈述了一些我的意见。全书最精彩的当然是妓院的那一章；头一二章，Stephen 在海边 meditation 文字极好；Nausicaa 一章写得亦紧凑动人；其余许多章文字方面的 parody，我觉得仅是小聪明而已，不是小说的正路。Proust 在中国时候读了第一本 *Swann's Way*，以后一直没有读下去。你写的那篇小说，不知取什么题材，写好后务必一读，我对创作一直没有训练，毫无自信，你十多年来写小说的念头一直未断，将来一定会有很好成绩表现的。

父亲最近来信，谓我正月初寄出的那笔钱还没有收到，颇有些焦急的意思。阴历新年收到宋奇汇去的港币五百元。你三月一日的信没有收到时，我已把四五月份的两百元寄出了，你如觉得汇去的钱已太多，不妨关照宋奇在四月初停寄一月如何？我上星期寄出的那笔大约要在四月中才可收到。六七月份的家用（五月初寄出）我预备只寄一百元，如宋奇月寄四五百元，我想家中一定很够用了。宋奇选译美国近代批评，一定要一篇 Douglas Bush 的文章，我上星期写信去讨，昨天收到了两篇，一篇 Bush 自己没有 reprint，送了我一篇打好的 copy，打得很淡，也不大齐整，好像是自己动手的，美国大学者待人的态度，我很 admire。

昨天收到 Celia 来信，谓 admission 已拿到手了，附给你的一封信，兹寄上。程绥楚又有信来，经过邓太太的关系，Ada 方面已稍有苗头，我硬了头皮，又代他写了两封情书。（去年代 Celia 报名，有一张报名照没有用掉，暂存在你那里吧。）

我在 Pittsburgh 有一位好朋友，犹太美国人，名叫 Avrom Aaron Blumberg（化学系，现在 Mellon Institutes），我同他同住宿舍一个 corridor 四年，非常熟，他听说你已来美，很想来看你一下（同时他在 Indiana 大学自己有朋友，几次邀他去玩）。我给他回信后，他可能会来，他为人很有趣，你同他谈话后，一定会晓得许多我在 Yale 的生活情形。

我在人多的地方，颇"人来风〔疯〕"，可是见不到人，自己不会出〔主〕动找他们。所以住在宿舍数年，相当popular，结婚后，见人的机会不多，生活渐渐地冷寂下来。Carol 带内向性，交际也不太擅长。换了地方后，我想把我怕见人的习惯改过来。Job 方面，还没有确定的消息，Carol 两星期来身体很正常。Lily 已有信来否？甚念，即颂

近安

弟 志清 上

三月九日

翻译散文，预备这星期开始。

247. 夏济安致夏志清

1955 年 3 月 9 日

志清弟：

　　来信收到。谢谢你的建议，可是暂时还不想同国务院去办交涉。因为我在这里还没有弄出什么成绩来，没有交过一份 paper，没有读过一份报告，只是木头木脑随班上课，目前还不好意思向教授们去开口求助。可能我在这里就木头木脑地把这学期读完了，但是我希望能够 impress 洋人一下。现在别的 paper 还不忙，希望于短期内能把那篇短篇小说写成。我不大考虑到将来。下学期在美国，则可以集中精神于读书作文；如在台湾则有很多朋友，我的 talents 很受人欣赏，也未始不可。

　　上星期写了封信给华盛顿英国大使馆"英国新闻处"，希望他们能帮我进英国的 summer school。英国暑期学校的布告，Yale 想也有张贴；我想进牛津，换换环境，过一个凉爽的夏季。正当的手续是该通过美国的 Institute of International Education（New York），但是我想 bypass 它。因为按我现在的身份，我是受 I. I. E. 管辖的，他们只知道照章行事，到时候把我送返台湾，恐怕不许我到英国去。事情也很难说，明天预备去找 Dowling 谈谈。

我目前的计划是暑期到英国去（这里据说热到[华氏]105°之多，因此对我很少引诱），再经英国、欧洲飞返台湾。这个计划能不能行通，我也不大关心。

国务院如有这里的教授强力推荐，也许还让我留下去，但也未必。又，这次的奖金为期是只有半年，一批共五人，现两人在哈佛（全汉升[1]——经济，殷福生[2]——symbolic logic），一人在 Berkeley（杨树人[3]——商业），一人读化学的，不知在哪里，他们都只比我早动身一两个星期。

我在这里的朋友正在逐渐增加中。我大约很喜欢"谈天"，讲起话来精神十足（母亲常常劝我说话少费这么多精神，记得吗？），现在初到新地方，没有人跟我谈天，生活里似乎也少了一样东西。但是我也怕成了潘家洵之流的人物，自命〔鸣〕得意地拿俗套或不大幽默的话向 half-willing ears 里去倒。我还能甘心寂寞，但最近谈话的机会渐多。同美国人谈话，常常

---

1. 全汉升（1912—2001），广东顺德人，历史学家，"中央研究院"院士。曾任台湾大学教授，香港中文大学教授、新亚书院院长等职。代表作有《中国行会制度》《唐宋帝国与运河》《明清经济史研究》等。
2. 殷福生，即殷海光（1919—1969），湖北黄冈人。哲学家、逻辑学家，曾任台湾大学哲学系教授，并任台湾《中央日报》和《自由中国》主笔，被称为台湾自由主义的开山人物。代表作品《中国文化之展望》《思想与方法》《自由的伦理基础》等。
3. 杨树人（1907—2004），江苏江都人。外交家、经济学家。曾任职中华民国驻苏大使馆、柏林公使馆、古巴使馆等。1949年经港赴台，曾任台湾大学教授、台湾"国科会"执行秘书、台湾"中央研究院"总干事、台湾商务印书馆总编辑等职。代表作有《国际贸易理论与政策》等。

一两句简单的寒暄话，反而听不清楚，听清楚了也不知如何答复。可是三句客套之后，谈起任何问题，我的英文还可以滔滔不绝地说一大套。

Kathie Neff 的文章，你想已看到。我倒还常常想念她，虽然她是怎么样的长相，我已想不大起来，似乎有人长得像她的，我也不敢上去瞎打招呼。大约她是我到美国以后，另一个给我 feminine sympathy 的陌生女子。星期一她忽然打了个电话给我，说星期四他们新闻系要放映有关台湾的教育电影，问我愿意不愿意去替他们出场解释。我欣然奉命，那天精神之好为我到 Bloomington 以来所未有。一个电话就有如此魔力，男人恐怕毕竟还是需要女人的。电影解释是在明天，我想我去一定也不会紧张。因为我很喜欢同美国人长篇大论地谈，表现我的 vocabulary、wit 与 sense。你和 Carol 恐怕要劝我去 date 这位 Katherine 了，这一层我倒还没有想到（我现在pocket money 很富裕）。我对她的兴趣其实还不是很强，你想她的"芳容"我还不大认识呢。

还有一位陌生美国小姐打过电话给我的，叫做 Dorothy Door，她是"长老会"团契的负责人之一，请我去吃过一次晚饭，谈谈台湾问题。她倒是一个很活泼、善良、坦白的小姐，一点没有传教婆的虚伪做作。可是团契这一类的组织我很怕，因此不大想她。

昨天下午情绪很坏，坏的原因下文再谈，亏得昨天晚上柏林交响乐团来此演奏，我早已定〔订〕座，届时去听，听得非常出神，而且跟了大批美国听众一起热烈鼓掌，精神大为鼓舞。自从 Pearl Harbor 兰心戏院关门之后，我就没有好好地听过一次交响乐团，昨天一听，觉得其动人之处，胜过一般电影（力量似乎直捣"丹田"），可惜 Bloomington 小地方，听交响乐的机会不多。昨天的节目：Mozart 的 No. 35 交响乐，Richard Strauss[4] 的 *Don Juan*，Beethoven 的第五，本来到此为止，因为观众热烈鼓掌（我的手都拍酸 [了]），他们又演了一个曲子，今天看报知是华〔瓦〕格纳的 *Die Meistersinger* 之 overture。

我对音乐的造诣比上海时略为进步，但仍不够。上次 Dave Brubeck[5] 的爵士四人乐队来此演奏，我因在台湾时看过 *Time* 的介绍，也买票去听了，结果听了毫不受感动；因怕邻座的人对我白眼，跟了他们一起敷衍拍了几下手。据我的了解，Dave Brubeck 的乐曲，都是"渔樵问答"式，先是"渔"—— saxophone 的独奏，然后"樵"—— Dave 的钢琴去答复他；答复时，"樵"拼命卖弄他的技巧，拿"渔"的

4. Richard Strauss（理查德·施特劳斯，1864—1949），德国作曲家、指挥家，创作有《唐·璜》（*Don Juan*）、《堂·吉诃德》（*Don Quixote*）、《英雄生涯》（*Ein Heldenleben*）等九部交响诗及其他管弦乐曲。1900 年后专心于歌剧创作，创作了《莎乐美》（*Salome*）、《玫瑰骑士》（*Der Rosenkavalier*）等十四部歌剧。先后担任过慕尼黑歌剧院、柏林爱乐乐团、维也纳歌剧院等著名音乐团体的指挥。被公认为德国浪漫派晚期最后一位伟大的音乐家。《唐·璜》是作者创作于 1888 年的交响诗式作品，灵感来自于奥地利诗人尼古拉斯·雷瑙（Nikolaus Lenau，1802—1850）的同名诗作。
5. Dave Brubeck（戴夫·布鲁贝克，1920—2012），美国音乐家，尤擅爵士乐。

theme 不断变化（improvisation）。因我对于 theme 还听不大出来（悲〔贝〕多汶〔芬〕第五等则已相当熟悉），很难欣赏 Dave Brubeck 的天才。而且钢琴似乎也很难像 Artie Shaw[6]、Benny Goodman 的 clarinet 那样地热烈。Shaw 和 Goodman 是不是算 old timers 了？昨天我觉得柏林乐队的 tone 很 pure，今天 Edel 的评语似乎与我也有同感，我相当高兴，似乎我对于音乐还不至于完全没有希望。

昨天下午情绪之坏的原因，我想下信再详谈。大致是接到一封台北的信，信的内容过几天再抄给你。但是此事与我 career 绝无关系，请你不必多事猜测。此事说来很长，我现在还有点怕谈起它。杨耆苏在伊立〔利〕诺哀〔伊〕，我离台北前问过她的亲戚刘教务长的。今天情绪已恢复正常，上午上了课，下午睡了一个钟头午睡〔觉〕，睡得很好，写了这封信，等一下就要去写小说了。专颂

近安

济安

三月九日

〔又及〕谢谢你答应代我翻译 essays，综合字典我于动身之前已托朋友自台北付邮寄给你了，不久可到。翻译也不必忙，有空就做，没有空可不必理它。

---

6. Artie Shaw（阿尔蒂·肖，1910—2004），作词家、乐队领队、作家。

248. 夏济安致夏志清

1955 年 3 月 12 日

志清弟：

　　刚刚收到来信，很是快慰。我是常抽 pipe 的，以前信里从未提过，无怪你不知道。假如没有抽 pipe 的习惯，拍起照来拿在手里也不会这样"登样"[1]。抽 pipe 的好处：（一）较香烟更能减少或代替 fidgets；（二）抽后嘴里没有抽香烟那么干燥。在台北时，有人来找我谈天，我总是抽 pipe，功架十足，读书时也抽。出门时不带，因占地太多，而容易烧坏衣服，再则此物需要常常通刷，带了出去也麻烦。写文章时不抽，因手忙脚乱，照顾不及，香烟则拉起来就是。读书太紧张时也不抽，亦因照顾不及之故。我现在每天 20 支烟 plus 几筒烟斗，可算有中等之瘾了。

　　星期四（前天）的演讲很失败，心里不大高兴。一到那里就同新闻系的教授们敷衍（他们也称我为 professor），其中

---

1. 登样，苏州话，最早是指登台亮相的样子，现在泛指得体、好看、漂亮、俊美、有风度等。

有一位教授，恐怕是左派人物，大骂 Luce（那张电影 *March of Time* 是 Luce² 拍的，1951 年版）、Knowland 等他所谓 China lobby 人物，我不得不为他们辩护，且为 Gimo 辩护。此人很了解我的 liberal 立场（因为我确为一 liberal），但对于蒋以及美国的拥蒋分子，似乎仍是成见很深。这么一来（热烈辩论，又要和很多人敷衍），我根本就没有机会同 Neff 小姐谈话了。心里因此更气。（我不愿意为 Gimo 辩护，讲的话理由很牵强。）

Neff 小姐这一次我把她看清楚了（假如再隔两个星期不见，她的长相我又要想不起来了），她长得算是 plain 的，但年纪很轻，很 fresh，身材不大，瓜子脸，戴眼镜（什么边？我没有注意）而眼睛似有凄迷状，嘴唇很薄。大约那几天我在 campus 上〔里〕和音乐会上所注意的几位戴眼镜瓜子脸美国小姐，长得都比她美。但是她还是我目前想念得顶多的女子。我的个性已经有一部分 reveal 给她了（on her request），我还有很多方面也想表现给她看一下，可是就是没有机会。演讲完后，我去 downtown 喝了一杯 scotch & soda（这是我来 Bloomington 后第二次喝酒，第一次是抵 Bloomington 那天晚上请那美国青年一起喝的），我现在酒量很好，大约喝三四

---

2. Luce（Henry R. Luce，亨利·R. 卢斯，1898—1967），生于中国山东，15 岁时才回到美国，1920 年毕业于耶鲁大学。后来创办了《时代周刊》《财富》和《生活》三大刊物，成为美国新闻业的巨头。1931 年开始制作系列广播《时代的进程》（*The March of Time*），1935 年还摄制了同名的电影新闻片。卢斯被公认为 20 世纪最具影响力的媒体人之一。

杯都没有问题。一杯威士忌不起什么作用，只是把精神稍微振作一下而已。回到宿舍写了封短信，只是说我今天讲了许多我不愿意讲的话，要讲的话反而没有机会讲了，因此成绩未能满意云。第二天我把那封信带到 Ernie Pyle Hall（Pyle 是印州人），预备交给楼下的收发小姐转交，那位小姐说 Daily Student 的办公室就在楼上，我可以直接送上去。可是我连这点勇气都没有，道谢后退出，还是回来贴了邮票再投入邮筒。

我相信我并没有 fall in love。不过 Neff 小姐恰巧在我感情很空虚的时候出现，因此她很快地占据了一块很大的空间。这块空间会不会缩小，甚至于无形消失或她竟被迫退出，以后自会分晓，至少我目前不想努力使它扩大。我的信很短，且很像 business letter，她不一定有回复的义务。她不回，我也无所谓，因为我根本不想制造机会。下一步有什么举动呢？我已经有了一个仍是很不积极的主意。昨天在书店看见有 St. Patrick's Day[3] 的卡，我不知道这是否是专限寄于爱尔兰人或天主教徒的，向书店小姐请教了，她很和气地告诉我什么人都可以寄，而且跟我谈了什么 Mardi Gras[4]（昨天）和 Texas 的什

3. St. Patrick's Day，每年的3月17日，是为纪念爱尔兰守护神圣帕特里克而设立的"圣帕特里克节"。该节日5世纪末期起源于爱尔兰，美国从1737年3月17日开始庆祝。圣帕特里克节这一天，通常要举行游行、教堂礼拜和聚餐等活动。美国的爱尔兰人喜欢佩戴三叶苜蓿，用爱尔兰的国旗颜色——绿黄两色装饰房间，身穿绿色衣服，并向宾客赠送三叶苜蓿饰物等。
4. Mardi Gras，天主教的节日，在复活节前的四十七天。通常庆祝活动会持续两个星期之久，气氛一天比一天热烈，一直持续到 Mardi Gras Day 那天达到高潮。

么节日（她，书店小姐，是 Texas 人，她告诉我）等等。我预备在 St. Patrick's Day 之前寄一张卡（尚未买）给 Neff，目前我只想做到这一步（也许根本不寄）。

请你和 Carol 不要 push 我上前。我现在愈来愈像 Henry James 小说中的人物，前面两段报道里就有一两句颇有点 Henry James[的] 味道。让我来 hesitate，步步反省，分析自己的感情和动机吧。我现在写作中的小说，却没有借用 James 的技巧。这是中国一篇佛教旧故事的改写，没有恋爱，我添了许多感觉描写和 flash-backs。只是我怕 montage 没有弄好，我的句法还是太像 Victorian masters，太完整，各句和各段之间很难融成一片，文气可能是通畅的，但是小说的组织，不该靠文气的通畅。我现在只能做到这一步——还是这句话。这比较可以算是一篇 philosophical 的小说，主要是对两种文化——儒家的与佛家的——的批评。今天晚上拟把它写完，明天打字，恐怕打不完，等 Mr. Wilson 看过发下来后再寄给你。

现在要讲到星期二不愉快的事了。那天接到台北一个朋友的信，说道〔到〕Lily 和人家结婚了。这件事情对于你和 Carol，也许是一个大的 surprise，对于我，还多少是在意料之中的，因为我没有把我所知道的全部告诉你们。且听那位朋

（接上页）Parade(游行)是 Mardi Gras 的重头戏，每天都会有数场游行，人们会从游行的花车上向路旁的群众抛撒各式各样的珠子、假硬币、塑料杯和玩具等。据说每年都有超过二百万人参加 Mardi Gras，是美国一年一度最大规模的盛会。

友怎么说的：

"附上剪报一则（《中央日报》'囍'字广告），报道消息耳。知吾兄早已五蕴空澈，一念不生，不致牵动心魔，乱人清思，唯有一事弟不可解者，彼姝送君行日，尚且唏吁〔嘘〕作态，欲以邀君子爱怜者，种因何在？何物妖灵，临去秋波，岂犹图最后之一逞欤？"关心我的人中，反对 Lily 的很多，这位朋友可以算是最激烈的一个（消息只有他一个人来报道，别的朋友大约怕伤我心，都未提此事），但是我至今还是原谅 Lily 的，她不爱我，早已对我说明，我本不应妄图侥幸。

且说这"唏吁〔嘘〕作态"吧。我本不愿意告诉你（她哭）这件事，因为我还没弄清是怎么回事，后来很晚才告诉你，因为你（还有 Carol）太关心我的感情生活了。你的 interpretation 是"恋恋不舍"，这点也许是事实，但你该记得我信里是怎么说的，我说："此事的 significance 我还不大明了，但是我相信她是 sincere 的。"也许我这个 significance 用得太重一点（应该用 signification？），但是我不敢在这上面寄托很大的希望！我要研究的是这件事的 significance，就像你信里所说的，等她来信"以观后效"。可是我也不能做得太残忍，我至少也该给她一点 response。因为我很 capable of 残忍，你想还记得我在台北曾发一封信告诉你，我不预备把行期告诉 Lily，甚至行前都不预备到她家去辞行。

她的哭的 significance，据我当时分析，大约有三种可能：

（一）就是你所说的"恋恋不舍"。

（二）她埋怨我不该把消息瞒她瞒得这么紧——因为我同她已经好久没有来往，别人都早知道我快要走了，她还蒙在鼓里。她的同学都不向她提起我，就像她们在我面前不提起她一样。到八号，她来找我，我不在（大约是到航空公司去了），她留了一个条。我想不好意思做得太"狠"，那天晚上我到她家里去坐了五分钟，算是辞行。她不在，我根本没有问她上哪里去了。第二天早晨（即九日，我动身那天），她来了，说了没有几句话就哭了。哭得还很长久，低了头，我那时只有一个反应——窘。她还说了几次要上机场去，但我反对。她还送了茶叶和台湾土产、别针等给 Carol 的。

（三）她已决心跟别人结婚（这方面我的情报有不少，对方就是去年四月开始同她出去玩的那个人，是她家里撮合的），但是我既然待她这样好法，她觉得很对不起我，以后很难见到我，因此难过而哭起来了。

至于那位朋友所说的"妖灵"（witchcraft？），我根本是不相信的。

她的与别人结婚，我是常常考虑到的，今年不发生以后也还 [会] 发生。她似乎很愿意我做她的朋友做下去，我则考虑她如不爱我，就该一刀两断，免得牵丝攀藤。那就是我"狠"的缘故。但她假如有爱我的表示，I am ready with response，response 也不会多，就是她给我这么多，因为我不愿意再做 fool 了。她这一哭，所从我这里引来的 response：（一）对自己，我承认我还是爱她的——没有对别人说，只有在你信里提一笔；（二）对她，我在路上写了三四封很短的信和明信片，到了 Bloomington 后发过一封信（10 ¢ air letter），没有 touch 到感情，只是报道一些上课、学校等情形，也没有请她写回信等话。我还是相当"狠"，她如没有信来，我预备就不再写信。因为她如没有那点临别表现，我根本就不预备写信给她的。

还有一件事，她母亲和她曾托我在港代买两只手提包（几个月前），我没有理会，那天经她一哭，我已经写信给宋奇代买了。宋奇今日有信说尚未买，现在恐怕已经买了，我想买了就算了，但是送是叫他不忙送去了。

这件事情这样结束，也了了我一桩心事。她如不"唏吁〔嘘〕"一下，我会把它看得更平淡，这么"唏吁〔嘘〕"一下，我一时稍觉难受。现在，我相信已经完全不当它是一回事了。她这点"唏吁〔嘘〕"居然仍旧叫我心动，真不可以不说是"妖灵"。

别的 girls 我真不想念她们，奇怪。Jeannette 在芝加哥 Loyola 大学，我似乎已经把她忘记〔得〕干干净净了。Celia 也然，她今天的信和照片，我看见了，一点无动于衷（当年她使我 suffer 得很厉害），回信预备写一封，敷衍敷衍而已。这样没有良心，又似乎太不像 Jamesian Hero[5] 了。

---

5. Jamesian Hero（詹姆斯式的主人公），指亨利·詹姆斯笔下那些智性、聪明、优雅、讲究尊严的主人公。夏济安非常欣赏这类人物，所以常常自奉为Jamesian Hero。

杨耆荪在 Illinois 大学，那个地方现在是我顶不愿意去的地方，next only to "铁幕" 后的国家。因为我追求李彦，杨耆荪知道得很清楚。现在在 Illinois 的还有两个中国女生，她们都是 Lily 的同班同学，她们假如同杨耆荪一 compare notes，我也未免显得太惨了。这里的中国女生，下次再描写，人不多，我对之毫无兴趣。我对于中国小姐，已经有点 disgusted 的感觉——胃口倒掉了。但是我只告诉你这点事实，这句话并不 infer 我要和美国小姐结婚。

家里的钱，宋奇说要寄四百元回去的，下月我拟叫他暂停一月。我进行暑期去英国的事，已得华盛顿英国大使馆回信，说，牛津方面请我直接同 Institute of International Education N. Y. 去接洽；另外 British Council 也有暑期学校，也叫我写信到伦敦去问。London 的信已发，I. I. E. 的信还没有写，我还是怕 I. I. E. 会不让我去。British Council 方面情形也许简单一点。那封信说，如入学获得许可，visa 问题很简单。

Joyce: *A Portrait* 里面（chap. IV）引了一句诗：

A day of dappled seaborne clouds——

我想在 paper 里稍加发挥，不知道出典哪里，你如知道，请回信告诉我。我不去问 Edel，因预备在 paper 里 impress 他一下。Dappled 这个字我记得第一次读到它似乎 [是] 在 Milton 的 L'allegro（？），什么 dappled dawn, chanticleer 等，对不对？以后再〔在〕华茨〔兹〕华斯、丁尼生等诗里似乎也谈到过，现在都忘了。

关于功课方面还有很多话好讲，以后再谈。总之，一切都如你意料一样地平稳。情感方面，亏得有位 Neff 小姐其人，使得我还有点"轻愁"和"憧憬"，否则我的生活就很像槁木死灰了。

谢谢你代译 essays。又，秦子奇老伯的画，你去买张 Thanks 的卡（15¢ 的那种就可以），签上你和 Carol 的名，上款"子奇老伯"，中间写

承赐墨宝敬谢

自称"侄"亦可，写给我由我转寄可也。Thanks 的卡，台湾从未见过，老先生收到了，也会收藏起来，认为回复得很隆重，而在你则免写一信了。你看如何？专颂

近安

济安 顿首

三月十二日

Carol 听见了我这许多故事，是否能解她的闷，觉得比小说还好玩？可惜如叫我用英文来写这么一封长信，费时太多，只好请你代讲故事吧。

Carol 近来体力已复原否？甚念。起名还是让父亲决定吧。我没有意见。

249. 夏志清致夏济安

1955 年 3 月 21 日

济安哥：

　　读三月九日的信，知道你情绪突然转坏，想和 Lily 有关系，却料不到她这样快就结婚了。你三月十二日的信虽没有以前报告李彦那封信那样长，但也可看出你情感上颇受震动，希望你在 Bloomington 新环境之下，渐渐平定下来。假如 Lily 结婚时你还在台北，我想你精神上一定受不住。李彦以来，你在女人身上吃的苦也不算少了：一两年的时间，身心完全被一个女子所占据，临末了，一无所有，这种经验，我以前也是有的，最强烈的一次恐怕就是北大的那位但庆棣小姐。来美以后，因为看不到中国美女，心也渐渐死了（刘祖淑架子十足，她离 New Haven 后，精神上对我毫无影响；沈家的 Corinne 的确是好人，至今仍很欣赏，但她在宗教方面太虔诚，谈不投机；前年暑假那位梅小姐，虽是一面之缘，却想了好一阵），graduate school 的外国美女，为人都易亲近，我也不抱什么野心，至今仍维持友谊关系，可是一开始就没有猜忌紧张，在饭厅见面时谈谈笑笑，所以无所谓爱情。我在上海时，家里这样穷，邀一个 date 都不可能，所以想了二三个美女，根本友谊上没有建立关系的可能，仅是苦闷空想而已，所以无所谓受打击。

我在上海时想的几位小姐，恐怕你姓名都不知道。一位广东小姐张庆珍，她的芳容你在沪江年刊上见到过的。一位是我同班同学福建人叶如玑的小妹妹叶如珍，她们住在迈尔西爱路，离我们的弄堂不远；那时叶如玑在玉瑛的小学内教英文，我曾到她〔家〕去过一次，看到那位小妹妹，那时还是初中三，在家里弹钢琴，惊为绝人，以后一直没有机会见到。从北京返沪那〔年〕夏天，看到报上有叶如珍在兆丰公园有独唱表演，时间是晚上，我买了最贵座价的票子去听了。在晚上她的面目看不清楚，普通观众都是购次等票的，我坐在头几牌〔排〕，看到叶如玑和她的家里人，此外想必在那里捧场的男友亲戚不少，我窘得非凡，concert 一完就溜走了。Concert 上什么节目，一点也记不得了。另外一位刘金川[1]，宁波人，在沪江读书时我没有注意到她，后来转圣约翰。有一次比我低两班的沪江女生（她们也毕业了），慕我的大名，请我去参加她们的文学讨论会，在那里碰到她。她活泼轻隽的样子，虽然人相当高，使我顿时倾倒，回到家里，心中异样地快乐。那时是夏天，躺在铺在地板〔上〕的席上，说不出的

---

1. 参见夏志清《初见张爱玲，喜逢刘金川》（载《联合报副刊》1999 年 3 月 21 日、22 日）。

舒服。以后文学会也不开了，没有机会见到她。有一次在路上碰到她，她从虹口游泳回来，又一次，在皇后大戏院见到她同男友一起看日戏（那天童芷苓反串黄天霸《连环套》，送台《王宝钏》，纪玉良唱《斩黄袍》，声高入云，纪玉良从来没有唱得那样好过，戏目极硬）。以后我在海关的时候，不知找了什么借口，到她爱多圣路的 office，午饭后去坐过几次。其实她那时已订婚了（她戴的戒指，我也看到），那位我见到的男友是她的表兄。后来我在张心沧夫妇前提到了她，丁念庄请她去谈了一次，知道她订婚事由，我也不找她了，最后〔给〕她写了一封英文情书。我到她住宅附近散步的次数，恐怕也不下近来程绥楚追 Ada 的情形。这三位小姐，到去台湾前，一直在我脑中盘绕。

你同你的女学生，见面的机会较多，情感上留的根也较深，灌溉了两三年，枯萎下去，或连根拔去，是比较更可惋惜的。这次你对于 Lily 心理上早有准备，消息的 shock 过后，心境的转移可以较快。Kathie Neff 同你既然很有兴趣，谈话很投机，不妨多找她玩玩谈谈，吃吃咖啡冰淇淋之类，或学校里有什么跳舞、球赛、演讲等节目，事前打电话通知她，她有空一定会答应的。我们凭空去找小姐，心中不免有些 nervous，打电话亦然。电话机在美国小姐是最重要的一件东西，她们的 popularity 由此维持，即是〔使〕她们心目中不喜欢的男孩子打电话给她们，她们亦客客气气地应付，绝不会得罪人的。所以你有什么节目，不妨打电话给 Neff 或其他你比较有兴趣的小姐，问她有没有空，闲聊一下。届时你去宿舍接她，她一定已换了装在会客室等你，你也不会紧张了。普通女生宿舍下午晚上总有一位小姐派定在那里接电话，她可以代 take message，绝不马虎，或给她你的电话号码，叫某小姐回打，更是省事。Yale 研究院貌丑、性情古怪的女学生究占小半数，Indiana undergraduate 女生，对婚姻方面，都有自信，待人方面一定更周到。美国男子对女人态度较现实冷酷，你这样一位谈笑风生的君子，美国女生很少能 resist 的。我以前同女生会面，都是吃饭的时候较多，不知 Rogers Centre，女生来不来吃饭？一日三餐，同不同女子谈谈，也是人生较 pleasant 的 experience。Neff 方面 St. Patrick card 寄出后，见过面否？甚念。

Lily 方面，我想她的丈夫并不是她最中意的。因为家庭撮合或有经济安定依靠的缘故，她同他结婚了。临结婚以前，觉得你人品学问，在在都比她的〔丈〕夫婚事强，可是她已没有勇气 change，所以大哭起来，也不一定。你瞒她出国，可是她瞒你结婚，不给你请帖，是她的错，你没有对不起她的地方。目前你没有可 replace Lily 的人，可是这 chapter 已结束了，再看你以后的发展吧。

父亲给你一封信，另外台北友人转来一封信，兹附上。父亲很希望我们多寄钱去，好像大陆方面对汇款并不统〔管〕制很严的样子，美金 67 元合人民币 170 元，上海生活程度高得相当可观，不知一般人怎么活的。

你我香烟抽得都很凶（我每天一包以上的，约一包半），都是性格方面较 nervous 的关系。你的瘾想必是多写文章引上的，在北京的时候，你抽的数量较我少，而且悠然自得，很 enjoy 的样子。现在多抽了，那时的乐趣恐怕反而没有了。Pipe 上口太凶，我一直没有学会。我一年多来，抽的都是 filters，比较可减少些 cancer 的威胁，现在叫我抽 Philip Morris，我一定会感到太凶，抽不惯了。

　　你暑假学校的事情办得如何？甚念。我觉得一去英国，再来美国就非常困难，不如留在美国，下学年或者可以再读一年书。你一去英国就好干脆回台湾了。我其实也很想去台湾，最近找事不大顺利，接洽的都是小大学，心中气得很，终日郁郁不乐。去台湾教书，地位较高，心境可舒畅得多。在美国生活也苦，去台湾也不会苦到哪里。唯一的考虑，就是没有钱接济父母，他们 stranded 在上海，简直没有办法。Carol 生了小孩后，我做了美国公民的家长，来去美国，想不大会有问题。你同台大人通信时，探探口气，英文系要不要人，我可能真想回去的，把 Carol 的储蓄一并寄去香港，上海的生活也可维持两年多，暂时不用愁。在美国住下多〔去〕，为生活牛马，心境不通〔痛〕快，活着也无味。上星期 Tennessee 一家小大学叫我去 New Jersey 一个小城去 interview，这种小地方，job 可能会有的，可是一去以后，自己无颜见人，与人更加疏远，精神会更顽〔颓〕唐。那天 Carol 也去纽约，晚上在 Peking Restaurant 吃一顿，很满意。

Carol 对中国菜大感兴趣，尤其对于水饺之类的点心，特别爱好，可惜我烧的中国菜，她仍旧不大热心。

来美以后，好的 concert 我没有听过，每年 Yale 有一个 concert series，请的都是 Boston Symphony、Orchestra、Rubinstein 之类，因为票价太高，没有去听。听过一次 Marian Anderson[2]，去年暑假听过一次 Tanglewood concert，Munch conduct 的 Berlioz，郊外听音乐，声音分散，不够精彩。你听的那次 Berlin Orchestra，上过 *Time*，想必是不错的。Dave Brubeck 等新爵士我没有听过，想来也 [不] 太会欣赏。钢琴 dominate 的爵士乐队，我也觉得不够劲，Duke Ellington[3] 就不如 Benny Goodman 很多。钢琴音乐只有贝多芬、Mozart 等的 piano concertos 才够劲。前年我同那位 Blumberg 在 New Haven 听过一次 Goodman 和 Amatory 两乐队的表演，相当精彩。Goodman、Artie Shaw 在 late thirties、early forties 时最红，后来两人因为 swing music 不流行，都去学 classical music 了，最近 swing 好像又红了，Goodman、Amatory 的乐队生意很好。

---

2. Marian Anderson(玛丽安·安德森，1897—1993)，美国黑人低音女歌唱家，1963 年获得"总统自由勋章"。

3. Duke Ellington(艾灵顿公爵，1899—1974)，美国作曲家、钢琴家，原名爱德华·肯尼迪·艾灵顿，因其优雅的贵族风度以及在爵士乐领域的崇高地位而被称为"公爵"。他是最伟大的爵士乐作曲家，一生中共写作了千余首歌曲，他的乐队在长达半个世纪的时间里，一直都是美国最好的乐队之一。

去年那张电影 *Glenn Miller Story*[4]，把 Glenn Miller[5] 的 music 又红了一下。我最爱的爵士 music 是 female vocalist 独唱，由 swing 乐队伴奏，一种 world-weary、melancholy 的风度，加上热的情调，动人心坎，非近年来专靠噱头、gimmicks 来吸引观众的 popular music 可比。有机会听一张 Goodman 唱片，就可以知道。美国三四十年来的动听的 songs，我以为有 *Body and Soul*, *I'm in the Mood for Love*, *Night & Day*, *Begin the Beguine*（Cole Porter's[6]），*Always*（Berlin's[7]），*Manhatta*（Rodgers[8] &Hart[9]），*As Time Goes By*, *It Had to be You*, *Embraceable You*, *Since You Went Away* 等，这些歌都带大都会的忧郁气氛〔息〕，目前 composers 都已不能够 recapture 了。*Body & Soul* 我有无线电后，哼了一年多，不知你听过否？近年来流行歌曲，我很少满意的，*Tennessee Waltz* 自成一格，很好，去年流行的 *Hey There*,

---

4. *The Glenn Miller Story*(《战地笙歌》，1954)，安东尼·曼(Anthony Mann)导演，詹姆斯·史都华(James Stewart)、琼·艾莉森(June Allyson)主演，格兰·米勒(Glen Miller)作乐，环球影业发行。

5. 格兰·米勒(1904—1944)，美国音乐家、词作家，他的乐队是1940年代最受欢迎的爵士乐队之一。

6. Cole Porter (科尔·波特，1891—1964)，音乐家，曾为百老汇主要词作家，代表作有《跳起比根舞》(*Begin the Beguine*)、《吻我，凯特》(*Kiss Me, Kate*)等。

7. Berlin(Irving Berlin，欧文·柏林，1888—1989)，美国词曲作家，在60年的创作中，留下了近1500首歌曲，被认为是美国歌曲史上的杰出人物。

8. Rodgers (Richard Rodgers，理查德·罗杰斯，1902—1979)，作曲家，创作了超过900首曲子，曾获得艾美奖、格莱美奖、奥斯卡奖和托尼奖。

9. Hart(Lorenz Hart，劳伦兹·哈特，1895—1943)，词作家，曾与理查德·罗杰斯组成词曲创作团队。

尚可以一听。

　　何时放春假？请告知确定来 New Haven 的日期。要不要先去 Loyola 看看 Jeannette？你选的散文，我还没有动手，目前心境不好，需待有确定 job 后再开始。Joyce 所引诗已查出否？我手边无 *A Portrait*，一时不能 identify。明天代你查，并把那 Thanks card 买了，一并寄给你，专颂

　　近好

弟 志清 上

三月廿一日

250. 夏济安致夏志清

1955 年 3 月 25 日

志清弟：

收到你的长信并转来父亲之信，很是快慰，这几天天天想给你写信，结果还是等你的信来了再写回信。所以要给你写信者，无非要告诉你最近心情很愉快。在女朋友方面毫无发展，可是除此之外，各方面都很好。

我上一封信是三月十二日所写，十三日中国同学开联欢会，我居然心情很轻松，到会的几个中国女生我看了都很舒服（有两位是以前没有见过的），长得都不差，觉得都很 nice。上一天我刚刚写下对于中国女子有点 disgusted 之感，可是那天我就觉得并无此感。我的态度很正常，并不特别 gallant 或骨头轻，也不故作骄傲或忧郁之状，很 enjoy 那个会。那天吃了一顿中国饭（同学中会弄菜的人做的），谈谈说说，看看人家打纸牌，饭后音乐，只有一两对人下去跳舞，总之，一切都很平静而舒服。那天回来我知道我心情已经恢复正常。

最近虽然并无女友，可是朋友渐渐多起来了。一天到晚，幽默的话不知要说多少，美国人跟我谈话的，总是被我逗得哈哈大笑（宿舍里的美国朋友以为我是一天到晚穿 pajamas、抽 pipe、喝茶、闲谈不读书的"荡客"）。我的幽默主要是 wit 与 nonsense，随机应变，瞎七八搭（好在还不敢 repeat myself），可惜没有女朋友欣赏。饭厅里的中国小姐长得都还可以，但我同她们保持一个礼貌的距离。

Kathie Neff 处还没有寄卡去。Easter 该不该寄卡，有没有送礼的习惯，请来信指示。无缘无故打电话 date，心里总有点怕势势，暂时还不敢。其实我最近不大想 Neff，undergraduate 里面恐怕美人很多。Rogers Center 饭厅里有女生，但是美的很少，美人少倒也无所谓，只是丑女太多，美国人倒不大丑陋，可是我们饭厅里据说有六十二国学生之多，别国人大多丑陋，如菲律宾人和我们中国人很亲善，而菲律宾女生都苍老而〔且〕丑陋，我真不愿意和她们同桌吃饭。我吃饭时大多和男人同桌，如同桌为生人，即不开口吃完就走，如为熟人，即信口开河，硬滑稽地幽默一阵。饭厅里美人也有，有一个长得很像 Deborah Kerr，还有一个很像 Miss Rheingold[1]（一年一度的啤酒美人），那样的美人我是不敢同她们去做朋友的。饭厅里现在我看中一个人，大约是美国小姐，服饰很朴素，不涂口红，年龄大约快三十岁了，但是

---

1. 从1941年到1964年，一年一度的Rheingold啤酒小姐的评选，曾经是仅次于美国大选的投票人数最多的评选。每年由六位候选人来角逐"Miss Rheingold"的桂冠，最终获此桂冠的Miss Rheingold，也因此成为美国世俗狂欢的偶像。

我觉得她长得很美，尤其眼睛很善良而智慧（Lily 和 Celia 的眼睛都很凶，Jeannette 的眼睛有点浮），谈话的姿态也很大方可爱。此人我看并无男友在旁追随，吃饭时与一班老太太型的女生在一桌，星期六星期天也在饭厅吃饭，足见 date 很少，我倒很想同她交个朋友。假如有你和 Carol 在这里，可以就近介绍，现在我不知从何着手。既不敢吃饭时凑上去和她同桌，又不敢把心事 confide to 我的那几位美国朋友。但是我的心思很平淡，抱着可有可无的态度，所以并无痛苦，只是觉得："要交朋友，此其人也"（Neff 的长相似乎也很"凶"）。那位小姐有一辆旧式（很旧）汽车，有一天我看见她拿钥匙开汽车门的。我们班上的女生，以后写信再谈，我对她们无甚兴趣。

那篇短篇小说相当成功，前天刚刚打完送上去。长达八千字，题目是"The Birth of a Son"（我只怕 Carol 读了会有 nightmare），要下星期五才发下来，可能下星期六寄给你们看。我打了三个 copies，一份在教授 Wilson 处，两份在同学处传观，看过的人都说 like it very much，对于我的command of English 都似乎有点"出乎意外〔料〕"的惊奇。分数我已看见过，是 AAAAAB+BB，我们的小说以字数论分数，八千字故有八个分数。前面五个 A 是我模仿 Victorian masters，句子相当漂亮，也许特别博得教授欣赏。下面也许稍弱，因为我忽然改变作风，模仿 Faulkner 来了一句长句子，长达两页之多，好像交响乐里的 finale 似的，把前面的 themes 一一重复。到底好不好，我也不知道，听教授和同学们（我们是 seminar）和你和 Carol 的意见后再说。最后几页我的句子较短，因为稍有 action（前面是全部心理描写），句子没有前面那么 elaborate，也许较弱，反正也是试验性质，因为写到后来，我对于 Victorian masters 式的句法有点讨厌了，想改变一下作风。我现在对自己英文很有自信，因为只要贯彻我的 Victorian 作风，拿 A 很容易，再则我在班上也许已经是分数最高之一，别人也顶多 AB 参半，有许多还从未拿过 A 呢。上信我提起的那位文学青年 Sparks，他现在是 teaching associate，兼 *Folio* 杂志（印第安那〔纳〕大学的 *Kenyon Review*）的 associate editor，他正在写一篇长篇小说，他的文章（与分数）我看顶多同我伯仲之间耳。我这篇 "The Birth of a Son"，论哲学意味，论 rhetoric，论 symbol 之丰富，论 texture，我相信班上无人能及，因为他们的东西我都拜读过了。我怕我的东西很多地方还要修改，等你和 Carol 看过后春假时再来跟你们详细讨论，假如你们认为满意，我很想投到杂志里去试试。今天之前，我没有听到人家的意见，还不敢作投稿之想，现在自信已经增加很多了。如有足够的鼓励，也许会尝试 novel 也未可知。Victorian 的句法较长，写短篇小说施展不开，还不如写长篇的好。

Symbolist novel 课上，我已经报告过一次，题目：The Personality of the Narrator（Proust），这是 Edel 给我定的"容易"的题目，我的报告恐怕大出他的意外〔料〕。我先把此人的 moral side、religion side、sexual life、social life 统统 dismiss 掉了，认为无足轻重，然后选定他的 aesthetic side of his life 大加发挥，用了很多哲学 jargon。作为论文而论，这样一篇东西是站不住 [脚] 的，可是作为 seminar 的报告，我认为已经抓住了要害，相当 brilliant。Edel 只说了"so well done"这样的字眼，但是好几位同学都说 very good report，大约我的报告相当使他们"过瘾"，不像一般报告那样地枯燥平凡。

功课相当忙，而成绩还算不差，这就是所以我的闲心事很少，而心情还算愉快的主要原因。春假是四月六日到十三日。春假以前我要缴一篇关于 Joyce 的 paper（你的诗查不查得到，都没有关系，我不要你查，只是问你知道不知道而已），四月六日上午还有一次 Henry James 的小考，这两样东西我都不怕，不过下星期还是相当忙，那是可以想象得到的。

春假我想先到 New Haven 来，顶好能够搭到同学的便车（他们会在饭厅贴条子的），可以直接把我送到你家门口。到了纽海〔黑〕文我想住旅馆，因为我怕在你家里大家没有好好休息，弄得大家筋疲力尽，尤其是 Carol 快要生产的时候，而我坐了长途的汽车，也需要好好休息。在纽海〔黑〕文住两三天，想再到纽约去住两天。我现在读了 *N. Y. Times* 的星期版后对于纽约的向往，不亚于小时候在苏州看了新闻报本埠增刊后对于上海的向往。我不知道你会不会开汽车，据这里的美国青年说，开汽车极容易，现在的车子都没有 gears（排挡），只要（一）发动（二）转盘盘就可以了。你假如会开车，我希望能到哈佛与普灵〔林〕斯顿去看看，你假如不会，也许就作罢了。我很懒，其实是很怕旅行的。

在纽约拟去看胡适博士。有一位殷福生，他在哈佛研究 symbolic logic，台大副教授，和我同受国务院奖金来美的，他来信说他已见过胡博士，胡愿帮他弄 China Foundation 的奖金，而他归心如箭（他有太太），并未接受。我想也同胡博士谈谈，他假如肯帮忙，可能成功，如有奖金，下学期留在美国的可能性就比较大了，暑假也许就不去英国。但是我也并不在乎，因为我这次来美，自己也没有费多少力气，胡里胡涂就这么来了。此事我觉得冥冥之中似有前定，因为你知道我决不愿意去瞎请求什么奖金，这一次完全是台大钱校长、台北美国新闻处和中心诊所的医生三方面的自动热心帮忙，凑在一起，把我送到美国来的。到印第安那〔纳〕来，事前更是做梦也没有想到，你说这里面有没有命运？去英国的申请书已经寄去纽约，两封 recommendation，一封 Edel 的，据他说是 "very strong recommendation"，一封 Wilson 的，据他说是写了很多 "pleasant things"，照我的资历等等，英国人也该欢迎我去的。如能去成，也许英国能 [申] 请到奖学金，能在英国读下去也未可知。总之，我现在可说毫无计划，不去考虑将来，走一步算一步。

去了纽约，回来时可能去芝加哥看 Jeannette。我同她的关系是很 cordial，但是我现在去看她，自己觉得有点尴尬：（一）怕有追求嫌疑；（二）怕谈起 Lily。我们一向算是师生，现在 readjust 到朋友的关系，我觉得也很吃力。到了芝加哥后怎么样呢？两个人出去玩？我要不要在芝加哥住一夜？两个人玩一天，我看也没有多少话好讲。男女二人，如不谈爱情，玩起来是没有兴趣的。这些大约都是 Jamesian Hero 的考虑。

你的出路，我极力反对回台湾。你想你都希望我留在美国，你自己何必回去？台大我看还不如美国的小大学。你去之后，跟美国更疏远，以后回美更不容易。不如先在小大学混一年，然后想办法再打进大大学或改行。这些问题春假时长谈吧。

张和钧是个 puzzling character，我至今不知道他是好人还是坏人，可是把他写进小说去，很不容易。再谈 专颂

近安

济安 顿首

三·二十五

Carol 前请问好，并函寄上中文"小菜书"一本，请仔细研究。散文翻译不急，慢慢来好了。

〔又及〕今晚 Men's Quad（本科男生宿舍）有盛大舞会，演奏乐队为 Louis Armstrong²，我未参加。

---

2. Louis Armstrong（刘易斯·阿姆斯特朗，1901—1971），爵士小号乐手、歌手，被认为是世界上最伟大的小号演奏家之一，也是爵士乐史上永远的灵魂人物。

251. 夏济安致夏志清

1955 年 3 月 31 日

志清弟：

　　收到来信，放下 Joyce 的研究，赶紧复你一封。本星期没有什么大事可记，大致同上星期差不多。便车尚未接洽到，布告上没有到 New Haven 或 New England 的车，我或者坐便车到纽约，再换 bus 到 New Haven，或者坐 greyhound 或火车来 New Haven，现尚未定（定后当航空信报道〔告〕）。

　　昨晚同〔与〕几位美国青年同看 TV，欣赏 Academy Awards，我们八点半就去了，先是一个 Winston 香烟的节目，叫做 I've Got a Secret，九点为 NBC 介绍华德·白里南的生平，九点半正式节目上场，Bob Hope（MC）幽默万分，可惜他的话我不能全部听懂，听懂的几句我都很欣赏。我所认识的美国青年都拥护 Brando 与 Judy Garland，反对平克，理由是他 Damn Rich，反对 Kelly，因为她机会很多，来日方长，而 Judy Garland 需要鼓励。结果 Judy Garland 没有得奖，有人还很气。（关于 TV，有一天晚上我看过一次 Lux 主持的侦探故事，Joseph Schildkraut[1] 主演，平时我不看 TV。）

十一点钟 TV 散场，我拿台湾红茶招待，茶叶里有玫瑰花瓣，美国青年见所未见，皆大欣赏。糖和电炉（烧开水）是他们准备的。很多青年都没有女朋友，有两位带了女朋友来，在 lounge 里他们玩得很高兴。那两位小姐都相当苍老，粗眉大眼，有点像墨西哥人（一位叫 Rosalyn，一位叫 Marian）。十二点闹完，我十二点半睡觉。这里星期三晚上，可算是个"小周末"，很多人都喜欢玩一玩，很多游艺节目都排在星期三晚上。

看 Academy Awards 的时候看见好莱坞与纽约鬓香钗影绅士淑女的热闹的情形，我很想念上海。上海本来也可以同美国一样快乐，而我们住在上海，当然要比美国快乐得多。

我同宿舍里的美国青年，相处得都很好。女朋友方面，还是毫无开展。Neff 处不知如何进行，也许慢慢地就完了。饭厅里那位小姐，我还是很欣赏。年龄也许不到三十岁，但至少有廿五岁了。她不打扮，衣服颜色也 drab（常常穿件土黄色的上衣），头发更是"老大"得很（暗棕色），背后是这样的，小姐们梳这种头的恐怕很少。但是皮肤很白很细，脸上细条也明净得很，你也许会联想到一个苍白的老处

---

1. Joseph Schildkraut（约瑟夫·希尔德克劳特，1896—1964），美国电影、电视演员，代表影片有《左拉传》(*The Life of Emile Zola*，1937)。

女，但是她的仪态很活泼，眼睛有神而能表情（我上信已经描写过了），笑起来还有三分像 Grace Kelly。身材也是轻盈的，没有健美女子那么"挺"，但在中国人看来这种身材可以说很正常。脸上的缺点恐怕是鼻尖与鼻圈一带微红，红得很淡，假如不是冻出来，那么她脸上的红生错地方了。因为别的地方都很白，嘴唇的红都不大明显的（很暗）。这样一个小姐，假如没有人追求，我真想不出是什么道理。你也许反问了：为什么我不去追求呢？我只可以拿"等机会"来推托。但即使机会等到了，我有一天同她坐在同桌吃饭，只怕我因 nervous 而不会有好的表现。追求还是很难。

说起写小说，为什么你不试为之呢？我是个懒人，虽说对于英文写作很有兴趣，真正写起来很吃力，我一直都很怕写。我的长处，除对英文文字本字〔身〕很有兴趣（这种兴趣，是和 Shakespeare、Dickens、Joyce 等共有之的，喜欢 pun、play on words、别出心裁的句法 phrasing 等），其他可说的是，我还有 wit、flexibility of mind 与 perception（这是 Lionel Trilling 认为 Henry James 所具有，而 Dreiser 等美国 so-called Naturalist School 所没有的）。我有的这些条件，你都具备，而在文字方面，你要熟练得多了，只要看你替程靖宇写的信便知。我现在对于 idiomatic usage 还无十分把握，所以我很想交一个对文字有兴趣的美国朋友，顶好是女的，我有"天才"，而她能 polish 我的文字，这样便大有助于我的写作。我现在的小说便尽量避免"对白"，如要"对白"写好，我看我在美国再住一年都不够。我现在读 Henry James，觉得他的心理描写，我也能达到，只是他的对白（很精彩，针锋相对）我无法企及。我相信你的小说假如写的话，写出来一定很好。

你我的 taste 相同处不少，有两点我都是早有此感，而你先写下来的：（一）你说钢琴曲子只有 Beethoven 和 Mozart 的 concerts 可听。（二）你以前一封信中说的：Cezanne 以前的画看来都无兴趣。这种 taste 并不 orthodox，恐怕还需要修正与扩大，可是你我都同有这样 narrow 的 taste，我认为是很奇怪的。

到华盛顿开会结果如何？甚念。我想你如同美国的一辈"中国通"混，专写与中国有关的文章（如 Alsop[2] 在 *Sat. Eve Post* 所发表的"论中国民族性"等），在美国出名也不难。美国人现在恐怕很需要"中国通"来指导他们（美国人其实很可怜，什么东西都天真地相信专家，但所谓专家往往不过如此），你如做成"中国通"，比做 English professor 恐怕要更"名利双收"。我在这里，暂时只可以说是"求学"，多读两本书，多练练英文，将来还是想做"中国通"（做"中国通"比做 creative writer 容易）。台湾的生活，瞎忙而浪费时间很多，美国有意思多了。

给秦子奇的卡，选得很好，台湾的人看见了一定非常

---

2. 应该是指约瑟夫·阿尔索（Joseph Alsop，1910—1989），美国颇有影响力的记者与专栏作家，毕业于哈佛大学，二战时曾在重庆生活，是"飞虎队"陈纳德将军的得力助手，后来曾参与中美建交谈判。

高兴。

　　小说也许明后天寄上，也许我自己带来。旅行之前，当再有信报道〔告〕行期。专此 敬颂

　　春安

济安

三月三十一日

Carol 前均此候安

今天晚餐据说是 Easter dinner，有烛光等布置。

252. 夏济安致夏志清

1955 年 4 月 2 日

志清弟：

　　文章寄上。文法错误尚未改正，Wilson 的 copy（错误改正）已发还，春假时当带来与你研究。

　　行期尚未定，决定后当航函或电报通知。专此 敬颂

春安

济安

四月二日

Carol 前均此

253. 夏济安致夏志清

1955 年 4 月 5 日

志清弟：

行期已定。星期三（明天）下午约两点钟（2pm）启程，星期四下午可抵纽约。车为 1953 或 1952 的雪佛兰，驾车者为 Albania 人，他在这里教 Albanian 文。中国同学袁祖年同行，一路想不会寂寞（袁君当去过纽约）。

New York—Bloomington Round Trip$22，较坐火车便宜多了。那位 Albania 人也想去 New Haven 观光，他说他可能把我直接送到 New Haven。如不直接送到 New Haven，我于纽约下来后，当不停留，改坐火车或 bus 前来，星期日晚上当可相见。

既然决定坐"便车"来回，芝加哥只好以后再去。

行期将届，心情很兴奋，读不进书去，虽然明天上午还有一堂考试（Henry James）。

小说于星期六寄出，想已收到。余面详，专颂
近安

济安

四月五日

Carol 前均此候安

467

254. 夏济安致夏志清

1955 年 4 月 10 日

志清弟：

回去后何时抵家？ Carol 健康如何？心情如何？是否已望穿秋水？甚念。

今天瞎白相一天，晚上在家休息，不预备出去了。晨九时起身，在附近 Greyhound 车站吃早餐，十点钟逛到 5th Avenue 问警察 Easter parade 已过否（今晚 *N. Y. Mirror*[1] 报载 Easter parade 参加之人有二百万名）？他说走来走去的人就是 Easter parade，别无其他形式。我在 5th Avenue St. Patrick's 附近徘徊了一两个钟头，照了很多相，今天带照相机的人多极了，还有人在巨型 crane 似的架子上拍电影，St. Patrick's 附近警察大约有几十名，有好几条街汽车根本停驶。教堂里恐怕早已客满，挤在外面的恐怕不少是信徒，里面的乐声祷告声外面听得很清楚（恐怕是装 loudspeaker 的），有一中年绅士跪在人行道上（膝下垫白手帕）随众（inside）祈祷，我想替

---

1. 即 *New York Daily Mirror*。

他照一张相，可是等到我对好光，他已经站起来了。

教堂门前照完，再到溜冰场去照了两张（今天天气好得很，阳光充足而温暖），然后跟大队人马到 Radio City、Music Hall，我没有看清楚票房的种类，买了一张票，结果是三层楼（$2.00 mezzanine）的票。其实前排只贵两三角钱，很后悔。

Music Hall 确比印第安纳〔纳〕大学的大礼堂还要宏丽精致。游艺节目不大高明，米高梅巨片 *Glass Slipper*[2] 较 *Lili* 相差远甚，不大轻松。故事进展甚慢，毫无"奇情"之处。Wilding 演小生，还不如 Edmund，Leslie Caron 还美丽。（两个妹妹也不差，二姐很好。）

接着一张〔场〕华纳卡通，倒有点别开生面的讽刺意味，和 Walt Disney 的老套子不同。

接着是五大歌舞杂耍节目，第一项是复活节大弥撒，布景伟大逼真，共舞台、大舞台的佛殿布景，瞠乎其后。第二项是"狗戏"，几只小狗比中国走江湖的小狗更乖更灵。第三项青菜萝卜 ballet（人化装成各钟〔种〕蔬菜），美女不少，我已开始后悔没有买前排。第四项"练武功"，上海百乐门舞厅亦有类似的节目。第五项为 Spring in the Campus，真正美女如云，玉腿如林，那时我愿意花两倍的票价，坐到前排去。

享受了大众化的娱乐之后，进 50th Street 的地下 station，

---

2. *The Glass Slipper*(《仙履奇缘》，1955)，音乐剧，节选自《灰姑娘》，查尔斯·沃特斯导演，莱斯利·卡伦、迈克·怀尔登（Michael Wilding）主演，米高梅公司出品。

我那时想回旅馆，不想去 Times Sq.，那个车站很大，我在里面先吃中饭（hamburger, malted milk, orange drink—55¢），坐上 downtown 的车，想不到那辆车子（IND line）的终点是 Coney Island，我想反正没有事，34th Street 过了也没有下来，一直坐了三刻钟才到 Coney Island，一角五分真是坐出本钱来了。初进 Brooklyn 时，地底电车钻到地面上来开（Manhattan 最后一站叫做 Carroll Street，那站上墙上写的是 Carroll，楼上写的都是 Carol），大出意外〔料〕，远处海外可以望见自由〔女〕神像。过了一会，又回到地下，可是在 Brooklyn 大段路程直至终点，都是在地面开的。

Coney Island 热闹非凡，女人打扮都有点小家碧玉之状，衣服特别艳丽，头上还扎了 flower band，黑人不少，中学生型的人也很多。我没有去试腾云驾雾的机器，只在各处瞎走，专等美女或有趣的人物走过来，替他们拍照。海滩上也去拍了两张，我自己也留了一张影。有一个 Long Island 农工学院的学生，带了 high school 的女朋友（不美）在玩，他们请我替他们拍照（我对他们说：很像 *From Here to Eternity*[3]），我请他们也替我拍了一张。

玩到五点钟，坐原车 IND 回到三十四街。这次到纽约来，玩的都是低级趣味的玩意，反正我也有低级趣味的 side，因

---

3. *From Here to Eternity*（《红粉忠魂未了情》，1953），剧情片，弗雷德·津尼曼（Fred Zinnemann）导演，辛那屈（Frank Sinatra）、黛博拉·蔻儿主演，哥伦比亚影业发行。

此玩得也很快乐。晚饭在 YMCA 吃的（main dish 是鱼）。

今天在街上大衣脱〔穿〕上脱下，把你送给我的那张地图 [弄] 丢了。胡适的地址我早已抄下，只是没有电话号码，电话簿上也没有。Manhattan 电话簿上一共有七个姓 Hsia 的，有一个叫做 Lily Hsia——incidental intelligence。China Institute 的电话与地址我都查到，今天打电话去没有人接，明天早晨当再打去。

明天的节目，大致是上午去看胡适，下午去看张歆海（假如能找到他的地址的话）。

昨天晚上我是坐 taxi 回 YMCA 的，fare 60 ¢ plus 10 ¢ tip。回来后看 *N. Y. Times*，发现 Gimbel's 的 dacron-cotton shirt 只卖 $3.99 一件，sport shirt 卖 $2.98 一件，明天我想去参观一下，假如满意，当再买两或三件 sport shirt。经济力量还能应付得下了，请你不要担心。

这次假期过得很满意。有很多话要跟你说（正经话已说得差不多了，都不是正经话），可是话实在说不完。例如你喝水的时候，我总想起你在上海大光明喝自来水的情形——喝自来水你是早就在中国开风气之先了。

请转告 Carol：很感谢她的 hospitality 和种种 troubles，请她多保重。她给我的印象是安静与善良兼而有之，这是 rare combination，我还想不起我所认识的中国女子兼有这两种 qualities 的。

假如你们不能到 Bloomington 来，我预备六月七日左右

（那时学校应在关门）再来 New Haven，下一次恐怕要耽搁两个星期，那时更可以长谈了。别的俟到了 Bloomington 再写，专颂

俪安

济安

四月十日晚

我钢笔的墨水怕不够，花了 29 ¢ 买了支 ballpen，似乎比买瓶墨水便宜。

255. 夏济安致夏志清

志清弟：

昨日一信，想已收到。今日游踪与昨日不同，昨日坐电车，今日大致坐公共汽车，昨日低级趣味，今日稍有文化意义。

上午去看胡适，照你的指导坐 subway 去的。时间尚早，到 Central Park（E. 86th Street）照了几张相，照完出来，想不到 Metropolitan Museum 就在附近，走马看花地看了一下。没有看见 modern art，只是从文艺复兴看到十八世纪。买了四张明信片，同式两份，现在寄上一份，我虽草草挑选，想你亦会喜欢的。

胡适和善地道如旧，我结果没有同他谈起 China Foundation 的事。因为一则我不喜欢我的拜访带有 business 的性质，他看见我去很高兴，我若有事求他，他的高兴会打折扣的，我若纯为友谊而去，他的心里也可以觉得温暖一点。再则，国务院规定得很严，我同丁先生（Yale）谈过以后，已经不大再作继续留美的打算。这样少了钻营的念头，心里

473

也可以快活些。

　　胡适指导我坐五马路的四路〔号〕公共汽车，直达 Penn Station。到旅馆，把房间换好（1208H），价 $2.00，下午出去找张歆海。

　　上午在胡适家里已经打了一个电话到张家，佣人（名叫阿宝，当年我读书时她已在祁齐路服务）说张先生驾车去 Harvard Club[了]，张太太去联合国办公 [了]。下午打电话到 Harvard Club 找张，未找到，找到了张太太，乃向 UN 出发。去 UN：在 YMCA 门口坐 16 路 cross town 公共汽车，到 E. 34th Street First Avenue（终点）换坐 up town 的公共汽车，到四十五街下车，即是入口处。UN 大楼对 42 号街。

　　在 UN 先找到张太太。她担任广播的事情，相当忙。由她打电话找到了张先生，再由沈昌瑞[1] 陪我在大楼四楼的 cafeteria 喝茶，一会之后，张先生也来了。张近已不在 Long Island 教书，每天送太太上班，自己到 Harvard Club 去埋头写作，他似乎在写一部小说。他劝我写一本 *Taiwan in History*，他说 market 有此需要，写出后有畅销可能。我想他的话不无道理，这一两年来，美国人相当在意台湾问题，你现在这本书打完以后，花两三个月工夫 "knock off" 一本台湾报道，可能有生意。我的英译中不忙（已接到台北 USIS 的信），希

---

1. 沈昌瑞(1920 — 2010)，江苏吴县人，毕业于上海光华大学，在联合国秘书处任职多年，于1981年退休。

望你暂缓动手，先写一本正经的书顶要紧。希望你仔细考虑。

从 UN 回来，在 Gimbel's 买了几样东西：（一）dacron cotton 的白色 sport shirt 一件，价 $2.95，似乎微有"极光气"，所以只买了一件；（二）Arrow 牌 flannel sport shirt 一件，价 $2.98，色分灰、黄、青三种（无花纹），我选了一件灰的，这也许是 bargain；（三）stretch 的尼龙袜子一双，价 39 ¢，价钱也便宜得"出格"；（四）dacron 与 Egyptian cotton 混合的汗马甲两件，每件 50 ¢ ——这也是特别便宜货。希望你下次来纽约，顺便到 Gimbel's 的 ground 与 basement 去看看。明天又要赶上征程，行前还可以去参观一下哥伦比亚大学。Carol 望多多保重，别的再谈，专颂

春安

济安 顿首

四月十一日

〔又及〕程靖宇又送了你一本《红楼梦新证》，托胡适转交，胡适想借用（他已有了很多本，都给别人拿走），我已代你首肯，替你做了个人情了。

256. 夏志清致夏济安

1955 年 4 月 14 日

济安哥：

　　青年会寄出两信附画片都已收到，这次你来东部，除了来回坐小汽车太辛苦外，想玩得很好，我上星期四、五、六三天也感到很痛快。那天回家，十二点还没有到，Carol 已入睡了。她那天也返了娘家（新房子在 Conn. Wethersfield，离 New Haven 不到一小时），晚上八九时许返家，也并不感到寂寞。火车上坐在我走廊对面 [的] 一位小姐，淡金发，dark 眉毛，貌酷似 Jan Sterling[1]，身穿好像赴舞会的 dress，批〔披〕上一件纯白的 coat，打扮得极地道，没有男人做伴，看不出她是什么样的人物。New Haven 站她没有下来，恐怕是到 Hartford 或 Boston 去赴约了。星期一收到刘球叶寄来的两本字典，几本杂志（ *Free China Review*、《自由中国》等，内附贺〔荷〕尔蒙药片八十片，你去信时，请代道谢）和你

---

1. Jan Sterling(贾恩 · 斯特林，1921—2004)，美国电影、电视及舞台演员。活跃于 20 世纪 50 年代影坛，代表影片有《倒扣的王牌》(*Ace in the Hole*，1951)等。

寄出的张爱玲小说两本。综合字典从 H 到 K 缺了一百数十页，给我偶然发现。字典后面的补编，发现军事、科学、slang terms 极多。张爱玲的《秧歌》我觉得写得很好，最后的高潮处理得稍弱些。《赤地之恋》则比较庸俗，近报道体。张爱玲有几篇短篇写得极精彩，她以前在《西风》征文上投稿过一篇《天才梦》，后来单行本发表，不知你记得否？所应寄上的书籍当于明后天寄上，《综合字典》我一时也不会用，也先寄给你吧。

把照相机研究了一下，已能运用自如了，可惜我把装胶卷的门打开，漏了光，在汽车近旁拍的几张照，只好牺牲了。上次几张台大美女的底片你放在我 sport coat 的口袋里，忘了拿去，这次一并附上。Celia 来一封信，也寄上。返 Bloomington 后，预备再去芝加哥否？

胡适去夏来 Yale 演讲过一次，已好久没有见到了。China Foundation 的钱请求起来，还是清华人占优势，你没有提起，也无所谓。你的计划，我以为还是由 Indiana 教授和你自己向 State Dept. 请求延期一年，如告不准，先回台湾，埋头写本小说，出名后，再来美国。你的"Birth of a Son"，我读了大为佩服，多写后，句法结构方面处理更易，写本长篇小说也不费事。我自己一向中上资质，读起书来，可使钱学熙、李赋宁之类佩服吃惊。去夏以来，脑力渐渐衰退，写文章落笔迟缓（一九五二年跟 Rowe 做事时，两星期内写一百 pages，毫不费力；去春代程靖宇写情书，五分钟、十分钟一挥而就，最近写同样的信，就要多花时间），自己是"熬张志气"[2]的人，有苦说不出，心中只有气得发慌。你劝我写本台湾的书，其实我对写中国东西，自己毫无 conviction，能够不花时间 knock off，换来声名金钱，未尝不好，但依我目前的 competence，写本通俗平易的书，也要相当费工夫的。大约近两年来，中文书看得太多，英文名著看得反而少，style 及 command of words 无形中 deteriorate；追求 Carol 时，陪她的时间太多，起初一改往年习惯，感到相当 guilty，后来洛氏奖金继续一年后，觉得写完那本书，大有把握，精神也就松弛下来，婚后重新努力，效率方面就不如从前。婚后同 Carol 讲的英文都是家常琐屑，没有机会同洋人长篇大论瞎讲，文字方面也不免生疏起来。所以我写好那本五四文学的书后，只有重新大练英文，不论通俗体、academic 体，都要写得熟练，否则在美国不论教书做事，都不会有出头机会。我们都是有 pride 的人，庸庸碌碌生活下去，一定不会快乐。目的〔前〕找 job 方面，宋奇那边的信还没有写（其实我也不好意思有求于他），Yale 教授方面下星期再走动一下，不知有没有希望。有一家 teachers agency 我也登了记，可能像 China Institute 一样，有小大学的 offers，假如真的没有 job，我想刻苦一年，多读书，练英文，对将来事业也有帮助的。

　　Carol 照过 X 光，结果是胎儿双脚朝下，生产的时候，"踏

---

2. 即吴语"硬争志气"的意思，吴语中"争"发音为"张"，意为"不服输，硬要争口气"。

莲花生"，至少要十余小时，Carol 必定要受相当苦楚的。危险大概不会有，真的不能落地，来一下 caesarian operation 也是极平常的事。Carol 为人的确极好，待我再忠爱没有，只是她比我更 shy，as a hostess，不会谈笑风生，招待客人。我在人多的地方，虽然乱说一阵，心中很高兴，个性还是向内的，要我拜访人，无缘无故打一个电话，好像总有东西牵住我，不允许我这样做。这方面 Carol 功夫似乎比我更差。她只有在她极熟的女同学方面，可以 completely a tease，今年 Yale 方面，她好朋友一个也没有，生活有时也不免很寂寞的。

Radio City 的美女排队跳舞，看多了就会觉得没有意思的。我有时坐在前排，看她们舞罢以后的"娇喘"，觉得滑稽而同时也很可怜。Coney Island 我数年前在大热天去过一次，人挤得满满的，毫无意思。那些腾云驾雾的 roller coaster，绝对不要尝试。我初到 New Haven，夏天时同一位朋友在较小型的 roller coaster〔上〕坐了一下，那位朋友也没有坐过，两人都不知厉害，结果机器一开动，紧张万分，大有心肺跳跃欲出之势。过后，整个暑假，我总疑心左胸隐隐作痛，至秋季开学后，才渐渐消除。美国人崇拜速度，一般 teenager 女子坐在那里，一方面胆小，一方面觉得有刺激，giggle 不至〔止〕，同座的男友便可表示他的镇静勇武，且可乘机揩油（如两人坐小船，穿过黑暗的 tunnel of love 等），美国机器化的低级娱乐，作用不外乎如此。美国游艺场，每城都有，都不出乎打靶子、坐 roller coaster、gypsy 丑妇算命之类，你电影上也见到。

两张画片我都很喜欢。昨天晚上看了 Elia Kazan 的 *East of Eden*[3]，总觉得美国近来的 drama，运用 Freud 太 mechanical，没有旧式悲剧有回味。O'Neill[4]、Tenn. Williams 等都逃不出 Freud 的掌握。Kazan 导演还是一贯作风。Jimmy Dean[5] 年纪太轻，不算怎样了不起。Julie Harris[6] 第一次见到，表情倒是很 subtle 的；她的 *Member of the Wedding*[7] 不知你看过否？饰母亲（妓院老板）的 Jo Van Fleet[8]，也是第一次见到，表情也很 impressive。

---

3. *East of Eden*（《伊甸园之东》，又译《荡母痴儿》，1955），据斯坦贝克（John Steinbeck）同名小说改编，伊利亚·卡赞（Elia Kazan）导演，詹姆斯·迪恩（James Dean）、朱莉·哈里斯（Julie Harris）、乔·范·弗利特（Jo Van Fleet）主演，华纳兄弟影业出品。

4. O'Neil（Eugene O'Neill，尤金·奥尼尔，1888—1953），美国剧作家，1936年获得诺贝尔文学奖，代表作有《长日入夜行》（又译《进入黑夜的漫长旅程》、《长夜漫漫路迢迢》，*Long Day's Journey into Night*，1956）。与田纳西·威廉斯、阿瑟·米勒齐名。

5. 詹姆斯·迪恩（1931—1955），美国演员，代表影片有《阿飞正传》（*Rebel Without a Cause*，1955）、《巨人》（*Giant*，1956）。

6. 朱莉·哈里斯（1925—2013），美国舞台、电影演员。曾获五次托尼奖、三次艾美奖和一次格莱美奖，1994年获得美国国家荣誉艺术奖章（National Medal of Arts）。

7. *The Member of the Wedding*（《婚礼的成员》，1952），据卡森·麦卡勒斯（Carson McCullers）同名小说改编，弗雷德·津尼曼导演，埃塞尔·沃特斯（Ethel Waters）主演，哥伦比亚影业发行。

8. 乔·范·弗利特（1914—1996），美国剧场及电影演员，演艺生涯长达三十年，曾以《伊甸园之东》中的表演获奥斯卡最佳女配角奖。代表影片有《铁窗喋血》（*Cool Hand Luke*）、《怪房客》（*Le Locataire*）等。

返 Bloomington 后休息停当，想已重做学生了。那位 Quaker 美女，务必和她同桌吃饭。你近来精神充沛，无处发挥，追她一下，说不定会同她结婚的。她既无其他男友，对你的友谊一定会格外珍视。那套 sharkskin 的西服，已拿去裁缝铺改了，jacket、裤子都放大，只花四元，下星期一定寄上。再谈了，即祝

春安

弟 志清 上

四月十四日

257. 夏济安致夏志清

1955 年 4 月 13 日

志清弟：

在纽约发出两信想已收到。昨日下午二时离纽约，今日上午五时安抵布〔伯〕明敦〔顿〕。那位保加利亚女子未同行，后座稍空（美国青年 Jim 坐到前面去了），腿脚稍可稍〔伸〕展，晚上睡得还好，请勿念。明日无课，还可以休息一天。今天精神很旺盛，丝毫不觉疲倦。

今天晚饭同那位 Quaker 小姐坐到一桌去了。并不是我有些勇气，偏偏她坐在顶近 counter 的一桌，她平常还要"深入腹地"，我贪懒总在靠入口处坐下的。她和一位小黑女（negress）在谈天，我去时似乎已经谈了很久，她的一块 pie 搁在盘子里不吃，很久以后才动它。先似乎是谈的假期经验，后来似乎是谈的学校功课。她们两人好像读的是教育系或是图书馆系，讨论的是实习等等，我也没听清楚。她的说话快，音调 thin，口音是美国人是可以断定的。

我相当窘，但还好，脸没有红。先上去，把 butter 掉到桌子上去了，我也不怕脏，还是把它涂在 roll 上了。带了一

本 *Time*，也不敢看，因为是 Gimo 的封面，Gimo 已成了我的 bad conscience，我顶怕人家拿我 identify with Gimo。再则我看书要拿掉眼镜才舒服，这样又怕"吃相"太难看。我的眼睛当然照你［的］指示，注意她的手，手上没有戒指。她说话时表情手势是很丰富的，也许被我看得她的两只手（很瘦）没有放处了。我不知如何是好，也没有机会去插嘴，但我觉得 she is more self-conscious than 小黑女。等我吃完（plus 一杯茶一支香烟），她们还在谈。后来我吃完，回到卧室，拿了书到图书馆去还书，那时天已黑，看见她一个人踽踽走过，披了那件 drab 的 coat，不知到哪里去，总之是和我背道的。

我用了这许多文章来描写今晚的经验，并不是我感情有什么异状。I am much saner than 程靖宇 after his encounter with Ada，但是以后谈话的机会还有，至少对那位小黑女，我是很有勇气去 approach，随时都可以去找她（黑女）同座瞎谈的。

关于纽约，还有很多话好讲。昨天到了袁祖年（我在他家吃中饭——吃面）的妹妹家里等车子。袁的妹妹相当漂亮，妹夫姓翁（我没有见到），在 RCA 做工程师，据说忙得常常连早餐工夫都没有的。她们一家说苏州话，据说住在哥伦比亚大学附近的上海人很多，和南城的 Chinatown 遥遥相对。那些上海人还组有票房，在哥伦比亚大学借戏院礼堂正式表演京戏呢。我可以想象那帮上海人的生活大致同香港的上海人差不多，自成一小天地，但是生活比较安定，因为纽约的"投机"引诱不大，单单叉叉〔搓搓〕马〔麻〕将是不会把家产又〔搓〕光的。我又想起 Jeannette，对她顶合适的生活，也是这一类的中等生活，将来她也可能嫁一个克实忙碌的工程师，在纽约住一个小公寓（九十余元一月，有三大间，一kitchen，一 bath），她穿了旗袍（那位主妇穿旗袍的），快乐地操作家务，在上海人之间瞎交际。这些当然都是幻想。

再讲那位短小精悍的阿尔巴尼亚人。在这短短几天之内，他驾车游历了 New Haven、费城和华盛顿。昨天早晨五点钟就起身，从费城驾车来纽约，再开一天一晚的车，赶返印第安纳。这种人的身体真是铁打的。美国青年 Jim 代他开了两三个钟头车，就要大大地睡一会，而阿尔巴尼亚人似乎永远精神抖擞。

回到学校，展阅一星期内所有来信，有两件事值得向你报告：

（一）宋奇说，他很想去东海教书，东海校长已发表〔宣布〕为曾约农[1]，他向我打听情形。回信我等一会就写。关于此事，我的意见和情报是：

a. 曾是台大英文系教授，曾文正公的孙子或曾孙，英文好得不得了（从小在英国长大的），为人十分厚道，长袍白髯，满面红光，全副中国 gentleman 的作风，独身。信

---

1. 曾约农(1893—1986)，湖南湘乡人，为清朝名臣曾国藩嫡系曾孙。教育家。早年留学英国，获伦敦大学博士学位。归国后，投身教育，创办艺芳女校，后又任湖南省立克强学院院长。1949年赴台湾，受聘为台湾大学教授，1955年被推举为东海大学首任校长。

Quaker 教。

b. 宋奇去，他会欢迎的，必要时我可以保荐一下。虽然我的力量很微薄，但我同他在台大是同系同事，我的实力与为人，他也有点知道。（曾是否就校长职，尚在考虑中——台北方面的情报。）

c. 东海前途如何，很难讲。台湾的行情低落，美国教会办学的兴趣会减退，这是很可能的。东海和香港的崇基是同一组织所办（各驻华教会大学联合办事处），崇基也没有办好，美国人所 promise 的钱并没有捐足。东海的事情已经拖延了很久，我看美国人缺乏诚意。假如美国人拿出办燕京、沪江的精神来，东海是有前途的。假如东海成了another 崇基，东海教书就没有什么意思。

d. 你假如想去东海，情形和宋奇又不同。宋奇是燕京培植〔养〕出来的，你可以说是北大培植出来的，至少你 owe 胡适 something，而胡适希望你回台大去，那天他还提起此事，我说我不能做主。你不回台湾，还有话好说。回台湾而不去台大，在道义上似乎说不过去。

e. 东海的待遇如何，尚不可知。

（二）第二件事是关于 Yale 的丁先生的。于斌拿他荐给台大的英文系，此事本来很合理想，甲、丁先生的学问与资格都没有问题。乙、台大英文系很缺好先生。丙、丁先生和我们的系主任英千里都是天主教教友。可是有人作梗，作梗者是国务院派来的教授 Marvin Felheim[2]，此人是 Missouri 大学（？）的 Ph.D.，Michigan 大学的教授或副教授，人极善良，不知怎么会很看不起丁先生。Felheim 当然无权决定，但是他的意见是受人尊敬的。他说"丁博士于口试时，对问题不置一辞，仅于最后主持人（Bush）问他有何打算时，才说了声：I go back China，I teach"。Felheim 本不用管这些事情，是台大英文系去请教他，奇怪的是他怎么会知道这位丁先生，而且知道他的口试情形，难道 Felheim 也是口试委员之一？我已经写信给台大，根据你的话，替丁先生说好话（丁先生恐怕不知道我在台大英文系的说话是很有力量的）。你见到丁先生时，向①探询有无去台大诚意？这点很重要。因为他去总是开高级课，等到课开出来，人不去，系里将要啼笑皆非，因为高级课程临时到哪里找人去代？②问他认不认得 Felheim？ F 对他不利的批评，你也不必告诉他。只要他有诚意去，我的意见就可以推翻 F 的意见的。但是他同 F 的关系，顶好先澄清一下，台大方面才可心服。因为 F 到底是国务院派去的名教授，他的话也很有分量。

你的 job 还没有决定，心里难免不安。我劝你也不必着

---

2. Marvin Felheim（马文·费尔海姆，1914—1979），密歇根大学教授，后来密歇根大学以他的名字设立了"Marvin Felheim 杰出校级教授"的席位。代表作有《奥古斯汀·达利的戏剧》(*The Theater of Augustin Daly:An Account of the Late Nineteenth Century American Stage*)，编著《喜剧：剧本、理论与批评》(*Comedy: Plays,Theory,and Criticism*)等。

急，机会总是会有的。到台大去是 retreat，做人不到必要时，不要 retreat。我 [想] 你在国内时后来不去光华也是这个道理。张歆海说他过两三星期要到 Yale 来看你，他最近似乎失业，未必有苗头，但为人很可以做朋友。

Carol 产期日近，请她多多保重。你们在春假期的招待，我非常感谢，而且十分满意，放了暑假一定再来叨扰。

今天已经穿了你那件 sport coat 各处走，我想那位 Quaker 小姐见了我也许觉得我特别英俊吧？再谈 专颂

俪安

济安 顿首

四月十三日

258. 夏济安致夏志清

1955 年 4 月 14 日

志清弟：

今日上午发出长信一封（平信），不久想即可收到。刚刚接到 *Asian Student* 关于"东方名著"翻译计划，特剪下寄上（我知道你也订阅 *Asian Student* 的），希望你能参加这个工作。如何进行，你想必知道得很清楚，照你的资格，干这种事情，再合适也没有了。如能成事，我认为比教书有意思。专此 敬颂

近安

济安 顿首

四月十四日

Carol 前均此候安

不要害怕你的"文言"不行，你敢担保别的 translators 对于文言文都有研究吗？厚着脸充专家好了，中国古文其实亦不难，多备些参考书，决无看不懂之理。

259. 夏济安致夏志清

1955 年 4 月 21 日

志清弟：

　　来信与字典两本都已收到。你的种种计划我都很赞成，虽然我并不相信你的精力有任何退步的地方。我的精力从来不曾充沛过，只是我从来不曾 over worked 过，不让自己疲倦，因此也很少觉得 jaded。坐汽车一日一夜之类的事情，其实并不伤身体，至少脑筋不大活动，精神也不紧张，所以过后我并不觉得疲倦。读书与作文则伤身体得多，这是我亲身体验之谈。好在我对于道家"养生"之道比你认识 [得] 清楚（也是我责任感不如你强的地方），我总不使读书与作文影响我的整个生活的 pattern，疲倦了就不读或停笔。你那天赞美 vitamin A 的功用，但是我现在还是 take no pills，假如我觉得眼睛疼痛或出水，我就停止工作，我认为这是 nature 的 warning，不是病，不必去 cure 它。不吃维他命，反而可以多留一点 margin of safety（or deficiency in vitamins）。这种生活习惯，基于我幼时的体弱多病，但是我现在知道如何 take care of myself。我并不劝你也照我这样做，各人的生活习惯到了我们的年龄，也很难再有大的更动。例如 idleness 可以充实我的精神生活（我可以更敏感，更富于想象），而你是紧张工作惯的（在上海与美国都是如此），一闲了下来，反而觉得脑力要退步了。所以我赞成你的种种加强工作的计划。

写小说大约是比写 non-fiction 费时间。假如我写 non-fiction，只要胸有成竹，有材料，天天可以写，至少天天可以写成几行或几句。写小说则有时候真会没有东西写。我的第一篇 "The Birth of a Son" 的确有一个 excellent theme（在 execution 方面需要更动的地方很多，这个以后再弄它）。我的第二篇小说就很难以为继。可写的东西很多，但是总觉得 theme 不够强，今天早晨我才决定写什么，明后天可以开始在打字机上工作了。这一篇将比较 realistic，背景是香港，theme 与恋爱有惯〔关〕（很残酷，这样你更得拭目以待了）！其实这个故事（my own invention）在我脑筋里盘旋已有数年之久，在香港时就想写，到了台湾后写了一个很失败的中文 version。唯其因为曾经写过，此次我更 sure of success。字数不在第一篇之下，很长，预备花一个月的工夫完成之。所谓好的 theme 包括哲学意义的 depth 和 suitability to my creative powers。奇怪的是，我这几个星期一直在瞎想一个故事，而这个我已经尝试过的故事，反而到今天才想得起来。

星期一晚上我去看了一次 double feature：派拉蒙两大巨

片 *Sabrina*[1] 与 *Rear Windows*[2]（50¢），一共演四小时，看后一点不觉疲倦，足见片子的成功（GWTW 我在台湾又看过一次，每次总觉得它"冗长"）。*Sabrina* 是很庸俗的 slapstick、satire、sentimentality 什么都有一点，结果什么都不是，Billy Wilder 不是个天才，他也不知道他将拍出一部什么样的片子来。鲍嘉与霍登都是糟蹋人才（Edmund O'Brien or Ronald Reagan[3] 与 Robert Young[4]or Dennis Morgan 一样可以演），夏萍（广东人的译法）也无从"可爱"起，因此显得也不美。这种小姑娘，假如没有好故事、好 part、好导演，也会没没〔默默〕以终的。*Rear Windows* 很精彩，Hitchcock 的镜头运用，真叫人惊心动魄。Hitchcock 知道自己要拍什么样的片子，而在艺术上完成了他的任务。Grace Kelly 在这里虽然并无什么个性，[但] 我都想不出 [有] 什么女明星可以代替她。

那天晚上大约受了 *Rear Windows* 的影响，梦见了很多蛇，星期二早晨就想用蛇做题材，写一篇小说。那时我想了两个题目：

一、蛇被人杀死了要"讨命"的——symbolist 恐怖小说。

1. *Sabrina*（《龙凤配》，1954），浪漫喜剧电影，比利·怀尔德导演，亨弗莱·鲍嘉（Humphrey Bogart）、赫本主演，派拉蒙影业发行。
2. *Rear Windows*（《后窗》，1954），惊悚片，希区柯克（Sir Alfred Joseph Hitchcock）导演，格蕾丝·凯利、温戴尔·柯瑞（Wendell Corey）主演，派拉蒙影业发行。
3. Ronald Reagan（罗纳德·里根，1911—2004），美国第 40 任总统（1981—1989），第 33 任加州州长，1937—1964 年间曾参演电影。
4. 罗伯特·杨（1907—1998），美国电影、电视演员，以参演电视剧知名。

可以发挥 rhetoric 与 Conrad 及 Graham Greene 式的恐怖（人物——外省人在香港）。

二、上海人在香港不敢吃蛇肉，最后还是吃了——acceptance of reality。可以写得很 subtle。

结果这两篇小说我都不敢动它们（还没有把它们想"通"），也许太难写了。昨天晚上到图书馆中文书部里去参观了一下，借来了一函《古今图书集成》，关于佛教道教"神异"的书，睡前看了一两个钟头，看得很满意。好的中文读了真舒服，尤其是旧诗，但是这里不能详谈。今天早晨忽然决定了写我的这篇 realistic 的小说。

功课方面，我的 Henry James 考卷得 94 分。自己也觉得好笑，假如我是教授，我的卷子大约只配打八十几分。现在我在 Henry James 班上的地位已经确立了——没有人比我考得更好，没有人比我对 Henry James 有更深的了解。星期一我给了一次 class report，大获赞美。这不算是什么光荣，拿我的身份去吃瘪 undergraduate 的小姑娘们也不算是什么成就。但是 Edel 是服了我了。Edel 的 "foremost authority on Henry James" 的头衔是 Edmund Wilson 给他起的，其实这种搜集材料的工作，配合了 lucidity of mind，只要花时间上去，你我都可以做到这一地步。

女朋友方面，毫无进步。对 Quaker 小姐（她吃饭前是祷告的）并未作进一步的追求，很抱歉。星期天晚上中国同学集会，我又很快乐，这次比上次更快乐，可以说是在

Bloomington 最快乐的一晚（我在这里太少 social activities）。我打了麻将，又打了 bridge。有一位广东小姐（美国土生女，家住 Georgian，她母亲是香港来的，在美国已四代），名叫卢秋联（Toni Lu），同我做 bridge 的 partner，我很欣赏她的美与谈吐。她知道我在美国不能久留，她说 "I hate to see you go"——这种话让我这种 Jamesian Hero 听了，应该是 [有] 很多感触的。她才不过是 sophomore，年纪很轻，major in psychology，而我的学问与幽默，的确在一般中国男人之上。星期一我去看派拉蒙两大巨片，我想去 date 她，结果没有进行。星期二晚上去看英国、意大利合作巨片 *Romeo & Juliet*[5]，又没有去约她，现在又慢慢地把她忘了。她有一个妹妹，长得比她黑，也很美，在这里读教育。她排行第三，她妹妹第五，她家一共有十七个兄弟姊妹。

下月中旬 Met. Opera 来学校上演，我很希望带一个女朋友去。First choice 当然还是 Quaker 小姐。那时假如再是"独溜"，那就太泄气了！

你不愿意同宋奇讨论 job 的事，可是很抱歉的我已经替你先提了。我信上说"志清的 R 氏奖金如不继续，将考虑到别种 opportunities"，希望他贡献意见。他给你的信中可能会贡献意见的，希望你不要对我的 meddlesomeness 见怪。

---

5. *Romeo and Juliet*（《罗密欧与朱丽叶》，1954），据莎翁同名剧本改编，雷纳托·卡斯特拉尼（Renato Castellani）导演，劳伦斯·哈维（Laurence Harvey）、苏珊·申塔尔（Susan Shentall）主演，兰克电影公司（Rank Organisation, UK）发行。

送上照片六张，我们三人的合影，我已去添印，可以寄回家中，或寄给程绥楚等朋友。别的有趣照片很多，以后带给你们看吧。Carol 的信，轻松而诚恳得很，我很欣赏，回信请转交。别的再谈，专颂

　　近安

济安 顿首

四月二十一日

　　〔又及〕Celia 的信也收到。她知道我春假要来看你们，才把信寄纽海〔黑〕文的。

260. 夏志清致夏济安

1955 年 4 月 24 日

济安哥：

四月十三、十四日两信收到后还没有给你回信，想你一定在盼望了。哥伦比亚大学已写信去问 Jacques Barzun[1]，并请 Pottle 写了封介绍信。这项翻译工作能够接洽成功，也是好事，可是希望不大。哥伦比亚中国学生要比 Yale 多得多，拿了 degree 后留校做研究工作[的]一定不少，Barzun 就近选人，恐怕不会需要外面[的]人。可能我资格较好，Barzun 会 consider 也说不定，接到他的回信后再告诉你。丁先生方面，我已把 Felheim 作梗的事由陈文星间接告诉他，他绝对不认识 Felheim，觉得他说的话，完全空口造谣，颇有些生气。丁先生讲英文，口齿比我们清楚，在哈佛读了两三年书

---

1. Jacques Barzun(雅克·巴赞，1907—2012)，法裔美国历史学家、教育家、批评家，自哥伦比亚大学毕业后，即留校任教，并担任教务长十年，一直到1967年荣休。其写作主题广泛，影响深远，曾获美国总统自由勋章。代表作有《美国教师》(*Teacher in America*, 1945)、《柏辽兹和浪漫主义的世纪》(*Berlioz and the Romantic Century*, 1950)、《从黎明到衰落：1500至今五百年来的西方文化生活》(*From Dawn to Decadence: 500 Years of Western Cultural Life, 1500 to the Present*, 2000)等。

后，不可能在口试时会瞠目无一辞相对的。和我一同出国的程明德，数学很好，可是英文极坏，他口试时教授准他另请一位中国数学系同学在场做 interpreter，这种情形是有的，可是对问题不置一辞的情形是 inconceivable 的。丁先生很感谢你代他说好话，他有决心来台，还托你代问问开 courses，英先生方面有什么意见。

我 job 方面，在正二月写了一大堆信，结果都不生效力，颇有些灰心。我觉得台大和东海方面任择一校可以进行一下，否则真的入秋后没有 job，有了妻子，不免要为柴米着〔发〕愁，精神更易颓唐。我为人颇 sensitive，心境好，同人往来较多，一不得意，就怕多和人接触，生活更加寂寞。台大、东海，我无所谓，你觉得哪一方面进行容易，就请你写信给英先生或曾先生试问一下。如你所说，美国是一个人成名后最理想的住所，未成名前先怯阵退却，当然表示自信不够，所以下半年我有 job，当然还是留美的。不过没有办法时，去台湾教书住两三年也是好的。台大和东海我比较喜欢台大，沪江读书时，就对教会大学的教授们，大半不感兴趣。不知弟兄在一个系里教书，会不会引起旁人批评？宋奇那里我欠他一封信，Allen Tate 的文章我想明天摄影寄给他。

五彩照片昨天取出，一张空白外，余十一张皆令人满意，先将 Carol 最满意的四张寄上，它们的底片已交给店铺去添印两份，一份寄家。Mamiya 有此成绩，一定不比 Kodak 35 差。有了孩子后，照美国规矩，得每月摄影，记录他的长大。上次寄上字典、杂志想已收到。最近又收到《渊》一册，我没有看到《草》，所以只把它翻看了一下，觉得你的译笔流畅。这本书想你自己还没有看到，当明天寄出。Carol 食欲没有一般孕妇那样好，平日吃得不多，所以星期五 supposedly 产儿到期，还没有"做动"，大概有一两个星期的延迟。那套 Saks Fifth Ave 灰色西服，花了四元上下身都已改宽，你穿来一定合身，已于前两三天寄出。

你 China Foundation 的钱既没有[申]请，不知英国暑假 school 方面有没有消息？ State Dept. 我看还是请求一下延期。如不蒙答应，你同 State Dept. 的人仍旧可维持很好的关系的。Quaker 小姐同桌吃饭后，最近交谈的机会想多。你同她及小黑女吃饭，"闷声不响"，人家也不好意思同你交谈。以后预备和女孩子同桌吃饭，未入座前，先微笑请求同意，"May I…" or "Is this seat taken？"之类，一入座，立刻自我介绍，这样礼貌周到，大大方方，女方觉得你举动同美国男子一样，谈话就容易了。美国人没有通过〔报〕名姓，照例是不交谈的。介绍认识一次后，以后每次见面，双方就要打招呼，表示很熟的样子。你这次同 Quaker 同坐，勇气已比我预计的高。

这次信写得太迟，想明天一定可收到你的信，看了信后，再写了。第二篇小说写得如何？祝

　　好

　　　　　　　　　　　　　　　　弟 志清 上
　　　　　　　　　　　　　　　　四月廿四日

261. 夏济安致夏志清

1955 年 4 月 27 日

志清弟：

来信、字典两本、杂志、西装、照片，都已收到。顶快慰的是五彩照片，色彩很美丽，神情跃然，比黑白照片好看多了。（黑白照相顶适宜于 *On the Waterfront*[1]、*The Third Man* 这类的题材，我以前写过一篇小品："黑白电影里的世界"。）Kodak color 是"负片"（negative），添印较便宜，颜色亦准。据我知道，这种底片亦可印在黑白纸上（可更便宜），不妨和店里谈谈，试印一两张，送朋友。Mamiya 是很好的照相机（counter 有毛病，请注意），据玩照相的朋友们的意见，日本相机的国际地位在美国相机之上。你以后去店里添买灯泡时，可再请教他们一次，关于光圈速度等等。

两身 Saks 西装（你送我的那一身，簇崭全新，和新做的一样）都非常挺括合身。我们宿舍里的美国青年，都很

---

1. *On the Waterfront*（《码头风云》，1954），犯罪电影，伊利亚·卡赞导演，马龙·白兰度、卡尔·马尔登（Karl Malden）主演，哥伦比亚影业发行。

provincial，对 Saks Fifth Avenue 久闻大名，从来不曾看见过他们的西装到底是怎么回事。现在看见了，都表叹服。有人问我："要一百五十元一身吧？"唯一遗憾为没有女朋友，挺了也没有人欣赏，上课吃饭，我只是穿 sports jacket 而已。sports jacket 穿了十分舒服，而且也大方，好处为不必 conscious of 它的挺不挺，态度可以更自然。

Quaker 小姐处，最近一定会上去交谈的，她最近觉察到我很注意她，她似乎也注意起我来了。她的 response 似乎仍很和善，因此我的勇气最近似乎已略有进步。只是在等候一个顶自然，顶不 awkward 的机会。她名字似乎叫 Ruth，姓不详，我把全校女生姓名翻过，有很多 Ruth，最可能的是 RUTH A. CORBITT。

对自己的出路问题，不大关心。Oxford 的回信大约四月底五月初会到，State Dept. 的回信（我只请求到欧洲去，没有提在美国延长，或多要些钱的事）不久亦可以到，下月就可以大致决定。英国去成，要多花些钱，去不成则少花些钱，因此似乎各有利弊。

我的论 Stephen Dedalus 的 paper 又拿到了一个 A，自信心又略微增加。这种 paper 打分数并无标准，其实要给 B 也无不可。本学期还有三篇 paper：一、论 James 的 *Aspern Papers*（due 下星期一）；二、关于 *The Ambassadors*；三、关于 Faulkner 的 *As I Lay Dying*。² 这种东西凭我的小聪明，即可应付，故不大着急。

上星期以来，顶伤脑筋的不是女朋友问题，不是下学期出路问题，也不是 assignments、paper 等问题，而是 creative writing。我既已做出牌子，第二篇小说很难进行。可写的故事很多，但是能写得好者很少。面前的 pitfalls：①写得 sentimental；②写得像 Maugham；③故事太离奇（神怪小说倒不一定不近情理，现实小说也很可能不 plausible）；④太 poetical，堆砌太多，专门在文章上用功夫，尽量描写，忘了故事。（《渊》不是一本好小说，还不如我自己所写的。）

上信所讲的故事，试了几个 pages，觉得还是不行，决定取消。昨天苦想了几个钟头，决定另一个题目："The Jesuit's Tale"，讲一个从大陆逃出来的 Jesuit 神父所讲的故事（没有女人），相当恐怖，但是 symbolically 的恐怖，不是 sentimentally 的。没有第一篇那么 rich，这一篇将相当 bare，但很值得一试。全文布局大致已定，约长四五千字。假如是四五千字，那么本学期结束以前，还得写一篇四五千字的。

我的 "The Birth" 也给 Edel 看过，他大为欣赏（尤其欣赏里面的 tone），称为 perfectly done，他鼓励我去投稿 *New Yorker*。那篇东西我是一定要去投稿的，不过在投稿之前，先

---

2. 三篇作品分别是亨利·詹姆斯的《阿斯彭文稿》《奉使纪》和福克纳的《我弥留之际》。

得好好地修改一下，而修改我希望在放了暑假之后——目前先换换题目写别的东西，回过头来再改"The Birth"，也许可以有更好的成绩。你以前一封信里的话说得不差：假如我对创作真有自信，回到台湾去闭门著作亦可成名。

你去台湾的事，到七八月间再决定如何？台湾很缺人，你回去（any time，明年春天都可以）是一定大受欢迎的，而我在台大以及台湾的文化界，说话颇有分量（弟兄同系，绝无关系），现在不必慌忙。再等两三个月，其时：①你可以 make sure 美国究竟有无更好的差使，我顶希望你能把 Jacques Barzun 的路子打通；②请得美国的 permanent residence；③时局亦可以略为澄清。丁先生既有决心，下次写信去我当极力推荐。功课：①十七世纪，②另一门由系里决定如何？——较浅的"英国文学史"之类。

宋奇说已有信给你，他似乎也在苦闷中。他的兴趣太广，做的事情太多，主要还是"吃老本"。你假如写信给程绥楚，不妨问问"崇基"有没有机会。崇基他拿七百元一月（讲师），约合美金 $115，你去名义不同，可拿美金 $150—$200，香港别的收入（写文章）的机会很多，而香港的生活假如钱多（我以前在香港太穷了），是非常舒服的（可能比纽海〔黑〕文舒服）：① food 便宜，不到美国一半；②一切奢侈品日用品便宜；③佣人便宜；④房屋有一切卫生新式设备，你现在出 $80 一月房租，香港出 $50 即够。Carol 在香港一定住得惯，而且会觉得生活很丰富、很刺激。

Carol 既然食欲不振，胎位又不正常，尚望多多保重。你这次迟迟来信，我还以为 Carol 已经生产了，现在仍在盼候佳音中。望代为致候。

　　宋奇又代我汇出 HK$400，他认为 $400 太多，"恐要引起疑心，反为不妙"云。反正今年上半年我将暂时停汇，到下半年再说了。家里去信时，请代请安。专颂

　　近安

济安 顿首
四月二十七日

262. 夏志清致夏济安

1955 年 4 月 26 日

济安哥：

昨日（廿五日）午时 Carol 开始发动，一时半乘 taxi 驶往医院。三时许肌肉开始 contract，至晚十时送进 delivery room，十一时二十分欣获一男，经过极良好，小儿自动下来，医生未用 forceps。Carol 精神很好，脸部红润，无电影上产母 weak、emaciated 的样子。树仁眼睛很大，五官端正，相貌如何，一时还看不出来，很乖，不做哭声，仅张大眼睛很好奇地向四周望。重七磅四 ounces，详情明天报告。

来信照片已收到，匆匆，即祝

近好

弟 志清 上

四月廿六日

263. 夏济安致夏志清

1955 年 4 月 28 日

志清弟：

　　昨日刚发出一封信，今接航函，知树仁已安然诞生，Carol 亦平安，甚为欣慰。现送上贺卡一张，孩子眼睛亦张得大大的，相〔想〕必就是树仁那样子。父亲母亲是一定喜欢头生男孩子的，家里信想已写去，父母玉瑛妹一定皆大欢喜。树仁的英文名字，我主张由 Carol 或你的岳母代起（用你岳父的名字如何）。详细情形等你的第二封信。专此 敬颂

　　快乐

济安 顿首

四月二十八日

April 28, 1955

Dear Carol:

You have made us all so happy and proud. I am especially gratified since you had a safe and easy delivery. Shu-jen must be a very good-looking boy. What English name you will give him ? I wish I could come to New Haven and hold my nephew in my arms (p [b] ao ta 抱他) .

My congratulations!

Affectionately,

Tsi-an

264. 夏济安致夏志清

1955 年 5 月 6 日

志清弟：

多日未接来信，甚以为念。Carol 产后想必身体健康，不知何日可出院？树仁近日活泼如何？体重增加多少？不知起了什么英文名字？我想送他一件礼物，正在等他的英文名字。这件礼物是 music box photo album，免费烫金字，album 揭开来，奏 Rock-a-bye Baby 之曲，想必很好玩，而很有永久纪念价值。

请你不要替我担心"破费"，我如英国去不成，手头很宽裕，这种小东西在我经济上决不算是件负担（价约七元）。

英国大致已去不成。牛津已来信 OK，但国务院回信很客气地不许我去："We can appreciate your desire to visit London and Paris but do not consider this as integral part of the grant under which you were brought to the country." 牛津与国务院双方我都尚未复他们，照我的性情与近日的 mood，我不至于"据理力争"，大致就顺其自然地让它结束了。牛津方面我也许请求替我保留名额一年，希望明年暑假能去走一走。

By what means？ 现在还不知道。

我现在的计划：在 Rogers Center 住到最后一天（约六月初），然后去芝加哥与 Springfield、Ohio（那边住一位我同宿舍的美国朋友，他希望我去参观他的家），顺便或者去华盛顿住两三天，再来纽海〔黑〕文。在纽海〔黑〕文预备住民房，住两个星期，房租不知是否可较住旅馆便宜？在纽海〔黑〕文的两星期内，我还可以读点书写点文章，同你和 Carol 多谈谈，顺便可游波士顿，去几次纽约。最后预备从纽约直飞 Los Angeles，旧金山已看过，再看也没有什么意思，Los Angeles 听说是个很摩登很美丽的都市，何况还有好莱坞？从 Los Angeles 启〔起〕飞渡太平洋，在檀香山也许耽搁一两天。Edel 下学期要去"檀大"任教（明年去 Toronto，他到处做 visiting prof.，很吃香，哈佛与 Princeton 也去过），他五月底就要飞檀香山的，我可以去找他一下。然后飞东京，东京转香港，预备在香港住一两个月，到快开学的时候再回台湾。台北夏天酷热，香港不断有海风，比较凉爽。暑假在台湾，有很多考卷要改（台大数千本新生入学考试，转学生，研究生等，"教育部"的留学生考试与港澳新生考试，"教育厅"的就业考试等），去了也是瞎忙，不如在香港安心翻译 essays。

要去香港还得申请入境证，明天我预备寄三张相片给宋奇请他代办。

最近的心思似乎已经在做走路的打算，女朋友方面更不积极进行了。If there is a girl I may be said to be in love with，那就是那位 Quaker 小姐。关于她，我又打听得一点情报，她是 Mennonite[1]（这个词如不认识，请查字典），不出你所料，果然是属于一种严格的小教派。供给我这点情报的人，当然知道她的姓氏的（假定她名叫 Ruth），但我故意装出漠不关心的样子（为什么要用这种苦心呢？），不再往下问，免得使人家疑心我的用意。我只是再问了一句："她是印第安纳人吗？""不，她是纽约人。"这几天吃饭我还故意规避，想少看见她。因为像程绥楚那样在 Ferry 等着看人家，结果有〔又〕没有勇气上前交谈，愈看则情网愈陷愈深，不如早找退路的好。万事都作退一步想，这大约是我的性格上的特点。认识一个女子，从混熟而友谊而爱情——可以在很短期间完成之，可是照我的经验，是非常吃力的。照现在的情形，我的心里已经存了尴尬的成见，所有行动恐将无有不尴尬。我同这里的美国同学，相处愈来愈好，我有时候很想找一两个人 confide 我的秘密，他们要帮忙，至少开头时候"拉一把"是很容易的，但是我现在还不想这样做。那位小姐其实是很活泼的，很 gregarious，吃饭时总喜找人谈天，话非常之多，吃完了总

---

1. Mennonite，门诺派，是当代基督新教中一个福音主义派别，因其创建者荷兰人门诺·西门斯（Menno Simons，1496—1561）而得名。1536年激进的再洗礼派建立闵斯特公社失败后，主张和平主义的信徒团结在门诺周围，于1536年建立门诺会，16世纪70年代该会在荷兰取得合法地位。其主要国际组织是门诺派世界会议（Mennonite World Conference）。

不想走，常常笑（可是不"痴笑"），还有手势。她所找的人都是些老女、丑女——各国人都有，那些老女、丑女大多是读教育的，她大约也是教育系。

关于小说，仍很伤脑筋，"The Jesuit's Tale"的内容已经决定，写作进行还很慢。顶气恼的是第一天看看很得意的句子，到第二天，就看不入眼，另起炉灶，因此进行很慢。这篇小说我先以为将很 bare，结果发现仍很 rich。这点是可以告慰的。Wilson 叫我不必忙，他说我如凑不满规定的字数，以后补缴也可以，成绩单上的 I（incomplete）并非 F（failure），缴足了可以改动的。他如此客气，我又稍微放心一点。

总之，我的做人作风力求减少 worries，少出主意，少转念头，大体而论，我最近的心情还是很快乐的。Met. Opera 的票听说快将卖完，今天或者明天我将去买了，请不到女朋友就算了。瞎 date 一个，又觉浪费金钱，是不是？

看了一张福斯庸俗巨片 *The Untamed* [2]。故事很像 *Gone with the Wind* 与 *Forever Amber*，这一类的故事，美国人百看不厌，也是奇怪。苏珊·海〔霍〕华 [德] 看见美丽的风景，只会说"Wonderful! Wonderful!"谈爱情的时候只会说"I love you!"写这种 screen play 的人真该打手心。

功课虽然相当繁重，我还是抽暇读闲书。最近买了一本

---

2. *Untamed*（《无情荒地有情天》，1955），冒险电影，亨利·金（Henry King）导演，铁龙·鲍华（Tyrone Power）、苏珊·霍华德主演，20世纪福克斯发行。

非常有趣的闲书 *Consumer Reports*[3]（五月号）汽车专号。几点有趣的发现：（一）高价车大多浪费金钱，花〔划〕不来。（二）今年的 Plymouth 与 Chevrolet 的机件都重新 design，大为革新，都很好，胜过 Ford、Plym. 尤佳。（三）Nash Rambler 是一部很好的车子。（四）今年别克太恶劣，special 与 super（较贵族化）都有颠簸之苦，Century 则车小马力大，最为危险，Roadmaster 也不行。（五）Packard 与 Clipper 的新 suspension system 碰碰要修理，买来了很讨厌。（六）Oldsmobile 88 型（便宜）是很好的车子。（七）四门轿车最稳。这些录下作为你的参考。别的再谈，专颂

　　近安

济安 顿首

五月六日

Carol 请代为问候

　　〔又及〕你最近 job 的事，有何进展？ Barzun 那边有回信否？甚念。

---

3. *Consumer Reports*(《消费者报告》)，月刊，1936 年创刊，由消费者协会（Consumers Union）出版。

265. 夏志清致夏济安

1955 年 5 月 5 日

济安哥：

昨晨接到父亲给我们的信，先读他给我的信，信中提到因病无力去银行取款，颇感诧异，再读他给你的信，第一行就有"中风"两字，不禁大哭起来。后来把信看完知道这次 stroke 是较轻微的，多静养休息还有延年益寿的希望，可是终日心头难过不已。树仁出世，可能给他极大安慰和快乐，可是以后父亲日常活动必大受限制，母亲年老，世事不谙，"无脚蟹肚"一般，有朝一日她 outlive 父亲，生活必异常艰难。我们弟兄除经济上稍能援助外，无法侍亲，实有说不出的苦闷。父亲的信我重读了几遍，看他笔法不能如以前的字字端正，心中辛酸不止。

你四月底的三封信及贺卡，我都没有作复，必定使你万分想念了。实因做父亲后，十天来忙得不堪，抽不出空来。Carol 上星期六出院后，头几天较 weak，可是没有什么恶劣反应，小小的身体上的不舒服（如 stitches 发痛，一度小便刺痛）是预料得到的，今天她身体已很正常了。树仁是非常 clean、 good-looking 和乖的孩子，抱抱他，看看他，心中有极大的喜悦。我觉得结婚和独身各有利弊，唯自己做爸爸，确是生活上 greatest source of satisfaction，别的经验都不能和它相比的。树仁英文名字是 Geoffrey，并非 name after Chaucer，Carol 欢喜，我也觉得这名字叫的人不多，还不算俗，所以就采用了。父亲新提的"毓麟"可以当作字。

四月二十五日午时，Carol 开始小便带血，是"做动"的 signal，即 call up 医生，医生认为可送医院，一时半乘 taxi 到医院。Grace New Haven Community Hospital 是四五年前新建的，设备极 tasteful and modern，lounge 的布置，New Haven 的旅馆就没有一家比得上。登记注册后，我即侍伴在 Carol 的床边，三时许，labor 开始，一阵阵肌肉抽动，至晚八九时最烈，十时送进 delivery room，十一时二十分小孩落地，一切都算顺利。头生加上胎儿部位不正，Carol 的经过可算极良好的。隔壁病房门口站着 [的] 那位男子，年纪约四十出头，太太年龄想必较大，又是头生，二十五日晨三时进院，树仁落地后，她还在房内呻吟不止。翌日我见到那位男子，知道他的太太在晨五时才生下一位千金。另外一位 Yale 的学生，读 design 的，下午三四时太太进院，树仁落地后，他还在走廊徘徊，太太还没有进 delivery room。树仁落地后，经医生拍他屁股后，才哭号了一下，我看见他时他已不哭。（现在他也会 lustily 哭了，但是他 disposition 极好，只有换尿布时，稍为哭两声，大哭的时候，极 rare。）二十五日下午，nurse 不断进病房 check Carol，她们进去，我就到 waiting room，把 *Harper's* 上刊载的 Huxley 的新小说 first installment *The Genius & the Goddess*[1] 看完（那篇小说，你多读 James 后，一定会觉得非常 crude；Huxley 想超出红尘，对人间一切情欲绝对 despise，可是他对人间情欲理解极肤浅，一点看不到精细微妙可贵的地方。他写的传记如 *Devils of Loudun* 比他的小说好）。六时半同那位姓许的同学在医院 cafeteria 吃饭，饭后陪 Carol 之暇，看了一篇 *New Yorker* 上的小说，没有看完，医生即来通知，Carol 已准备进 delivery room 了，我就在附近街道散步了一阵，吃了杯咖啡。情形颇如 Frederic 在 *A Farewell to Arms* 等待 Catherine 生产一般。回医院不久，医生即来通知小儿落地，我陪 Carol 至二时才徒步走回家。

星期二至五，每天下午、晚上在规定会客时期〔间〕看 Carol 两次。Carol 奶水很充足，可是她的奶头扁，小儿 lips 不会 suck，最后只好采用喂 bottle 的办法。试奶时期，树仁瘦了不少（每个 new born baby 在第一星期 [都] 要减轻体重的），现在想他已恢复生下时候的重量了。星期六下午，Carol 母亲、aunt、uncle、cousin 来访，忙了一大阵。那天开始，因为 Carol 不宜多劳动，我每天喂奶、换尿布、烧饭、买食物及小儿用品，一人做母亲和阿二两人的事情，生活的

---

1. *The Genius and the Goddess*（《天才与女神》），奥尔德斯·赫胥黎小说，初版于 1955 年。下文提到的 *Devils of Loudun*（《劳顿的魔鬼》）是一本非虚构作品，初版于 1952 年。

routine 全盘改过，可是忙碌，自有一种说不出的乐趣。树仁眼睛乌亮，相貌很端正，看不出有特别像我的地方，他的鼻梁开始于眉心之下，这是西方人的脸部特征，所以树仁长大后相貌一定很挺拔。他的下巴较小，是像他母亲的地方，可是有了牙齿后，可能会变大的。他的耳朵平黏头部，是像我的地方。我买了一卷黑白胶卷，还没有用，过两天，拍照后再寄给你，小儿的相貌是不容易在纸上描写的。上星期五树仁已被 circumcise，经过情形很良好。

　　Bottle feeding 用 formula，经医生指导，是 evaporated milk、water 和 corn syrup（玉米糖浆）的混合品，煮熟后装瓶，放在冷箱里，要用时，再用沸水温过，一瓶一瓶地吃。所用水、乳、containers 都要 sterilize，这是 Carol 每晨的功课，相当费事。其实普通 germs 和小儿接触，只有增强他的抵抗力，不会出毛病的，所以三四月后，都预备把 sterilization 这步手续免除。三四小时喂一次，每次约三 ounces，小儿醒后先放在 bathinette 沐洗器上换尿布，整理衣服，然后喂奶，一切我亲自动手，Carol 做助手，做温奶瓶之类杂务。普通喂乳时眼睛渐闭，喂奶完毕，再放还睡车（bathroom 添了 bathinette，卧房添了睡车，地方更狭小不堪）。如此昼夜不停，两人服侍一人，颇见辛苦，但也习惯了。下星期 Carol 体力增强后，她的 duties 当增加，我的减少。树仁不闹，晚上睡觉时间较长，比一般婴儿大闹大喊不同。前两天，因 formula 成分太浓，他似有 indigestion 的现象，尿布遮住地方，已有 skin rash，左眼流水，颇使人有 frustrated 的感觉。现在把 formula 冲淡，不消化现象（如 hiccups 等）已减除，昨天用了一种新药粉，rash 已渐褪去，眼睛上 apply 硼酸水后已全〔痊〕愈。树仁又是个干净、contented 的 baby 了。

Jacques Barzun 已有回信来，谓他们这 program 经费有限，只负责出版翻译名著，并无雇佣翻译员的能力，如有已译成的稿件，他那方面很乐意代为出版云。所以这事情，又落空了。我目前生活在做父亲的 excitement 中，job 的事情已看淡，台湾方面，我也不着急。昨天抽闲去看了一下殷福生，他来了后，住在傅洛成[2]那里，我也没有空招待。他大骂老蒋，对台湾情形大不满意。宋奇、程绥楚那里我最近都没有去信。宋奇的信我已收到，程绥楚那里日内代写情书，当问及崇基方面的可能性。

你的 "Jesuit's Tale" 写得如何？甚念。你在 Indiana 成绩优良，恐已为研究生中最 distinguished 的一位了。我初到 Yale 时相当紧张，全靠死用功维持，以后也就驾轻就熟了。Quaker 小姐方面进行得如何；凭你的行头谈吐，同她做朋友是很容易的。

《渊》还没有寄出。这次我预备寄家一百五十元，五十元做父亲的医疗调养费。明天写信给父亲时，可报告孙儿情形，并附上你我的五彩照片，一定可使家中高兴些。*Sabrina*

---

2. 傅洛成，台湾大学教授。

中 Hepburn 太瘦，她的 role 不能表现她在 *Roman Holiday* 中那种特别动人的地方。鲍嘉演技老到，我觉得是非常成功的。Hitchcock 和史都华[3]有两张新片在筹备中，皆由派拉蒙发行。

夜已二时，树仁即将醒来，换尿布喂奶，信在这里打断了。Carol 下星期会给你信，下次你来 New Haven 时，树仁一定非常"好白相"[4]了。即颂

近好

弟 志清 上

五月五日

〔又及〕今晨收到医院所摄照片，兹寄上。五月六日。

---

3. 史都华，即 James Stewart(1908—1997)，美国电影巨星，美国空军准将。1941年凭借《费城故事》(*Philadelphia*)获得第13届奥斯卡最佳男主角奖。与电影大师希区柯克(Hitchcock)合作过多部经典作品，如《后窗》《迷魂记》等。二战时曾效力于美国陆军航空队，成为赫赫有名的空军英雄。詹姆斯·史都华曾获奥斯卡终身成就奖，被美国电影学会评为"百年来最伟大的男演员"第三位。
4. 上海话中"好玩"的意思。

266. 夏济安致夏志清

1955 年 5 月 10 日

志清弟：

接读航空信并父亲病后的信，我一天觉得非常 weak，weak 到甚至怕写信的程度。

父亲的病我想没有什么大关系，170 的血压不算高，丘吉尔去年也有 stroke，最近精神还很健旺。照算命的说，父亲年寿可至八十开外，我大约只有 65 岁。这种迷信的话，我是相信的。

我们现在没法侍奉双亲，只有寄钱回家，可以使老人心里稍觉安慰。五月份我已寄 400，六月份当再寄 400，我在香港还有多少钱我自己也不知道。其实问一句宋奇就可知道，但是我懒得问。不问，似乎觉得钱还有不少，心里可以放宽一点。

宋奇那里的信还没有写，明天或者写给他，同时托他多买几瓶 rutin 或其他最新高血压特效药，邮寄家中（西药在大陆非常难买）。最近我们这里有一位 Dr. 赵保国（专攻"遗传学"）要回大陆去，我当再买几瓶特效药托他带去。假如这里买不到药（but I'll try），我或者交钱给他，由他到香港去买，进入大陆后再邮寄家中。因为可能香港寄药到上海，也有麻烦。

树仁出世，下一代有望，但是我们的父亲是老了，这点realization 对他一定很痛苦的，因为他老人家最不服老。

说起我们的家运，我觉得我们这一代难得特别兴旺，至少家人团聚的可能性都很小，要看树仁那一代了。

我们一家（父亲、母亲、你、玉瑛、我——现在可能把Carol 也算在里面）六人都不够 aggressive，所以局面难以开展。我们都是属于守成 retiring 这一型的，欢喜与世无争，而且怕"与世有争"。用祖母的话说来，我们都太"善"。

这些"善"人里面，我自以为是最 shrewd 的一个，这一点我和父亲大不相同，不知你觉察到否？但是同时我又是最消极，最怕负责任，最怕"打天下"的一个。我有时候野心很大，但是有时候只想胡里胡涂敷衍了事——敷衍到"翘辫子"为止——这种心理父亲、母亲和你都没有的，你们都想兢兢业业好好地做人。我相信你也不会来劝我"积极"，因为我的"消极"已经 dyed in the grain，勉强"积极"，反而引起"人格分裂"（？），增加痛苦。

我现在所以还很乐观，因为自信命运还不坏。我从来不想积极赚钱，也不求积蓄，我只要 pocket money 不断，口袋里掏得出钱来，于愿已足。但是现在居然能寄钱孝敬双亲（虽然数目很小），自己还能添置衣服，所以致此之故，我想并不是由于我的努力，只好说是近年运气尚佳，或者是 grace，老天爷特别赐恩。今年能到美国来，也是意想不到的，至少去年过生日时，还没有想到。

我"拆烂污"的事情很多，自己想想，只有"写小说"还不好算拆烂污，真是放工夫进去的。写读书报告批评论文，我想反正写不过 Tate、Trilling 那辈人（也许一辈子写不到他们的水平），马马虎虎算了。写小说时，我真想和第一流人物一较短长，决不示弱，我处得还有这点 artistic conscience，做人还有积极的地方。

但是 creative writing 太伤精神，我下意识中又很怕它。今年我能到美国来，对我一生成就恐怕关系很大。至少这几个月内我是像样地工作的。台湾杂务太多——但是下意识中，我恐怕又欢迎杂务，杂务可以 release me from 创作的痛苦——精神大多浪费掉的。住在 Bloomington 也有一点好处：使我了解"乡居"的好处。我以前喜欢大城市，喜欢热闹，我现在仍旧喜欢大城市，喜欢热闹，但是现在已经知道，如想好好工作，应该住到僻静的地方去。我这次回台湾后，预备住到乡下去，以便减少杂务，埋首写作（其实所谓"杂务"和写作也有关系，只是那种写作没有意义罢了）。

我现在精神和身体都很好，唯一不满意的地方，是早晨醒得太早（而且醒来了就想起床，晚上总要到十二点才睡）。早晨醒得早，因此上午精神不振，顶好去上课，假如不上课，早上也做不出什么事来。所以醒得早之故，大约是人还是

restless，中国有句老话，叫做"神不安宅"。要得安宁，恐怕要在结婚之后。

说起结婚，我的可能性很小。这次父亲信里没有提起结婚之事，使我减少内疚之感。我不承认"逃避现实"，至少最近我还 seriously tried 过，而且千方百计地追求（我真的向 Lily 求过婚——听从你的劝告）。现在心目中根本没有什么对象，除了那位 Mennonite 小姐；没有对象，我可能就不结婚。这不是赌咒，事实趋势如此。如照我计划，回台湾后埋首写作（但是我不相信"计划"，计划太难实现了！），可能就此谢绝和 girls 敷衍。

结婚的 advantages 和 disadvantages 我不想讨论，不过假如我能获得那位也许叫 Ruth 的小姐的爱，我决不考虑什么利弊，一定乖乖地结婚，而且愿意加入她们的严格的"教"，戒绝烟酒等等。

你也不必担忧我不能和 Ruth 多见面。我既然还能感受她的 charms，这表示我也可能感受到别的小姐的 charms——因缘成熟时，这样一个人可能会碰到而且很快地结合的。

但是我并不积极地想结婚，或者为了"尽人子之责"而结婚。因为我还是个"自私"的人，没有爱情 passion，我会想起独身的"利"和结婚的"弊"。

树仁的精神很好，照他的鼻梁的挺，眼神之足（in spite of silver nitrate），嘴唇之紧，他的生命力一定很强。你看见过我五岁时候的照片没有？塌鼻梁，斗鸡眼（双目无神），嘴大约是在哭。我把树仁的相片拿给宿舍里的美国朋友看了，他们大为欣赏，有一位拿出他的 niece 的相片（两个半月），我一看那位美国小姐也是塌鼻梁，我再一想：美国婴孩大多塌鼻梁——你在医院里留意没有？树仁的鼻子如此大而端正，恐怕在美国人中也是杰出的。我拿树仁的相片同那位两个半月大的小姐的相片仔细一比，再发现几点特点：（一）耳朵长而挺，贴得紧（这点你已提起），耳轮上下都圆而厚，是不是像 Carol？尤其下轮最为难得，这在中国相书上是主大贵的；（二）眼睛里没有凶光（那个美国婴孩长相很凶），没有 wildness；（三）眉心极阔，眉毛长得极高（是不是像 Carol？）——我的眉毛和眼睛之间，只放得下一个手指；像树仁那样，可以放得下两三个手指。胡适之所以"名闻天下"，据说就是因为眉毛长得高。至于下巴，我觉得树仁长得也很方正。总之，相貌极好，以后且看如何栽培了。小孩相貌，大了可能会改；我现在对于自己的相貌，也颇有好评，耳朵虽招风，但还算大；前额日益开阔，眉心也渐开阔，眼睛也渐有神，鼻尖和颧骨和下巴都算圆整——我同小时候已经大不相同了。你的相貌更动就很少，因此也不一定改变。我对于算命相面那一套，都很有兴趣，虽谈不上有研究，但树仁的相貌的特色是很明显的。据算命的说，我们弟兄的"命"比父亲的好（"龙凤贵子在命中"……但是他恐怕不容易"享到儿子的福"），但是我记得你我的儿子（even

mine！！）的命都该比我们的好，命书上写的是"子当荣显，胜似前人"。这种说法，我想即使根据事实看来，也非无可能。父亲从小是孤儿，家里一点产业都没有（在苏州，这是 very rare case，我在重庆和昆明碰到苏州同乡，他们问我家里的田怎么样，我说 never had an acre of land，他们都大为诧异），自力奋斗，高中毕业再进商船专科。父亲做学生时，精力过人，和我们不一样，非但功课 brilliant，而且是运动员（他擅长的是 440yds、880yds，我看见过他得的 trophy，银杯、银牌等，足球恐怕也列入 school team），也是"百有份"的办团奖之类的好手。从这样的 humble beginning，爬到几乎是上海商界领袖的地位，其间所费的精神当然比我们往上爬所费的多。我们小时候虽然衣食不佳，到底可以衣食无虑，家庭环境也渐好转，凡事"事半功倍"。到了树仁这一代，一切物质享受不用担心（父亲在上海花了两根"条子"US$1000 买了一辆 Plymouth 之后，就想再买一座冰箱——有了冰箱母亲可以省事多少？），受教育也绝无问题，他们要往上爬，当然比我们更容易。即使我在台湾结婚，我相信我的儿子也可以过一个中等以上的生活；而且他们的长辈亲友，都比我们的长辈亲友有办法，援引提拔的可能性就大为增加，所以我是相信"子当荣显，胜似前人"的。

　　我反对家搬到苏州去，怕的是苏州 worse than 上海。上海人口五百万，一切 regimentation 难以推行，而且上海观瞻所在，小官僚不至于像小地方那样地无法无天。假如苏州没有我想象中那么坏，或者上海已经变得同苏州一样坏了，那么我也不反对搬到苏州去。

父亲信上说他的病，因"逐日积劳而成"，照我们想象，他老人家除去公园散步以外，应该很少劳动。据我知道，他现在是兆丰别墅的"里弄小组"的负责人，其他恐怕还担任什么 official duties，恐怕要常常忙着开会，替官方办理宣传组织等工作。

信就写到这里为止。你在家里忙着洗尿布洗奶瓶，精神一定很愉快。关于 job 的事，我想你不妨和 Rowe 联络一下，看看 Free Asia 有没有机会？假如在台北的 Free Asia 做事，同时在台大兼课，那么名利双收，在台北人人欣〔钦〕羡。台北现在人人羡慕美国，我希望你和美国人的业务关系不要断绝。Carol 前请问候，希望她多多保重。专颂

近安

济安

五月十日

〔又及〕Album 已经写信到芝加哥 Sears Roebuck 去 order，他们把名字烫好后会直接寄上的。

267. 夏志清致夏济安

1955 年 5 月 14 日

济安哥：

有好消息报告：我下学年的 job 已有定局了。昨天收到 University of Michigan 东方语文系主任 Joseph K. Yamagiwa[1] 来信，offer 我一个 visiting lecturer in Chinese 的职位，年薪 4800 元，预定的功课是：远东思想史；Readings in Chinese Thought 和 Chinese。这 job 虽是短期性的（代替一位 Donald Holzman，Yale Ph.D. in Chinese，他今年拿了 Ford Foundation 的钱去日本，明年预备再留一年，在 Yale 时，我同他颇熟），可是名义很好听，薪俸很高（假如我在任何大学当英文教员，薪水至多不过四千），担任的功课很讲得出去，所以我当天复信接受了这个 offer。数月来压在心头的 worry，一旦消除，身心大感轻松。你近来为了我明年 job 花了不少心机，听到这个消息，一定也非常高兴。Michigan 算是著名大学，东方

---

1. Joseph K. Yamagiwa(约瑟夫·K.山际，1906—1968)，美国密歇根大学日语教授，且为该校语言与文学系主任。

语文系很强，中国同学也很多，我去 Ann Arbor，生活比在 New Haven 可更热闹丰富些。今年正月，我向有中文系的大学写了约有十多封自荐信；回信都对我深表同情，但是苦于无法安插，只有 Yamagiwa 回信说可能有暂时性的 job，如果我去华盛顿开远东年会的话，很想同我谈一谈。远东年会上，我见到 Yamagiwa，他是一位较矮胖的白面书生，相貌很清秀，我同他谈了几分钟，他说 Holzman 还没有给他确定的回音，所以他不能给我肯定答复。我那时心境不好，觉得此事没有多大希望，Yamagiwa 说我有空可以到他旅馆房间去，领取一份 application 的表格，我也没有去。华盛顿回来后，过两三日即收到 Yamagiwa 寄给我的表格，我填好寄出后，直至昨日，不〔没〕再听到下文，以为这事一定吹了。昨天接到他的 offer，可说是喜出望外。

凭这几月来找事的经验，我觉得在美国教英文希望绝少，以后只有在弄中国学问方面发展。我向各大学英文系写了不少信，回信一大半都表示毫无诚意。而中文系方面的回信，对于我的 record 都很看重。明年春天我不免仍旧要紧张一阵，因为各校中文系的空额实在并不多，可是那时我已有了教书经验（lecturer 可抵得上一个 assistant professor），加上我的书预计已可出版，事情终可以找得到的。假如找到一个比较 permanent 的 job，以后多写关于中国学问方面的文章，我在美国的 position 就可以稳固起来，而 Carol、树仁也不会再受到饥寒的威胁了。所以这次进 Michigan，可说是在我留美生活上一个大转机。我对中国哲学、远东思想知道的当然不多，但是 Creel[2] 等研究中国思想的教授们，写的书也极皮毛，我有机会多看些古书，学问上着实可以有长进，不像近两年来瞎看五四后的新文学，对自己毫无补益。Yamagiwa 说如果我有兴趣教一门中国文学，我的 schedule 可以调正〔整〕，我回信说，可能的话我想开一门中国旧小说或近代文学的 reading course 代替初级中文，远东思想史和中国哲学选读两个 courses，我想保留，借以有机会自己多读书。这两门课，我想可能是 graduate level 的。

你英国去不成，暑期游历一下美国，再去香港，于开学前返台北，这个计划我很赞成。不过据丁先生说，香港近年来入境极为困难，不知宋奇有没有特别办法？返台湾后，我极鼓励你写一本长篇小说，arrange 一家美国出版公司，这样名利双收，以后来美的机会还多。外国人写关于中国的小说，大多拙劣不堪，前两年 *The Asian Student* 请我写一篇 *Gentleman of China*[3] 的书评（该书作者冒充东方通，派拉蒙巨片 *Elephant Walk*[4] 即根据他的另一本小说 [改编]），全书一无道理，居然

---

2. 应指 Herrlee Glessner Creel（顾立雅，1905—1994），美国汉学家，芝加哥大学教授，长于中国哲学史，曾任美国东方学会会长，代表作有《中国之诞生》（*The Birth of China*）、《孔子与中国之道》（*Confucius and the Chinese Way*）等。

3. 该书为罗伯特·斯坦迪什（Robert Standish，1898—1981）1953 年出版的小说，斯坦迪什原名杰拉蒂（Digby George Gerahty）。下文提到的改编成电影的小说初版于 1948 年。

4. *Elephant Walk*（《象宫鸳劫》，一译《野象焚城录》，1954），据罗伯特·斯（接下页）

能够出版，并且获到好评（这是 *Asian Student* Book Editor 收到我的书评后告诉我的），颇令人奇怪。最近《骆驼祥子》译者 Evan King[5] 出版一本 *Children of Black Haired People*，各书报 review 它的很多，你一定注意过。四月廿七日那天，Carol 母亲、aunt 来访，十时许她们出去 shopping，我无聊买了份 *New York Times*，那天 Orville Prescott[6] 恰巧在他的 column 上刊载他关于 *Children of Black Haired People* 的书评，我把它读了。Prescott 把人物介绍得很详细，第一行有主角 Chang Iron Lock 的名字，我一想这不是赵树理[7]《李家庄的变迁》内的主角张铁锁吗？过两行居然看到 Li Family Village 字样，其他 characters 如 Second Lass 二妞、Li Precious as Pearl 李如珍、Third Immortal Maiden 三仙姑等无不出于赵树理的长短篇内。我当时很生气，立即打了一封信给 Prescott，他的回应极 full of righteous、indignation，叫我把 Evan King 的小说

（接上页）坦迪什同名小说改编，威廉·迪亚特尔（William Dieterle）导演，伊丽莎白·泰勒（Elizabeth Taylor）、达纳·安德鲁斯（Dana Andrews）主演，派拉蒙影业发行。

5. Evan King（伊凡·金，1906—？），1945 年伊凡·金出版了改写过的《骆驼祥子》（*Rickshaw Boy*）英译本，其小说《黑头发的儿女》（*Children of the Black-Hairs People*）1955 年由 New York 的 Rinehart 出版公司出版。

6. Orville Prescott（奥维尔·普雷斯科特，1906—1996），在《纽约书评》担任编辑和书评作家长达二十四年，代表作有《意大利之主》（*Lords of Italy: Portraits of the Middle Ages*）等。

7. 赵树理（1906—1970），原名赵树礼，山西沁水人，小说家，代表作有《小二黑结婚》《李有才板话》《李家庄的变迁》。

读后，再写一封短信，他预备在他的 column 上注销。他并把我给他的信转寄 Evan King 的 publisher Rinehart[8]，前天我收到 Rinehart 本人来信，征求我的同意把我那封信寄 Evan King 本人，Rinehart 对于 King 的 plagiarism 也是非常 shocked 的样子。*Children of Black Haired People* 那本书 Yale 图 [书] 馆还没有，我硬了头皮，花了五元买了它一本。前天把它看完后，发现那书是完全根据《李家庄的变迁》《小二黑结婚》《李有才板话》《孟祥英翻身》四篇小说节译、改编、amplify 的，有几个 chapters 简直是直译。昨晨我另写一封短信寄 Prescott，晚上写一封回信给 Rinehart。给 *N. Y. Times* 那封信，Prescott 可能有权力发表。这种伤阴节的事情我实在没有兴致做，不过 Evan King 那样大胆无耻，实在也是少见的。赵树理的作品，除《李家庄》上半部尚可读外，都是庸劣不堪的，可是 Evan King 的那部小说在报章上却得到好评不少，美国出版界水平之低，也可想而见〔知〕。你写小说，一定可以成名。凭你观察力的细密，自我和人物分析本领的强，英文 style 的有把握，多写以后，将来不难挤入世界第一流的小说家 [之列]。

读到你对树仁相貌的批注，很是高兴。他的相貌像 Carol 的地方比像我的地方多，他的 earlobe 大而厚，的确是和 Carol 的一个模型。他的眼睛大而有神，却是远胜他的父母的。

---

8. Rinehart (Stanley M. Rinehart，斯坦利·M. 莱因哈特，1897—1969)，美国出版家，1929 年莱因哈特与弗雷德里克·莱因哈特和约翰·C. 法罗 (John C. Farrar) 共同创办法罗与莱因哈特 (Farrar&Rinehart) 出版公司。

树仁长得极美，面部表情丰富，对外界事物极感兴趣，不像是三星期还不到的婴孩。养吾、遂园、玉瑛生下后，我都是朝夕 watch 的，可是对他们初生头两个月都没有什么印象，好像中国婴孩初生下地后，都用红色的"蜡烛纸包"裹住，他的小手小脚是不许乱动的，大人除换尿布外，也不多动他，怕他受伤。树仁每日用两条极轻的 cotton flannel blanket 包住，手脚都极自由，抱动他的时候也很多，显得活泼得多。树仁牛奶饮量日渐增加，身体很好，每天下午或晚上有一段时间他吃了并不睡，要独自或由大人陪着玩两三小时，可见他对生命的需要和兴趣，已不限于饮食与睡眠了。入春以来，我觉得自己渐渐倒运，这次树仁落地后，不到三星期，我的 job 问题得到圆满解决，他的确是带给我 good luck 的。

　　弄 business 的上一代，经济较稳固后，下一代有充分受教育的机会，往往转入 professional life。这种情形，在我们是如此，在美国一般中产家庭也如此。弄 business 或政治的，白手起家，敢冒险，会奋斗，成功起来，规模可较大；受 professional 训练的，他的资本就是他的智力和特殊技能，生活上不大多〔会〕起波折，achievement 的氛围也较狭。你我一直在教育界生活着，虽然对 business 型生活的派头和享受表示相当羡慕，自己行动起来，受〔又〕不免有种种限制。我生活中有缺少一种浪漫的热力，不肯和不敢冒险；你从小至今一直对 adventure 式的生活极端向往，可是少年时身体不好，活动范围无形缩小，近年来，智慧愈增，scruples（顾虑）愈多，物质欲望也愈淡，也不会或不易超出教授学者型的生活了。其实，本质上你还是属于冒险那一型的。我对 professional life 比较能适合，Carol 胆子也很小，树仁假如遗传上受父母限制的话，他不会有那种魄力去争取算命先生的 predict 的"荣显"的。假如他生长在美国，他的 career 一定在选定一种 profession 上发展。我想他的聪明可以使他在好大学、研究院内 distinguish 自己，以后一帆风顺地在他所选一行内出人头地。在美国，政治或 business 是不会有中国人的份的。假如他能生长在中国，有你和父亲及你我朋友的提拔帮忙，他的 future take 什么 career，就较难推测了。不过想来一定我从小就鼓励他用功读书，养成习惯后，他的聪明才力也只好在学术界上求发展。

父亲得病，我想一半也是因他对里弄服务太辛苦的缘故。父亲为人，比我们 idealistic，代〔待〕人做事，赤心忠良，十分卖力，当然不肯偷懒，前两年他不是因开会搬长凳而病倒吗？侥幸的是这次中风情形不算严重，好好调养后，还可以 enjoy 很长的寿命。我们在北平时，我记得父亲的血压到过 190、200 左右，七八年长服 rutin，血压究竟〔终究〕减低得多。你拟托宋奇、赵保国代寄代带特效西药给父亲，一定可使老人家保持着正常的健康。

你送树仁一本 album，烫金字精装，非常感谢。我没有收到你那封信以前，自己也买了一本普通的 album，把我的结婚照片和八年内你和玉瑛、父亲寄给我的照片黏起来，也有一百余张，下次你来 New Haven 时，可以翻看一下。可遗憾的是八年内我自己照片极少，可说毫无记录。Carol 预备在下月 Father's Day 送我一本 album，现在给我先买了。我们三人可说同时有同一个 idea。《渊》一直没有寄给你，决定后天寄出。

你预备参观华盛顿、洛山〔杉〕矶各地方，我极赞成，明夏假使 job 方面已有着落，我也想旅行一下。你来 New Haven，Yale 研究院宿舍六月开始后，一大半学生返家，空房间很多，你在那里住下来，一星期只花六七元，房间设备，比普通人家房子好得多，而且绝少干涉和同美国二房东敷衍的麻烦。假如香港去不成，你尽可在研究院住两个月，安心翻译创作。

夜已二时，不多写了。那位 Mennonite，你既有意，不妨多同她谈谈，姻缘有天定，但是有机会，还是不要放过。"The Jesuit's Tale" 写得如何，甚念。Carol 身体很好，下星期开始当多担任些抚育树仁的责任矣，即祝

近好

弟 志清 上
五月十四日

给父亲的信，已航邮寄出。

读 电 影 Gossip Column，悉 Marlon Brando 将 同 Audrey Hepburn 合演派拉蒙的《战争与和平》。

268. 夏济安致夏志清

1955 年 5 月 17 日

志清弟：

　　接读来信，知道 job 已有着落，非常高兴。Michigan 是中西部 big ten 之一，这些中西部大学最近都力争上游，前途未可限量。最近我们学校完成了一座六层大厦女生宿舍，设备精美异常。Ann Arbor 环境校舍一定都很宏伟美丽，你去了一定觉得身心都很舒服（就环境而言，我就喜欢 Bloomington 胜过 New Haven）。正式踏进教育界以后，再找事情就不会像今年那样麻烦了。我们身为中国人，还是靠中国东西卖钱，比较容易。"M 大"中国学生很多，我有两个朋友：一是马逢华[1]——袁可嘉的好朋友，蒋硕杰[2]（经济专家）的得意门生，

---

1. 马逢华（1922—），河南开封人，北京大学经济系毕业，美国密歇根大学经济学博士，曾长期在西雅图华盛顿大学经济系执教，并创作散文集《忽值山河改》等多部作品。夏志清曾为其散文集作序。
2. 蒋硕杰（1918—1993），河北应城人，生于上海，经济学家，台湾"中央研究院"院士，任职于台湾大学经济系、国际货币基金组织（IMF）等，著有英文论文五十多篇。

在北平时他是经济系研究生，我们在袁可嘉的房间里都见过他；一是白静安[3]（Janet Beh），我的得意女弟子之一，湖南小姐，人非常聪明活泼，在台北时我们还偶尔通信，但是她现在不知道我在美国。此外，如 Felheim 秋后离台返美，可能仍在"M大"仍〔任〕教。

"The Jesuit's Tale"大约只能先缴一半（约四五千字），反正 Wilson 自动提议许我 incomplete，我等另外两篇 papers 写完了再续写（下一半更长）。我的小说有些地方的确还有点像大家作风（aiming at being both poetical & philosophical），如能抓住自己的长处，努力发挥，可能在文坛上站得住。不过事情非常吃力，真要用心写作，人生的乐趣将变得很狭仄〔窄〕。

最近的新发展，为居然 date 了一位小姐去吃咖啡。那位小姐是 Henry James 课上的 Sylvia Shepherd（另外三位女生都是"太太"了！我同她们谈话，她们都提起 my husband 如何如何，我再一注意，原来手上都有戒指，你想我多么 innocent，从来不注意女人手上的戒指），我们偶然在班上也交谈两句，那天晚上我去 Journalism Bldg. 出席亚洲学生座谈会，碰见了她。她说会后去喝咖啡如何，她说她九点下班（她帮 Journalism 的教授做 research 工作，月薪 60 元），我说我如会散得早，就去找她，结果会 9:30 始散。第二天我打电

---

3. 白静安，不详。

话给她，她晚上下班后（8:30）就一起去喝咖啡。此事虽小，但是我在美国总算也 date 过一次美国小姐，不虚此行了。在 Journalism Bldg. 看见 Neff，她在办公，没有看见我，我没有同她打招呼。

Miss Shepherd（我们现在还很客气，她称我为 Mr. Hsia，我叫她 Miss Shepherd）的父系是 Irish、English、German，母系是 Scot、German 等等，她问我：你有日本人血统没有？（美国人对中国人之 ignorance 可想。）她身材非常之挺，blonde，短发，眉毛很淡，很明显的双眼皮，眼睛蓝色，似乎有点 steely，鼻子很直，鼻梁骨节露出，嘴唇极薄而平，唇角不向上，也不向下，但是很 fresh，笑时有酒窝。总之，相貌中等，不大使人觉其美，很使人觉其能干。她毕业（今夏）后拟去纽约或芝加哥进报馆做 public relations 的工作，正在找 job 中。她父亲是做保险生意的，"旧脑筋"，顶希望把原子弹掷到俄国去。她家在印第安那〔纳〕，离 Bloomington 约 200 英里，每星期回家。她有一辆旧 Plymouth，那天晚上是她驾车送我回宿舍的。以后有机会当再找她去喝咖啡或看电影。她喝黑咖啡，抽香烟比我还要凶。

当晚上她提议一起去喝咖啡的时候，我刚刚在中午 book 了 Met. Opera 的座位，我等了好几个星期（booking 老早 open 了），想找一位小姐一起去欣赏 Opera。结果小姐来了，可是我的座已定〔订〕好，不高兴再去换座位，因此也没有同她提 Opera 的事。

昨晚一人去欣赏 *Chénier*[4]——no better no worse than I had expected。头两幕似乎还紧张，末两幕似乎就沉闷——都是老套子。情节总似乎不通，没有 psychological depth，动作夸张而不美——这些都在意料之中。几个歌喉，我觉得 tenor Kurt Baum[5]（演 Chénier）最富感情，台柱名"旦"Milanov[6]似乎不够宏〔洪〕亮（可是音乐系的朋友以为 Milanov 好极了，Baum 平平），台柱 Baritone Warren[7]也没有给我什么印象。奇怪的现象：每逢大段唱功之后，观众大鼓掌，乐队停止演奏，主角像石像似的两手张开站在台上（如鼓掌不断，他或她也得鞠一个躬），接受台下的 ovation。这种做法，在京戏舞台上是 inconceivable 的，你能想象谭富英会站在台上等鼓掌完了再往下唱的吗？我还有一个奇怪的反应，脑筋里不断地盘旋《蝴蝶夫人》的名歌，可是 Chénier 的歌没有《蝴蝶夫人》里的好听。今天晚上还要去听 La Bohème[8]，希望能有更满意

---

4. 全名为 *Andrea Chénier*（《安德烈·谢尼埃》），意大利作曲家翁贝托·焦尔达诺（Umberto Giordano，1867—1948）创作的歌剧，该剧根据法国大革命时期诗人安德烈·谢尼埃（1762—1794）生平改编。

5. Kurt Baum（科特·鲍姆，1908—1989），美国男高音歌唱家，1941—1966 年在大都会歌剧院（Metropolitan Opera）长期演出。

6. Milanov（Zinka Milanov，津卡·米拉诺夫，1906—1989），出生于克罗地亚，女高音歌唱家，长期演出于纽约大都会歌剧院。

7. Leonard Warren（伦纳德·沃伦，1911—1960），美国男中音歌唱家，1938 年即进入大都会歌剧院演出。

8. *La Bohème*（《波希米亚人》，一译《艺术家的生涯》），四幕歌剧，普契尼（Giacomo Puccini，1858—1924）据亨利·穆杰（Henri Murger，1822—1861）的《波希米亚生活情境》（*Scènes de la vie de bohème*）创作。

的结果（详情请见附张）。

　　上星期六 Horace Heidt[9] 来校表演（TV 全国转播），据说是歌舞杂耍之类，我没有去。去看了一张福斯巨片 *Violent Saturday*[10]，很满意。编导的人处理这许多人物，很费苦心，值得再看一遍。电影背景据 *Time* 说是 Arizona，*Newsweek* 说是 Penn Sylvania。三个大盗，*Time* 特别推荐 Lee Marvin[11]，其实 J. Carroll Naish[12] 很洗练，不愧为老牌反派怪杰。最有趣的人是一个周班侯型的小生叫做 Tommy Noonan[13]，不知你以前注意过他没有？他单恋某美女，其作风大约如程绥楚之单恋 Ada 相似（或者如我之单恋 Mennonite，可是我自知此种作风之可笑，已极力矫正）。Ernest Borgnine[14] 最近大红，他演

---

9. Horace Heidt(贺拉斯·亨特，1901—1986)，美国钢琴家，20世纪三四十年代常常在广播和电视中演出。

10. *Violent Saturday*(《血洒周末》，1955)，犯罪电影，理查德·弗莱彻(Richard Fleischer)导演，维克多·麦丘、理查德·依甘(Richard Egan)、李·马文(Lee Marvin)、J.卡罗尔·耐什(J. Carrol Naish)主演，20世纪福克斯发行。

11. 李·马文(1924—1987)，美国电影、电视演员。1966年以《女贼金丝猫》(*Cat Ballou*，1965)获第38届奥斯卡最佳男演员奖，代表影片还有《喋血摩天岭》(*I Died a Thousand Times*，1955)、《十二金刚》(*The Dirty Dozen*，1967)等。

12. J.卡罗尔·耐什(1895—1973)，美国演员，曾参演CBS广播喜剧系列《陪伴伦奇》(*Life with Luigi*，1948—1953)。

13. Tommy Noonan(托米·努南，1921—1968)，喜剧演员、制片人，代表影片有《绅士爱美人》(*Gentlemen Prefer Blondes*，1953)、《星海浮沉录》(*A Star Is Born*，1954)等。

14. Ernest Borgnine(欧内斯特·博格宁，1917—2012)，美国电视、电影演员，演艺生涯长达六十余年，曾获奥斯卡最佳男演员奖，代表影片有《君子好逑》(*Marty*，1955)等。

的是一个 Amish farmer——我去查了字典，原来 Amish 也是 Mennonite 的一派。我很想有机会能同那位 Men. 小姐讨论一下这张电影，可是还没有机会。

最新高血压药是 Reserpine（印度药草所提炼者），可是我们的校医和 Bloomington 的 heart specialist 都不肯开方——他们说可以叫上海开了方子，这里加签，在美国买。你不妨写信回去叫上海的司汝南医生开一张方子来，以后等有便再带回去。我现在只好叫宋奇代买寄回去了。赵保国将回武汉任教，他说他认得吴志谦，我已托他代向吴志谦问候。赵我同他不熟，可是他回大陆去，也使我害了一个时候的"思乡病"（他明天走）。我很赞成你的揭发 Evan King 的剽窃无耻。

树仁的"人中"很长而深，你注意没有？这两天一定更好玩了，希望留意抚养，美国朋友听说你将不替他的奶瓶消毒，认为是大可骇怪之事。我想你还是继续消毒的好。Carol 身体日渐复原，甚慰，希望多多保重，并请代问好。专颂

近安

济安 顿首

五月十七日

五月十七日晚看完 *La Bohème* 后写：

La Bohème 比较细腻、subtle，没有力竭声嘶地大叫。男主角 Campora 尚佳，女主角 Lucine Amara 莺声呖呖，还带一点娇嫩（长相如何，看不见），演茶花女式的 TB 苦命女子，

很成功，我认为胜过 Milanov。Milanov 派头太大，不可爱，在我印象中似乎像 *All about Eve* 中的蓓蒂·黛维丝。音乐也比较好听，像《蝴蝶夫人》（都是 Puccini 的名作？），故事当然仍旧不大通的。

今天晚上使我顶快乐的是遇见了 Men. 小姐。她坐在我前面，和我隔两排，她当然头不会往后转东张西望的。一、二幕之间的休息，她没有出去。二、三幕之间她出去了，我隔了相当时候，也出去，快进场时，我们在 lobby 中遇见了，她居然微笑向我打招呼，说声"Hello"（Hello 恐怕是东部的特别用法，这里普通都说 Hi！）。有了这点基础，以后同她讲话就容易了。她笑得很美，并无敷衍之意，因为她根本用不着敷衍我（我没有向她打招呼），所以我敢说我给她的印象还没有我想象中那样可怕。她是个绝对规矩人，我老是张大了眼睛——不自觉地——注意她，她可能 resent 的。三、四幕间她又没有出去。散戏后，我一人回来。

陪她的是两个女人，一个是戴眼镜戴大耳环的，一个是巴拉圭女生名叫 Adelaide Diaz，是个忠厚老好人，虔诚的天主教徒。我同这位 Adelaide Diaz 已经谈过两三句话（因为她可能是重要人物），今天她同我没有打招呼。

第三幕的前一半我根本没有注意台上的戏，心里充满了快乐的幻想。

明天我还不进攻。等机会吧——例如：她忽然坐到我的桌子上来了。总之，我现在无法制造好的印象，目前还是避免制造恶劣印象。今晚唯一收获：以后见面有话可谈，不致再如以前那么地僵了。

La Bohème 卖座胜过 *Chénier*，几乎客满。

晚十二时

269. 夏济安致夏志清

1955 年 5 月 21 日

志清弟：

星期三晨发出一航函，想已收到。学期将届结束，功课相当忙，加以心绪较为紊乱，已经有两个星期没有睡午睡了。

"The Jesuit's Tale" 完成了四千字，不大满意：文章没有第一篇那么漂亮，描写的地方似乎落笔太重，有些句子做得很笨，反正还有下半篇要写（主要的故事在后面），还可以大修改。上半篇俟班上讨论过后再寄上，请你同 Carol 详细指正。

这封信主要想报道的是我同那位 Ruth 居然已经谈过话，现在虽然没有什么进展，但是总算 made a start 了。

星期三晨我去 drugstore 买邮票（发出给你的信），发现她在 counter 上等早点。上晚 opera 散得晚，她 missed 了饭厅的早饭，所以在 drugstore 吃。很不巧的是，counter 前的顾客很多（客满），她两旁都有人，我不能坐上去同她交谈。否则我很想叫一杯咖啡同她瞎谈谈。她没有看见我。

星期三晚上，她同一位印度女生 Mary 同桌，我没有坐上

去，但是已互相点头招
呼，同以前不同。那位印
度女生 Mary 大约认为我
是天下一大好人，对我十
分亲善，因为有一次我在
看新出的 *Life*（回〔伊斯兰〕教专号），她要借来看，我就把
那本杂志送给了她，她喜出望外。我相信那位 Mary 一定会把
我的慷慨情形（虽然对我 20 ¢ 不算一回事）描写给她听的。

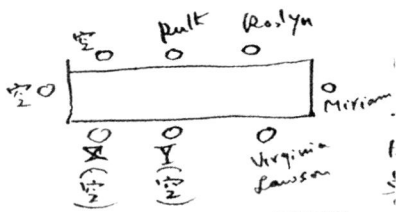

星期四（十九日）晚上，我忽然大发勇气坐上去和她同
桌了。那天晚上同桌的情形如图，另外三个女生我都认识，
Roslyn 和 Miriam 是 音 乐 系 的， 在 Academy Award Night 我
曾请她们喝中国茶。Virginia Lawson 是个白发慈祥老妪（主
修：Radio & TV），此人对我学问十分佩服，而且对我很有
maternal interest。我坐上去，照你的指导（据我的观察，此
地的规例也是如此），说"May I join you？"那四位女生都笑
容满面地表示欢迎。Lawson 自认为和我顶熟悉，要替我介绍，
Ros. 和 Mir. 说道：早就认识了。Ruth 这才自我介绍：名 Ruth，
姓 Roth，她说："姓名很怪，是不是？"

我的饭盘本来放在 X 处的空座，因为我还有点胆怯，现
在看见情形很好，就移向 Y 处，她们都表示欢迎。

我坐上去时，Ruth 的 dessert 都已经快吃完，但是还不
想走的样子。她说她读图书馆系，但是她可能将来"也"
要教英文。有没有用"也"字我已记不清，但是照当时的

context，应该用"也"字，因为她们刚问过我：你回到台湾去还是教英文吗？

那时又来了一个人，使得空气〔气氛〕更为融洽。他是 Jack Brost，Roslyn 的男友（未婚夫？），我的同宿舍朋友，音乐系 tenor，他坐在 X 处，我的左手。

我那时虽极力想表现轻松，但神情恐十分紧张，手里拿了块面包，慢慢的〔地〕一口一口地啃，忘了面前的 main dish，那位有 maternal interest 的 Lawson，说道："你为什么不吃呀？吃呀！"我说："I am very nervous。"Ruth 说道："和小姐们同桌的关系吧？"我本来想说一句很 poetical 的话，例如 dazzles by so much beauty before me 之类，但是一想，这样太露骨，不好，就低头吃饭。

吃饭时还很慌张，那天的 main dish 是牛肉、饭和 corn，我用刀叉割牛肉，一不小心把 corn 滑出了很多，因此更窘。Lawson 说："你这样吃法（左手用叉右手用刀）是欧洲吃法，美国人是右手用叉的。"我说："I would prefer chopsticks. 至于刀叉的用法，还是看 Emily Post[1] 的新书如何说法吧。"

Ruth 是学图书馆的，她知道 Emily Post 的新版出版不久，她同她们说：不久以前，Emily Post 是出了本新书。我此时就大〔大〕表现学问：我说 Frank & Wagnalls 出版的，纽约还举

---

1. Emily Post（艾米莉·博斯特，1872—1960），美国作家，代表作有《社交、商场、政治和居家礼仪》（*Etiquette in Society,in Business,in Politics,and at Home*）。

行了一个小小的 party，庆祝该书的出版呢（情报来源：May 14 的 *New Yorker*）。我说 I wish I had been there.

学问之外，我还表现了一些 wit & humor：

一、Roslyn 曾举行一次 harp 独奏（我没有去），我在上星期就问她讨照片，同时表示事前未得通知，未及参加为怅。她已答应送我照片，这次旧话重提，她答应一定给我，我说要亲笔签名的，她说一定签名，我就看看 Jack 说道："With Jack's permission，of course." Ruth 笑。

二、我说 Jack 曾答应教我钢琴，我已称他为 maestro，他受了我的尊称，现在不知怎么不提上课的事了。Ruth 说：He does not keep his promise...Roslyn 说：你要跟他学声乐才对，he sings like an angle。我说 "angle with laryngitis"（Jack 不久以前倒嗓），Ruth 又笑。Jack 说，你要不要跟 Roslyn 学 harp 呢？我说要学的东西太多了，当然学 harp 又得要 Jack 的 permission 的。

三、学校里正在举行 The Most Useless Man in the Campus 的选举，我提起此事，Jack 说那人是他，我说我也是 contender for that title。contender、laryngitis 这种难字，我随意运用，Ruth 一定也很 impressed 的。

我想讨论 *Violent Saturday*，可是大家接不上来。我只是说那张电影非常之好，有 Amish Farmer 一家，给人印象更深。Ruth 问我：那张电影叫什么名字，我说"*Violent Saturday*"，她似乎特别用心记了一下。（我没有机会同她讨论宗教问题。）

那时 Ruth 说，她还有功课要赶，虽然很不愿意走开（客气话，我忘了英文怎么说的），也只好先走一步。我那时也希望她走，她不走，我的饭吃不完了。她走后，我的"心还不在饭上"。Lawson 说：你为什么吃得这样少呢？（饭很多剩下。）不久之后，Lawson 也走［了］，Roslyn 移来和 Jack 对坐，Miriam 坐在 Ruth 的位子上，我说我把 Jack 交给 better hands 了，我也走了。

那天晚上到九点后方才有心思用功读书。分析那次谈话给 Ruth 的印象：

一、我的学问和兴趣之广恐怕使她大为吃惊的——看了 Opera，还看电影，还看闲书，还要学钢琴等等，英文根底之好，无疑远胜她所认识的任何外国学生。我的 wit，她也是初次认识，一定觉得此人不愧为一人才，因为我过去常常使同桌的人放下刀叉听我瞎讲，大家再哈哈大笑。她有时也注意到我桌上的情形，她虽然听不见我在讲些什么，但她可以想象我所讲的应该很有趣。这次她亲自听到 what I am capable of 了。

二、我老实承认 nervous，她也该知道是为了她。我想她也该想象得到：我所以过去避免和她同桌（虽然十分注意她），也许就是为了怕这种 nervousness。真的，和她同坐一次，太伤精神了！我在班上 give class report，或者演讲台湾问题等，一点不 nervous，谈笑自若，我已经好久没有这样 nervous 过了。

三、可能的坏印象：talkative，话太多，太喜欢表现自己。

为了纠正这可能的坏印象，我在吃饭时还该常常独桌，不必硬凑上去，免得自卑〔贬〕身价。（她的容貌声音等等，以后再描写。）

昨天（星期五）晨、午两餐都没有机会和她讲话。下午 Wilson 家有 picnic party，Spacks 驾车（Pat Meyer——你的老同学现在是 Spacks 的女友）接我同去，从四点到九点，浪费五个钟头，晚餐没在饭厅吃饭。今天早晨她迟到，我只同她说声 hello 而已。

今后的作风，我还是相当矜持，因为第一次给她的印象太浓，冲谈〔淡〕一点也好。以后再谈话，我就预备自我推荐，要到她教堂（不知在何处）去做礼拜。

这次是否是因缘，我现在还不敢说。虽然可以说有一个 good start（after long waiting），但是造物〔化〕弄人，也许是更大的痛苦的开始，也未可知。所以我很谨慎，决不再勇往直前。

下星期三以前恐怕没有工夫写信（要赶 paper），我相信这个期间不会有什么变化的。希望读到你和 Carol 的指示。树仁想更活泼可爱了。专颂

近安

济安 顿首

五月二十一日

270. 夏志清致夏济安

1955 年 5 月 26 日

济安哥：

　　五月十六日、二十一日两信都已收到，读来很感兴趣，只是为了小孩天天瞎忙，竟抽不出写信的时间来，想你等待我的信已很久了。你同 Miss Shepherd 喝咖啡，同 Ruth 接触机会日渐增多，Carol 和我都很高兴。只是学期业将结束，饭厅内和 Ruth 同桌吃饭最多不过一星期的时间，暑期间能否再同她见面，要看你自己的勇气和能力了。廿一日写信后，最近五六天想常和 Ruth 同桌，谈话中想已知道她暑期的计划。她家在纽约（state or city？），离 Connecticut 不远，夏季 New Haven 附近节目很多，如新近在 Stratford 筑成的 Shakespeare Theatre，七月初开始演 *Julius Caesar*、*The Tempest*（阵容有 Raymond Massey[1] 等，不算坚强），该院建筑新颖，而有莎翁时代戏院的简单和 flexibility，可以一看。此外 Mass. 有

---

1. Raymond Massey（雷蒙德·马西，1896—1983），加拿大／美国演员，代表影片有《林肯在伊利诺伊州》（*Abe Lincoln in Illinois*，1940）等。

Tanglewood concerts，每星期六、日都有节目，青年男女在草地上坐着，听交响曲乐队的演奏，也别有风味。New Haven附近小城 summer stock 很盛，好莱坞老明星和落伍明星演出的很多，你可以探探她的口气，邀她一个 weekend 的 date（她暑期不做事，不一定 weekend，Shakespeare Theatre 的票我可预先代买），事先把戏票寄她家里，届时再约定地点会面。假如她住在纽约城，你可 suggest 一个 weekend 去看她，由她出主意怎么玩法，你晚上请她吃一两顿中国饭，她一定会很高兴的。你目前写 paper，整〔准〕备考试，一定很忙，可能因为心情紧张而避免和她多接触（上星期日一同做礼拜否？甚念），可是临走前，务必约她一次较像样的 date，吃晚饭带看戏（or concert），看戏后再喝咖啡闲谈，谈谈自己（的）抱负，交换通信处，和暑期见面计划等。Ruth 显然没有男友，有你诚意请她，她一定要〔会〕高兴答应。并且你 nervous 而讲话多风趣，她一定觉得你很好玩，不会存戒心，何况她不是有 reserve 的人。我常常劝你多 date，其实你这三个月的成绩比我初到美国半年时好得多，我那时候也偶同女同学同桌吃饭，但是仅抱观望态度，毫无追求和 date 之意，我 date 美国小姐，还是一九四九 [年] 秋季才开始。可是，假如你早两个月就同 Ruth 认识，现在友谊一定可以弄得很 smooth，用不到〔着〕在学期结束时这样紧张了。有什么新发展，我想你在下信一定会有详细报告。

我在美国，opera 还没有看过，往纽约去花大钱犯不着，以前在兰心看过的有 *Eugene Onegin*[2] 和 *Carmen* 两种。*Carmen* 音乐情调热烈，看后很满意。一般 opera 因为表情呆板，言语不通，提不起兴趣。喜剧性的 opera 或可较情节不通的悲剧 opera more entertaining。Rudolf Bing[3] 经理 Met. 后，曾上演过不少用英文脚本的 opera，其中 *Die Fledermaus*[4]，情节轻松，Strauss 的音乐大众容易欣赏，加上 Patrice Munsel[5] 美貌不亚[于] 好莱坞女明星，饰红娘式的丫头角色，叫座最好，每贴必满。Mozart 的喜剧如 *Cosi Fan Tutte*[6] 也用过英文演出。

父亲来信，兹附上，他的身体已差不多全部复原，得讯很高兴。昨天树仁满月，家中一定很 happy；我这里反而没有举动。Reserpine，以前在 *Time* 读到，好像是治精神病的专药，想来也是治高血压的。我给信父亲当提及该药，请弄堂内医生代开药方。父亲信上提到你在那张合摄照上精神较差，我上次去信，已把五彩照片四张寄上，他看到了，一定会觉得精神很抖擞的。另一封香港友人转来的信，也寄上。

---

2. *Eugene Onegin*（《叶甫盖尼·奥涅金》），柴科夫斯基（Pyotr Ilyich Tchaikovsky，1840—1893）创作的三场七幕歌剧。

3. Rudolf Bing（鲁道夫·宾，1902—1997），生于奥地利，曾在德国、英国和美国担任歌剧院经理，1950—1972 年间任大都会歌剧院总经理。

4. *Die Fledermaus*（《蝙蝠》），由奥地利知名作曲家约翰·施特劳斯（Johann Strauss II，1825—1899）所作。

5. Patrice Munsel（帕特里斯·芒塞尔，1925—），美国花腔女高音歌手，是登陆大都会歌剧院的年龄最小的歌手，有"蝙蝠公主"（Princess Pat）之称。

6. 全名为 *Così fan tutte, ossia La scuola degli amanti*（《女人皆如此》），莫扎特创作的意大利语谐歌剧（opera buffa），首演于 1790 年。

密西〔歇〕根大学 Yamagiwa 来信说，聘书要待学校当局 Exec utive Committee 通过后再发下来。普通美国大学，在 budget 可能范围之内，系主任是有 hire 人的权力的。他的 recommendation 转上去，很少会被驳斥的，所以我也并不恐慌。上次去信 *New York Times*，Orville Prescott 至今没有回音，不知何故，可能 *New York Times* 很胆小，怕惹是非，把我的信压住也说不定的。

树仁长大得很快，最近两星期来，食欲亢增，这两天日饮牛乳三十余 ounces（即两磅），普通中国孩子，靠母亲的奶，决不会有这样的 appetite 的。这两天想必已重九、十磅，明天预备把〔买〕一架 scale，可不时把他秤〔称〕一下。两三天来，天气闷热，他感到 uncomfortable，睡觉的时间较少，可是全身光滑，毫无绯〔痱〕子，只有面部稍有几颗。看到他的中外朋友，对他的相貌健康，无不称赞。他的臂腿都很长，照他目前这样的长法，将来长足后一定六尺朝外，可同 Carol 所崇拜的 Gregory Peck、Rock Hudson[7] 相比拟。他相貌较美国化，已同初生照片上不同，更 intelligent，好看，你下次来时，就可看到。

Sears 的 album 已收到，music box 内所藏的那支曲子，很清幽可听，全书装潢极精致，奶白烫金，非常上等。加上活

---

7. Rock Hudson（洛克·哈德森，1925—1985），美国演员，代表影片有《地老天荒未了情》（*Magnificent Obsession*，1954）等。

页装订，以后还可以 refill。你一定把 Sears 的原目录详细翻过一遍，才能选到这样好的礼物，非常感谢。

暑期后想照已定计划先去芝加哥，再来 New Haven。我一个多月来，只看了一张电影，*Gate of Hell*[8]，还是 Carol urge 我去看的。该片画面、色彩的确极好，前半部故事的推展处理得 masterly。后半部女主角为爱情自我牺牲，在东方文学中讲来，只好算一个 cliché，但是美国观众是一定觉得很新鲜的。结束几分钟，男主角归〔皈〕依佛教，看空一切，我觉得不够 effective，很带勉强性质，好像 *Rashomon* 的监导人过〔故〕意在美国观众前表示佛教的 virtue。全片布景服装和自然景物都处理得极美。尤其女主角 Kyō 走路的姿态，带些青衣台步的美处，很令人神往。

昨天晚上我在家伴小孩，Carol 到附近电影院看了 *Doctor in the House*[9]，因为你的推荐，这还是她第一次正式出门，看后很满意。今晚上，该院另加一张英国喜剧的 sneak preview（不知片名），这种 bargain 难得，我也想去把 *Doctor in the House* 看一下。*Marty*、*Violent Saturday* 已演过，都没有时间去

---

8. *Gate of Hell*（《地狱门》，1953），日本电影，衣笠贞之助（Teinosuke Kinugasa）导演，长谷川一夫（Kazuo Hasegawa）、京町子（Machiko Kyō）主演，大映映画株式会社（Daiei Film）发行。

9. *Doctor in the House*（《春色无边满杏林》，1954），英国喜剧电影，据理查德·戈登（Richard Gordon）同名小说改编，拉尔夫·托马斯（Ralph Thomas）导演，德克·博加德（Dirk Bogarde）、穆瑞尔·帕弗洛（Muriel Pavlow）主演，共和影业（Republic Pictures, US）发行。

看。这星期末是 Decoration Weekend，downtown 三大影院演
Gable、Hayward 的 *Soldier of Fortune*[10]，Wayne、Turner[11] 的 *Sea Chase*[12]，Stewar、Allyson[13] 的 *SAC*[14]，三大老生斗法，可能还是
SAC 的营业最好。

即要预备晚饭，不多写了，希望 "The Jesuit's Tale" 如期
写好，papers 想已缴出，即祝

近安

弟 志清 上

五月廿六日

---

10. *Soldier of Fortune*(《江湖客》，1955)，冒险电影，爱德华·迪麦特雷克(Edward Dmytryk)导演，克拉克·盖博、苏珊·霍华德主演，20世纪福克斯发行。

11. Turner(Lana Turner，拉娜·泰纳，1921—1995)，美国电影、电视女演员，代表影片有《齐格飞女郎》(*Ziegfeld Girl*，1941)、《邮差总按两次铃》(*The Postman Always Rings Twice*，1946)、《冷暖人间》(*Peyton Place*，1957)。

12. *The Sea Chase*(《怒海追逐战》，1955)，剧情片，约翰·法罗(John Farrow)导演，约翰·韦恩(John Wayne)、拉娜·泰纳主演，华纳兄弟影业发行。

13. June Allyson(朱恩·阿里森，1917—2006)，美国演员、歌手，代表影片有《艳吻生香》(*Too Young to Kiss*，1951)等。

14. *Strategic Air Command*(《威震九重天》，1951)，安东尼·曼导演，史都华、朱恩·阿里森主演，派拉蒙影业发行。

271. 夏济安致夏志清

1955 年 5 月 28 日

志清弟：

接读来信并转来父亲之信，甚为快慰。父亲笔力已经恢复平常的端整〔正〕，而且态度很乐观，足使我们放心。我的精神如何，我在以前一信中已说明是长途劳顿之故，可能较差，平常较之好得多，我相信父母听见了亦可以放心的。（我在五彩照上大约比我 real self 还要英俊。）

很惭愧地，Ruth 之事发〔进〕展很小。这固然是由于我勇气不够，但是我的作风一向如此，只能在细摩〔磨〕细做上下功夫，叫我勇往直前，短时间内取得胜利，几乎是不可能的。那天以后，我还没有和她同桌吃过饭，因为一则我目前还不想把我的 intention 表示出来；再则纠缠不清会惹起她的反感；三则我怕人家注意、谈论（她当然更怕）。最近只谈过一次话，那还是阴差阳错凑成的。那是前天晚上（26 日，距 19 日恰巧一个星期），她在排队进饭厅，我和隔壁房间朋友 Jesse Newsom 也在那时排上，我在她后面，Newsom 在我后面。队伍很长，因此我们还有机会讲不少话。我问她选些什么课，她说① Bibliography ② Literature of the Humanities ③ 图书分类④图书管理，还有个一学分的 seminar。我同她讨论了一些图书分类，表现了一点学问，再问她 Humanities 读些什么东西等等。我还把 Newsom 介绍给她，我说 Do you know my friend Mr. Newsom？（这种介绍法，我事后想想很奇怪。Newsom 是我极熟的朋友，而她则是我才新认识的。我那时的口气好像她是我的老朋友。）她说不认识。她问，他也是英文系的吗？我说，是商科的。（N 为人很沉默寡言，有女朋友大四教育系，住 Chi Omega Sorority，他几乎每天晚上到 Sorority 去读书的。）她又问我：暑期你在这里吗？我说，I am very sorry，预备要走了。她说：对了，你那天已经说过了。我问她暑期计划如何？她说要去做事情，快要走了，A week from today！（就是下星期四。）她说她是"印第安纳"人，Goshen（在印第安纳，不知在何城，你手边如有 Lovejoy 的《美国大学一览》，不妨一查）College[1] 毕业，毕业后做过五年事情（她年龄应该 between 25 & 30），教 junior high 的英文。Goshen 是 liberal arts college，但她已选过一些 Library Science 的课。她父亲现住 Illinois，但是她暑假内还是到她做过事的老地方去。

那天晚饭我和 Newsom 同桌，我们两人坐在很远的角落

---

1. Goshen College（高盛学院），是位于印第安纳州 Goshen 的一所私立高等文科院校，成立于1894年。学院是美国基督教大学院校成员，致力于为教会乃至全世界培养领导人才，也致力于培养有学识、善于表达、有责任感的基督教徒。

里，根本看不见她。N 也没有问起她的事，大约因为他知道我会莫明〔名〕其妙地见女人瞎 gallant 的，其中并无深意。

谢谢你替我设计的种种 date 计划。目前的情形，也许还算是 good start，但是以后怎么样呢？她不是纽约人（上次的情报是错的），她那印第安纳小城的地名，我是可以问她的，但是问到了，追踪前去，固然荒唐，贸然写信，都有点不近情理。她在那小城可能有男朋友，当然也可能没有，美国大学女生毕业后若蹉跎五年，是不是较难找丈夫了？她说她下星期将大大地忙于考试，考完了就走，我在此期间如何可以启齿 date？

我现在的态度只有"狠心"一法（对自己"狠"），还是把她忘掉的好。假如有缘，或者能再聚首；若缘分到此为止，而我再恋恋不舍，只有自寻烦恼而已。我现在对于这件事情，假如还有什么"努力"，那只是"努力"不去想她。别的"努力"大约都只是增加痛苦。我对于命运，常常觉得很奇怪，不可猜测。假如若干年前，我从北平逃返上海，我知道要过一个相当时期没有女朋友的生活了。在北平时，我还有好几个女朋友 to speak of，一到上海，就一个都没有了。我因此觉得：哪一年有女朋友，哪一年没有女朋友，似乎都是前定的。从台北来到美国，我并不曾 expect 有女朋友，现在行期将届，没有女朋友也就算了。

Ruth 对我的影响，可以说很强烈地增加了我对 Bloomington 和"印大"的好感。我非常喜欢这里，甚至想做美国人，在此终老。我回忆中的这几个月 Bloomington 生活将是 sweet & pleasant 的。

再来的希望，不是没有。我同 Wilson 谈过想再来"印大"，也同 Edel 谈过想去 N. Y. U.（Edel 在夏威夷只教暑期，九月后重返 N. Y. U.），他们都很愿意帮忙。但是我倒并不亟亟乎想拿了奖学金再来做学生，靠奖学金过日子（例如一千二百元一年的 fellowship 吧）的学生生活是很苦的，我挥霍已惯，恐不够用。再则我也不愿意为了 degree 拼命读许多 courses。我也不希〔稀〕罕 MA 的头衔。

我现在的计划是回台湾去好好地写些小说出来，顶好是一本 novel——如你所劝我的。美国的生存竞争很激烈，不是真正出人头地，很难站得住脚。很多留学生是想来美国镀金，拿了学位回国去"唬人"。我如再来，预备想在美国长住下去的。我在台湾的地位已经确立，degree 帮不了我多少忙。

下星期大考，我的课程都已结束，以 paper 代替考试，所以心头还算轻松。但是别人有考试的多，因此 Miss Shepherd 最近还不能 date。

James 和 Symbolist Novel 两科，我大致可以都得 A。大考卷子（papers）已经发还，都是 A。我星期一缴了一篇 Faulkner 的 paper，星期三缴了篇 Henry James 的 paper，匆忙异常，有此成绩，自己觉得很微〔侥〕幸。尤其是第二篇，我没有起草稿，只是用中英文混杂地写了一个 outline，然后凭 outline 在打字机上直接打下，写了十个 pages，非常

untidy，英文拙劣不堪，居然还能使 Edel 满意。大致我的记忆力比 Edel 好，读书比他仔细，专找小地方 details 来瞎发挥，实在并无深刻研究，但是已经足够 impress 教授了。

"The Jesuit's Tale" 的 Part I，亦已发还，四千字，得AAAA，心里亦稍觉安慰。写小说我是倾全力以赴的，假如反应不好，心里可能要气。Spacks[2] 说我这篇（半篇）东西很像 Conrad，我已经有两年没有读 Conrad 了（最近在台北读过的是 *The Heart of Darkness* 和 *The Secret Sharer*），很难会受他影响，可是现在看看自己这篇东西，的确很像 Conrad。我的描写很着力，"浓厚〔油〕赤浆〔酱〕"；句法复杂而平整（外国人写英文，不敢不平整），态度严肃，一心一意想写"好文章"。我相信我如开始写 novel，一定会写出像 Conrad那样的东西来的。其实我很喜欢 Eudora Welty 那种轻快、lighttouches、多 suggestions、少描写；但是我如能写到她那样，英文又将是一大进步，这恐怕要在用心写过好几万字之后。

我对于 "The Jesuit's Tale" 其实不大满意，所以不满意者就是 effort 太明显，一望而知是"倾全力以赴"的作品，有点笨。稿子随信寄上（错误尚未改正，但这次错误很少），请你和 Carol 读过后详细指示。

这几天除了续写小说以外，没有什么事了。但是续写小说仍旧是很吃力的事。

---

2. Spacks，不详。

Rogers Center 规定六月八日关门，我大约要挨到最后一天才走，因为膳宿费已付，不吃它，不住它，徒然浪费钱。八日以后如何走法，尚未决定，且尚未考虑，可能飞Chicago，坐联运火车来 New Haven。下星期如来信，我还可以收得到。

最近看了一张电影：*Bread, Love & Dreams*[3]，很满意。意大利小城故事，很轻快。Gina[4] 尚美，Vittorio de Sica[5] 功架很好，好莱坞可能还找不出这样一个"老生"来。De Sica 的脸很像Faulkner。

今天晚上要去参加一个 cocktail party，大一英文作文主席 prof. Wikelund[6] 宴请教大一作文的助教们，我亦被请。可惜天下雨，我舍不得穿那身 Saks 新衣服，如雨停，则穿新衣服；如雨不停，则穿那身 sharkskin 去了。明天晚上有 prof. Work 的茶会。这种会在我想象中都是很无聊的（根据经验）。

3. *Bread, Love and Dreams*（《面包、爱情与梦想》，1953），意大利浪漫喜剧，吕基·康曼西尼（Luigi Comencini）导演，维托里奥·德·西卡（Vittorio de Sica）、吉娜·劳洛勃丽吉达（Gina Lollobrigida）主演，提达拉斯（Titanus）发行。

4. Gina（吉娜·劳洛勃丽吉达，1927—），意大利女演员、摄影记者。

5. Vittorio de Sica（维托里奥·德·西卡，1901—1974），意大利导演、演员，新现实主义运动的领军人物，代表影片有《擦鞋童》（*Sciuscià*，1946）、《单车窃贼》（*Bicycle Thieves*，1948）、《昨天、今天、明天》（*Ieri,oggi,domani*，1963）、《故园风雨后》（*The Garden of the Finzi——Continis*，1970）。

6. Wikelund（Philip R. Wikelund，菲利浦·R.维克伦德，1913—1989），1950年作为助理教授进入印第安纳大学英文系，主要研究领域为英国17世纪晚期至18世纪早期文学。

下星期一 Indianapolis 有全球闻名的 500-mile 跑车拼命大比赛，我很想去（看）一看。但怕我的朋友们都忙于考试，没有人有空驾车陪我去。坐 bus 去又嫌太麻烦，尚未决定。

这个周末的巨片是米高梅的 *Prodigal*[7] vs 詹姆士·蒂华[8] 的 *SAC*，这两张东西我都要去看的。*Prodigal* 的恶俗可以想象得到，*SAC* 的情节据说亦平平，假如银幕不够大（Paramount 认为 Radio City Music Hall 的银幕都不够大呢！），恐亦不会十分满意。树仁日益可爱，闻后很是高兴，还请多留意保重。Carol 前均此。专颂

　　近安

济安 顿首

五月二十八日

---

7. *The Prodigal*（《浪子妖姬》，1955），圣经史诗电影，理查德·托普导演，拉娜·泰纳主演，米高梅公司出品。

8. 即史都华（James Stewart）。

272. 夏济安致夏志清

1955 年 5 月 31 日

志清弟：

这两天情绪非常之坏，主要的原因是舍不得离开 Bloomington，从来没有一个地方使我这样留恋过，nor 北平，nor 上海，nor 香港。情绪的坏，从昨天开始。昨天（三十日 Memorial Day）我去看"跑车大比赛"（Five-Hundred Mile Race，一名 39th Annual International Speed Classic），相当紧张。汽车声音之响，神经衰弱的人恐怕要支持不了。我初进去时，坐了二十分钟就想出来，实在觉得头涨〔胀〕心跳。后来又出去了好几次，最后一小时倒是坐足的。跑道一圈二英里半，一共要跑二百圈，那些 dare devils 约一分十秒钟就可跑毕一圈。他们足足要跑四小时，据报上讲，那位第一名（六号，玫瑰色车，其人名 Bob Sweikert）到终点时，主持人送他一杯冷水喝，他说"I don't need it"。跑了四个钟头，如此紧张的高速度，如此声响，如此危险，最后水都不要喝，这种人的身体与神经真使我佩服。

去年前年的第一名 Vukovich[1]，于昨日大赛中殒命。他死的时候我正出去吃 lunch，没有看到。据说车子冲进场中，车身着火，连翻五个身，最后四轮朝天，人压在底下，很快就烧死。此人据说上一晚睡得很好，早晨还是步行去报到的，想不到下场如此之惨。幸亏出事的地方，没有看客，否则死人更多。图上有处有看客，出事处为 X 处。我坐在后排有"圈"之处很安全，前排看客耳目更为晕眩，我在前排站了一会，觉得要看清车上的号码，都很困难。Vukovich 死后，还有好几位大将因故退出，有人车子抛锚，有人据说车子撞到墙上去，断了一腿。最后的速度并不快，只有一百二十几英里，他们在预赛中都可接近一百四十英里（per hr）。

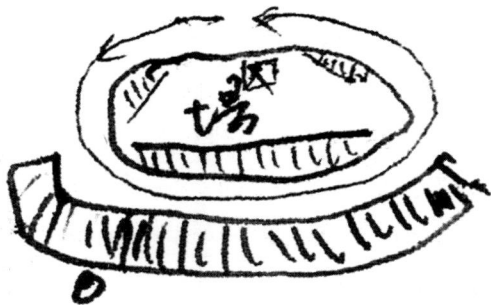

---

1. Vukovich（Bill Vukovich，比尔·弗柯维奇，1918—1955），美国赛车手，获得1953年、1954年印第安纳波利斯500英里大赛（Indianapolis 500）冠军。

跑车这件事，我倒并不反对，这是人类求在四个轮上达到最高速度的大努力。其精神可与诗人之拼命写出最好的诗句相仿。

昨天观客据说有十六万人，是印第安纳一年一度的大事。跑从十一点开始，三点后结束。结束后本可直接返Bloomington。但是我想看看Indianapolis，就在省城多停了几个钟头。很失望地，店大多关门，想去中国餐馆Bamboo Inn吃晚饭，跑到那里（地方似乎很宽敞漂亮），谁知也关门。在省城很无聊，人又疲倦，因此情绪变坏了（同那个死人也有关系）。同行者为袁祖年。省城地方不错，很宽敞而安静。晚上回到Bloomington，还看了一张恶劣巨片 *Prodigal*。

你想我同Ruth已经没有多少次面可以见了，昨天还要到外面去吃饭，连晚饭都不回去，真是不应该。可是我这几天又怕看见她，看见了怕感情太激动，就此这样分别了也好。（我甚至不想有她的照片。）

今天中午很有机会可以打招呼，可是我又忍心错过。我吃好饭出来，她正在门口书架上放书（尚未进饭厅），背朝着我，我很可以打一声招呼，但是我一踌躇，就扬长大步而出。她没有看见我。

照我这两天的心情，很难"骨头轻"。骨头轻不出来，就不想同人多说话。

去看了一次跑车，当然影响小说写作，希望今天晚上能够专心写三四个钟头。但是我怕在Bloomington没法续完这

1955

篇"Jesuit's Tale"，也许要到 New Haven 来写了。

不久要到 Chicago 去看见 Jeannette，如去香港，可以看见 Celia，回到台湾，更有不少女朋友，但她们似乎都提不起我的兴趣。

那两个 party 也可以一提。Wikelund 的 cocktail party，那些助教都是些美国的文弱青年，和我宿舍里的胡里胡涂健康青年不同。他们大多是些所谓 egg heads，不看 baseball，思想左倾（反对老蒋），在文学的观点则为 New Criticism，其拥护我们的 school of letters 远胜于拥护我们的英文系。他们大多都在读 MA，据说今年六月 commencement，只有一个英文 Ph.D.，八月里还有两个 Ph.D.。他们都很佩服 Empson，我说他是我的同事，因此他们对我稍为括〔刮〕目相看。

Work 的 party 是 stag party，喝啤酒，人大多还是那几个，minus 女人。我同 Work 谈了一下，他说他很知道我在这里成绩优良，很愿意我再回来读书。他叫我去找 graduate school 的 Dean 谈谈，他愿意促成其事。照我看来，"印大"可能肯给我 fellowship，让我再来读书的，甚至于 1956 年 Feb. 就可成行都说不定。现在的问题还是台北"美国领事馆"的"visa"，"美国领事馆"很"刁"，去过一次美国的人就不让再去，多方留难，像我这样台北没有家眷的，他们更不放走。这个困难是很实在的困难，可能使人很气愤的。假如我真想重返美国，现在只有希望美国政府放宽移民尺度，或者是回台湾之后，运用我的交际手腕，make friends & influence people，和那位副领事先攀起交情来。这种希望都很渺茫，结果大约我还是"听天由命"了事。

台湾情形最近比较混乱，台大左派人士较前活跃，他们真的欢迎共产党。机关忙疏散，本来那些公务员就不大办公，现在搬来搬去，更不办公了。台大的大一新生可能要到我们的林场（在台湾中部的山坳里）去上课。这样一个台湾，叫我回去，是很难使我 cheerful 的。

写了这封信，心头稍觉轻松。亏得还有你在，心头有什么苦闷，还可以向你发泄发泄。但是请你不要替我担忧，我能到美国来一次，运气总算还不错。来了再回去，总比不来好得多，你说是不是？

我大约八号走，行前一定还有信给你。你假如在四号发航空信，我一定还可以收得到。

树仁大约更活泼可爱了。Carol 前请代问好。专此 敬颂
近安

　　　　　　　　　　　　　济安 顿首
　　　　　　　　　　　　　五月三十一日

273. 夏济安致夏志清

1955 年 6 月 1 日

志清弟：

　　昨天的信大约使你很担心，今天的情形大不相同，我此时可以说很快乐（昨天大约人还觉得疲倦，——看一次 race 很伤，——因此提不起精神来）。今天晨起的精神很正常，有点 resignation，但并不 depressed。中午时候，我又坐得很远，但虽然远，仍然瞥见了 Ruth，她也瞥见了我。她一个人坐一桌，我吃完后，振作勇气，拿了一杯茶凑上去同桌。我说："你明天要走了？"她说："可不是吗？明天早晨七点三刻还有考试，考完了要赶紧理行李，要开五个半钟头才到。"两人交换地址，我又谈起宗教（我说你似乎是饭厅里最 devout 的 Christian，她含笑说：Thank you），她恰巧收到一包 Mennonite 的宣传品，送了我几张。她说他们的教会 Mennonite 在台湾也有 relief work，她预备查出地址，写信告诉我（这一下通信总有借口了）。她说她有一个 cousin，曾去中国北平，现在嫁了个医生，住在 Illinois。她说她一点钟还有考试，不能久坐，我要求替她拍照，她说她先回 "T"（我们有好几幢宿舍，我住的是"W")去拿书,我去拿照相机,她说她还有一张底片,也预备拍掉它。我到"T",恰巧碰巧〔到〕Jack Brost、Roslyn、Miriam 三人预备拿藤椅子晒太阳,我加入他们替他们拍了照,再 wisecrack 一下。她来了,我替她拍了两张照,她替我们四人(用她的照相机)拍了张合影,就赶去应付考试去了。

这样的 start,真是顺利之至,可惜相聚之日不多,希望今天晚上和明天早晨再碰见她。现在我已没有 nervous 的理由,我们已经算是很熟的朋友了。她这学期才来,电话簿子上没有她的名字,我至今还不知她的电话号码(今天才知道她住在 T)。

我现在很快乐,似乎前途很光明。今天天气很好。我甚至想到 Elkhart(离 Goshen 十英里)去住两天,不知你以为如何?

送上卡片一张,请晒纳。美国没有"满月"卡,树仁那里就只好不送了。

亟等你的回信。专此 敬颂

近安

济安 顿首

六月一日

Carol 前代候安。

274. 夏济安致夏志清

1955 年 6 月 2 日

志清弟：

天天有信给你，足见我这两天的精神不安。此刻是中午十二点一刻，刚刚同 Ruth 说过 goodbye 回到宿舍。

又是我先吃完，她今天同两个泰国女生同桌，我上去说道："这就要走了吧？"她说，"All ready"。我说，"good luck"；她说，"I hope you will be happy wherever you may be the next semester"，我说"Thank you"。我又稍为讲了几句关于公路的事（她将走 37 号公路，转 31 号公路，这些我在公路地图上已经研究过），互相说"goodbye"，我就走了。

这件事这样完了，也并非不可能，但是我还想去芝加哥之后，转 Elkhart 去玩一下（Elkhart 离芝加哥很近）。她假如反应冷淡，我就不多停留，如反应尚好，也许住三四天到一星期也未可知。我以研究宗教的姿态出现，她一定肯同我谈的。

今天早晨我起得很早，因为知道她早晨有考试，一定会很早来吃早饭的。我先坐下，她后来，居然和我来同桌（早晨空桌很多），坐在我对面，坐下之前她就说，"我要看讲义，对不起不能多说话。"她就一面吃，一面看"书目"讲义。我呆头呆脑，什么话都不敢说。话还交谈几句，她其实并不很紧张，可是我早晨脑筋特别迟钝，既没有谢她送我的 tracts，也没有瞎恭维她的功课这样地繁难等等。她吃完要走，我（先吃完）竟然没有随行，这是最大的失策，所以如此者，因为同桌还有个 bridge（打牌）朋友 Norbert，我要故意做得大方，竟然看她走开。

她说中午还要来吃饭，中午前我相当紧张，十一点、十一点半去观望了一下，她不在，十一点三刻我就不管她来不来，自顾自吃了。同桌都是胡闹朋友，我 wisecrack 了一下，骨头一轻，精神就愉快。后来 Ruth 来了，我也吃完，我相信我"道别"的神态还潇洒自然，不像早晨哭不出笑不出的那种神气。

去 Elkhart 之事，我如行前接不到你的指示，也许在长途电话里同你讨论。

我现在并不苦闷，这几天可能还去 date Miss Shepherd 一下。今天早晨打了一个电话给她，她同房间朋友说"去大考去了"。Ruth 走后，我可以好好地安心续写我的小说了。

照目前的情形，假如我下学期还在"Rogers Center"，和 Ruth 的友谊很有发展可能。但是我偏偏很难再来，你说这是不是"造物〔化〕弄人"呢？

你们预备如何庆祝你们的 anniversary？我希望 date 成功

Miss Shepherd，同她一起吃夜饭，否则就一个人庆祝了。树仁能一起庆祝你们的 anniversary，这是最使我高兴的事。再谈，专颂

近安

济安

六月二日

P. S.

写完这封信，预备去寄，drugstore 的老板娘没有空，买不到邮票，我想我何不趁此时候到宿舍前面去看看，也许 Ruth 尚未走也未可知。我背了照相机，悠闲地荡过去，果然发现 Ruth 预备上车，送行者就是那两位泰国女生（景象相当凄凉，是不是？中国的人情较厚，宿舍里一人要走，很多人都要去送的。那位巴拉圭女生今天也来吃中饭的，也没有去送行）。我说："巧极了，我正在四处巡行，看看 Rogers Center 如何 being deserted。"她说："现在就要走了"，我就替她们三人在她车前照了一张相，她也把照相机从车子里拿出来（她又装了胶卷，照到第六张了），请我替她们三人照一张合影。她上车之后，我又替她在车内照了一张。我这时才向她道谢她的 tracts，我说希望能够有机会同她讨论讨论，她说一定把台湾他们教会的地址告诉我（我把这封信也掏出来，说道"正预备给我弟弟寄信"）。她的车就这样开走了。

她的车是部很旧的 Plymouth，黑色，牌照 Indiana GG

245。我本来自以为记得她的牌照是那个号码，后来那个 Costa Rica 人说她是 New York 人，我就怀疑我认错了一部车，上星期才确切知道她是印第安纳人。

关于那辆车，还有一个很 dramatic 的场面，不可不记。那天看 opera（五月十七日）她同我第一次打招呼之后，戏散我一人踽踽独归，走到宿舍门前，一辆车子（我走小路，车走大路），两道白光迎面照来，一下子就侧面去 park 了，那辆车子的牌照赫然是 GG245。我那时说不定是不是她的车，但现在可以断定她在车子里一定看见我深夜独归的情形的。

今天我能凑巧赶上去送行，一定给她留一个很好的印象。到 Elkhart 去似乎更有理由了。

她一点钟正开车，现在时间是一点半，再谈。

济安

我既然预备去 Elkhart，在此期内，不预备给她写信，给她一个 surprise。

Carol 前均此候安。

275. 夏志清致夏济安

1955 年 6 月 2 日

济安哥：

五月廿八日信及附来小说前天收到，三十一日信今晨收到，知道你情绪不好，苦于我不在近侧，无法谈话出主意解忧，心头也很不好过。Carol 在她信上说你对女孩子的态度在具体表现上还停留在做中学生的阶段，这句话也有点道理：我在去台湾前，还不是同你一样 intense、nervous，对一切要自己做主动的 action 充满了绝大的恐惧？较熟的女同学只有丁念庄一人，她同你所熟识的张芝联太太一样，作风大都男性化，我也当她男朋友看待。去台湾后，我初次尝到了 casual 调情的生活，对自己的情感生活是一种 compromise，可是以后对女孩子应付比较自然，再不如以前那样慌张了。（虽然在北京和重返上海那一段，情感生活大多寄于空想，事实上不允许有什么行动。）你在香港时虽然也偶然跑跑舞场，但是始终没有同一位女子有过比较亲密的纠缠，所以至今还带有少男的 diffidence 和 fear。最理想的结婚当然是基于这种一思不邪的爱慕，凭它的纯洁伟大而引起对方同〔共〕鸣的结合。

可是事实往往不能如此，尤其在中国，大学的女生似乎比同年龄的男子老练利〔厉〕害得多。即在美国，我想，一般少女在初进情场时，也 prefer 比较老成的对象（在狄安娜·窦萍电影内，她的 first crush 总是 Melvyn Douglas[1] 等风流人物）。你吃亏的地方就是在女孩子方面自己没有把握，不能表现出你的 maturity 来。

你同我有同一倾向：要有旁观的保障，才可以很自然地表现自己的 wit、学问、幽默；同少女单独在一起时，语次窘涩，态度紧张，同许多人在一起时，俨然判若两人。来美后，我同美国女子和华侨可以谈得自然，可是 date 国内来的小姐时，态度上总不免紧张，也可见得中国小姐的利〔厉〕害。能够学会 relax，追求起来，就事半功倍，可是这一点功夫，做起来谈何容易。来美后，我想美国女子比较和蔼可亲，你多和她们接近，或可把你的 habitual shyness 消溶〔融〕了。可是你对 Ruth 那片痴心，还同在国内时一样，只会 inhibit action，而不能成事。假如我同你在一个地方，我做你的帮手 or side kick，来几次 double date，你交女朋友方面可以顺利得多。来 New Haven 后，我想你可以有机会认识几个女孩子（我在 Yale 所认识的女同学，大多已离开，可是我几位较熟的男朋友可以帮忙），目的倒不是找对象，而是壮壮胆，练练功夫，

---

1. Melvyn Douglas（梅文·道格拉斯，原名 Melvyn Edouard Hesselberg，1901—1981），美国演员，曾多次获得奥斯卡奖，代表影片有《苏俄艳史》（*Ninotchka*，1949）、《牧野枭獍》（*Hud*，1963）、《富贵逼人来》（*Being There*，1979）等。

否则你返台湾后，action 和 feeling 间的距离，永远不会缩短，多一次对象，就多一次折磨，对自己也太苦了。你在信上说，对 Ruth 不肯 aggressive 理由之一是"我怕人家注意、谈论（她当然更怕）"；这种推测，其实是没有事实根据的。美国人个人主义已惯，对别人的恋爱绝少干涉，熟朋友可能开玩笑，但不会带恶意。Ruth 既然很好交友，也不会如你所想象的那样 hyper sensitive 的。

今天星期四，Ruth 可能已是在饭堂上〔里〕最后一次与你见面了。其实凭客观调［条］件分析起来，Ruth 以后结婚［可能］性并不大。她离 college 已六年（上期 *Life* 上那篇大学生结婚生活的 article，不是提到很漂亮的大三大四女生，因为没有固定男友，对自己前途就很悲观了？），加上种种宗教所 impose 服饰和行动上的限制，不会引起一般美国青年的兴趣。她自己老是找较老较丑的女同学同桌，可能认为自己今生老处女做定，不再有追逐男性的野性〔心〕了。假如她已有未婚夫或固定男友，她的态度一定会显然不同，多找男同学谈笑，不会老在女性的 circles 内逃避自己。她心中一定有说不出的苦闷，你的爱慕一点也不让［她］知道，在她立场讲来，也是 unfortunate 的。她知道有人如此爱她，可给她生活上一些热力、骄傲和自信，不论她会不会 seriously consider 你做她未来的丈夫。

台湾情形如此恶劣，morale 如此低落，你回去实在是没有什么可高兴的。我想不到公教机关已在开始疏散了。左倾分子势力增大，你教起书来，也不会太称心。你假如 1953 年来美，情形就不同了，目前 immigration 规矩如此严格，来了又走，心中不免怅然。可是我觉得你写小说实在大有希望，出名以后，不久总可来美的。"The Jesuit's Tale"上半篇我已拜读了，这次你没有用 flashbacks，故事凭两人对话发展，似没有"The Birth of a Son"那样富于 fluidity，可是功力极深，描写细致，尤其文章 style 全篇一贯，不特字句铿锵，布置安排方面却有 Conrad 那种谨严，实是难能可贵。中国人在美的，学会写普通论文的人，想已有不少，可是像你这样在创作方面求发展的，实在没有。Eudora Welty、K. A. Porter[2] 我读得不多，可是知道她们文章极美，你走的路，上承 Conrad、James，下合近年美国作家考究细心的态度，确是一条正路。Twenties' 那种大胆 experimental 作风目前已经过时了，你多看 *Quarterlies*，就知道 Eliot 的 prestige 已远不如前。你用心写英文，一定可得到 recognition。

五彩照片，父亲已看到，对你的神采，很感满意。

附上父亲给你的信，你上两封信自谦得太利〔厉〕〕害，把几年来的成就和用功归功于命运，而且表现自己在做人读书方面，完全是道家作风，可能引起老人家误会。他信上看来好像很 worried 的样子，你最好在回信上把这个印象 correct

---

2. K. A. Porter（Katherine Anne Porter，凯瑟琳·安妮·波特，1890—1980），美国散文家、小说家、政治活动家，代表作有《愚人船》（*Ship of Fools*）等。

一下。家里显然很快乐，树仁满月那天，父母吃面庆祝，我这里反而没有举动。汇钱方面，我明年 job 既然有了定当，你香港的储蓄，五月后就留着自己备而不用吧，不定再寄还家了。父亲债务业已还清，每月有一百元，可以过得很舒服了，你下一笔翻译的报酬，可能要在秋初才可以领到，你一次 fellowship，夏季旅行，费用一定很大，回台时也不会有什么多余了。

　　"跑车大比赛"一定是个很 worthwhile 的经验。我同你不同的地方，即是我最 abhor violence。从小就代坐机器脚踏车的人捏一把冷汗。拳赛，斗牛，或跑车比赛，电影上看看可以，真的表演，我觉得性命出入，犯不着。我汽车至今未学，大约也是下意识怕 accident、怕死的缘故。Vukovich 的惨死，当天在无线电就听到了。上次看 *Doc. in the House*，*Sneak Preview* 是一张极滑稽的闹片。*Trouble in Store*[3]，作风和普通英国 comedy 不同，给我大笑次数很多，虽然片子的下半部较差一些。主角 Norman Wisdom[4]，不见经传（上星期 *N. Y. Times Sunday Magazine* 在那篇讲 Palladium 的文章上 mention 过他）；

3. *Trouble in Store*（《傻人艳福》，一译《傻人擒凶》，1953），英国喜剧电影，约翰·卡斯泰尔（John Paddy Carstairs）导演，诺曼·温斯顿（Norman Wisdom）、玛格丽特·拉瑟福德（Margaret Rutherford）主演，兰克影业公司（Rank Organisation, UK）、共和影业公司（Republic Pictures，USA）联合发行。

4. 诺曼·温斯顿（1915—2010），英国演员、词曲作家及歌手，以出演喜剧知名，除电视剧外，代表影片有《傻人艳福》等。

有一幕他吃霜〔冰〕淇淋，nervous 异常，把一 scoop 霜〔冰〕淇淋抛在坐在他边上的女太太胸部开叉的地方，往下直流。这似乎比冰水浇背更滑稽。

目前心境有无好转？甚念。胡世桢贺我弄璋之喜，写了封信来，还不知道你已来美国。他六月五日后地址是，Math Dept. Georgia University，Athens，Georgia，你可以写封信去。他已离开 Tulane，想去 Georgia 做正教授了。树仁重十磅，日饮牛乳二磅，养得极好。祝你去芝加哥，玩得很好！

志清 上
六月二日

1955

276. 夏志清致夏济安

1955 年 6 月 3 日

济安哥：

阅信大喜。一次谈话，友谊基础已打定，可见事在人为，approach 美国小姐没有什么可 nervous 的地方。Ruth 态度很好，谈话中看出很想同你做朋友。不知星期三晚上、星期四晨有没有同她同桌相谈？我鼓励你去 Elkhart 访她，多住几天，她父母没有邀妳，你不便在她家做客，可在附近小旅馆住下。这次 adventure，可能是你生命上的关键，祝你好是〔自〕为之。有机会，务必把你那两篇小说给她看看，使她惊讶佩服，你两篇小说都有些宗教意味，她一定会欣赏，而且你英文之漂亮，她不由得不对你另眼相看。上次信上，我对 Ruth 的分析想是正确的，何况她家 missionary 背景对外国人态度较好，结合一定容易。多次谈话后，你可透露你有同她结婚的意思，看她反应如何？（她不会窘的。）劝她去台湾做宗教工作，结婚后，你来美国也方便了。Go to Elkhart & good luck！

结婚 anniversary 卡已看到了，design 很文雅，Carol 大为

高兴。半年来你送了 Carol 不知多少东西，她大为喜欢，可见你对美国女子小功夫极好，如法炮制，是不难获得 Ruth[的] 芳心的。这次有决心，有勇气，我想你一定可以成功。不知 Ruth 暑期将在何城工作，你可搬到那里住，不去芝加哥，迟来 New Haven 也可以，这样，两三月工夫的 courtship 一定可大见效了。匆匆即祝成功。

弟 志清 上

六月三日

277. 夏济安致夏志清

1955 年 6 月 4 日

志清弟：

三日信今天收到，想必你还很关心我的 mood，所以赶紧复你一信。父亲的信和 Carol 的信过两天再复，如今天一起答复，恐怕要耽误发信的时间。胡世桢的信亦已收到。先请代谢谢 Carol 的信，谢谢她的鼓励。

照我今天的 mood，顶妙什么地方也不去，Rogers Center 一关门，我就飞到 New Haven，同你和 Carol 长谈，同时闭门著作。可是我 owe Jeannette 一次 visit（在国内就答应的，这里在通信中我曾 reaffirm），芝加哥非去不可。芝加哥离 Elkhart 甚近（你有地图，不妨一查），似乎也可以顺便去一下。照你今天来信的逻辑（主张有 action），你大约是赞成我到 Elkhart 去的。不过行前（八日晨）我还等你一封信，可能跟你通一次长途电话也未可知。

去 Elkhart 将是一件非常的举动，假如 Ruth 真如你所说的做定老处女了，我的突然出现，将使她觉得非常 flattered。我这次野心很低（野心所以低者，因为种种现实限制，如我何时能重返美国，现在都〔不〕知道），并不想 win her heart，只想同她多接近几次，互相谈谈抱负等等。野心既低，行动谈吐等也许可较自然，相处得也许会很愉快。

我再去同 Ruth 纠缠，其实是很不 practical 的。照我预计，我同 Ruth 可以很愉快地开始一个 friendship，返台湾后大约可以同她信札来往。她的倩影大约在我心中至少可以驻留一两年，在此期间，我对于台湾的女朋友们，将都不会发生兴趣，只是痴心地想她。同时打算如何重返美国，等到痴梦觉醒（例如 Ruth 对我冷淡了，或者我来美国的希望也成为非常之小），可能又是两三年过去。这样光阴蹉跎，以后对于女性更没有办法，自信心更差，老处男就做定了。一个 Celia 耽搁我两三年，眼睛一慌〔晃〕，十年就过去了，这样一个 prospect，我相信你是很不赞成的。

但是我至今觉得 Ruth 远胜我的其他女友，面貌和人品都好。intellect 也许只够中等以上（读了图书馆系，再好的 intellect 也会降低的），但是她的英文一定不差，她说她在 college 时也读过 creative writing 的课程，可以做我的帮手。如能同她结婚，将是很幸福的，你在 New Haven 也亲口对我说过，信 Quaker 教的小姐很好。不过我一向不追求"幸福"（这大约是使父母很 worry 的），只有等"幸福"自己降临了。

Ruth 在春天似乎比冬天更美，脸上很清爽，皮肤 delicate，好几处可以看见很细的青筋。坐在那里，俨然是个 pale version of Jean Simmons。Jean Simmons 的眼睛较圆，她的较长，近似 Grace Kelly。她的眼睛我已经赞美过，清澈、和善之外，还常常有机智。她假如将来要做老处女，相貌上也可找到理由。她的嘴唇很薄，下巴较尖，说话时嘴往外微翘，几乎看不见嘴唇。她顶吃亏的地方是她的 carriage 和 gait，背已微驼（我的背亦微驼，驼惯的人自己不觉得的），走路带八字脚，看她背影走路（尤其在匆忙时），简直是个老处女。但是她假如手里拿了东西（我顶常见的东西，无疑是"饭盘"），全身反而可以取得较好的平衡，因为身材苗条，看上去还是轻盈的。她坐定了，年龄立刻显得很轻，even less than 25。

你说她对我不存戒惧之心，大约是事实。星期四早餐的情形我还可以补充描写一下。早餐时我先坐下，接着 Norbert 来了，他就同我讨论上一天晚上 bridge 惨败的情形（虽然你知道我心里有所期待，对于那个讨论并无兴趣）。Ruth 来的时候，她似乎连 good morning 都没有说，头一句就说"a sad story"。后来又知道我没有大考，还有工夫打 bridge，就称我是"professional loafer"。我怕她的"教"反对打 bridge，又怕我们的讨论影响她的用功，就停止讨论，不理 Norbert 了。这一 suppression 反而使得我木头木脑，话都不会说了。只是坐在那里，欣赏她的美。她读了一下，忽然嫣然一笑，手在耳朵边上指〔比〕划〔画〕，表示一边进，一边出，一句也读不进去。她这种态度，似乎已经拿我当很熟的朋友了，是不是？

星期四下午发信之后，心绪不宁，就去 downtown 拜访

Spacks。Spacks 的 intellect 可能在我之上，可是写文章有时比我"拆烂污"，我很喜欢有这样一个朋友。到他房里，Pat. Meyer 也在，他们说他们下星期（六月十日）要结婚了，我就恭贺了一番。Pat. 很沉默寡言，同 Carol 差不多，虽然学问很好（已是 Ph.D.），但决不像中国时代女性那样，瓜拉瓜拉〔呱啦呱啦〕轧到人前来的。她称 Spacks 为 honey，态度似乎也很崇拜 Spacks（同 Carol 的崇拜你相仿），让我们谈话，她不插嘴。她去厨房做了咖啡，并做了几片 banana bread（很香很松）。她说她很感激你一件事（这件事你恐怕都已忘了），她有一次病了好几个星期，Pottle 那里的笔记缺了很多，想问人借来补抄，但是 Yale "同学"间的竞争激烈，没有人肯借给她，只有你借给她，她因此非常感激。我说你是非常 nice 的，她说非但 nice，而且 bright。Spacks 对于你也已久闻大名，听说你只有机会教中文，没有机会教英文，很是气愤，说道："这是根据什么 perverse logic？"他们预备在 Bloomington 结婚，预备省钱。婚后去纽约玩一两天，然后到 Philadelphia Spacks 家去。他们结婚那天我已离此，喜酒是吃不到了。

今天我预备送去绣花缎（紫色）质枕套一对，卡片上用你我两人出面。那对枕套是我去年买的，预备送你和 Carol 的婚礼的，但是有人认为绣工不佳，我就没有送。这次带了来，预备仍送给你们或者任何该送的人，现在这样送掉了也好。其实我对于绣花的东西，并无多大好感（你想必也有同感），因为绣花东西颜色大多太艳，且不耐脏，不合实用。美国人少见多怪，也许会很喜欢。那对枕套原价在美金五元以上，到美国来应该更值钱了。我送 Carol 的两双鞋是织锦缎的，她说她喜欢它们胜过程靖宇所送的绣花鞋。

昨天（星期五）我同宿舍里的朋友去 Brown County State Park[1] 玩了一个下午。那种 Park 只给开汽车朋友白相，在我还是第一次见到。假如走路白相，非但要走得累死人，而且风景也单调得很，汽车开来开去，还多少有点变化。公园附近的小镇 Nashville，古色古香，我来美后也是第一次见到。房子都像是一百年前的。那里是印 [第安纳] 州的美术中心，有好几家 art gallery，卖古董的店也很多。

小说续写了只有一千字，真是难产，大约只有到 New Haven 来续完了。苦思极想，想不出好句子，心里很气。烟抽得太多，可是又不能不抽，有时搁笔不写，出去走走，目的就是想少抽几口烟。

这两天已不大有留恋之感，也不 miss（verb.）Ruth。想到去 Elkhart 之事，有时有点恐慌，如此而已。行李尚未开始整理，预备把书寄台湾，冬天衣服交邮政先寄到你那里来，我身边行李减轻，行动可以较自由。去芝加哥如无便车，坐 bus，或火车，或飞机都说不定。我身边现有三百余元，够我各处玩玩的了。

在 Bloomington 体重减轻了八磅（"护照"上 137 lb.，现

---

1. Brown County State Park，位于印第安纳州之那什维尔，始建于 1929 年。

在不到 130 lb.），头发也掉了不少。大约是工作相当繁重，而营养不如台湾（我不常吃牛奶——吃了要泻肚子，美国菜又哪里有中国菜那么多的油腻？），但是精神体力都很好（并不为体重减轻而 worry）。信上的我常常是哭丧着脸的，但在宿舍里，我的"胡闹"是出了名的。我的思想虽然悲观，但是做人很 cheerful——这点你大约早已知道。所以可以请你放心，行前当再有信，专此 敬颂

近安

济安 顿首

六月四日

希望你们有个很快乐的 anniversary 庆祝，树仁应该更可爱了。Miss Shepherd 的电话尚未打通，我 date 她其实并无多大诚意，找不到她就算了。

278. 夏济安致夏志清

1955 年 6 月 5 日

HAPPY ANNIVERSARY

To Jonathan & Carol

Tsi-an

June 5，1955

279. 夏济安致夏志清

1955 年 6 月 6 日

志清弟：

刚刚接到来信，承蒙如此鼓励，甚是感激。我定星期三（八日）上午九点半搭乘同学（黑人，为人似尚不讨厌，名 Christian Maxwell）便车去芝加哥，到了芝加哥拟不停留（也可能停留一晚，住 YMCA），即去火车站或公共汽车站转赴 Elkhart。当晚休息后，也许星期四再去找 Ruth。

我身边有 Bloomington 到芝城的飞机票，这张票大约值三十元，我预备将来用以贴补纽约到洛杉矶的飞机票之用。我如坐飞机去，另外要出三块多钱的汽车钱——Rogers 到飞机场 taxi 约二元，芝加哥 limousine 一元五角，limousine 下车后，可能再要坐 taxi 到我要去的旅馆。可是现在从宿舍直接开到芝加哥，那位黑人只 charge 我三元七角半。

我所以不在芝加哥停留，因为在芝加哥玩一次很劳神伤财，我最近的 mood 并不想玩。我最近只想 either 到纽海〔黑〕文来，or 到 Elkhart 去，到别的地方去观光，暂时无此心情。Jeannette 假如失望，只好让她失望了。可是据我知道，

Jeannette 在芝加哥红得不得了，成了 toast of Chicago，照她的美貌，加上芝城以及附近各地中国独身男子之多，她的应接不暇，你也可以想象得到的。

Ruth 的家（她父亲）在 Illinois，这个我在以前一信里已报道〔告〕，即于饭厅排队时讲起的，她在 Elkhart 做事（恐怕是那里的中学），她假如没有回 Illinois，我要找到她不难。她的父母不在近边，也可以减少我的窘迫。

我本来决不定要不要透露爱情，今天决定照你指示，见面后俟机会，向她透露爱慕之情了。

我的对她的爱慕，其实她不会不知道的。她觉得奇怪者，为什么这个男人有这么大的"定力"，做事如此不露声色。她也许能想象得到我为了 nervous，才有一个时期不敢同她见面。

上星期三的那张相片，成绩好极了。这是我在 Bloomington 成绩最满意的相片，可能是 Ruth 近年来最美的相片。你和 Carol 也许很 curious，要看看到底 Ruth 如何美法，值得我如此神魂颠倒。那张相片可以 do her justice。但是很抱歉的，我现在只有一张 print，不能寄给你们，让我带到 New Haven 来吧。我已 order 放大 8″×10″ 一张（65 ¢），如放大成绩〔效果〕满意，当请她签名，配镜框供奉。

Miss Shepherd 处电话昨天接通了，但是她很抱歉，昨天她要出去 picnic，玩一天，今天一早就要走，不能接受我的 supper 之约。但是她邀我到她的小城 La Porte 去，那个城比

Elkhart 更近芝加哥，我相信我是不会到 La Porte 去的，不过她这么一邀请，使我去 Elkhart 的胆子更大一些。美国女孩子大约好客的多。（我说我 date Miss Shepherd 没有诚意，因为我电话如打不通，从来不把我的姓名或电话号码报告给她的同房间朋友的。）

昨天去 McCormick's Creek State Park[1] 去玩了一个下午，和中国同学们一起去的。该园占地约四余 acres，只抵 Brown County State Park 的 1/10，但形势较曲折。

今天早晨托 laundry 寄走 25 磅衣服（寄到你那里），又托书店把书打包寄台湾——我不善 wrap 或 pack，有人代劳，大为轻松。现在身边只剩夏天单薄衣服，尽我各处旅行，不致累赘了。

我本来买了一条 75%orlon、25%nylon wash 'n' wear 的裤子（8.95），今天去配了一件上身〔衣〕，同质料，价 ¢ 25；颜色上下身不同，裤子是青条，上身是 dark charcoal 条，都是 cord design。所以不同者，因为裤子颜色较浅，配不到同色的上身〔衣〕，本来是不预备配上身〔衣〕的。据店里说，charcoal 条上身〔衣〕，配青条裤子，也很好看。有这么一套 cord，再有一套 Saks 的新西装（你送的 sharkskin 和 tweed 也都带在身边，因为可能天气变冷），我去 Elkhart 行头也够

---

1. McCormick's Creek State Park，位于印第安纳州中部偏西之伯明顿，是该州最古老的州立公园，始建于1916年。

变换的了。我本来想买 dacron-cotton 混合织物的 cord 西装，但是有一天很热，我亟待夏天西裤，Bloomington 店里还没有 dacron-cotton 的便裤，只好买了一条 orlon-nylon 的。orlon-nylon 的坏处是"极光气"很厉害，恐怕不吸汗；好处是很轻，很爽，不怕皱，容易洗，而且质地也很牢（stitch、口袋等都是 nylon），"拖"得起，像我这种马虎的人穿了也很好。我也许会再买一条 dark charcoal [一] 条 orlon-nylon 裤子，索性配齐一身。六月份的 *Consumer Reports* 是夏季 fabrics 服饰专号，我等了好久，尚未见出版。

这两天心情平和，现在我是 looking forward，并不 look back ward，所以对于 Bloomington 已经不大留恋。去 Elkhart 的事似乎也并不很可怕，因为所有的 contingencies 我都已经想过：（一）她 snub 我，这个可能性非常之小，照她的个性和她以往对我的态度看来，她不会 snub 我的；即便 snub 我也不会生气。（二）她不在 Elkhart，我可以留封信，到了纽海〔黑〕文后约时再去。（三）她有要好的男朋友，我也不会吃醋，因为我同她刚认识不久，没有吃醋的资格；而且我的野心很小，目前只想同她熟识，并不想 win her heart。这是往坏的方面想，往好的方面想，我现在并不像你这样地乐观，也不想得那么远，至少我不相信她会到台湾去传教的（我也不会劝她去——我自己就讨厌台湾）。不过我相信我们可以谈得很投机。我的英文实力尚未向她表现，她假如待我好，我当然一定会把我的小说拿给她看的。她假如冷淡，我也决不挪上去。我这两天如此想得开，所以心境很平和，意识中和下意识中都没有什么恐惧。我将送她一小罐香片茶叶，我还有两听不知什么茶（Lily 送的）和一听绿茶，明日付邮寄给你，请你们喝吧。美国人很欣赏香片（jasmine tea），可是我现在只剩一小罐了。Ruth 喝茶不喝咖啡，似乎还不加糖。

总之我近况很好，只是坐不定来写作。"Jesuit's Tale"只有到 New Haven 来续完了。别的请参看给 Carol 的信。下一封信是否将从 Elkhart 发出现在还不知道。我若不久留，也许就不写信了。专颂 快乐

济安

六·六

〔又及〕写给父亲的信，要讨论人生哲学，这两天没有心思写，过两天再写如何？

280. 夏济安致夏志清

1955 年 6 月 9 日

志清弟：

作此书时，还在芝加哥 procrastinating，你听见了恐怕要大为不满了。昨天上午十一点半才开车，路上又走了一段冤枉路（转入 41 号公路时，车往南开，instead of 北开），结果晚上八点钟（天尚未黑）才到 YMCA。登记时我填了两晚。但当天晚上我出去散步，就到火车站问明了 Elkhart 的火车时间，芝加哥各种铁路公司大约有十余家之多，假如不去问讯，真不知道该坐哪一家。结果劳勃扬的 N. Y. Central 有线通 Elkhart（该线直达波士顿、纽约），Greyhound 无直达线，要走 Michigan 绕圈子，我大约明天下午去 Elkhart。

今天走了一天路，相当吃力，但说话很少，元气还是保养得很好。上午去 Art Institute，进了里面，才知地方之大，就是走马看花，也走了三个钟头。中国画不多，但法国近代名家甚多，如 Van Gogh 之自画像，Renoir 之小女孩等，想不到都在芝加哥。附上 Renoir 素描的翻版一张，你想必很喜欢的。翻版各种大小很多，有 Van Gogh 的"某夫人像"很大的翻版，只卖 2.50，纸质极厚，几类帆布，我很后悔没有买。买来了可以去香港时送给宋奇。

Art Institute 出来，参观 Marshal Field，这家百货公司大约比纽约的 Macy's 大。建筑有一点很像中国旧式的店铺，你总记得中国旧式店铺顶上有天棚的，M. F. 也有天棚，可是它的天棚在九层楼上面，ground floor 的顾客可以抬头看见九层楼上的天棚，这倒是很特别的。

在 Marshal Field 时，天已下雨，后来下个不停（昨天也下了一上午雨），可是我还是坐电车去参观芝加哥大学。芝大的 campus 相当大（大多 Gothic 的建筑），我在雨里走来走去，淋得很苦。

从芝大回来，再去参观 aquarium，但是到那里，时间已过五点，参观时间已过。Aquarium 边上的 Natural History Museum 大得无可比拟，我生平还没有看见过这样大的一幢房子，里面去走一走，岂不要把人的腿走酸，我因此暂时不敢进去参观。明天上午也许再去 aquarium，aquarium 地方较小，也许可以一两个钟头看得完。

芝加哥的 downtown 不如纽约，主要缺点为架空电车尚未拆掉，显得光线恶劣，而且那种铁架子看上去很脏。

芝加哥最使我叹服者为它的"外滩"，马路之开阔，我想世界上没有一条马路可以和它相比——远胜北平天安门和东京。平均大约有十六个 lane——正式"外滩"是 Michigan Avenue，六个 lane（三来，三去），Michigan Avenue 外面是

Illinois Central 火车轨道，火车轨道外面是"外滩公园"（Grant Park），公园里面外面复有汽车道（即 US Highway 41，这一段一〔亦〕名 Lake Shore Drive）若干，平均来去各有五个 lanes。有一段地方 Lake Shore Drive 的南行道复分为二，两者之间有露天音乐场 Band Shell 一座，两者各有四个 lane，它的外面再是往北行的汽车道，再外面是湖。我所讲的那座世界上最大的房子就在"外滩公园"里，四周汽车疾驰，很为壮观。芝加哥竟然以博物馆出名，还有一处 Museum of Science & Industry 据说大得不得了，我是没有勇气去看的了。

明天上午也许在旅馆里养精蓄锐，不再出去浪费精力。下午去 Elkhart，我对此行，不知怎么没有什么 enthusiasm 了。恐慌倒未必，只是觉得没有什么意思，defeatism（认为即使去了也成不了什么事）很强，既然认为是"与〔于〕事无补"，"懒"虫又来作怪，认为何必多此一举。这种种心里〔理〕毛病，你也可以想象得到。但是我是一定要去的，可能住三天（星期天去做礼拜），假如能住到三天以外，那么一定有好消息了。离 Elkhart 后，照火车路线，顺便去参观波士顿最妥，看完波士顿，再来 New Haven，顶省钱。但是我拖了这许多行李，想起来就怕，宁可多出火车钱，把行李寄好，在纽海〔黑〕文住定后，再去波士顿。

Jeannette 处尚未打电话去，也许行前在火车站打一个。所以不打者，实在怕同 Jeannette 周旋太吃力。现在我可以有个安静的晚上，写写信，休息休息，enjoy my privacy。假如我同 Jeannette 已经通过电话，这晚上能够让我这样悠闲的吗？

到 Elkhart 后当再有信来。可是别太兴奋，我看是不会有什么结果的。去了讲什么话，我是想了几种 versions，从冷淡到热烈，从正经到 flippant，都有。临时说出什么话来，现在还不知道。我可能说是送照片去的。

请 Carol 也不要太兴奋。再谈 专颂

近安

济安 顿首

六月九日

树仁也在念中。他会不会添一个 aunt 呢？

这封信字迹潦草，今天大约走得很累。但是我尚未吃晚饭（现在时间下午七点），吃过后即可复原，请勿念。（现在肚子很饿。）